Christian Ulbricht
Ein- und Ausgrenzungen von Migranten

Kultur und soziale Praxis

Christian Ulbricht, geb. 1984, forscht zu »Immigration und Citizenship« sowie zur Soziologie der Kritik. Der Soziologe promovierte an der Universität Bielefeld und lehrt dort am Center für Migration, Citizenship und Entwicklung der Fakultät für Soziologie.

Christian Ulbricht

Ein- und Ausgrenzungen von Migranten

Zur sozialen Konstruktion (un-)erwünschter Zuwanderung

[transcript]

Diese Dissertation wurde unterstützt mit einem Stipendium
der Friedrich-Naumann-Stiftung für die Freiheit.

Bibliografische Information der Deutschen Nationalbibliothek
Die Deutsche Nationalbibliothek verzeichnet diese Publikation in der Deutschen Nationalbibliografie; detaillierte bibliografische Daten sind im Internet über http://dnb.d-nb.de abrufbar.

transcript Verlag | Hermannstraße 26 | D-33602 Bielefeld | live@transcript-verlag.de

Umschlaggestaltung: Kordula Röckenhaus, Bielefeld
Umschlagabbildung: »asyl im paradies«, © willma.../photocase.com
Lektorat: Tanja Jentsch / 7Silben
Druck: Majuskel Medienproduktion GmbH, Wetzlar
Print-ISBN 978-3-8376-3929-2
PDF-ISBN 978-3-8394-3929-6

Gedruckt auf alterungsbeständigem Papier mit chlorfrei gebleichtem Zellstoff.
Besuchen Sie uns im Internet: *http://www.transcript-verlag.de*
Bitte fordern Sie unser Gesamtverzeichnis und andere Broschüren an unter: *info@transcript-verlag.de*

Inhalt

Abbildungen und Tabellen

Abbildungen

TABELLEN

Vorwort

Mit dieser Arbeit trägt Christian Ulbricht zur zentralen Frage der gegenwärtigen Migrationsforschung bei: Wie werden migrationsbezogene Klassifikationen sozial konstruiert und wie manifestieren sich diese in den symbolischen und sozialen Grenzziehungen? Christian Ulbricht knüpft an migrationsforscherliche Debatten um Ein- und Ausschließung von Migranten und Migrantinnen an und zwar mit Hilfe eines dezidiert wissenssoziologischen Zugangs. Die systematische Analyse zielt also auf die Wissensproduktion und die Wissensbestände über Immigranten und Immigrantinnen. Dies kann als ein originärer Beitrag zu einer bisher im Wesentlichen an politikwissenschaftlichen Fragestellungen wie der Beschreibung und Erklärung von Genese und Wirkung von Immigrations- und Integrationspolitik(en) im nationalstaatlichen Vergleich gesehen werden.

Das empirische Herzstück der Arbeit besteht aus der wissenssoziologischen Diskursanalyse mit quantitativen korpuslinguistischen und qualitativ hermeneutischen Methoden am Beispiel von den „neuen Gastarbeitern“ (DER SPIEGEL) aus den südeuropäischen Ländern wie Spanien, Italien, Portugal und Griechenland und der „Armutszuwanderung“ aus Bulgarien und Rumänien. Ein Hauptergebnis der empirischen Arbeit lautet, dass askriptive und gruppenbezogene Merkmale zur Bewertung der Migration durch den aktiven Menschenrechtsdiskurs illegitim geworden sind. Die Arbeit zeigt dann, dass Klasse im Sinne einer „Wissensordnung des ökonomischen Nutzens“ als primäres Differenzierungsmerkmal fungiert, in den Diskursen allerdings in der Regel mit anderen Heterogenitätsmerkmalen verknüpft wird. Je nach Stellung in Klassenhierarchien müssen insbesondere Kategorien in den unteren Hierarchien nachweisen, dass sie in kultureller Hinsicht lern- und damit arbeitsfähig sind: Je höher die zugeschriebene Leistungsfähigkeit, etwa im Falle der „neuen Gastarbeiter“, desto geringer die Wahrscheinlichkeit der negativen Kulturalisierung. Und umgekehrt, je geringer die erwartete Leistung, beispielsweise bei „Armutszuwanderern“, desto höher die Chance, dass Migrantengruppen in den jeweiligen Diskursen abwertend kulturalisiert werden.

Christian Ulbricht wirft also mit seiner Studie neues Licht auf die Funktionsweise der Ein- und Ausgrenzung von Immigranten und Immigrantinnen in Deutschland. Dafür spricht auch eine im Schlusskapitel erwähnte provokante Vermutung. Der Autor fragt, inwiefern die ökonomische Kategorisierung erst im Kontext eines starken Menschenrechtsdiskurses ihre volle Wirkung entfaltet. Hier eröffnet der Autor eine Forschungsfrage, die quer zur vorherrschenden Meinung liegt. Möge das Buch eine konstruktive Diskussion darüber entfachen.

Bielefeld, im Mai 2017 Thomas Faist

Danksagung

Mein Eindruck ist, dass am Anfang der Arbeit der projektförmige und durchrationalisierte Abschluss der Dissertation die Glanzleistung war. Nach der Fertigstellung folge ich lieber Karl Weick: „Die Wichtigkeit der Verkomplizierung ist schwer zu übertreiben" und ich bin froh, dass der Weg zu diesem Buch eher länger war, voll von Abenteuern und Entdeckungen.

Zu Beginn möchte ich den Organisationen danken, die mich auf diesem Weg unterstützten. Die *Bielefeld Graduate School in History and Sociology* und die *Friedrich-Naumann-Stiftung für die Freiheit* gaben mir die finanzielle Unabhängigkeit, damit ich wirklich in aller Freiheit meinem Interesse nachgehen konnte. Gleichzeitig habe ich durch diese Möglichkeit Menschen kennengelernt, die mein Interesse und meine Neugier noch weiter gesteigert haben. In erster Linie ist hier Thomas Faist zu nennen, der mich mit seinem Motto „you will find out" ständig zum selber denken animiert hat. Auch hat Anna Amelina mir den wissenssoziologischen Zugang näher gebracht, der diese Arbeit instruiert. Meine beiden Gutachter halfen mir schnell, mit anderen Wissenschaftlern und Wissenschaftlerinnen persönlich in Kontakt zu treten, die somit erst dieses Buch ermöglichten. „Forget about transnationality" waren die Worte von Yasemin Soysal bezüglich meiner Arbeit und ich sollte mich stattdessen auf die unterschiedliche normative Evaluierung von Immigranten und Immigrantinnen fokussieren. Alejandro Portes hat mir die These näher gebracht, dass Hochqualifizierte nicht der ethnischen Gemeinschaft folgen, sondern ihrer eigenen Karriere. Gleichzeitig hat mich Anna Korteweg ermutigt, diese These zu hinterfragen. Irene Bloemraad brachte mich auf die Idee, dass der individualistische Diskurs eine Möglichkeit ist, um nicht erwünschte Immigranten und Immigrantinnen legitim auszuschließen und Loïc Wacquant hat mir in seinem „Bootcamp Bourdieu" die theoretischen Werkzeuge an die Hand gegeben, um genau die Funktionsweise des sozialen Ausschlusses zu ergründen. Karen Schönwälder diskutierte mit mir die Zuspitzung und Einordnung der Fragestellung in den Forschungskontext. All diesen und vielen weiteren Wegbegleitern bin ich sehr dankbar!

Schließlich hielten meine Familie und Freunde das ganze Ding so zusammen, dass ich konträre Argumente folgen konnte und trotzdem noch funktionstüchtig blieb. Deswegen ist es ebenso und insbesondere ein Buch von Annika, Cécile, Inka, Karolina, Lena, Natalya, Nina, Susanne und Volker. Dank gebührt auch meinen Lektorinnen Tanja Jentsch und Julia Wieczorek.

Bielefeld, im Mai 2017 Christian Ulbricht

Einleitung: Die liberale Ein- und Ausgrenzung

Das Spannungsverhältnis zwischen der Ein- und Ausgrenzung von Immigranten und Immigrantinnen ist aus der Perspektive des modernen Nationalstaates eines der grundlegendsten Probleme, anhand dessen sich weitrechende Erkenntnisse zur Selbstbeschreibung moderner Gesellschaft erzielen lassen. Diese empirische Studie ergründet, wie liberale, demokratische Nationalstaaten auf die grenzüberschreitende Bewegung von Menschen reagieren. Insbesondere wie Migration in erwünschte und unerwünschte Migration differenziert wird. Die Literatur der „boundary studies" hat gezeigt, dass es bei diesem Forschungsthema darauf ankommt, Essentialisierungen zwischen Migrant bzw. Migrantin und Mehrheitsgesellschaft zu hinterfragen (Lamont und Molnár 2002; Pachucki, Pendergrass und Lamont 2007; Wimmer 2008). Daher sollte der Prozess der sozialen Konstruktion von erwünschter und unerwünschter Migration in den Mittelpunkt gestellt werden. Die Unterscheidung bzw. Grenzziehung zwischen erwünscht und unerwünscht erfordert in erster Linie eine Kategorisierung der Migration und eine Legitimierung selbiger (Lamont 2012). Die weiterführenden Fragen lauten dann, anhand welcher Merkmale[1] Migranten und Migrantinnen als erwünscht und unerwünscht klassifiziert werden und inwiefern diese Grenzziehung vor allem legitim ist.

Bei der Beobachtung der deutschen „Konjunktur der Migrationsdebatte" (Hess 2013, 79) fällt auf, dass eine Rückkehr der „Gastarbeiter" konstatiert wird. Zur Beschreibung der von 2008 bis 2013 um ca. 44 % gestiegenen Zuzüge von Ausländern nach Deutschland wird unter anderem der Terminus der „neuen Gastarbeiter" für Immigranten und Immigrantinnen verwendet. Bemerkenswert ist die positive Konnotation der „neuen Gastarbeiter", denn das Label bezeichnet die (hoch-)qualifizierten Zuwanderer, die während der letzten Finanz- und Fis-

1 Der Begriff Merkmal wird hier als ein Kennzeichen bzw. Charakteristikum verstanden, folglich als ein Heterogenitätsmerkmal, siehe Diewald und Faist 2011, 95.

kalkrise aus Südeuropa nach Deutschland kamen. Ein typisches Beispiel findet sich in der FAZ: „Traumland Deutschland – Europas Jugend zieht es zu uns. Spanier, Griechen und Italiener lernen Deutsch und suchen hier Arbeit. Die neuen Gastarbeiter loben die gute Laune – und sogar das Essen." (FAZ 02.06.2013) Im Gegenteil dazu werden die sogenannten „Armutszuwanderer" aus Rumänien und Bulgarien, die nun auch durch das Recht der EU-Freizügigkeit ab 2014 zwecks der Erbwerbssuche legal nach Deutschland migrieren können, wie folgt kritisch kommentiert: „‚Pritsche ohne Kissen' – Die Obdachlosenheime sind überfüllt, weil Osteuropäer dort verstärkt Unterschlupf suchen. Die Städte senken die Standards der Unterkünfte." (Spiegel 23.02.2013) In dieser Arbeit wird argumentiert, dass die „neuen Gastarbeiter" und die „Armutszuwanderer" zwei Beispiele für die liberale Ein- und Ausgrenzung von Immigranten und Immigrantinnen sind. Die Beispiele geben einen aktuellen Einblick in die sozialen Bedingungen der Ein- und Ausgrenzung von Immigranten und Immigrantinnen in Deutschland.

Mittlerweile existiert eine umfassende Literatur zur ethnischen Grenzziehungen in Nationalstaaten, die gezeigt hat, dass verschiedene soziale Kategorien wie Rasse, Religion, Sprache, Gender etc. in den Grenzziehungsprozess involviert sind, deren Relevanz aber je nach Kontext variiert (Alba 2005; Bail 2008; Zolberg und Woon 1999). In dieser Arbeit argumentiere ich, dass die Ein- und Ausgrenzung von Immigranten und Immigrantinnen für den Nationalstaat zunehmend problematischer und konfliktreicher wird, insbesondere unter dem Einfluss eines starken Menschenrechtsdiskurses. Einige Autoren sehen sogar Anzeichen einer „Grenzziehungskrise" (Adamson, Triadafilopoulos und Zolberg 2011, 847) des liberalen Nationalstaats. Wie das genau zu verstehen ist, soll im Folgenden an der Beschreibung der Facetten eines liberalen Nationalstaates expliziert werden, in dessen Mittelpunkt das liberale Paradox steht.[2]

DAS LIBERALE PARADOX ALS AUSGANGSPROBLEM

Hannah Arendt hat registriert, dass die Grenzziehung des Nationalstaates nirgendwo so absolut zu beobachten ist, wie bei der „Emigration, Naturalisierung, Nationalität und Vertreibung" (2008, 278). Mit den Worten von Jon Torpey besitzt der Nationalstaat die Autorität, die „legitimate means of Movement" (1998,

2 Das Verständnis des Begriffs Liberalismus ergibt sich hier aus einer angloamerikanischen Perspektive, bei der die demokratisch-rechtstaatliche Interpretation im Vordergrund steht.

239) zu definieren. So souverän die Nationalstaaten in diesen Fragen in der Theorie agieren, so sind sie doch von Dynamiken beeinflusst, die die Stabilität der nationalen Grenzziehung herausfordern, denn zunehmend überwinden Personen, Kapital und Ideen nationale Staatsgrenzen (Castles, de Haas und Miller 2013).

Wie Nationalstaaten auf Immigration reagieren, ist eine Frage, die viele vertraute Bezugssysteme berührt, unter anderem den Gesellschaftsvertrag, die Bürgerschaft und insbesondere die kollektive Identität. Wer sind wir, wer sind die anderen und vor allem: „Wer gehört zu uns?“ (Bauböck 1996, 7) Vor diesem Hintergrund wirft die Immigration in einem Nationalstaat generell die Frage auf, was erwünschte und unerwünschte Migration ist. Diese Grenzziehung legt zunächst die Frage nahe, für wen die Migration erwünscht bzw. unerwünscht ist und welche Akteure in den Grenzziehungsprozess involviert sind. Diese Arbeit versucht die Frage für den Fall Deutschland zu beantworten. Dabei ist ein liberaler Nationalstaat wie Deutschland keine kohärente Entität und produziert unterschiedliche Erwartungen an die Erwünschtheit bzw. Unerwünschtheit von Migration.

Im Folgenden werden die Facetten eines liberalen Nationalstaats beschrieben, die ich für wichtig erachte, um zu verstehen, wie nationale Grenzen unter aktuellen Problemen zu formulieren sind. Denn wie verschiedene Autoren beobachten, existieren Facetten, die gleichzeitig für eine Politik der Öffnung und für eine Politik der Schließung in liberalen Nationalstaaten verantwortlich sind (Castles 2004; Favell und Hansen 2002; Freeman 1995). Eine Systematisierung der Facetten und die daraus entstehenden konfligierenden Erwartungen in Bezug auf (Un-)Erwünschtheit legt James Hampshire (2013) vor.

Der liberale Nationalstaat ist in erster Linie (a) eine repräsentative Demokratie, (b) eine nationale Gemeinschaft, (c) ein Verfassungsstaat und (d) eine kapitalistische (Wirtschafts-)Ordnung. Aus diesen Facetten resultieren unterschiedliche und zum Teil widersprüchliche Erwartungen an die Erwünschtheit von Migration. Für James Hampshire tendieren die beiden erstgenannten Facetten eher dazu, eine restriktive Politik einzuschlagen, wohingegen die letzten beiden eine Politik der Öffnung nahelegen. Im Folgenden sollen diese vier Facetten genauer betrachtet werden.

Nationalstaaten als kapitalistische Staaten waren und sind grundlegend interessiert an Immigranten und Immigrantinnen als Humankapital. Historisch betrachtet zum einen als Quelle für die Kriegsführung (Tilly 1990) und zum anderen, um dem Kapital günstige Bedingungen für den Profit zu garantieren und damit die Macht eines Nationalstaates durch Einnahmen zu erhöhen (Münch 2009). Im Zuge der wirtschaftlichen Globalisierung ist zudem davon auszugehen, dass Nationalstaaten im Wettbewerb um die günstigsten Kapitalertragsbedingungen verstärkt konkurrieren (Cerny 1997). Aus dieser Perspektive sind Immigranten und Immigrantinnen immer auch Arbeitskraft und werden dementsprechend bewertet und zum Territorium zugelassen.[3] Des Weiteren müssen heute die Menschen als Arbeitskräfte nicht mehr angeworben werden, sondern sie kommen von alleine. Wie einige Wissenschaftler und Wissenschaftlerinnen beobachten, geschieht dies vor allem durch die Vernetzung von Wirtschaftsräumen, wenn ausländische Investitionen oder große Entwicklungsprojekte traditionelle Ökonomien destabilisieren (Massey et al. 1993; Sassen 1999).

Die Arbeitskräfte können allerdings auch „wanted but not welcome" (Zolberg 1987, 36) sein und dies führt zu der Facette der repräsentativen Demokratie. Die Immigranten und Immigrantinnen sind „wanted" als externes Arbeitsangebot, um den Lohn in den heimischen Arbeitsmärkten zu drücken, und um daraufhin den nationalen Arbeitsmarkt kompetitiver gestalten zu können. Gleichzeitig sind sie jedoch auch „not welcome", weil nicht nur alleine funktionale ökonomische Gründe ausschlaggebend in der Bewertung und Regulierung der Immigration sind. Die politische Reaktion auf die Migration ist nicht weniger bedeutsam, wobei die öffentliche Meinung zum Thema Migration hier eine wichtige Rolle spielt. In einer repräsentativen Demokratie konkurrieren Parteien um die Ausübung und Durchsetzung von kollektiv bindenden Entscheidungen und damit gleichzeitig um die Stimmen der Bürger und Bürgerinnen, mit der sich diese Macht legitimiert. Was die Bürger und Bürgerinnen über die Migration denken, beeinflusst die politische Ausrichtung der Parteien. Dabei spielt sich die politische Kommunikation über Themen zur Migration vor allem in den Massenmedien ab, wodurch diese einen gewissen Einfluss haben: „[A]n important power of the mass media, if one that is hard to measure, lies in their abilitly to politicize certain issues while depoliticizing others, and to frame them in ways that make some positions appear more legitimate or feaseable than others" (Hampshire 2013, 6).

Wie noch ausführlich besprochen wird, dominieren dabei negative Rahmungen, wie beispielsweise Kriminalität, Sicherheitsrisiken und Belastung des Wohlfahrtsstaates sowie Überfremdungsängste, unter denen Migration thematisiert wird (siehe Kapitel 2.). Seit den Anschlägen auf das World Trade Center im Jahr 2001 ist das Bedrohungsszenario für die politische Gemeinschaft der Islam. Der muslimische Fremde im Inland wird zum potenziellen Feind. Die Integration

3 Eine genaue Herleitung der Argumente, warum moderne Nationalstaaten strukturell auf migrantische Arbeitskraft angewiesen sind (unter anderem durch die strukturelle Inflation) findet sich bei Massey et al. 1999.

muslimischer Immigranten und Immigrantinnen ist als zentrale Problematik in den Mittelpunkt des medialen Einwanderungsdiskurses gerückt. Das „muslimische Subjekt“ (Tezcan 2012) wird dann zum Gegenstand der Grenzziehung zwischen Mehrheit und Minderheit in den europäischen liberalen Gesellschaften (Koopmans 2014; Koopmans 2015; Korteweg und Yurdakul 2014; Silverstein 2005; Statham und Tillie 2015).

Aus der Betrachtung der ökonomischen und politischen Facetten lässt sich ein erstes Zwischenfazit formulieren: Allgemein gesprochen führt die ökonomische Logik dazu, dass Nationalstaaten keine komplette soziale Schließung nach außen durchführen können. Sie sind strukturell auf Arbeitskräfte angewiesen (Piore 1979). In der politischen Auseinandersetzung kann Migration unter anderem als Belastung oder Bedrohung etikettiert werden, die die politische Gemeinschaft gefährdet. Damit wird grundlegend die Frage aufgeworfen, wie Nationalstaaten die Immigration vor dem Hintergrund steuern, dass eine gewisse politische Schließung nach außen erforderlich ist, um nach innen integrativ zu wirken, aber gleichzeitig eine Öffnung gewährleisten, um die Effizienz und Effektivität der Koordinationsleistungen des freien Marktes nicht einzuschränken (Freemann 1986). In diesem liberalen Spannungsverhältnis sind die Nationalstaaten gefangen: „States are trapped in a liberal paradox“ (Hollifield 2006, 63). Sie müssen durch den globalen Konkurrenzdruck des Kapitalismus, der die Staaten zu Wettbewerbsstaaten gestaltet, ihre Grenzen für Handel, Investitionen und Migration offen halten (Hollifield 1992). Die Grenzen müssen so formuliert sein, dass für bestmögliche Kapitalertragsbedingungen gesorgt ist, ohne gleichzeitig die politische Gemeinschaft in ihrer Stabilität und Funktion zu gefährden.

Neben dem Spannungsverhältnis der politischen und kapitalistischen Dynamik, welches die Formulierung der nationalen Grenzen herausfordert, hat seit dem Ende des Zweiten Weltkriegs eine soziale Dynamik die Nationalstaaten erfasst, die die Facette der Verfassung hervorhebt. Wie bereits angemerkt, befinden sich Nationalstaaten untereinander in Konkurrenz um knappe Güter und Personen, die ihren Wohlstand maximieren sollen. Zusätzlich konkurrieren Nationalstaaten um *weiche* Güter wie zum Beispiel Aufmerksamkeit, Legitimität und Leistungsprestige (Werron 2012). In einem globalen Horizont beobachten diese sich gegenseitig und werden über den generalisierten Dritten, der die globalen Normen vertritt, beobachtet. Hier ist die internationale Ausweitung der Menschenrechtsnorm von Bedeutung, die Staaten dazu verpflichtet, Immigranten und Immigrantinnen die gleichen zivilen und sozialen Rechte zu gewährleisten, die sie auch ihren Bürgern und Bürgerinnen garantiert (Soysal 1994). Christian Joppke betrachtet den internationalen Menschenrechtsrechtsdiskurs nicht als einen externen Faktor, der die Immigrations- und Staatsbürgerschaftspolitik von

Nationalstaaten limitiert. Vielmehr agieren die Nationalstaaten als eine sich selbst limitierende Souveränität, indem sie die universalistischen Menschenrechte in der Verfassung verankern (Joppke 1998, 270). Diese Normen schränken die Kontrollmöglichkeiten der demokratischen Regierungen für die Regulierung des Eintritts und Aufenthalts von Immigrierenden auf dem nationalen Territorium ein.

Eine Expansion der nationalen Grenzen durch die universalistischen Menschenrechte ist in unterschiedlichen Arenen der Grenzziehung zu beobachten. Beispielsweise lässt sich eine Expansion der Grenze im Zugang zur Bürgerschaft erkennen. Seit dem zweiten Weltkrieg identifizieren diverse Autoren eine Auflösung der Grenzen nach Rasse, Gender, Ethnizität und Religion (Fahrmeir 2007; Kivisto und Faist 2007). Christian Joppke argumentiert, dass die Liberalisierung im Zugang zur Staatsbürgerschaft von einem Menschenrechtsdiskurs unterstützt wird, der gruppenbezogene Ausgrenzung stigmatisiert (Joppke 2005a, 46). In Europa erhält das Individuum nochmals spezielle Anti-Diskriminierungs-Rechte[4], die eine formale Ausgrenzung nach Kriterien unter anderem der Religion, des Geschlechts, der Ethnizität, des Alters, der Behinderung und der Sprache nicht nur illegitim, sondern auch strafbar machen. Das Diskriminierungsverbot der EU verlangt von den EU-Mitgliedsstaaten, Straftaten aktiv zu verfolgen und diese mit einer Höchststrafe von bis zu drei Jahren Freiheitsentzug zu bestrafen (Bleich 2011).

Einige Autoren schlussfolgern daraus, dass die Ein- und Ausgrenzung von Immigranten und Immigrantinnen dann legitim ist, wenn diese mit liberalen Normen übereinstimmt, welche in den Verfassungen der Staaten festgeschrieben sind und die Freiheit und Gleichheit des Individuums schützen (Adamson, Triadafilopoulos und Zolberg 2011). Am Beispiel der ökonomisch nicht erwünschten Migration wird die Bedeutung der liberalen Normen sichtbar. Die Selbstverpflichtung der Nationalstaaten zur Einhaltung der Menschenrechte limitiert den Umgang mit den nicht erwünschten Immigranten und Immigrantinnen:

> „If the interest of capital generates demand for ‚wanted' economic immigrants, liberal norms place limits on what governments can legitimately do in their attempts to restrict ‚unwanted' immigrants – irregular migrants, asylum-seekers and family migrants." (Hampshire 2013, 46)

4 Artikel 14 Diskriminierungsverbot der Europäischen Menschenrechtskonvention und entsprechende Ausweitungen des Antidiskriminierungsverbotes durch EU-Gleichbehandlungsrichtlinien 2000/43/EG, 2000/78/EG, 2002/73/EG, 2006/54/EG, 2004/113/EG.

Zudem werden die liberalen Normen besonders in Europa vor dem Hintergrund der nationalsozialistischen Vergangenheit durch den Menschenrechtsdiskurs überwacht, der offen rassistische Einstellungen sanktioniert und in einigen Fällen kriminalisiert (Bleich 2011). Sowohl in den politischen Institutionen demokratischer Nationalstaaten als auch in den öffentlichen Diskursen setzen die liberalen Normen der Grenzziehung enge Grenzen. Das hat für die Fragestellung, wie nationale Grenzen bei der Konstruktion von Erwünschtheit und Unerwünschtheit bestimmt werden, nun weitreichende Konsequenzen, insbesondere für die Facette der nationalen Gemeinschaft.

Tomas Hammar erinnert daran, dass die Staaten selbst die formale Staatsangehörigkeit mit der Zugehörigkeit zu einer nationalen Gemeinschaft der Nation gleichsetzen: „As the claim of most nation states is that there is a congruence between state and nation, membership in one is taken to mean membership in the other as well“ (Hammar 1990, 37). Das subjektive Gemeinsamkeitsgefühl der Mitglieder einer nationalen Gemeinschaft wird durch die Vorstellung einer gemeinsamen Identität erzeugt, hier die nationale Identität. In Max Webers klassischer Auffassung von Nation als „Idee eines Zusammengehörigkeitsgefühls“ (2005, 529) wird den Menschen in einem Nationalstaat ein „spezifisches Solidaritätsempfinden“ (ebd., 528) unterstellt. Dass es sich dabei um eine Imagination von kollektiver Identität handelt, hebt besonders der Ansatz von Benedict Anderson heraus, dessen spezifische Leistung nicht darin bestand zu sagen, dass nationale Identitäten sozial konstruiert sind, sondern zu fragen, *wie* genau die einzelnen Nationen sich selbst erfinden und wie sie sich darin unterscheiden. Die Nation als eine politische Gemeinschaft wird als „begrenzt und souverän“ imaginiert[5] (Anderson 1983, 15). Die Grundidee von Anderson lautet, dass eine politischen Gemeinschaft erst durch die unterstellte Gleichheit der Mitglieder eine

---

5 Die vollständige Beschreibung dazu, wie sich die Nation erfindet, lautet wie folgt: „*Vorgestellt* ist sie deswegen, weil die Mitglieder selbst der kleinsten Nation die meisten anderen niemals kennen, ihnen begegnen oder auch nur von ihnen hören werden, aber im Kopf eines jeden die Vorstellung ihrer Gemeinschaft existiert. [...] Die Nation wird als *begrenzt* vorgestellt, weil selbst die größte von ihnen mit vielleicht einer Milliarde Menschen in genau bestimmten, wenn auch variablen Grenzen lebt, jenseits derer andere Nationen liegen. [...] Die Nation wird als souverän vorgestellt, weil ihr Begriff in einer Zeit geboren wurde, als Aufklärung und Revolution die Legitimität der als von Gottes Gnaden gedachten hierarchisch-dynastischen Reiche zerstörten. [...] Schließlich wird die Nation als Gemeinschaft vorgestellt, weil sie, unabhängig von realer Ungleichheit und Ausbeutung, als ‚kameradschaftlicher' Verbund von Gleichen verstanden wird.“ (Anderson 1983, 15, 16-17; Hervorhebungen im Original)

gewisse Harmonie der Interessen entwickelt, „die die demokratische Willensbildung befördert“ (Bös und Schraml 2009, 101). Für Armin Nassehi besteht die Funktion der nationalen Semantiken darin, den Verlust von identitätsverbürgenden Weltbildern zu kompensieren und die mit dem Modernisierungsprozess verbundenen Integrationskrisen abzumildern (1999, 190). Eine Funktion, die an Aktualität nichts verloren hat. Neuere Forschungen heben nochmals explizit die Bedeutung der nationalen Identität für die Sinngebung heraus, welche eine Welt in ständiger Bewegung einklammert und so stabile Realitätskonstruktion erlaubt (Calhoun 2007; Skey 2013). Die gemeinsame Auffassung vieler Forscher zum Thema Nationalismus und Demokratie lautet, dass jede noch so zivil ausgerichtete Nation im Kern auf gemeinsam geteilte kulturelle Identität angewiesen ist (Brubaker 2004; Joppke 2005a; Marx 2003; Miller 2000; Smith 1987; 1998, siehe auch dazu die Diskussion bei Orgad 2015, 205ff.). Die Solidarität unter den Bürgern und Bürgerinnen ist eine notwendige Voraussetzung für die Funktion einer politischen Gemeinschaft (Offe und Preuss 1991) und sie ist damit in erster Linie eine begrenzte Solidarität.

Die Beanspruchung der Nation als ein intrinsischer Wert für eine funktionierende Demokratie ist zugleich eine umstrittene Position (Hjerm 2007). Diese Basisannahme eines geteilten Wertehorizonts, in dem sich dann die integrative Solidarität der Bürger und Bürgerinnen untereinander widerspiegelt, gilt als gewagte These. Die schärfsten Kritiker sahen sie als ein Relikt alteuropäischer Denkweisen, die weiterhin am Ordnungsideal der res publica festhält (Luhmann 1965). Generell lässt sich bis heute konstatieren, dass ein Zusammenhang zwischen partikulären nationalen Gemeinschaftsvorstellungen und politischen Bürgerschaftsmodellen nach wie vorher umstritten ist (eine kritische Diskussion liefert Arash Abizadeh 2002).

Das grundsätzliche Problem, das dem nationalen Argument anhaftet, ist die Frage, ob die Kultur, die Individuen mit Sinn ausstattet, eine distinkte nationale Kultur sein muss; schließlich wären Vorstellungen einer universellen Kultur ähnlich sinnstiftend (Patten 1999). An dieser Stelle ist es hilfreich, die Funktionslogik des politischen Systems zu thematisieren. Zur Herstellung von Loyalität und Entscheidungsgewalt inkludiert die nationale Politik die Menschen und ordnet sie eindeutig einem Nationalstaat zu (Bommes 1999).[6] Armin Nassehi greift die-

6 Der Nationalstaat bietet als Gegenleistung eine legale, politische und soziale Sicherheit für die Mitglieder der Gesellschaft. Damit wird gleichzeitig darauf hingewiesen, dass Individuen, die nicht zu einem gegebenen Nationalstaat gehören, von den Rechten und Pflichten ausgeschlossen sind, aber dadurch erste selbige für die Mitglieder garantiert werden können (Bosniak 2006).

sen Gedanken weiter auf (Nassehi 1999; Nassehi 1990). Die kollektiv bindenden Entscheidungen der Politik sind auf eine Adressierung angewiesen. Die Zurechenbarkeit und Sichtbarkeit wird dann durch eine Gemeinschaftssemantik erreicht, wie zum Beispiel die der Nation, der nationalen Identität oder des Volkes. Somit ist die Vergemeinschaftung sozusagen eine Voraussetzung gelingender politischer Entscheidungen.[7] Damit ist noch keine Form angesprochen, wie die Gemeinschaft sozial konstruiert wird, aber ihre Partikularität ist das entscheidende.

Gerade die Migrationspolitik wurde von Nationalstaaten als ein Mittel benutzt, um eine bestimmte partikuläre nationale Identität zu fördern (Zolberg 2006). Die paradoxe Funktion von fremden Migranten und Migrantinnen besteht eben darin, dass sie Selbstidentifikationen gestatten (Hahn 1994). Der Preis dieser Grenzziehung ist die potenzielle Marginalisierung und (symbolische) Ausgrenzung derjenigen Individuen, die auf dem Territorium nicht zur nationalen Gemeinschaft zugehörig sind.

Dieser Prozess der distinkten Konstruktion von nationalen Gemeinschaften wird durch die beschriebenen Herausforderungen des Universalismus erschwert. Demnach wird das bereits formulierte Spannungsverhältnis der ökonomischen Öffnung und politischen Schließung (Bommes und Thränhardt 2010) um ein Grundproblem erweitert bzw. erlangt erst jetzt den Status eines fundamentalen Widerspruchs: Ich argumentiere, dass sich das liberale Paradox vielmehr aus der „Konkurrenzbeziehung“ (Habermas 1992, 123)[8] zwischen dem Universalismus der Menschenrechte und dem Partikularismus eines Nationalstaats ergibt. Nationalstaaten sichern sich ihre Legitimität zunächst gegenüber ihrer eigenen Bevölkerung, wenn sie die Bürgerrechte einhalten. Diese stehen jedoch in einer prekären Beziehung zu den Menschenrechten und andersherum. Menschenrechte besitzen ohne die Einbindung in die demokratisch vollzogene Gesetzgebung des Nationalstaates keine Geltung. Allerdings verweisen die partikulären Bürgerrechte auf die Menschenrechte, um ihrer Geltung Legitimität zu verleihen. Damit stehen Nationalstaaten vor dem Problem, eine partikuläre, nationale und souveräne Gemeinschaft in einem universalistischen Diskurs zu formulieren (Benhabib 1999). Der Universalismus erfordert eine gleiche bzw. parteilose Behandlung aller Menschen auf der Welt, während das demokratische Prinzip der nationalen

7 Eine umfassende Rekonstruktion der Verabschiedung und Wiederentdeckung von nationalen Selbstbeschreibungen in der Systemtheorie liefert eindrucksvoll Katja Jung (2010).

8 Die Diskussion der reflexiven Verbindung der Menschenrechte mit der Volkssouveränität durch das Diskursprinzip muss an dieser Stelle außen vorgehalten werden.

Souveränität die Gleichheit zugunsten einer politischen Gemeinschaft einschränkt. Es ist schwierig zu rechtfertigen, wer Mitglied und wer nicht Mitglied einer souveränen politischen Gemeinschaft ist, ohne Referenz auf partikuläre Mitgliedschaftskriterien, die jedoch durch den liberalen Universalismus infrage gestellt werden.

Dieses fundamentale Spannungsverhältnis (liberale Paradox) ist und bleibt Gegenstand umfangreicher Debatten in der politischen Philosophie (siehe Abizadeh 2008; Carens 1987; Miller 2009; Walzer 2006). Auch fernab der akademischen Debatten ist das liberale Paradox sehr gut bei den massenmedialen politischen Auseinandersetzungen um das Recht auf Grenzkontrolle in der „Migrationskrise 2015-2016" zu beobachten. Die daraus abgeleitete Problemstellung für die nationalen Grenzziehungen lässt sich wie folgt formulieren: Der liberale Staat ist ein Nationalstaat und seine Staatsgrenzen sind vor allem distinkte soziale und symbolische Grenzen und können schwer mit dem Universalismus der Menschenrechte vereint werden. Die Einhaltung und Einforderung liberaler universalistischer Prinzipien führt für den Nationalstaat – als eine imaginierte Gemeinschaft – zu einem Grenzziehungsproblem. Wie kann eine politische Gemeinschaft eine distinkte (symbolische) Grenze unter gleichzeitiger Beibehaltung universalistischer Werte der Freiheit und der Gleichheit produzieren, die eine offene diskriminierende Ein- und Ausgrenzung in die politische Gemeinschaft delegitimieren (Joppke 2010; Joppke 2005a)? Unter den Bedingungen des liberalen Paradoxes ist die Grenzziehung mehr denn je erklärungsbedürftig. Gleichzeitig erlaubt das liberale Paradox, den Blick für die Grenzziehung zu schärfen. Vor diesem Hintergrund lautet daher die empirische Fragestellung der Arbeit: Wie werden im deutschen Einwanderungsdiskurs die erwünschten und unerwünschten Immigrierenden sozial konstruiert?

Zum Abschluss der Erläuterung des Ausgangsproblems soll nochmals auf den Aspekt der konfligierenden Erwartungen eingegangen werden, die aus den Facetten resultieren und bisher bei der Grenzziehung gegenüber Immigranten und Immigrantinnen nur unzureichend bedacht worden sind. Auf der einen Seite ist es wichtig, in den Worten von Max Weber die Eigengesetzlichkeiten der unterschiedlichen Wertsphären der vier Facetten zu erkennen. Beispielsweise definiert der kapitalistische Staat die Erwünschtheit nach ökonomischer Verwertungslogik. Auf der anderen Seite stehen die Wertsphären in einer kompetitiven Auseinandersetzung um die „Durchsetzung der legitimen Weltsicht" (Bourdieu 1992, 147). Das bedeutet zum einen, dass soziale Situationen durch eine Pluralität von Wertigkeiten gekennzeichnet sind und zum anderen, dass jede einzelne Wertigkeit für sich alleinige Geltung beansprucht, eine vollständige Handlungsgrammatik für die Akteure zu sein. Damit besitzen die Wertigkeiten einen konkurrierenden Anspruch, Grundlage für die Bewertung von erwünschter und unerwünschter Migration zu sein. Diese heterogenen Wertigkeiten innerhalb eines Nationalstaates (siehe dazu Bonikoswki 2016) müssen bei der Beantwortung der Forschungsfrage berücksichtigt werden.

Das Beispiel Religion verdeutlicht das Paradox ansprechend: Die Grenzziehungen in Europa verlaufen laut Aristide Zolberg und Litt Woon entlang der sozialen Kategorie der Religion (1999). Die Grenzen zwischen Muslimen und Mehrheitsgesellschaft sind in klaren Formen gezogen (Korteweg und Yurdakul 2009). Grundsätzlich ist es plausibel anzunehmen, dass die europäischen nationalen Gemeinschaften die muslimische Religion zunehmend als das (il-)liberale Andere betrachten. Es sind vor allem Muslime, die von den aktuellen Integrationspolitiken der europäischen Nationalstaaten adressiert werden (Mügge und van der Haar 2016). Anderseits weisen die Arbeiten von Sean Mcloughlin (2005) und Riva Kastoryano (2002) darauf hin, dass Islamophobie in Europa in öffentlichen Auseinandersetzungen um Immigration stigmatisiert ist. Die negative Klassifikation der Muslime sind abwertende Zuschreibungen, die im Kontext der öffentlichen Auseinandersetzung um die Ein- und Ausgrenzung von Immigranten und Immigrantinnen einer Kritik und einem Rechtfertigungszwang ausgesetzt sind. Gerade unter dem gewachsenen Einfluss von promigrantischen Organisationen auf das Framing von öffentlichen migrantischen Themen ist die Grenzziehung durch religiöse Merkmale mehr denn je prekär geworden (siehe Kapitel 2).

Ganz grundlegend und zugleich konkret sind damit Probleme angesprochen, wie liberale Nationalstaaten heute in einem legitimen Diskurs Grenzen zwischen erwünschten und unerwünschten Immigrierenden ziehen und wie Zugehörigkeiten in der Öffentlichkeit verhandelt werden (Adamson, Triadafilopoulos und Zolberg 2011; Brubaker 1995; Joppke 2005a; Tebble 2006). Es kommt also darauf an, den Prozess der Aushandlungen von Kategorisierungen und Legitimierungen von Grenzen besser zu verstehen. Die empirische Analyse muss zeigen, welche Merkmale in die Kategorisierungs-, Kodifizierungs- und Klassifizierungsarbeit bei der Repräsentation der erwünschten und unerwünschten Migration einfließen.

FORSCHUNGSANSATZ

Die Analyse der sozialen Konstruktion von Erwünschtheit/Unerwünscheit kann in unterschiedlichen Arenen der Grenzziehung thematisiert werden. Grundsätzlich wird sich der analytischen Trennung von sozialen und symbolischen Grenzziehungen angeschlossen (Lamont und Molnár 2002). Symbolische Grenzen sind Unterscheidungen, die Menschen vollziehen, wenn sie versuchen, die soziale Welt sinnhaft zu kategorisieren. In der Herstellung von gemeinsam geteilten Kategorien zwischen den Menschen wird eine soziale Wirklichkeit etabliert. Die Analyse von symbolischen Grenzziehungen erlaubt es, die sozialen Relationen zwischen Individuen, Gruppen, Gemeinschaften etc. zu verstehen. Es ist in der Soziologie allgemein anerkannt, dass kollektive Identitäten durch die soziale Konstruktion von Grenzen zwischen Mitgliedern und Nicht-Mitglieder produziert werden (Barth 1969). Die soziale Welt wird durch die Grenze in ein vertrautes Innen und ein unbekanntes Außen differenziert. Die symbolischen Grenzen zwischen dem Innen und Außen konstruieren dann Gefühle der Zugehörigkeit zwischen Menschen, Gruppen, Gemeinschaften etc. Letztendlich können mit der Analyse der symbolischen Grenzziehungen Prozesse der sozialen Schließung bzw. der sozialen Öffnung beschrieben werden. Soziale Grenzen werden hier definiert als „objectified forms of social differences manifested in unequal acess to and unequal distribution of resources (material and nonmaterial) and social opportunities“ (ebd., 168). Die Unterscheidung zwischen den symbolischen und den sozialen Grenzziehungen lässt sich am Grad der Institutionalisierung der Kategorisierungen ausmachen. An dieser Stelle wird sich jedoch nicht weiter mit den „Wesensmerkmalen der Institutionalisierung“ (Berger und Luckmann 1969, 84) beschäftigt; stattdessen wird aus dem aktuellen Stand der Forschung zu den sozialen und symbolischen Grenzziehungen der Forschungsansatz abgeleitet.

Die soziale Grenzziehung kann unter anderem durch die Entwicklung der Staatsbürgerschafts- und Immigrationsgesetzgebung konzeptuell und empirisch beschrieben werden. Hier führt die Befragung der umfangreichen Forschungsliteratur zu einem ambivalenten Ergebnis, in dem der Liberalismus die zentrale Rolle spielt. Einerseits kann die Verwendung von liberalen Normen grundsätzlich als fortschrittliche Entwicklung gelesen werden, die auch zur größeren Inklusivität in der nationalen Gemeinschaft führte (Freeman 1995; Hollifield 1992; Joppke 1998; Soysal 1994) – letztendlich zu einer Ausdehnung der Grenzen. Das eindringlichste Beispiel ist die bereits angesprochene Liberalisierung der Staatsbürgerschaft (Isin und Turner 2007). Anderseits wird in den letzten zehn Jahren vermehrt die Rolle des Liberalismus bei der exklusiven Grenzziehung thematisiert (Adamson, Triadafilopoulos und Zolberg 2011; Fekete 2006; Joppke 2005). Zudem wurden die sozialen Grenzziehungen des liberalen Staates mit der expliziten Brücksichtigung des liberalen Paradoxes vermehrt Gegenstand umfangreicher empirischer Forschungen. Die Ergebnisse des Sonderforschungsbereichs 597 „Staatlichkeit im Wandel“, getragen von der Universität Bremen, der Jacobs University Bremen sowie der Universität Oldenburg, zeigen, dass der Nationalstaat auf das liberale Paradox reagiert. Eine simultane Offenheit und Geschlossenheit wird garantiert, indem die Grenzen selektiver konstruiert werden (Mau et al. 2012). Das Recht auf Bewegung für Menschen über Grenzen hinweg ist insbesondere für diejenigen ein Recht, die die erwünschten Fähigkeiten und Fertigkeiten besitzen: „Skills and qualification as a passport to mobility." (Ebd., 143) Ungleiche Mobilitätsrechte unter anderem in Form von Visa-Erleichterung sind die Konsequenz.

Was allerdings weniger in den empirischen Analysen berücksichtigt wird, ist die Untersuchung der symbolischen Grenzziehungen in den öffentlicher Debatten unter den Bedingungen des liberalen Paradoxes. Die öffentlichen Debatten stehen in dieser Arbeit im Fokus, weil sich die relevante Forschungsliteratur bisweilen hauptsächlich auf die Erörterung der sozialen Grenze, mit anderen Worten die Staatsbürgerschaftspolicies (Howard 2009; Janoski 2010; Koopmans, Michalowski und Waibel 2012) und Integrationsspolicies (Banting und Kymlicka 2013; Goodman 2010; Joppke 2007) fokussiert[9], die beispielsweise in Indices[10] kategorisiert und bewertet werden. Allerdings werden explizit öffentliche Debatten bei der Analyse des liberalen Paradoxes selten mit einbezogen (eine Ausnahme bleiben die Studien von Koopmans et al. 2005; Helbling 2013). Dies ist insofern bemerkenswert, weil in der Arbeit argumentiert wird, dass öffentliche Debatten ein ideales Forschungsfeld sind, um die Auseinandersetzungen der Wertigkeiten genauer zu adressieren. Gerade in öffentlichen Arenen werden kollektive Gemeinschaftsvorstellungen diskutiert (Koopmans 2005) und öffentliche Debatten konstruieren eine Arena für die „Visibility, Agenda-setting and Framing" (Bleich, Bloemraad und de Graauw 2015) politisch relevanter Themen und Akteure. Mit anderen Worten: „[T]opics that are not reported in the media are not likely to be relevant to the public debate" (Helbling 2013, 29).

Die symbolischen Grenzziehungen lassen sich bei dem Phänomen der Migration in einen liberalen Nationalstaat auch hier in diversen gesellschaftlichen Bereichen beobachten. Es muss also weiter spezifiziert werden. In Anlehnung an die Studie „Die Einhegung des Anderen" (Eder, Rauer und Schmidtke 2004a, 36) können vier Arenen der Konstruktion symbolischer Grenzen abgesteckt werden, in denen symbolische Klassifikationen stattfinden. Grundsätzlich kann zwischen Face-to-Face-Interaktionen und der Anwesenheit eines beobachtenden

9 Einen umfassenden Überblick zur aktuellen Citizenship- und Integrationspolitik der westeuropäischen Staaten liefert Goodman (2014).

10 Beispielsweise Migrant Integration Policy Index (MIPEX), Citizenship Policy Index (CPI), International Migration Policy and Law Analysis (IMPALA); zur Diskussion der Indices siehe Goodman (2015) .

Dritten in der Öffentlichkeit unterschieden werden. Zusätzlich kann zwischen der An- und Abwesenheit von Alter bei der symbolischen Grenzziehung differenziert werden. Folglich ergeben sich vier Situationen: (a) die private lebensweltliche Grenzziehung zwischen Alter und Ego, (b) die private monologische Grenzziehung ohne Alter, (c) die öffentliche Debatte, in der Alter mit Ego Deutungskämpfe um die symbolischen Grenzen führt und (d) die öffentliche Debatte, in der Ego die Definitionsmacht zur Grenzziehung durch die Abwesenheit von Alter hat. Diese Arbeit beschäftigt sich mit den Deutungs- und Klassifikationskämpfen in den öffentlichen Debatten mit der Anwesenheit von Alter, weil gerade die Konflikthaftikeit der Kategorisierung und Evaluierung der Migration im Vordergrund steht. Mithilfe der wissenssoziologischen Diskursanalyse nach Reiner Keller (2011b) analysiere ich, wie sich das Phänomen der erwünschten und unerwünschten Immigranten und Immigrantinnen im Zeitraum von 2008 bis 2014 im deutschen Einwanderungsdiskurs konstituiert. Das heißt, es muss rekonstruiert werden, auf welches Wissen bei der Differenzierung zurückgegriffen wird, wenn zwischen erwünscht und unerwünscht differenziert wird, und inwiefern dieses Wissen in Klassifikationsskämpfen als legitim anerkannt wird. In den Kapiteln 2 und 3 wird diese Forschungsperspektive umfassend entwickelt.

An dieser Stelle sollen konzeptuelle Überlegungen aus der Literatur angesprochen werden, die dabei helfen, konkretere empirische Forschungsfragen abzuleiten. Im Fokus stehen Ansätze, die eine Grenzverschiebung bzgl. der Ein- und Ausgrenzung identifizieren, die dann als eine Reaktion auf das liberale Paradox interpretiert wird. Rogers Brubaker diskutiert beispielsweise die Beobachtung, dass die religiöse Vielfalt durch den demokratisch-liberalen verfassten Staat geschützt wird, aber gerade die Pluralität von Sprachen in einer politischen Gemeinschaft oft auf wenige Sprachen eingeschränkt ist:

> „Religious tests for access to goods and opportunities are nearly unthinkable in liberal states, while linguistic tests and qualifications are seen as routine and legitimate [...] States must massively privilege a particular language or small set of languages; they need not massively privilege any particular religion, even if complete religious neutrality is impossible.“ (Brubaker 2014, 21)

Brubaker interpretiert diesen Vorstoß im Kontext des „Return of Assimilation“ (2001), der besagt, dass Nationalstaaten wieder einen stärkeren Fokus auf die Anpassung der Immigranten an die Mainstream-Kultur und die politischen Normen der Ankunftsgesellschaft legen. Zum einen hat der Nationalstaat ein Interesse daran, den Erwerb der Sprache zu fördern, weil dadurch in erster Linie die ökonomische Integration in den Arbeitsmarkt gelingt und so die Immigranten und Immigrantinnen weniger abhängig von Sozialleistungen sind. Zum anderen hat Sprache eine unmittelbare Funktion: Sie sichert die Partizipation in verschiedenen unabhängig voneinander operierenden sozialen Systemen wie Wirtschaft, Politik, Bildung usw.: „Public life – including public discourse, administration, law, courts, education, media and public signage – operates not just in and through language in general, but in and through a particular language or small set of languages“ (Brubaker 2014, 9). Ist also die Sprache ein dominantes Merkmal zur Ein- und Ausgrenzung von Immigrierenden geworden, das andere Merkmale wie beispielsweise Religion überlagert? Dominiert damit die ökonomische Bewertung der Immigrierenden (Spracherwerb ermöglicht besser Arbeitsmarktintegration) die „Passung“ in das Zugehörigkeitsgefühl der nationalen Gemeinschaft? In diesem Fall wäre die Grenzziehung eine Forcierung des „ökonomisch-rationalen Codes“ (Eder 2004, 286). Inwiefern die ökonomische Evaluierung und Kategorisierung im Kontext der Menschenrechte und der Anti-Diskriminierung für die Grenzziehung funktional ist, bleibt eine empirische Frage. Anderseits ist die Differenzproduktion des „ökonomisch-rationalen Codes“ gerade unter dem Einfluss der Menschenrechte für eine distinkte partikuläre Vergemeinschaftung fragwürdig. Es muss also auch hier empirisch geklärt werden, inwiefern sich darüber eine distinkte nationale Gemeinschaft konstruieren lässt. In dieser Thematik sind Ansätze weiterführend, die diskutieren, inwiefern sich Wertigkeiten überlappen, indem das Ökonomische als eine ethnisch-nationale Grenze konstruiert wird. Die Sprache würde damit zu einem neuen kulturellen Nationalismus beitragen (Aumüller 2009).

Eine weitere konzeptuelle Überlegung jenseits der Diskussion über die Rückkehr einer neuen kulturellen Assimilation betont die Unterscheidung von Mobilität vs. Migration (Faist 2013; Faist und Ulbricht 2015). Erwünschte Immigranten und Immigrantinnen werden tendenziell eher als mobile Humankapitalträger wahrgenommen und „migration friendly“ behandelt. Unerwünschte Immigranten und Immigrantinnen hingegen werden als Migration wahrgenommen, die im deutschen Einwanderungsdiskurs unter dem vermeintlich defizitären Zusammenhang von Migration und Integration besprochen wird, welcher eng an hochgradig moralisierte Debatten um „soziale Probleme“ gekoppelt ist. Die Kategorisierung der Migranten und Migrantinnen als Problem und die der Mobilen als Gewinn kann als eine (symbolische) Hierarchisierung der grenzüberschreitenden Bewegung interpretiert werden. Aus diesen konzeptuellen Überlegungen kann eine empirisch zu prüfende Forschungsfrage abgeleitet werden: Existiert tendenziell eine Migrationsblindheit für hochqualifizierte Immigranten Immigrantinnen im Einwanderungsdiskurs von modernen liberalen Nationen? Hier wäre für den Nationalstaat die Differenzierung Migrant/Nicht-Migrant weitestgehend unerheblich und demzufolge handelt es sich um ein *un-making* der Differenz (Wimmer 2008). Wohingegen bei den Niedrigqualifizierten weiterhin ein *making* in der Unterscheidungspraxis von Migrant/Nicht-Migrant wahrzunehmen ist.

Die Analyse der symbolischen Grenzen im Einwanderungsdiskurs ist das empirische Hauptanliegen der Arbeit. Darauf aufbauend wird sich jedoch auch mit der Beschreibung der sozialen Grenzziehung auseinandergesetzt, unter anderem weil in der Literatur Zusammenhang zwischen der sozialen und symbolischen Grenzziehung angenommen wird. Allgemein heißt es in den Arbeiten zu Grenzziehungen, dass symbolische Grenzen eine hinreichende, aber nicht notwendige Bedingung für die Existenz von sozialen Grenzen sind: „Only when symbolic boundaries are widely agreed upon can they take on a constraining character [...] [and] become social boundaries“ (Lamont und Molnár 2002, 168). Symbolische Grenzen können die sozialen Grenzen aufrechterhalten, normalisieren, bestärken und rationalisieren. Andererseits können symbolische Grenzen von Akteuren verwendet werden, um soziale Grenzen zu kritisieren und umzugestalten. Somit ist das zweite wesentliche Ziel der Arbeit, das Verhältnis zwischen der sozialen und symbolischen Grenzziehung zu beschreiben. Nicht aus einem kausalen Verständnis heraus, sondern vielmehr anhand der Beschreibung der Merkmale der Differenzierung bei der symbolischen und sozialen Grenzziehung. Dementsprechend versteht sich diese Arbeit auch als ein Beitrag zum besseren Verständnis des Verhältnisses von symbolischer und sozialer Grenzziehung.

DER FALL DEUTSCHLAND

Ich argumentiere, dass sich insbesondere am deutschen Fall die liberale Ein- und Ausgrenzung darstellen lässt. Deutschland ist ein Role-Modell für liberale Grenzziehungen. Die Arbeit wird daher die Forschungsfrage am Beispiel Deutschlands beantworten. Der Fall Deutschland wird einerseits durch die Analyse des liberalen Paradoxes und andererseits aus der Betrachtung des Verhältnisses der sozialen und symbolischen Grenzziehung interessant. Bezüglich ersterem ist bekannt, dass das „Inkompatibilitätsproblem“ zwischen universalistischen und partikularistischen Definitionen der nationalen Gemeinschaft den deutschen Einwanderungsdiskurs kennzeichnet (Eder, Rauer und Schmidtke 2004b, 287). Mit den Worten von Oliver Schmidtke: „The liberal Paradox has become an important feature of public debate“ (Schmidtke 2008, 99). Wie dieses allerdings verhandelt wird, ist eine offene Forschungsfrage. Die symbolischen

Grenzziehungen knüpfen selbstredend an vergangene Auseinandersetzungen um die Definition von erwünschter und unerwünschter Migration an (Alba 2005). An dieser Stelle soll kurz begründet werden, warum aber gerade die Auseinandersetzung in Deutschland gut zu beobachten ist.

Michel Foucault beschrieb West-Deutschland in der Nachkriegszeit als einen Sonderfall (Foucault 2006; 2010). Die Gründer der Bundesrepublik Deutschland standen vor dem Problem der Erfindung einer demokratischen Nation, die aber nicht von einem allgemeinen demokratischen Willen in der Bevölkerung profitieren konnte. Auch war es nicht möglich, die Narrative aus der vergangenen NS-Identität zu übernehmen, die vor allem auf einer rassistischen Identitätsbildung fußte. Foucault schrieb den Gründervätern des neuen Staates eine gewisse Finesse zu (Ruoff 2007). Die Ordoliberalen unter dem späteren Bundeskanzler Ludwig Erhard begründeten die nationale Identität der neuen Bundesrepublik auf der Grundlage der wirtschaftlichen Freiheit. Dementsprechend argumentiert Foucault, dass der neue deutsche Nationalstaat ein „radikal ökonomischer Staat" ist (Foucault 2010, 162). Mehr noch: „Die Wirtschaft erzeugt die Legitimität für den Staat, der ihr Garant ist" (Ebd., 160). So ist die Frage, was einen guten deutschen Bürger/gute deutsche Bürgerin und einen wünschenswerten Migranten/eine wünschenswerte Migrantin qualifiziert, schon mit der Gründung der BRD eng mit der wirtschaftlichen Produktivität verbunden. Ein guter Bürger/eine gute Bürgerin ist demnach wirtschaftlich produktiv. Das Narrativ der Wohlstandsentwicklung bietet die Grundlage einer positiven nationalen Identitätskonstruktion West-Deutschlands nach der NS-Zeit und auch als Abgrenzung gegenüber der DDR (Borneman 1992). Zusammen mit dem Schwerpunkt auf kulturelle Leistungen in Literatur, Kunst und Wissenschaft ist die soziale Marktwirtschaft mit dem Slogan *Made in Germany* eine der stolzen Säulen der Identitätskonstruktion in der Phase des Wiederaufbaus der Nation.

Die Frage, wie Deutschland sicherstellt, dass Immigranten und Immigrantinnen sich nicht in irgendeine, sondern in die deutsche Gemeinschaft kulturell integrieren, wird auf der Grundlage der wirtschaftlichen Identität nur schwer zu differenzieren sein. Aus den einfachen Gründen, dass erstens jede Nation den Anspruch hat, eine ökonomisch erfolgreiche Nation zu sein, und zweitens, dass eine rein ökonomische Identitätsbildung nur schwer ein spezifisches Solidaritätsempfinden der Mitglieder in einer nationalen Gesellschaft erzeugt. „Die Teilnahme für die Idee eines Zusammengehörigkeitsgefühls", wie Max Weber schreibt, ist nicht ökonomischen Ursprungs und muss vielmehr „alle einzelnen Arten von Gemeinsamkeits- und Solidaritäts-Empfinden in ihren Entstehungsbedingungen und ihren Konsequenzen für das Gemeinschaftshandeln der Beteiligten entwickeln" (Weber 2005, 677).

Inwiefern nun die ökonomische Identitätskonstruktion gerade die Salienz und die immer wiederkehrenden Debatten über eine ethno-kulturelle Konstruktion der Nation positiv beeinflusst, kann hier nicht geklärt werden – weitestgehend unbestritten ist allerdings, dass diese in den Konjunkturen der Problematisierung und Kulturalisierung, die je nach Bedrohungslage schwanken (Hess 2013), auftreten; siehe dazu die Formulierungen einiger deutscher Universitätsprofessoren im „Heidelberger Manifest" (Nassehi 1995), die kulturellen Anpassungsforderungen der „Leitkulturdebatte" der CDU (Pautz 2005) oder zuletzt die rassistische Definition der Intelligenz und Leistungsfähigkeit „arabisch-stämmiger" Immigranten und Immigrantinnen durch Thilo Sarrazin in seinem Buch „Deutschland schafft sich ab" (Fouroutan et al. 2010).

Wie allerdings ebenfalls bereits bekannt, ist eine ethno-kulturelle Diskriminierung nach wünschenswerten und unerwünschten Immigranten und Immigrantinnen in Deutschland stark eingeschränkt. Wie Eunike Piwoni in der Rekonstruktion des Wandels der deutschen nationalen Identität unter anderem anhand des Historikerstreits, der Vereinigungs- und der Leitkulturdebatte feststellt, wird ein Patriotismus, der sich auf eine weltoffene, pluralistische Nation bezieht, als legitim konstruiert. Demgegenüber ist das emotionale Bekenntnis zu einer Nation, die nach dem ethnischen und kulturellen Kriterium exkludiert, weiterhin illegitim (Piwoni 2012, 283).

Die normative Kraft des Anti-Rassismus ist in Deutschland aufgrund der NS-Vergangenheit stark wirksam, unter anderem durch die deutsche Identitätsfigur des Täters (Giesen und Schneider 2004), dessen Handlungen Verachtung hervorrufen. Offene rassistische Diskriminierungen in den öffentlichen Debatten zur Integration von Immigranten und Immigrantinnen waren rar und wenn, dann wurde sie entsprechend deligitimiert (Faist 1994). Bereits in Gary Freemans Modell einer liberalen Demokratie war die anti-populistische und anti-rassistische Norm eine Grundannahme in der Politik der Immigration (1995). Es scheint, als würde dies für Deutschland stark zutreffen. Eine aktuelle quantitative Inhaltsanalyse von öffentlichen Debatten über Immigrationspolitiken zu den Ländern Österreich, Frankreich, Deutschland, Niederlande, Schweiz und Großbritannien zeigt, dass in der deutschen Debatte die Positionen der Fremdenfeindlichkeit deligitimiert werden (Helbling 2012). Das deutet darauf hin, dass Antidiskriminierung und Menschrechte im öffentlichen Diskurs in Deutschland wirken. Daraus wird an dieser Stelle geschlussfolgert, dass der deutsche Nationalstaat grundsätzlich ein angemessener Fall ist, um die liberale Grenzziehung mit dem liberalen Paradox im Einwanderungsdiskurs zu diskutieren.

Das zweite inhaltliche Kriterium zur Fallselektion ist das angesprochene Verhältnis zwischen der sozialen und symbolischen Grenzziehung. Vor der Staatsbürgerschaftsreform von 1999/2000 wurde die deutsche Staatsbürgerschaft wie folgt beschrieben: „Die deutsche Staatsbürgerschaft beruht auf dem Prinzip der Ausgrenzung und ist ihrem Wesen nach rassistisch, weil sie die fiktive Gemeinschaft kulturell oder blutsbezogen definiert" (Castles 1998, 145). Das ethnokulturelle Verständnis von Staatsbürgerschaft als soziale Grenze hat die symbolische Grenzziehung bestärkt. Bis Anfang der 1990er Jahre konnten sich Politiker in Auseinandersetzungen zum Thema Migration auf die institutionelle Definition von Mitgliedschaft berufen: „The ethno-cultural understanding of membership could be used to reinforce a discourse that portrayed certain groups of guestworkers and asylum seekers as causes of unemployment during economic recession and as welfare cheaters" (Faist 1994, 54). Wie die Analyse noch zeigen wird, hat sich die soziale Grenzziehung zugunsten eines republikanischen Verständnisses von Staatsbürgerschaft gewandelt (Kapitel 5). Inwiefern dieses nun im Verhältnis mit der symbolischen Konstruktion von Grenzen steht, ist eine offene empirische Frage. Ohne in Spekulationen abzudriften, ist auch hier eine Reihe von Szenarien denkbar. Die expansivere soziale Grenzziehung kann sich mit der symbolischen überschneiden und sich gegenseitig bestärken, wie im Fall der ethno-kulturellen Grenzziehung. Anderseits kann die expansive Grenzziehung auch zu einer kontraktiven symbolischen Grenzziehung führen, indem die expansivere integrationsgenierende Funktion von Staatsbürgerschaft restriktivere Grenzziehungen auf anderer Ebene bestärkt.

AUFBAU DER ARBEIT

Nach Einordnung des Themas und Erläuterung der Fragestellung wird nachfolgend die Gliederung der Arbeit kurz vorgestellt. Insgesamt besteht die Arbeit mit der Einleitung und dem Fazit aus sechs Kapiteln, die inhaltlich aufeinander aufbauen. Das eingangs erarbeitete Forschungsproblem wird im zweiten Kapitel aus einer wissenssoziologischen Perspektive diskutiert. Es werden Wissensordnungen über die Immigration in Deutschland aus dem aktuellen Stand der Forschung abgeleitet. Ziel der theoretischen Grundlegung ist es, die Kategorisierungen und Evaluierungen der Migration zu beschreiben und zu verstehen, wie die Immigranten und Immigrantinnen in den unterschiedlichen und konfligierenden Wissensordnungen in erwünschte bzw. unerwünschte differenziert werden. Besonderes Interesse gilt dem Phänomen der Mobilität als in der Wahrnehmung privilegierte Form von Migration. Das dritte Kapitel ist der wissenssoziologischen Diskursanalyse gewidmet. Es legt den methodologischen Grundstein für die empirische Umsetzung der Forschungsarbeit. Mithilfe des Forschungsprogramms der wissenssoziologischen Diskursanalyse nach Rainer Keller (2011b) wird im massenmedialen öffentlichen Diskurs analysiert, wie die erwünschten und unerwünschten Immigranten und Immigrantinnen sozial konstruiert werden. Dies geschieht anhand der Fallkonstruktion und Fallanalyse der „neuen Gastarbeiter" und der „Armutszuwanderung" über den Zeitraum vom 01.01.2008 bis 31.07.2014 in den massenmedialen öffentlichen Debatten. Bei ersteren handelt es sich um die erwünschten Immigranten und Immigrantinnen, bei letzterem um die unerwünschten. Insbesondere die Analyse der „neuen Gastarbeiter" als erwünschte Immigranten und Immigrantinnen ist gewinnbringend, da in der Forschungsliteratur vorwiegend auf die nicht erwünschten Immigranten und Immigrantinnen eingegangen wird.

Die Analyse wird zeigen, dass die (hoch-)qualifizierten mobilen Personen im nationalen Integrationsdiskurs durchaus vergemeinschaftet werden, indem sie vor dem Hintergrund der Erfahrungen mit der damaligen Arbeitsmigration (1955-1973) kategorisiert und evaluiert werden. Das Label der „neuen Gastarbeiter" bezeichnet die mobilen, (hoch-) qualifizierten Zuwanderer, die anders als die erste Generation von Gastarbeitern als problemlos integrierbar wahrgenommen werden. Das im Diskurs wahrgenommene Scheitern des sogenannten „Rotationssystems" der Zuwanderung erweist sich als funktional, um eine legitime Grenzziehung zwischen erwünschten und unerwünschten Immigranten und Immigrantinnen zu konstruieren. Mit dem Fall der „neuen Gastarbeiter" kann zum einen demonstriert werden, dass das Maß an Bedeutung (sozialer Status), welches den erwünschten Immigranten und Immigrantinnen im Diskurs zugeschrieben wird, primär am Klassenmerkmal (Beruf, Einkommen, Ausbildung) festgemacht wird. Zum anderen zeigt der Fall, wie mit universellen Werten der Leistung eine partikuläre Vergemeinschaftung realisiert wird.

Der Fall der „Armutszuwanderung" legt dar, wie die unerwünschten Immigranten und Immigrantinnen in einem legitimen Diskurs ein- bzw. ausgegrenzt werden. Das Differenzierungsmerkmal orientiert sich wie im Fall der „neuen Gastarbeiter" auch hier am Merkmal der Klasse und die Kulturalisierung der Armutszuwanderer als Roma nimmt im Lauf der Debatte ab. Die Analyse zeigt damit, wie wandelbar öffentliche Debatten zu Einwanderungsfragen sein können. Die Fälle offenbaren aber auch, dass das Differenzierungsmerkmal der Klasse, durch welches Immigranten und Immigrantinnen primär im Einwanderungsdiskurs bewertet werden, ein Medium ist, um kulturelle unerwünschte Immigranten und Immigrantinnen legitim auszuschließen.

Im fünften Kapitel schließlich werden die Debatten zur sozialen Grenzziehung beschrieben und eine Interpretation selbiger bezüglich der Konstruktion von erwünschten und unerwünschten Immigranten und Immigrantinnen geliefert. Die Analyse fokussiert sich auf die Staatsbürgerschaftsreform von 1999/2000, das Zuwanderungsgesetz und die Implementierung von Integrationsmaßnahmen. Die Rekonstruktion dieser Debatten dient nicht nur dem Ziel, im weiteren Verlauf überhaupt das Verhältnis zwischen der sozialen und symbolischen Grenzziehung verdeutlichen zu können, sondern auch dazu, die symbolische Grenzziehung in den politischen Kontext einzuordnen. Insgesamt soll die Arbeit mit dieser Fallbetrachtung also empirische Antworten auf die beschriebene Frage der paradoxen liberalen Grenzziehung geben und das Verhältnis zwischen der sozialen und symbolischen Grenzziehung beschreiben. Die Arbeit schließt im letzten Kapitel mit einer Zusammenfassung und einem Ausblick.

Ein- und Ausgrenzung von Immigranten und Immigrantinnen aus wissenssoziologischer Perspektive

In der Einleitung wurden vier konfligierende Facetten benannt, die ausschlaggebend für die Kategorisierung und Evaluierung von erwünschter und unerwünschter Immigration sind. Diese vier Facetten werden in der vorliegenden Arbeit als *Wissen über Migration* verstanden. Aus dieser Perspektive heraus beschäftigt sich ein wissenssoziologischer Ansatz also „mit der Entstehung, Verbreitung, Verwendung und Bewahrung“ dieses Wissens (Kneer 2010, 707). Zudem wird jede einzelne Facette als eine *Wissensordnung über Migration* aufgefasst, anhand derer Akteure, die sich auf dieses Wissen beziehen, eine Evaluierung und Kategorisierung der Immigranten und Immigrantinnen vornehmen. Demzufolge bezeichnet Wissensordnung „ein komplexes Arrangement diskursiver, institutioneller und kulturell stabilisierter sowie sozial anerkannter Wissenshierarchien und Grenzziehungen“ (Wehling 2007, 699). Diese wissenssoziologische Forschungsperspektive erlaubt es, den Prozess der Kategorisierung und Legitimierung ins Zentrum der Analyse zu stellen, um so mehr über die konfliktuelle (Be-)Wertung von Immigranten und Immigrantinnen zu erfahren (Lamont 2012). Mit diesem Forschungsansatz wird in der Arbeit untersucht, welches Wissen in die Evaluierung und Kategorisierung der Migration einfließt.

Ferner wird eine Kategorie in Anlehnung an Charles Tilly wie folgt definiert: „A category consists of a set of actors who share a boundary distinguishing all of them from and relating all of them to at least one set of actors visibly excluded by that boundary.“ (Tilly 1998, 62) Kategorien sind damit relational und konstituieren sich durch Grenzen. Beispielsweise schließt die Kategorie *Frau* den *Mann* aus, konstruiert sich aber gleichzeitig durch ebendiesen Ausschluss. Die Betrachtung der Kategorisierung bei der Konstruktion von erwünschten und unerwünschten Immigranten und Immigrantinnen wird dementsprechend durch folgende Punkte soziologisch relevant: Erstens produzieren anerkannte Kategorien eine soziale Ordnung, indem die Kategorien die Immigranten und Immigrantinnen zuordnen, abgrenzen und Beziehungen herstellen. Die Grenzziehungen haben dann beispielsweise einen signifikanten Einfluss auf das Zugehörigkeitsgefühl der Immigranten und Immigrantinnen gegenüber der neuen politischen Gemeinschaft (Simonsen 2016). Zweitens enthalten Kategorien eine Wertigkeit, die die Immigranten und Immigrantinnen sozial stratifiziert (Massey 2007). Damit ist die Klassifizierung grundsätzlich verbunden mit Vorstellungen sozialer Ungleichheit (Tilly 1998). Jene Stratifizierung wird laut Douglas Massey durch zwei wesentliche Mechanismen vollzogen: „[T]he allocation of people into social categories, and the institutionalization practices that allocate resources unequally across these categories." (Ebd., 5ff) Für diese Arbeit wird sich auf den ersten Mechanismus fokussiert, denn es ist die Zuordnung von Menschen in soziale Kategorien, die eine unterschiedliche Wertigkeit besitzen („categorical unequal", Massey 2007) und damit dauerhafte soziale Ungleichheiten („durable inequalities", Tilly 1998) produzieren. Pierre Bourdieu erinnert darin, dass sich das Wort Kategorisierung vom latainischen Wort *kathegorein* herleitet, welches die Anschuldigung in aller Öffentlichkeit bezeichnet (1989, 21). Die bereits angesprochene Hierarchisierung der Kategorien Mobilität und Migration entsteht dann, wenn Akteure im öffentlichen Einwanderungsdiskurs bestimmte Migranten und Migrantinnen als höherwertig klassifizieren als andere. Die Analyse muss jedoch dann zeigen, wie genau die Zuordnung in diese Kategorien erfolgt (Diewald und Faist 2011).

In Anlehnung an Sighard Neckel und Ferdinand Sutterlüty (2008) kann zwischen zwei Strukturmustern der Kategorisierung unterschieden werden. Immigranten und Immigrantinnen können *kategorial* oder *graduell* kategorisiert werden. Ersteres entspricht der bereits angesprochenen Unterscheidung in Mann oder Frau. Die „innere Distinktionslogik" (ebd., 19) folgt einer dichotomen Unterscheidung. Graduelle Kategorisierungen kennzeichnen sich hingegen durch eine ordinale Struktur, in der die Immigranten und Immigrantinnen in einer hierarchischen Logik von mehr/weniger oder größer/kleiner geordnet werden. Bevor sich die Arbeit der empirischen Analyse widmet, soll zunächst mit der wissenssoziologischen Betrachtung der Kategorisierung der theoretische Grundstein gelegt werden.

EVALUIERUNG UND KATEGORISIERUNG VON IMMIGRANTEN UND IMMIGRANTINNEN

Die Kategorisierung – in der Wissenssoziologie auch Typifizierung – beschreibt grundlegende soziale Prozesse, die ablaufen, wenn Menschen versuchen, der Welt einen Sinn zu geben. Laut Alfred Schütz sowie Peter L. Berger und Thomas Luckmann fußt dieser alltägliche Sinngebungsprozess auf typischen Wissensbeständen in der Gesellschaft (Schütz 1981, Berger und Luckmann 1969). Die Grundannahme von Schütz lautet, dass Akteure nur sozial handeln können, indem sie den Ereignissen in ihrer Umwelt Sinn verleihen. Allerdings beginnt der Sinngebungsprozess nicht bei jedem Reiz komplett neu, denn dies würde einen ständigen Aushandlungsprozess implizieren, bei dem die Realität ein kontinuierlicher Erlebnisstrom wäre. Stattdessen orientieren sich die Individuen in einer Situation der Unsicherheit an vorhandenen Wertigkeiten und Qualitäten von Dingen und Personen und geben diesen dann eine soziale Ordnung. Die Individuen konstruieren einen Sinnzusammenhang zwischen einzelnen Situationen und verfügbarem Wissen, dass ihnen dabei hilft, die Mehrdeutigkeit eines neuen Reizes zu reduzieren. Kategorisierungen dienen dann der kognitiven und sozialen Reduzierung von Komplexität (siehe Brubaker 2004 zum „Cognitive Turn"). Als Sinnzusammenhang bezeichnet Alfred Schütz:

> „Wir sagen von unseren sinnvollen Erlebnissen E1, E2 … En, daß sie in einem sinnhaften Zusammenhang stehen, wenn sich diese Erlebnisse in polythetisch gegliederten Akten zu einer Synthesis höherer Ordnung konstituieren und wir auf sie in einem monothetischen Blickstrahl als auf eine konstituierte Einheit hinzublicken vermögen." (Schütz 1981, 101)

Der Wissensvorrat, auf den sie zurückgreifen, ist auf der einen Seite durch ihre individuellen Erfahrungen mit der Welt und auf der anderen Seite durch die sozial vermittelten Erfahrungen in ihrer Lebenswelt verfügbar. Dieser Wissensvorrat bietet Erfahrungs- bzw. Deutungsschemata, mit denen Erlebnisse eingeordnet werden:

> „Diese Einordnung vollzieht sich in einer Synthesis der Rekognition durch Rückbeziehung des einzuordnenden Erlebnisses auf die vorrätigen Schemata der Erfahrung und durch intentionale Fixierung seines identischen Kerns. Das auszulegende Erlebnis wird also auf eine vorgegebene Erfahrungsgegenständlichkeit als ein mit diesem Identisches rückgeführt." (Ebd., 111)

Bei Deutungen handelt es sich also um „die Rückführung des Unbekannten auf Bekanntes […] Insofern sind die Schemata der Erfahrung Deutungsschemata" (ebd., 122). Wenn Individuen ihre Wirklichkeit mittels typischer Wissensbestände aufbauen, so spricht Alfred Schütz von einer Konstruktion erster Ordnung.

Daraus ergibt sich jedoch ein bekanntes theoretisches Problem, dass Individuen unterschiedliche Vorstellungen darüber entwickeln, was in ihrer Lebenswelt sinnvoll ist und was nicht. Berger und Luckmann greifen in ihrer Arbeit die Fragestellung von Schütz auf und erweitern sie mit der Frage, wie aus einer individuellen Sinndeutung eine gemeinsam geteilte soziale Wirklichkeit wird, die den Individuen als objektiv gegeben und von ihrem eigenen Handeln unabhängig zu sein scheint:

> „Wie ist es möglich, dass subjektiv gemeinter Sinn zu objektiver Faktizität wird? Oder, in der Terminologie Webers und Durkheims: Wie ist es möglich, daß menschliches Handeln (Weber) eine Welt von Sachen hervorbringt?" (Berger und Luckmann 1969, 20)

Sie beantworten diese Frage mit ihrer *Theorie der Institutionalisierung*: Institutionen entstehen, wenn menschliches Handeln zur Gewohnheit bzw. habitualisiert wird:

> „Alles menschliche Tun ist dem Gesetz der Gewöhnung unterworfen. Jede Handlung, die man häufig wiederholt, verfestigt sich zu einem Modell, welches unter Einsparung von Kraft reproduziert werden kann und dabei vom Handelnden als Modell aufgefasst wird." (Ebd., 40)

Ein Prozess der Institutionalisierung beginnt dann, wenn habitualisierte Handlungen von mindestens zwei sozialen Akteuren „reziprok typisiert" werden (ebd., 58). Entscheidend ist, dass die Akteure, die bei der Typisierung beteiligt sind, selbst zu typischen Akteuren werden. Nun stellt sich die Frage, welche Akteure bei der Kategorisierung und Evaluierung der Migration involviert sind?

Eine erste und immer wiederkehrende Antwort bzgl. des typischen Akteurs, der die Typisierung von Immigranten und Immigrantinnen durchführt, führt uns zur der Betrachtung des Staates. Dieser besitzt die Benennungsmacht, um gemeinsam geteilte Wirklichkeiten zu erzeugen und sie gegen Widerstand durchzusetzen (Bourdieu 2014). Es ist ein banaler, jedoch oft vergessener Gedanke: Grundsätzlich basiert die Wahrnehmung der Migration auf staatlich erzeugten Kategorien, die dazu dienen, die Migration zu kontrollieren (Castles und Miller 2009). Die Kategorien, die Staaten nutzen, um die Migration zu kontrollieren, bieten gleichzeitig einen Rahmen, um die grenzübergreifenden Bewegungen von Menschen dokumentieren zu können. Üblicherweise werden die Immigranten und Immigrantinnen durch den Staat in folgende Typen klassifiziert: Ökonomische Migration (hoch- und niedrigqualifiziert, Studenten und Visa-freie), soziale

Migration (Familie und Abstammung) sowie politische Migration (Flüchtlinge und Asylsuchende) (Goldin, Cameron und Balarajan 2011). Die Kategorisierung ist dann mit einer ungleichen Ressourcenzuteilung verbunden, indem beispielsweise die Kategorisierung mit einem ungleichen legalen Status der Immigranten und Immigrantinnen verbunden ist („civic stratification", siehe Morris 2002, 19).[11] Durch die offizielle Kategorisierung tragen Staaten auch zu Prozessen der Ethnisierung bei, indem sie die Bevölkerung in ethnische Kategorien einteilen (siehe Kertzer und Arel 2002).

Die Kategorisierung von Immigranten und Immigrantinnen durch staatliche Akteure ist im Einwanderungsdiskurs eine mögliche Betrachtungsweise. Sie ist an dem Punkt limitierend, wenn die analytischen Kategorien sich mit den politischen Kategorien decken und daraus Forschungsfragen abgeleitet werden (Bakewell 2008). Aus einer „category of practice" wird dann eine „category of analysis" (Brubaker 2013). Welche Merkmale der Immigranten und Immigrantinnen für die Kategorisierung relevant sind, ist somit zuerst eine empirische Frage. In der Auseinandersetzung um die Konstruktion von erwünschten und unerwünschten Immigranten und Immigrantinnen ist der Staat nur ein Akteur unter vielen anderen.

In dieser Arbeit stehen jedoch nicht nur die staatlichen Akteure mit ihrem Wissen über Migration, sondern ebenso diverse andere Wissensordnungen im Vordergrund, auf welche die kategorisierenden Akteure zurückgreifen und sie dadurch fortschreiben. Damit wird auch den aktuellen Entwicklungen im Einwanderungsdiskurs Rechnung getragen, die zeigen, dass eine Pluralisierung und Diversifizierung des gesellschaftlichen relevanten Migrationswissens beobachtet werden kann. In diesem Zusammenhang sei auch auf die „Autonomie der Migration" (Karakayali 2008, 251) oder auf den Einfluss migrantischer Organisation auf das Framing öffentlicher Themen verwiesen (Rauer 2008). Das liberale Paradox zeigt, dass diese Wissensbestände konfligierende Erwartungen produzieren. Demzufolge ist eine Perspektive auf die Regulierung von Konflikten und Spannungen zwischen unterschiedlichen Wissensordnungen zielführend. Das nächste Kapitel spezifiziert für diesen Ansatz die theoretischen Grundlagen.

11 Ausführlich besprochen werden für den deutschen Fall die Effekte der Kategorisierungen der Immigrant und Immigrantinnen in verschiedenen legalen Statusgruppen von Janina Söhn (2014).

Wissens- und Rechtfertigungsordnungen

Eine Betrachtung der Wissensordnungen aus einer wissenssoziologischen Konfliktperspektive liefert die Studie „Über die Rechtfertigung" von Luc Boltanski und Laurent Thévenot, in der die Autoren die Wissensordnungen als Rechtfertigungsordnungen auffassen (2007). Das grundlegende Ziel der Autoren ist die Modellierung „einer Art und Weise, wie Akteure im Rahmen konfrontativer Auseinandersetzungen vorgehen, sobald sie mit der Forderung nach Rechtfertigung konfrontiert werden" (Boltanski und Chiapello 2005, 455). Dabei geht es im Kern darum, Äquivalenzbeziehungen herzustellen, indem man „Größe" definiert (Hessinger 2008, 75). Diese konflikttheoretische Perspektive auf die soziale Konstruktion von erwünschter und unerwünschter Migration ist für die angestrebte Arbeit zielführend, weil dadurch die Beobachtung des Verhältnisses der unterschiedlichen Wissensordnungen wahrscheinlich wird. Um den theoretischen Rahmen deutlicher zu zeichnen, werden im Folgenden drei Annahmen zur Rechtfertigungsordnung vorgestellt (siehe auch Honneth 2010, 133).

Als Ausgangspunkt dient den Autoren die Problematik der Koordinierung menschlichen Verhaltens. Wie schaffen es Individuen, einen Sinn für Ordnung zu kreieren, der ihnen erlaubt, ihre Handlungen so zu koordinieren, dass sie wechselseitig Bedeutung gewinnt? Die vorgeschlagene Antwort von Boltanski und Thévenot lautet: Indem Individuen in direkter Kommunikation Makrostrukturen aktivieren und abrufen, um ihre wechselseitigen Handlungsverpflichtungen zu rechtfertigen. Die erste Annahme von Boltanski und Thévenot meint demgemäß, dass Individuen ihre Handlungsabsichten untereinander koordinieren, indem sie auf moralische Ordnungsmodelle zurückgreifen, die sogenannte Rechtfertigungsordnung. Vereinfacht ausgedrückt handelt es sich dabei um ein Kategorisierungssystem, dass die Menschen verstehen, „lesen" und akzeptieren können und sich somit auch auf dieses beziehen, wenn sie den Dingen und Menschen eine Ordnung geben.

In einer Situation der Unsicherheit erfordert das Zusammenspiel von Akteuren einen Koordinationsaufwand. Indem ein Akteur die Situation und die ihr zugrunde liegenden sozialen Regeln beziehungsweise Normen interpretiert, vervollständigt und anwendet, versucht er zu einer Lösung der Situation zu kommen. In diesem Prozess wird ein Ordnungsprinzip zum Ausdruck gebracht: Akteure orientieren sich an vorhandenen Wertigkeiten und Qualitäten von Dingen und Personen und geben diesen eine Ordnung. Die Ordnung ist dann legitim, wenn ein Einverständnis über ein übergeordnetes Prinzip, dem sogenannten Äquivalenzprinzip, herrscht. Dieses Prinzip sagt aus, auf welcher Grundlage Handlungen, Gegenstände und Personen in einer Wertigkeitsordnung bewertet werden. Es gibt den Akteuren eine wirksame Rechtfertigung für ihr Handeln an die Hand und erlaubt den Akteuren, vernünftig, rational und sinnhaft auszusehen. Beispielsweise ist das Äquivalenzprinzip in der ökonomischen Wertigkeitsordnung die Nützlichkeit der Immigranten und Immigrantinnen, die dann in einer graduellen Reihenfolge bewertet bzw. klassifiziert werden.

Die zweite Annahme besagt, dass sich die Handlungskoordinierung automatisch vollzieht bis Störungen auftreten, die die Akteure dann dazu zwingen, als gültig gewertete Annahmen erneut zu überprüfen. Es veranschaulicht das Verhalten, das auftritt, wenn Akteure bemerken, dass sich in ihrer Umwelt etwas verändert hat (eine Situation außerhalb der Routine). Würde alles wie immer ablaufen, wäre keine Aufmerksamkeit vorhanden, doch im Falle einer Variation zieht der Unterschied bzw. die Abweichung die Aufmerksamkeit des Akteurs auf sich. Akteure sehen nun Anlass, die Bedeutsamkeit oder die Belanglosigkeit des Unterschiedes zu bestimmen. In dem vorliegenden theoretischen Rahmen kann Kritik unter dem Begriff der Störung gefasst werden. Beispielsweise kann die ökonomische Wissensordnung durch menschenrechtliche Betrachtungen kritisiert werden, indem angezweifelt wird, alle Immigranten und Immigrantinnen nach der ökonomischen Rationalität zu bewerten. Die Akteure, die sich auf die ökonomische Rationalität beziehen, müssen nun ihre Bewertung vor der Kritik der Menschenrechte rechtfertigen. Die objektive Geltung von Personen und Werten hängt demnach davon ab, wie diese im Rahmen eines Regimes legitimer Bewährungen als Wertigkeiten gelten gemacht werden können.

Die dritte Annahme verdeutlicht, dass der Moment der Wechselbeziehung zwischen Kritik und Rechtfertigung der eigentliche Ort der gesellschaftlichen Reproduktion ist. Die dominante Frage nach der Herstellung von sozialer Ordnung lässt sich in einem Prozess des sich Kritisierens und des sich Rechtfertigens beobachten. Vergesellschaftung tritt dort auf, wo ein Zwang zur Rechtfertigung immanent ist.

Wie genau die Akteure an die Wissensordnung anschließen, sie transformieren und fortschreiben sowie als legitim anerkennen, soll an dieser Stelle noch offen bleiben und ist Gegenstand der methodischen Reflexion im Kapitel 3. Zusammengefasst definieren Boltanski und Thévenot eine Rechtfertigungsordnung als Typus allgemeiner Konventionen, die allgemeinwohlorientiert sind, eine universelle Gültigkeit besitzen und als normativer Bezugspunkt zur Ausbildung von Rechtfertigungsmustern dienen (siehe auch dazu die Ausführungen von Boltanski und Chiapello in ihrem Buch „der neue Geist des Kapitalismus" 2006, 61).

Kritik, Rechtfertigung und Bewährungsproben

Grundsätzlich ist das Ziel bei der Betrachtung von Rechtfertigungsordnungen einerseits, ein genaueres Verständnis von den normativen Grundlagen sozialen Handelns zu gewinnen und andererseits die Variation der Werteordnungen erklären zu können. In dem wechselseitigen Prozess des sich Kritisierens und sich Rechtfertigens wird eine soziale Ordnung sichtbar. Akteure berufen sich in ihrer Rechtfertigung auf allgemein anerkanntes Wissen, um Kritik an einer Situation zu entschärfen. Dieser konfliktuelle Moment ist eine Bewährungsprobe des gültigen Wissens. Es ist ein Ereignis, in dessen Verlauf sich verschiedene Einheiten miteinander messen. Der Einfluss der Kritik auf die Bewährungsproben lässt sich in zwei Formen untergliedern (Boltanski und Chiapello 2006, 75). Die Kritik artikuliert Anforderungen, die den Legitimationsdruck erhöht in:

1. Korrektive Absicht: Die Kritik befindet sich innerhalb einer Rechtfertigungsordnung und kritisiert die Mittel und Ressourcen, die zum Einsatz kommen. Das Ziel der Kritik besteht darin, die Bewährungsprobe zu straffen bzw. den Konventionalisierungsgrad zu erhöhen. Die Kritik wird als reformistisch bezeichnet.
2. Radikale Absicht: Die Kritik strebt keine Korrektur der Bedingung einer Bewährungsprobe an, sie geht vielmehr direkt an die Wurzel und fordert die Abschaffung der Bewährungsprobe. Die Kritik äußert sich vor dem Hintergrund einer alternativen Rechtfertigungsordnung.

Die Kritik kann im Anschluss an die Theorien der Grenzziehung (Wimmer 2013) als Versuch interpretiert werden, die Grenzziehung neu auszuhandeln. Dabei können die Strategien von unterschiedlicher Natur sein, die Andreas Wimmer anhand von fünf möglichen Ausprägungen ausbuchstabiert hat (Wimmer 2008, 987). Aus der Perspektive der Rechtfertigungsordnung ist es dann zielführend zu analysieren, auf welches Wissen sich die Akteure berufen, wenn sie beispielsweise eine Grenzverschiebung durch die Expansion der Grenze erreichen wollen und inwiefern sich die Kritisierten mit welchem Wissen rechtfertigen, um die Grenzziehung zu erhalten. Die Formulierung von Kritik ist jedoch alles andere als selbstredend. Gesellschaftliche Urteilskraft heißt nämlich, dass sich die kritischen Kräfte einer unterlegenen Gruppe von den dominanten Kategorien befreien; dass sie sich pragmatisch an den Dringlichkeiten der Situation und auf verallgemeinerungsfähige Wertigkeiten hin orientieren. Denn was als legitim erkannt und anerkannt ist, entspricht erstmal grundsätzlich gebräuchlichen Kategorien und Klassifikationen. Eva Barlösius konstatiert: „[D]ementsprechend besitzen jene Akteure symbolische Macht, die Klassifikationen und Kategorien entwickeln und diese als einzige Sichtweise auf die Dinge durchsetzen." (Barlösius 2004, 159) Damit ist die Forschungsperspektive eindeutig: Es werden soziale Kämpfe der Klassifikation von Immigranten und Immigrantinnen beobachtet.

Im Folgenden geht es darum, die empirische vorfindbare Vielfalt von Wissensordnungen im deutschen Einwanderungsdiskurs zu typisieren, die eine regulative Funktion besitzen und die Perspektive der Akteure auf ganz bestimmte Ordnungen und Konsistenzanforderungen einstellt. Die Beschreibung des Wissens fokussiert sich auf die symbolische Dimension, die in den öffentlichen Massenmedien zum Ausdruck kommt.

WISSENSORDNUNGEN DER MIGRATION IN DEN DEUTSCHEN ÖFFENTLICHEN MASSENMEDIEN

Mittlerweile kann auf eine umfangreiche Forschung zum Wissen der Massenmedien über Einwanderung zurückgegriffen werden[12], unter anderem mittels der Überblicks-Sammelbände „Massenmedien und Integration ethnischer Minderheiten in Deutschland", herausgegeben von Rainer Geißler und Horst Pöttker (Geißler und Pöttker 2005; 2009). Der folgende Abschnitt geht im Speziellen der Frage nach, welche typischen Wissensbestände in den deutschen Massenmedien zur Beschreibung von erwünschter und unerwünschter Migration erwartet werden können. Auf welches Wissen können die Menschen zurückgreifen, wenn sie versuchen, die Immigranten und Immigrantinnen zu kategorisieren?[13]

Der deutsche Diskurs zur Einwanderung kennt diverse Bezeichnungen zur Beschreibung von Einwanderern, welche die Düsseldorfer Forschergruppe um Matthias Jung, Martin Wengeler und Karin Böke (Jung, Wengeler, and Böke 1997; 2000) in ihrer Auswertung des Einwanderungsdiskurses von 1945 bis 2000 in einem „diskurshistorischen Wörterbuch" (Jung, Wengeler, and Böke 2000) wie folgt zusammengefasst haben: Im Wesentlichen kennt der Diskurs zur Bezeichnung von Einwanderern zwei Oberkategorien, die Flüchtlinge und die Arbeitsmigranten, die ihrerseits ein breites Spektrum an Variationen enthalten. Ersteres wird unter anderem in Flüchtlinge, Vertriebene, Asylbewerber, Asylanten und Ausländer differenziert. Letzteres wird unter anderem durch die Be-

---

12 Siehe dazu auch die Info-Seite: www.integration-und-medien.de.

13 Es werden keine Studien berücksichtigt, die versuchen Ausländerfeindlichkeit bzw. Fremdenfeindlichkeit und Rassismus in den Medien nachzuweisen.

zeichnung Fremdarbeiter, Gastarbeiter, ausländische Arbeitnehmer und ausländische Arbeiter variiert.

„Zu Bezeichnungen, die allgemein Einheimische gegen Migranten abgrenzen" (ebd., 14) kennt der Diskurs unter anderem die Begriffe Einheimische, Deutsche vs. Ausländer, Einwanderer, Fremde und (ausländische) Mitbürger. Zur Bezeichnung der Anpassung der Migranten und Migrantinnen an die deutsche Mehrheitsgesellschaft werden Begriffe wie Assimilation, Integration, Eingliederung verwendet. Ausdrücke, die eine Ablehnung der Migranten und Migrantinnen bezeichnen, sind unter anderem Ausländerfeindlichkeit, Fremdenfeindlichkeit, Ausländerhass sowie Rassismus. Zur Beschreibung des Immigrationsprozesses nach Deutschland werden Metaphern wie Flut, Strom, Invasion, Ansturm, Import und Sklavenhandel verwendet. Zur Bezeichnung der „neu entstehenden Migrationsgesellschaft" werden Begriffe wie multikulturelle Gesellschaft, Vielvölkerstaat, Einwanderungsland unter anderem gebraucht.

Ebenso identifizieren die Autoren der zeitlich-umfangreichsten Forschung zum Einwanderungsdiskurs drei große Teilbereiche der Thematisierung von Migration, die jeweils mit unterschiedlichen Gruppen von Immigranten und Immigrantinnen assoziert sind:

„• Die Zuwanderung Deutscher bzw. Deutschstämmiger aus dem Osten
• Die Zuwanderung ausländischer Arbeitskräfte und ihrer Familienangehörigen
• Die Zuwanderung ausländischer Flüchtlinge und Asylsuchender" (ebd.,18).

Heinz Bonfadelli hat in einer Übersicht die inhaltsanalytischen Ergebnisse zahlreicher qualitativer Untersuchung zur Beschreibung der Migration in Deutschland zusammengefasst (Bonfadelli 2007). Wenn über die Migration von Menschen nach Deutschland berichtet wird, dann lautet eine Kernaussage des Forschers, dass eine Negativ-Tendenz der Berichterstattung zu konstatieren ist. Über Migranten und Migrantinnen wird in problematisierenden Zusammenhängen und meist nur konkret anlassbezogen berichtet (ebd., 99). Außerdem kommt er zu dem Ergebnis, dass Anlässe und Themen generell nach Aktualitätsbezug und nach einer Problemorientierung funktionieren. Typische Themen und Anlässe sind:

- Asylmissbrauch: Wirtschaftsflüchtlinge
- Kostenfaktor: Missbrauch des Sozialstaates
- Kulturelle Überfremdung wegen mangelnder Integration
- Nachrichtenfaktor „Kriminalität": Drogenhandel und Gewaltdelikte
- Islamischer Extremismus und Muslime

Nachdem die zentralen Themen und Anlässe benannt wurden, ist eine dynamische Betrachtung der Wissensordnungen über die Immigranten und Immigrantinnen im Zeitverlauf gewinnbringend.

Wahrnehmung und Kategorisierung der Immigranten und Immigrantinnen in Deutschland

Die Debatten über Ausländer unterliegen Konjunkturen der Problematisierung und Kulturalisierung, die je nach Bedrohungslage schwanken (Hess 2013, 79). Als vermeintlicher Konsens lässt sich in der deutschen Migrationsforschung ausmachen, dass sich die Hauptlinien der Kategorisierungen von Immigranten und Immigrantinnen grob in drei Phasen unterscheiden (Aumüller 2009). In den 1950, 1960er und bis Anfang der 1970er Jahre war der Begriff *Gastarbeiter* die dominante Kategorien zur Wahrnehmung der ausländischen Bevölkerung. Die Gastarbeiter und Gastarbeiterinnen wurden in dieser Zeit vornehmlich anhand ihrer Arbeitskraft wahrgenommen. Der Gastarbeiter blieb der Fremde, der nicht kommt und bleibt, sondern wieder gehen soll. In den Zeiten der Vollbeschäftigung und des Wirtschaftswunders in Deutschland war die Ansicht etabliert, dass die Entscheidung über die Zulassung von Zuwanderung gleich bedeutend mit der Entscheidung für oder gegen wirtschaftlichen Wohlstand ist (ausführlich dazu in Kapitel 4.1.) Wie Valentin Rauer in seinen Analysen zu der Begriffskarriere des Wortes *Integration* gezeigt hat, war Integration in dieser Phase auf die europäische Integration der Volkswirtschaften ausgelegt (Rauer 2013).

In der zweiten Phase seit Mitte der 1970er Jahre und bis Ende der 90er Jahre setze eine differenzierte Wahrnehmung der Einwanderung ein. In den Massenmedien erfolgte die Repräsentation der Einwanderer durch Begriffe wie *Ausländer* (späte 1970er und 1980er Jahre) bzw. durch *Migranten* (1990er Jahre). Die soziale Herkunft der Einwanderer wurde vermehrt zum Thema, als sich die wirtschaftlichen Rahmenbedingungen änderten und die Gastarbeiter und Gastarbeiterinnen ihre Familien nachholten. Beispielswiese gerieten durch den Kindernachzug erstmals schulische Probleme und die Bildungsintegration in den Mittelpunkt der Aufmerksamkeit. Dieser Umstand markierte den Beginn der zahlreichen Debatten über die kulturelle Differenz der Zuwanderer. Die fremden Zuwanderer wurden daraufhin einer Ausländerpädagogik unterzogen (Radtke 1991). Zur Differenzierung der Gastarbeiter und Gastarbeiterinnen wurden nationale Kategorien bedeutsamer und beispielsweise Türken und Türkinnen hauptsächlich mit den Begrifflichkeiten der Integration oder der gescheiterte Integration in Verbindung gebracht.[14]

In dieser Phase etablierte sich seit Ende 1980er und in 1990er Jahren ein weiterer Diskursstrang, der massenmedial die Spätaussiedler und Asylsuchenden zur Bedrohung stilisierte. Insgesamt wurden die Einwanderer in einem Devianzdiskurs durch ihre Illegalität, Kriminalität und Arbeitslosigkeit zu einer desintegrierten Kategorie des *Ausländers* und des *Migranten* konstruiert (Galliker 1996; Geißler 1999; Klaus 1986; Predelli 1995; Ruhrmann und Kollmer 1987). In diesem Zusammenhang verweisen die Arbeiten der Düsseldorfer Forschergruppe auf eine interessante Beobachtung hin. Anfang der 1970er Jahre etablieren sich die Begriffe der *Fremdenangst* und *Xenophobie* bzw. *Ausländerangst* und *Angst vor Ausländern* im Einwanderungsdiskurs. Die Forscher weisen mit dieser Begriffseinführung auf eine Umkehrung der Kausalität hin. Bezeichnet der Begriff *Ausländerfeindlichkeit*, dass Ausländer „Objekt des Hasses" sind, werden sie durch Begriffe wie *Fremdenangst* zur Ursache von Angst erklärt: Die Ausländer werden zur Ursache eines Problems definiert und ausländerfeindliche Aktionen erscheinen somit als Reaktion auf eben diese Ursache, sozusagen als „Problemlösung" (Jung, Wengeler und Böke 2000, 94).

Die dritte Phase setzt seit den Anschlägen von 2001 auf das *World Trade Center* und dem darauffolgenden *war on terror* ein. Die Migration unter anderem nach Deutschland wurde und wird weiterhin verstärkt unter sicherheitspolitischen Bestimmungen diskutiert (Faist 2006). Das Bedrohungsszenario ist der radikale Islamismus. Die in Deutschland lebenden Türken wurden vermehrt anhand ihrer Religionszugehörigkeit wahrgenommen, die über die Diskursstränge Islam und Geschlecht wie beispielsweise Kopftuchdebatte (Wild 2004), Ehrenmorde und Zwangsheirat (Yurdakul und Korteweg 2013), oder durch religiöse Symbole wie beispielsweise Moscheenbau (Biermann 2014) ein negativ gefährliches Bild für die demokratische Ordnung darstellen.

Valentin Rauer kommt zu der Einschätzung, dass nach mehr als 40 Jahren der Migrationsdebatten über den rechtlichen und sozialen Status von Einwanderern das Fazit so negativ ist, wie das über die Medien vermittelten Bild der Immigranten und Immigrantinnen: „Die Repräsentation von Einwanderer in den Medien des Aufnahmelandes ist unverhältnismäßig negativ, miserabilistisch und symbolisch exkludierend." (Rauer 2008, 28)

Auch Daniel Müller kommt in einer bemerkenswerten Zusammenstellung zahlreicher Leitstudien über die mediale Repräsentation von Einwanderern zu

14 Mit 50 % aller Artikel zum Thema Integration sind türkischstämmige Immigranten und Immigrantinnen verbunden (Rauer und Schmitke 2001, 281).

dem Ergebnis, dass Einwanderer negativ repräsentiert werden: „Sie kommen tendenziell selten vor; und wenn, dann häufig in negativ besetzten Zusammenhängen, insbesondere als Kriminelle und überhaupt als Personen, die Geld kosten und/oder gefährlich sind, kurz: als Belastung für die Gesellschaft." (Müller 2005, 112)

In diesem Zusammenhang ist auf eine historische Kontinuität im Einwanderungsdiskurs verwiesen, die einige Migrationsforscher annehmen lässt, eine positive Wendung in der Berichterstattung über Migranten und Migrantinnen auszumachen. Mit der Green-Card-Initiative von der rot-grünen Bundesregierung im Jahr 2000 wird ein 20 Jahres altes und verschollenes Argumentationsmuster wieder eingebracht, nämlich die Nützlichkeit der Migranten und Migrantinnen in Bezug auf den deutschen Arbeitsmarkt und den Wohlfahrtsstaat. Klaus Bade und Michael Bommes bescheinigen der öffentlichen Diskussion damit erstmals, eine positive Einwanderungsdebatte zu sein (Bade/Bommes, zitiert nach: Wengeler 2006). Gleichzeitig betonen Christoph Butterwege und Gudrun Hentges als Herausgeber des Sammelbandes „Massenmedien, Migration und Integration", mit der „nötigen Sorgfalt belegt (zu) haben, dass Medienmacher/innen häufig in einer skandalisierenden und diffamierenden Weise über Zuwanderer berichten [...]" (Butterwegge und Hentges 2006, 9).

Nina Mühle und Werner Schiffauer sehen verstärkt das Argumentationsmuster der Toleranz im Einwanderungsdiskurs vorkommen. Nach dem Motto „Keine Toleranz für Intolerante" betont dieses Argumentationsmuster die Verteidigung von liberalen Werten gegenüber den Feinden der Demokratie. Die Gründe für den Bedeutungszuwachs sehen sie in der deutschen Geschichte:

> „[T]his association of society putting itself in danger by tolerating the intolerant is a strong image within German discourse, because it recalls an important part of the national history; it was precisely the Weimar Repuplic's tolerance even towards its own enemies that boosted the rise of the Nazi regime." (Mühe und Schiffauer 2012, 87)

In den Debatten zur Integration von Immigranten und Immigrantinnen positionierten sich auch immer wieder Wissenschaftler, die den Integrationsbegriff infrage stellen, der unten den Bedingungen von transnationaler Vergesellschaftung entweder neu gedacht oder ganz aufgeben werden muss.[15] Problematisiert wird vor allem Integration als Exklusionsmechanismus, so dass im Einwanderungs-

15 Wie beispielsweise der Sammelband „No Integration" kritisch diskutiert (siehe Hess, Binder und Moser 2009, für einen Überblick zu den Kritiken an dem Begriff Integration siehe Kaloianov 2014).

diskurs „weiterhin die trennende bzw. auseinanderdividierende kulturalistisch-ethnisierende Sprache des deutschen ‚Wirs' und der ‚Anderen' dominiert" (Hess 2013, 68).

Zudem wird die Negativität des Integrationsbildes in der medialen Öffentlichkeit thematisiert, besonders im Hinblick darauf, dass die Immigranten und Immigrantinnen geradezu einem Zwang zur Kultur ausgesetzt sind. Schließlich wird auch versucht, neue Begriffe in die Debatten einzubringen, zum Beispiel den der *postmigrantischen Gesellschaft* (Fouroutan 2013). Integration heißt, in der postmigrantischen Gesellschaft eine teilhabeorientierte Gesellschaftspolitik zu betreiben. Allgemein gesprochen ist es die Einforderung des Postulats der modernen Gesellschaft, jedem Teilnehmer am gesellschaftlichen Leben Zugang zu allen Funktionen zu garantierten (Bohn 2008). Mit dem Konzept der *hybriden Identität* in der postmigrantischen Gesellschaft soll auf den Umstand hingewiesen, das Differente und das Fremde gerade nicht zu thematisieren und damit zu überwinden. Funktionsfremde Attribute, die am Zugang zu den jeweiligen Funktionssystemen der Gesellschaft nicht relevant sind wie zum Beispiel Ethnizität, Rasse, Gender, sind erklärungsbedürftig. Öffentliche Wirksamkeit der wissenschaftlichen Kritik erreichte die Initiative „Demokratie statt Integration", in deren Statement es heißt:

> „Wenn wir über die Verhältnisse und das Zusammenleben in dieser Gesellschaft sprechen wollen, dann müssen wir aufhören, von Integration zu reden. Integration heißt, dass man Menschen, die in diesem Land arbeiten, Kinder bekommen, alt werden und sterben, einen Verhaltenskodex aufnötigt, bevor sie gleichberechtigt dazugehören. Aber Demokratie ist kein Golfclub." (Demokratie statt Integration)[16]

Den Begriff *Integration* abzulehnen, wie es die Initiative „Demokratie statt Integration" fordert, und stattdessen von *Teilhabe* zu sprechen, wird nicht allen wissenschaftlich-politisch Akteuren in der Integrationsarena gerecht. Der Sachverständigenrat Migration setzt zum Beispiel Integration und Teilhabe gleich „[...] Integration als die empirische messbare Teilhabe an den zentralen Bereichen des gesellschaftlichen Lebens" (Sachverständigenrat deutscher Stiftungen für Integration und Migration 2012). Damit nähern sich die wissenschaftlichen Begriffe denen der politischen Parteien an. Denn seit dem Immigrationsgesetz von 2004 hat jede Partei ein klares Konzept für die Integration von Immigranten und Immigrantinnen. Dementsprechend positionieren Parteien sich öffentlich mit ihren Parteiprogrammen zum Thema Integration. Das Integrationsverständnis der Par-

16 http://demokratie-statt-integration.kritnet.org/

teien im aktuellen Deutschen Bundestag misst die Integration über die Teilhabe an dem gesellschaftlichen Leben in Deutschland. Dabei kann Integration einmal als Voraussetzung für gesellschaftliche Teilhabe angesehen werden, so wie die CDU argumentiert, bzw. andersherum Teilhabe als Voraussetzung für Integration, so wie es die SPD, DIE LINKE und Die Grünen formulieren.[17]

---

17 CDU: „Wer in Deutschland leben möchte, muss die zentralen Werte und Normen unserer freiheitlich-demokratischen Grundordnung akzeptieren und annehmen, ohne seine Herkunft zu verleugnen und seine Wurzeln aufzugeben. Wo aber Menschenrechte und Demokratie in Frage gestellt werden, gibt es kein Recht auf kulturelle Differenz. Dies gilt insbesondere für den Grundsatz der Gleichberechtigung von Frauen und Männern [...] Die Einbürgerung als Ausdruck eines erfolgreichen Integrationsprozesses wird von uns als Verwirklichung gleichberechtigter Teilhabe mit allen Rechten und Pflichten verstanden.“ (Grundsatzprogramm CDU 2007, 95 http://www.cdu.de/system/tdf/media/dokumente/071203beschlussgrundsatzprogramm-navigierbar_1.pdf?file=1 (abgerufen am 03.03.2017).
SPD: „Unser Grundgesetz bietet Raum für kulturelle Vielfalt. Daher braucht niemand seine Herkunft zu verleugnen. Es setzt aber auch Grenzen, die niemand überschreiten darf, auch nicht unter Hinweis auf Tradition oder Religion. Daher darf niemand Frauen und Mädchen daran hindern, sich frei zu entfalten und zu bilden. [...] Wer in Deutschland gleiche Chancen haben und nutzen will, muss die deutsche Sprache lernen und schließlich beherrschen. Wir wollen Bildungsangebote verbessern. [...] Wir streben die Einbürgerung der zu uns kommenden Menschen an. Sie ist nicht das Ende der Integration, aber sie ermöglicht die volle politische Teilhabe. Dabei schließen wir Mehrstaatlichkeit nicht aus. Denen, die noch nicht die deutsche Staatsbürgerschaft haben, aber schon längere Zeit hier leben, wollen wir das kommunale Wahlrecht geben, auch wenn sie nicht aus EU-Staaten kommen [...].“ (Grundsatzprogramm SPD 2007, 36, https://www.spd.de/partei/organisation/das-grundsatzprogramm/ (abgerufen am 03.03.2017).
DIE LINKE: „DIE LINKE lehnt eine Migrations- und Integrationspolitik ab, die soziale und politische Rechte danach vergibt, ob Menschen für das Kapital als »nützlich« oder »unnütz« gelten. Wir wollen die soziale und politische Teilhabe für alle in Deutschland lebenden Menschen erreichen. [...] Die Förderung der sprachlichen Entwicklung und die Förderung des Bildungserfolges sind wichtig, aber nicht ausreichend für die Integration. Wir wollen die strukturellen Diskriminierungen beim Zugang zu Bildung, zum Ausbildungs- und Arbeitsmarkt und zu sozialen Dienstleistungen beseitigen [...] Die Einbürgerung muss wieder erleichtert werden. Doppelte Staatsbürgerschaften sollen grundsätzlich möglich sein.“ (Grundsatzprogramm DIE LINKE 2011,

Es ist somit modisch geworden, den Begriff *Integration* abzulehnen und stattdessen von *Teilhabe* zu sprechen. Einerseits kann die aktuelle und populäre Teilhabe-Debatte als ein Versuch gedeutet werden, auf die alltäglichen Erfahrungen mit den „shadows of modernity“ (Wimmer 2002) mit einer Flucht in *die* Gesellschaft zu reagieren.[18] Anderseits haben diese Gegenstimmen im Integrationsdiskurs der Vergemeinschaftung durch den Fremden und auf Kosten des Fremden Grenzen gesetzt. Diskursstrategisch als *critical intervention* (Laclau 2005) ist dies durchaus plausibel. Und mit der Kritik am bisherigen Einwanderungsdiskurs sind die Integrationskritiker selbstredend nicht die einzigen. Beispielsweise organisierten sich auf Seiten der Migranten und Migrantinnen Interessenverbände, um ihre Positionen politisch vertreten zu können. Die Migrantenverbände „Türkische Gemeinde in Deutschland“ und „Türkischer Bund Berlin-Brandenburg“ erhoben Forderungen nach der doppelten Staatsbürgerschaft und der Einrichtung islamischen Religionsunterricht aus Gründen der Gleichbehandlung. Sie argumentierten gegen die Gleichsetzung von Islam und Terror und sprachen sich für ein Verbot von Religionssymbolen in öffentlichen Schulen aus (Rauer 2008). Die Rechtfertigung der Ausübung der Religion im privaten Raum wurde mit dem Verweis auf die Menschenrechte gerechtfertigt. Auch die Einforderung von Rechten wie beispielsweise die freie Religionsausübung und die Freiheit des Individuums beziehen sich auf das Grundgesetz sowie auch auf den Hinweis der Einhaltung von Menschenrechten.

Dies kann als eine „Forcierung des Menschenrechtscodes“ (Eder 2004, 286) im Einwanderungsdiskurs interpretiert werden, dessen Ziel es ist, eine Inklusion in alle Teilbereiche der Gesellschaft zu gewährleisten. Dementsprechend knüpfen diese Debatten an die menschenrechtlichen Argumentationsmuster an, die in den 1970er und 1980er Jahren durch Kirchen, Wohlfahrtsverbände und Menschenrechtsinitiativen stellvertretend für die Immigranten und Immigrantinnen in den Einwanderungsdiskurs eingeführt worden sind (Wengeler 2006).

51,https://www.die-linke.de/partei/dokumente/programm-der-partei-die-linke/ abgerufen am 03.03.2017).

Die Grünen: „Einwanderung erfordert auch gleichberechtigte politische, soziale und kulturelle Teilhabe von Migrantinnen und Migranten. Der Umgang mit Neuankömmlingen und Fremden ist ein Gradmesser für die Offenheit unserer Gesellschaft. Unser Leitbild ist das gleichberechtigte Zusammenleben von Menschen unterschiedlicher Herkunft bei Anerkennung ihrer kulturellen Vielfalt. Grundsatzprogramm Die Grünen 2001,19,http://www.gruene.de/fileadmin/user_upload/Dokumente/Grundsatzprogramm2002.pdf abgerufen am 03.03.2017).

18 Eine ausführliche Kritik der Teilhabediskussion siehe Faist und Ulbricht 2014.

An dieser Stelle lässt sich nun festhalten, dass der Einwanderungsdiskurs widersprüchliche Erwartungen produziert. Anja Weiß stellt fest, dass die politische Debatte polarisiert. Auf der einen Seite findet sich die Forderung des vermehrten Zuzugs von qualifizierter Arbeitskraft, die unter dem Hinweis auf ökonomische Notwendigkeiten und dem demografischen Wandel begründet werden. Auf der anderen Seite sind auch in jüngster Zeit die islamfeindlichen und rassistischen Debatten unvermindert heftig geblieben (Weiß 2013, 589). Aufgrund der Studie „Die Einhegung des Anderen" von Klaus Eder, Valentin Rauer und Oliver Schmidtke kann davon ausgegangen werden, dass Ende der 1990er Jahre die konkurrierenden Argumentationsmuster in sich geschlossen sind:

> „So scheint die Vielzahl der Berichte, die auf eine vermeintlich Bedrohung der kulturell-nationalen Identität in Deutschland verweisen, weitgehend unbeeinflusst von den Diskussionen um die demographisch gebotene Immigration zu sein." (Pichler und Schmidtke 2004, 72)

Inwiefern sich diese Parallelität der Diskursstränge unter der Pluralisierung von Argumentationsmuster und der kritischen Auseinandersetzung aufrechterhalten lässt, ist heutzutage eine empirische Frage.

Wissens- und Rechtfertigungsordnungen im Einwanderungsdiskurs

Eine Zusammenstellung der historischen Kontinuitäten der zentralen Argumentationsmuster im Einwanderungsdiskurs liefert Martin Wengeler aus der Düsseldorfer Forschungsgruppe (Wengeler 2003; 2006). Die Historisierung dieser typischen Wissensbestände erlaubt die Rekonstruktion der Kontinuität und Dis-Kontinuität einzelner Wissensbestände. Tabelle 1 beschreibt eine Typologie themenspezifischer Argumentationsmuster, die als Rechtfertigungsordnungen im Einwanderungsdiskurs verstanden werden können. Wengeler bezeichnet die Rechtfertigungsordnungen als Topoi, die als „ein Teil des sozialen Wissens öffentlich handelnder Gruppen" (ebd., 15) zum Themenbereich Zuwanderung begriffen werden können. Ein Topos umfasst die „plausiblen, unabhängig von ihrem Wahrheitsgehalt oder Richtigkeitsgehalt überzeugungskräftigen Argumentationen [...] mit den in öffentlich-politischen Debatten Meinungen, Beschlüsse und Handlungen begründet, erklärt bzw. gerechtfertigt werden" (ebd., 15).

Dabei wird deutlich, dass inhaltlich betrachtet generell drei Rechtfertigungsordnungen pro Einwanderung sprechen, nämlich der wirtschaftliche Nutzen, die Humanitäre-Ordnung und die Teilhabeordnung. Zeitlich betrachtet wird deutlich, dass die Konstruktion der Problematisierung der Migration Anfang der 1970er Jahre einsetzt und sich dann in unterschiedlichen Themen und Anlässen fortschreibt.

Tabelle 1: Argumentationsmuster in den deutschen Medien zum Thema Migration mit zeitlicher Einordnung

	Pro-Rechtfertigung	Contra-Rechtfertigung
Anpassungs-Ordnung - Seit den 1970er Jahren zur Thematisierung der kulturellen Differenz der Gastarbeiter - Aktualisiert mit der Leitkulturdebatte 2000		„Nur wenn Zuwanderer bereit sind, sich an Regeln und Werte, die in Deutschland gelten, anzupassen und eigene Anstrengungen zu unternehmen, kann die Integration von Zuwanderern gelingen und weitere Einwanderung zugelassen werden." (Ebd., 25)
Wirtschaftlicher Nutzen- Ordnung - Mit der Anwerbung der ersten Gastarbeiter 1955 etabliert - Nach 20 Jahren der nicht Thematisierung wieder mit der Green-Card Debatte im Jahr 2000 aktualisiert	„Wenn eine Handlung/eine Entscheidung unter wirtschaftlichen Gesichtspunkten positive Folgen hat, sollte sie ausgeführt werden." (Ebd., 26)	
Belastungs-Ordnung - Anfang der 1970er vor der ersten Ölkrise und während darauffolgenden Wirtschaftskrise - Asylrechtsänderung Anfang der 1990er Jahre		„Wenn eine Person / eine Institution / ein Land mit bestimmten Problemen stark belasten oder überlastet ist oder eine solche Belastung droht, sollten Handlungen ausgeführt werden, welche diese

		Belastung vermindern bzw. verhindern.“ (Ebd., 28)
Gefahren-Ordnung - Anfang der 1960er Ghettobildung, Kriminalität in den Städten - Anfang der 1980er Massenzuzug von Flüchtlingen und Spätaussiedlern - Seit. 9.11.2001 muslimische Extremisten und Terror		„Wenn eine politische Handlung / Entscheidung/Entwicklung bestimmte gefährliche Folgen hat, sollte sie nicht ausgeführt werden / ist sie abzulehnen/zu bekämpfen.“ (Ebd., 30)
Individuelle Folgen-Ordnung - Seit der ersten Ölkrise und der hohen Arbeitslosigkeit in den 1970er		„Wenn eine Handlung für einzelne Menschen oder Gruppen bzw. für das Verhältnis zwischen diesen negative Folgen hat, sollte sie nicht ausgeführt werden.“ (Ebd., 33)
Humanitäre-Ordnung - Seit den 1970er Jahren über die Behandlung der Gastarbeiter - Seit den 1980er über die Aufnahme von Flüchtlingen	„Wenn eine Entscheidung/Handlung oder deren Folgen mit den Menschenrechten übereinstimmen/ihnen entgegenstehen bzw. aus humanitären Überlegungen geboten/abzulehnen sind, ist die Entscheidung/Handlung zu befürworten/abzulehnen bzw. auszuführen/nicht auszuführen.“ (Ebd., 34)	

Realitäts-Ordnung - Seit Anfang der 1980er Jahren um Nachzugsbeschränkungen zu verhindern - „Der Islam gehört zu Deutschland“ Rede vom Bundespräsidenten	„Wenn die Wirklickeit so ist, wie sie ist, sollte eine bestimmte Handlung/Entscheidung ausgeführt / getroffen bzw. nicht ausgeführt / nicht getroffen werden.“ (Ebd., 7)	
Demokratie-Ordnung - seit den Debatten zum von Zuwanderungsgesetz 2004	„Nur wenn die Mehrheit etwas für richtig hält, sollte es getan werden.“ (Ebd. 16)	
Aufklärungs-Ordnung - seit den Debatten zum Zuwanderungsgesetz 2004	„Wenn ein politisches Vorhaben nur öffentlich gut erklärt/den Wählern vermittelt wird, dann kann/darf/sollte man es durchführen.“ (Ebd. 17)	
Teilhabe-Ordnung - seit der schwarz-roten Bundesregierung von 2005	Es sollte allen Menschen eine gleichberechtigte Teilhabe an den Teilsystemen der Gesellschaft ermöglicht werden.	

Quelle: Darstelling in Anlehnung an die Typologie von Wengeler (2006, 25)

Die dargestellten Wissensordnungen lassen sich in abgewandelter Form in verschieden empirische Studien über Migration im Spiegel der Medien wiederfinden (Geißler 1999; Klaus 1986; Meißner und Ruhrmann 2001; Predelli 1995). Im Folgenden sollen die Rechtfertigungsordnungen im Hinblick auf die Kategorisierung der Immigranten und Immigrantinnen befragt werden. Dazu soll hauptsächliche die Anpassungsordnung besprochen werden, die im Einwanderungsdiskurs einen dominanten Stellenwert besitzt. Die wirtschaftliche Nutzenordnung, die mit der Anwerbung der ersten Gastarbeiter und Gastarbeiterinnen im deutschen Einwanderungsdiskurs startet und pro Einwanderung tendiert, wird in Kapitel 4.1 dezidierter besprochen.

In Deutschland wird das Anpassungs-Verhältnis von Mehrheits- zur Minderheitsgruppe als Integration bezeichnet (Rauer and Schmidtke 2001). „Von Assimilation zu sprechen ist in der bundesrepublikanischen Öffentlichkeit illegitim, stattdessen fokussiert sich der Diskurs auf Integration“ (Aumüller 2009, 206). Integration, welches im Einwanderungsdiskurs mit dem Begriff *Integrationspro-*

blem umschrieben wird, adressiert die Bewältigung der fortschreitenden ethnischen und kulturellen Pluralisierung der Nation (Rauer und Schmidtke 2001, 278). Rauer und Schmidtke zeigen, dass die öffentlichen Debatten in den Medien zum Thema *Integration* in Deutschland implizit Annahmen über das Fremde und der eigenen nationalen Identität enthalten. Sie kämpfen in einer Alter-Ego-Relation über die Interpretation der symbolischen Grenzen zwischen der Mehrheits- und verschiedenen Minderheitsgesellschaften.

Die Diskurse um Integration und das nationale „Wir" bekräftigen sich dabei einander gegenseitig: Die Vorstellung eines nationalen „Wir" wird durch Diskurse und Politiken zu Integration unterstützt (Rauer 2013). Wie hinlänglich viele Studien hinlänglich gezeigt haben ist der Integrationsdiskurs in Deutschland durch die symbolische Exklusion, eine kulturalisierende Abwertung und einer Generalisierung gegenüber den Minderheiten geprägt, die in eine symbolische „Einhegung des Anderen" münden (Eder, Rauer und Schmidtke 2004b). In der Immigrationspolitik funktioniert Integration als ein Meta-Thema. Zentrale politische Probleme wie zum Beispiel Arbeitslosigkeit, bedrohter Wohlfahrtsstaat und organisierte Kriminalität können plausibel und kausal an die Integrationsproblematik von Immigranten und Immigrantinnen andocken. Sie eignen sich deswegen für eine populistische Instrumentalisierung, weil grenzüberschreitende Probleme wie die wirtschaftliche Globalisierung nun souverän anhand von nationalen Politikern gemanagt werden können (Faist 1994). Damit bemühen politische Akteure Vorstellungen, mit denen erst Bedrohungen erzeugt werden, die dann politisch erfolgreich bearbeitet werden können.

Neuere Studien zur sozialen Konstruktion der Migration heben bei der Betrachtung von Integration insbesondere auf die Performanz des Anpassungsdiskurses ab (Amelina 2017). Migration wird wahrgenommen, indem bestimmte Immigranten und Immigrantinnen in Bezug zu den Erwartungen des angemessenen Verhaltens gesetzt werden. Dementsprechend lautet dann die Überlegung, dass die Integrationserwartungen erst das defizitäre migrantische Subjekt hervorbringen. Werden die Immigranten und Immigrantinnen im Anpassungsdiskurs als integrationsbedürftig adressiert, so kann sich die nationale Gemeinschaft als kulturelle Einheit imaginieren. Die Gesellschaft wird als ein nationaler Container vorgestellt, in den gewisse Immigranten nicht rein passen. Damit sind die kulturellen Grenzen gleichgesetzt mit den nationalen Grenzen (Amelina 2010).

Die Kategorisierung der Immigranten und Immigrantinnen durch die Anpassungsordnung kann einer kategorialen oder graduellen Distinktionslogik folgen. Bei letzterer kennzeichnet sich die Beziehung zwischen Mitgliedern/Nicht-Mitgliedern durch die Inferiorität der Nichtmitglieder in Bezug auf die Rückständigkeit bestimmter Verhaltensnormen, die aber durch die Übernahme der richtigen Kultur überkommen werden kann. Beispielsweise kommt Liz Fakete in ihrer Analyse der Citizenship Entwicklung und Integrationsmaßnahmen in Europa seit dem 11. September 2001 zu dem Urteil, dass sich eine national-liberale Monokultur entwickelt: „Cultural justification has taken the place of racial justification [...] Non-western immigrants must cast off their ‚backward culture' and assimilate into the modern, secular values of the Enlightenment." (Fakete 2006, 7) Die zu integrierenden migrantischen Subjekte werden erst performativ durch die Integrationsverträge und Integrationskurse konstruiert. Sie können aber durch das erfolgreiche Absolvieren der Integrationskurse in der Hierarchie nach oben steigen. Insbesondere findet sich diese Diskussion bei der Besprechung der Entwicklung von *civic integrationism* in Europa wieder (Joppke 2007; Triadafilopoulos 2011), auf die im späteren Verlauf der Arbeit noch ausführlich eingegangen werden soll.

Die Kategorisierung der Anpassungsordnung kann jedoch auch kategorial ausfallen. Die Form der Unterscheidung ist dann beispielsweise Religion, die die Immigranten und Immigrantinnen in christlich/nicht christlich bzw. christlich/muslimisch kategorisiert. Aktuell zeigt Katherina Hierl, wie die Integrationsdebatten in Deutschland gerade zu islamisiert werden. Die Religionisierung konstruiert das defizitäre migrantische Subjekt als ein muslimisches Subjekt (Tezcan 2012): „Integrationsprobleme und sozioökonomische Defizite, welche vorher mit Ausländern im Allgemeinen oder mit bestimmten sozialen Schichten assoziiert wurden, werden nun vor allem mit Muslimen in Zusammenhang gebracht." (Hierl 2012, 58) Douglas Klusmeyer argumentiert in der Analyse der Leitkulturdebatte (2001), dass die Kulturalisierung von grenzübergreifender Bewegung von Menschen als ein Instrument zur Verweigerung des gleichen Status als Bürger und Bürgerin bemüht wird. Wer als Immigrant und Immigrantin in Deutschland in der Wissensordnung der Integration kategorisiert wird oder mit den Worten von Armin Nassehi: Wer sich im stahlharten Gehäuse der Zugehörigkeit (Nassehi 1997) positionieren muss, hat mit erheblichen ungleichheitsrelevanten Konsequenzen zu rechnen. So belegen empirische Studien, dass negative ethnisierende Zuschreibungen sozialstrukturell durchschlagen, unter anderem bei Diskriminierung im Zugang zum Arbeitsmarkt (Diehl, Friedrich und Hall 2009; Seibert, Hupka-Brunner und Imdorf 2009).

Eine Auseinandersetzung zwischen verschiedenen Wissensordnung beobachten Edith Pichler und Oliver Schmidtke (Schmidtke 2004). Sie zeigen anschaulich in welchen Kontexten türkische, polnische und russlanddeutsche Spätaussiedler als Belastung bzw. Bereicherung dargestellt werden (ebd., 62ff). Dabei werden türkische Migranten und Migrantinnen selbst im ökonomischen Belastungstopos mit der ethnisch-kulturellen Differenz symbolisch exkludiert. Ulrich

Pridelli identifiziert hingegen, dass Türken und Türkinnen nicht als besonders diskriminierend in den Medien beschrieben werden. Er zeigt aber auch in einer der größten Erhebungssamples, dass Ausländer hauptsächlich nach dem ökonomischen Kosten/Nutzen Topos bewertet werden und der ethnische Hintergrund keine besondere Bedeutung bei der Bewertung der Migration spielt: „Dabei spielt die Herkunft lediglich bei Betrachtung und Zuordnung zu Ereignissen eine Rolle, während der Status der entscheidende Faktor für die Bewertung ist.“ (Predelli 1995, 121) Interessant ist bei Ulrich Predelli die Beobachtung, dass nach dem Brandanschlag in Mölln 1992 auf türkische Familien die Bewertung der Migranten und Migrantinnen positiver wird. Die Positivität der Berichterstattung geht insbesondere auf die Betonung, „dass ausländische Arbeitnehmer zum Wohlstand des Landes beitragen“ zurück (ebd., 85).

Weitere Forschungen zu den Wissensordnungen im Einwanderungsdiskurs zeigen, dass insbesondere Asylbewerber im Kontext des Belastungs- und Gefahrentopoi (Kriminalität und soziale Ordnung) besprochen werden (Kirwel 1996; Schranz 1999). Heinz Bofadelli kommt zu dem Schluss, dass Asylbewerber am negativsten in den Medien bewertet werden (Bonfadelli 2007). Positive Berichte existieren über Einwanderer, wenn diese temporär als Gäste in Deutschland verweilen bzw. als Künstler und Sportler auftreten (Merten 1986).

Seit den Terroranschlägen 2001 werden Muslime in den Massenmedien mit Extremismus und dem Bestreben nach Sicherheit in Verbindung gebracht (Ates 2006; Trautmann 2006). Kai Hafez zeigt allerdings, dass der Islam als Bedrohung und Gefahr nicht erst seit den Terroranschlägen in der medialen Repräsentation sozial konstruiert wird (2002). Die These eines medialen Feindbildes Islam wird durch seine Analyse der medialen Debatten des Nah-Ostkonflikts, der Erdölkrise, der iranischen Revolution, des Falls Salma Rushdie und der Algerienkrise erhärtet. Andre Biermann erläutert am Beispiel des Diskursfelds Moscheenbau die konfligierenden symbolischen Ordnungen zur Deutung des Phänomens. Zielführend ist hier die Beschreibung der Funktion und Folgen der einzelnen Argumentationsmuster im Diskurs (Biermann 2014).

Vor dem Hintergrund der bisherigen Forschung, die sowohl Qualifizierungsarbeiten umfassen, also auch langjährige Forschungsprojekte, sind empirische Diskursanalysen zur medialen Repräsentation von Muslimen im deutschen Einwanderungsdiskurs überraschenderweise rar in der Forschungslandschaft. Zudem verdeutlicht die Beschreibung der Argumentationsmuster die Heterogenität des Einwanderungsdiskurses. Daraus schlussfolgere ich, insbesondere mit Bezug auf die These von Martin Wengele, dass es erstens darauf ankommt, genauer zu rekonstruieren, wie offensichtlich die gewünschten und unerwünschten Immigranten und Immigrantinnen im polarisierten Einwanderungsdiskurs sozial konstruiert werden. Mit den Worten von Martin Wengele:

> „Wenn man den Gesamtdiskurs als rassistisch einschätzt, die diskursive Entwicklung der letzten Jahre dramatisiert und aufgrund einer alarmistischen Grundhaltung die Chancen für eine Mitgestaltung des Diskurses unterschätzt, gerät man in eine Außenseiterstellung. Umgekehrt verkennt die vorzeitige Zufriedenheit mit der sich vermeintlich ‚positiv' entwickelnden Debatte fortdauernde Widerstände gegen liberale Einwanderungsregelungen, die bei der Ausgestaltung des Zuwanderungsgesetzes nur allzu deutlich geworden sind." (Wengele 2007, 14)

Zweitens sollte die empirische Analyse ermöglichen, dass genauere Aussagen über die Dominanz- und Hierarchieverhältnisse oder aber über Kooperationen zwischen den Wissensordnungen getroffen werden können. Deartige Fragen sind in der bisherigen Forschung zur symbolischen Grenzziehung nur selten addressiert worden.

Die Wissensordnung der Mobilität als privilegierte Migration

Als letzte Wissensordnung über die Migration soll die Mobilität besprochen werden, die an dieser Stelle eine gesonderte Besprechung im Hinblick auf die Konstruktion von erwünschter Migration erfordert. Die politischen, kulturellen und wirtschaftlichen Praktiken der Arbeitsmigranten, illegalen Immigranten und Immigrantinnen, Asylsuchenden, der sogenannten „Globalisation from below" (Portes 1997) oder der „transnationalism from below" (Guarnizo und Smith 1998) standen von Beginn an im Interesse der Migrationsforschung. Ihr Verhältnis gegenüber der Mehrheitsgesellschaft, im speziellen ihre Ausgrenzung, Marginalisierung und Diskriminierung sowie ihre ökonomischen, politischen und sozialen Aktivitäten waren und sind wesentlicher Gegenstand der Migrationsforschung. Insbesondere die Betrachtung der medialen Wahrnehmung dieser Gruppen zeigt im deutschen Fall, wie selbige durch eine negative Kulturalisierung symbolisch ausgegrenzt worden sind. Setzt man für einen Augenblick die kulturalisierende Brille des Integrationsdiskurses ab und schaut sich weitere Debatten zur grenzüberschreitenden Bewegung von Menschen an, dann erkennt man, in welchem Kontext das Wort Integration und die dazugehörige Kulturalisierung nicht auftaucht, denn die Kulturalisierung von Integration funktioniert nicht für alle Migrantengruppen. Es wird in dieser Arbeit vorgeschlagen, einen Schritt zurückzugehen und zu verstehen, wie Nationalstaaten grenzüberschreitende Bewegungen von Menschen bewerten, mit speziellem Blick auf eine Kategorie von

Immigranten und Immigrantinnen, die in Bezug auf Erwünschtheit beispielsweise das Gegenteil der muslimischen Kategorie verdeutlichen. Mit anderen Worten, wer sind die gewünschten Immigranten und Immigrantinnen und was kennzeichnet sie?

Es gab schon viele Schlagworte wie „international business elites" (Marceau 1989), „world class" (Moss Kanter 1997), „new global elites" (Friedman 2000) oder die „transnational capitalist class" (Sklair 2000), die eher die „globalisation from above" beschreiben. Allerdings geriet eine systematische Betrachtung der unterschiedlichen normativen Evaluierung grenzübergreifender Bewegung erst vor kurzer Zeit in den Fokus der Forschung. So argumentieren Nina Glick Schiller und Noel Salazar, dass mehrere verschiedene und sich überlappende Mobilitätsregime existieren, die die Bewegungen einiger normalisieren, während die Unternehmungen anderer kriminalisiert und eingeschlossen werden (2013).

Vor diesem Hintergrund werden die Überlegungen von Thomas Faist (2013) relevant. Neben den Debatten zur Migration und Integration findet sich die Mobilitätsdebatte. Die Überlegung lautet, dass die erwünschten und unerwünschten Immigranten und Immigrantinnen anhand des Dualismus von Mobilität und Migration beobachtet werden können. Der nationale Einwanderungsdiskurs nimmt bestimmte grenzübergreifende Bewegung von Menschen als Migration und von anderen als Mobilität war. Diese Überlegung sollen im Folgenden dahingegen aufgegriffen werden, um zu erfahren, welches Wissen in die Kategorisierung und Evaluierung der mobilen Personen einfließt, damit überhaupt von einer Privilegierung gesprochen werden kann. Dies impliziert auch die Frage, welches Wissen in diesem Kontext nicht anschlussfähig ist.

Aus der Perspektive der Nationalstaaten wird die Mobilität von Bevölkerungen als ein Merkmal der hochqualifizierten Arbeitskraft identifiziert (Faist 2013), unter anderem weil diese es durch den Besitz ausreichenden Humankapitals auch nachweisen können. Yasemine Soysal identifiziert, wer genau unter den erwünschten Mobilen fällt und warum: „The Mobility of the global professional class (e.g. employees of international finance and IT Companies, scientific research agencies, and artists is seen as imperative for a competitive and productive economy." (Soysal 2012, 7) Gerade in jüngster Zeit haben immer mehr liberale Nationalstaaten ihre Einwanderungswahlregeln geändert, um bestimmte Eigenschaften von Immigrierenden explizit zu fördern; wie zum Beispiel hohe akademische und berufliche Ausbildungsabschlüsse (Betts 2011). Die Anwerbung von Hochqualifizierten offenbart den gewünschten Standard, nach dem Immigrierende bewertet werden. Ein hohes Humankapital in Form von Bildungsabschlüssen und professioneller Qualifizierung ist ausschlaggebend für die Erwünschtheit. Die logische Konsequenz ist eine Differenzierung nach dem

Humankapitalstock der Immigranten und Immigrantinnen. Dass sich die Differenzierung nach ökonomischer Nützlichkeit durchzusetzen scheint, zeigt die Studie „IMPALA“ (International Migration Law and Policy Analysis) von Michel Beine et al. (2015). Es wird deutlich, dass seit ca. 2004 Nationalstaaten durch die Einführung neuer ökonomischer Einreisekategorisieren stärker zwischen Hoch- und Niedrigqualifizierten differenzieren. Die Einreisebestimmungen für Menschen, die in den Kategorien Niedrigqualifizierter einreisen, sind, verglichen mit denen der Hochqualifizierten, im Zeitverlauf von 1999 bis 2008 deutlich in der Anzahl gestiegen. Außerdem zeigt sich, dass sich die gewünschte Anwerbung von Hochqualifizierten auch in der Herabsetzung der Einreisebestimmungen für selbige widerspiegelt. Deutschland hatte 1999 noch eine Gleichbehandlung von Hoch- und Niedrigqualifizierten. Bis zum Jahr 2008 haben sich die Regulierungen für die Hochqualifizierten um fast 30 % verringert (Beine et al. 2015). Beispielsweise gewährt Deutschland hochqualifizierten Immigranten und Immigrantinnen Vorteile beim Familiennachzug und Zugang zu einem unbefristeten Aufenthaltstitel. Vorteile bei der Immigration sind nicht die einzige Maßnahme zur Anwerbung Hochqualifizierter. Mehrere OECD-Länder bieten spezifischen Gruppen von hochqualifizierten Arbeitskräften Steuervergünstigungen an (OECD 2014). Die OECD bezeichnet die Öffnung gegenüber Hochqualifizierten als „die Politik des roten Teppich“ (ebd., 195). Insgesamt werden Hochqualifizierte „[H]ofiert und erhalten einen erstklassigen Service, um ihnen den Migrationsprozess zu erleichtern“ (ebd., 194). Es zeigt sich nun empirisch, was bereits angedeutet wurde: „This emerging political economoy of mobility and membership is anything but stratification free.“ (Shachar und Hirschl 2014, 253)

Die Mobilen sind also die gut ausgebildeten ausländischen Fachkräfte, die für den Arbeitsmarkt als wünschenswert gelten. Darüber hinaus ist es anscheinend ein depolitisiertes Thema (Faist 2013). Der Kern der Debatten dreht sich um die positiven wie negativen Effekte auf die wirtschaftliche Leistungsfähigkeit von Unternehmen und ganzen Volkswirtschaften, Schlagwörter sind hier „brain gain“ („Gewinn an Gehirnen“) und „brain drain“ („Verlust an Gehirnen“). Dementsprechend wird der Dualismus durch neue Immigrationspolitiken und öffentliche Debatten konstruiert, die sich auf der einen Seite auf die Nützlichkeit einiger Immigranten und Immigrantinnen konzentrieren, auf der anderen Seite wird die Nützlichkeit einiger Migranten und Migrantinnen infrage gestellt und mit dem Verweis auf die Kosten, unter anderem für den Wohlfahrtsstaat, sowie die Inkompatibilität der Kultur mit der nationalen Gemeinschaft kritisiert (Faist, Schmidt-Verkerk und Ulbricht 2016).

Im Wesentlichen drängt sich die Vermutung auf, dass die Kategorisierung entlang kultureller Merkmale den Immigranten und Immigrantinnen mit geringem sozialen Status vorbehalten ist und Kategorisierungen entlang ökonomischer Nützlichkeit für die Hochqualifizierten reserviert sind. Mit anderen Worten erscheint es so, als würde das wirkmächtige Narrativ „Migration als Mittel des Fortschritts" von Robert Park (1928) auf die Hochqualifizierten angewandt und die Perspektive von Alfred Schütz „Der Fremde als eine Anomalie" (1944) bliebe für die niedrigqualifizieren Migranten und Migrantinnen reserviert. Die Ausführungen zeigen, dass die Migration der Hochqualifizierten in erster Linie unter der Kategorie Arbeit wahrgenommen wird. Hier ist die Forschung zu den Expatriates Managern als „transnationale mobile Beschäftige" (Spiegel und Mense-Petermann 2016, 5) von zentraler Bedeutung, nicht nur für die Herausbildung von globalen Arbeitsmärkten (Münch 1998), sondern auch, um mehr über die Kategorisierung und Evaluierung der mobilen Beschäftigten zu erfahren.

Neben dem ökonomischen Wissen lässt sich allerdings auch danach fragen, inwiefern Wissen aus der Anpassungsordnung in die Kategorisierung und Evaluierung der Hochqualifizierten einfließt. Hier hebt die Evaluierung auf das „kosmopolitische Kapital" der qualifizierten Arbeitskräfte ab, dass die Träger unter anderem durch „internationale Erfahrungen, internationale Netzwerke und Sprachkenntnisse" in verschiedenste Kontexte einbetten kann (Bühlmann, David und Mach 2012, 212). Die kosmopolitische Lesart betont die Argumente, dass die geografische Mobilität die Offenheit gegenüber Fremden und die eigene Reflexifität gegenüber sich und der Welt entwickelt bzw. erhöht (siehe Beck und Sneider 2006; Hannerz 1990; Skrbis und Woodward 2007). Don Weenik argumentiert beispielsweise, dass die Mobilität der transnationalen Elite zu einem kosmopolitischen Kapital führt. Es bezeichnet den kompetitiven Vorteil der Elite, sich in einer transnationalen Welt zu Recht zu finden und Unterschiede zwischen Kulturen besser managen zu können (Weenink 2008). Dementsprechend ist das kosmopolitische Kapital der Hochqualifizierten – der „Eurostars" (Favell 2008) in Europa – attraktiv für diverse Akteure. Dazu kommentiert beispielsweise Lily Kong, dass die kreative europäische Stadt durch die transnationale Mobilität der Menschen – die Migration der kreativen Klasse – erst hervorgerufen und ermöglicht wird (2014). Bemerkenswert ist, dass die mobile, kosmopolitische Elite innerhalb der Europäischen Union hinsichtlich der Anpassungsordnung positiv besprochen wird. Die Abwesenheit von Anpassungsforderung aufgrund von defizitären Integrationserfahrungen oder kulturellen Differenzerfahrung ist auffällig. Generell ist die Abwesenheit der Contra-Migrationswissensordnungen bezeichnend (Belastung, Sicherheit, Gefahren usw.) Insgesamt kann die Frage aufgeworfen werden, inwiefern die Migration der Hochqualifizierten für die Ankunftsgesellschaften als unproblematisch gilt, denn wie es scheint folgen sie in der Ankunftsgesellschaft nicht ihrer ethnischen Gemeinschaft, sondern ihrer eigenen Karriere.

Es ist wichtig, diese kosmopolitischen Annahmen empirisch zu überprüfen und dieses Forschungsfeld steht mit dem Blick auf die Mobilität als privilegierte Form der Migration erst noch am Anfang. Es finden sich empirische Hinweise, dass die soziale Einbettung hochqualifizierte Migranten und Migrantinnen unabhängiger von dem nationalen Kontext operiert (Weiß 2005). Andere Lesarten versuchen hingegen den Mythos des „free floating individuel" zu entzaubern: „But the real power of the global mobility myth stems from its individualistic myth; the idea that the human capital of education can take you where you want to go regardless of social structure or social reproduction." (Favell, Feldbaum und Smith 2008, 17) Dementsprechend fokussiert sich die Forschung auf den empirischen Beweis der sozialen Einbettung der Hochqualifizierten in der Ankunfts- und Herkunftsgesellschaft und die Autoren insistieren, dass die unterschiedlichen Beschreibungen von grenzüberschreitender Bewegung nicht den Bias von ethnic und elite migration reproduzieren sollten: „[S]eeking to resist the clichéd opposition of elite and ethnic migrants in polarized global economy." (Favell, Feldbaum und Smith 2008, 25) Beispielsweise wird die Diskriminierung in der Entlohnung auf dem Arbeitsmarkt (Nohl et al. 2010) oder Verhandlung von Gender-Aspekten (Ryan und Mulholland 2013) diskutiert.

Ein weiteres, nicht minderwichtiges Merkmal zur Kategorisierung der Mobilität ist der Aspekt der Dauerhaftigkeit des Aufenthaltes im Immigrationsland. Selbst in der Forschung stieß man bisweilen auf eine andere Kategorisierung für Hochqualifizierte und sah diese nicht als typische Immigranten und Immigrantinnen an: „There are thus grounds for preferring the term ‚movement' to ‚migration' when applied to the highly skilled, bearing as it does fewer assumptions about the length of time involved." (Koser und Salt 1997, 288) Vielversprechend sind dann Definitionen, die die Dauerhaftigkeit der Migration nicht an die Qualifizierung koppeln. Beispielsweise wird in der Typologie der Arbeitsmigration von Engbersen et al. (2013) zwischen Mobilität und Migration wie folgt unterschieden: a) „economic motivated short term mobility", b) „pluri-local mobility", c) „footloose mobility" und d) „settlement migration" (ebd., 965). Migration wird dann als eine Unterkategorie von Mobilität aufgefasst:

„Thus, the most effective way to benefit from the mobility turn is to accept ‚mobility' as the more general and inclusive term and to approach ‚migration' (in the sense of one-directional movement with the implication of permanent settlement) as one specific form of mobility." (Amelina und Vasilache 2014, 114)

Die vorliegende Forschungsarbeit hat nun nicht die Aufgabe, die Rekonstruktion des Begriffs Mobilität in der Forschungsliteratur zu untersuchen (siehe dazu für den Begriff Expatriate Manager Kunz 2016). Vielmehr steht die Frage im Zentrum, wie liberale Nationalstaaten die (un-)erwünschten Immigranten und Immigrantinnen sozial konstruieren. Es lässt sich also gewinnbringend diskutieren, inwiefern die mobilen Hochqualifizierten die „wanted and welcome" (Faist 2013, 1642; Triadafilopoulos und Smith 2013, 2) sind und sich damit beispielsweise von den ehemaligen Gastarbeitern unterscheiden, die auch aufgrund von ihrer Arbeitskraft nach Deutschland gerufen worden sind, aber letztendlich nur „wanted but not welcome" waren (Zolberg 1987, 36). Heute sind die Hochqualifizierten im Einwanderungsdiskurs beides: Willkommen und gewollt. Sie sind gewollt als Konsequenz ihres Humankapitals, das den liberalen Nationalstaaten in vielen ökonomischen Bereichen einen Wettbewerbsvorteil liefert. Sie sind auch gewollt, weil sie anders als die niedrigqualifizierten Arbeitsmigrantinnen und Arbeitsmigranten das soziale und kulturelle Kapital besitzen, um sich in die Aufnahmegesellschaft zu integrieren. So jedenfalls die Annahme. Bemerkenswert ist, dass die Anwerbung von Hochqualifizierten jenseits hochgradig moralisierter Debatten um Zugehörigkeit und Integration erfolgt. Aus einer sozialstrukturellen Perspektive könnte die Interpretation lauten, dass sich die Lebenslage von Menschen mit bzw. ohne Migrationshintergrund nicht mehr unterscheidet. Aus einer wissenssoziologischen Perspektive ist die Deutung eine andere und veranlasst darüber nachzudenken, wie Staaten die Bewegung von Menschen über Grenzen normativ bewerten. Aus der Perspektive der Wissensordnung bedeutet dies, dass sich die Mobilität als privilegierte Form der Migration aus dem typischen defizitären Wissen über Migration (Anpassungsordnung) herausgelagert hat. Dies ist insofern relevant, wenn die These zutrifft, dass die defizitären Wissensordnungen erst die grenzüberschreitende Bewegung von Menschen als Migration konstruieren. Inwiefern dann von einem Dualismus von Migration und Mobilität gesprochen werden kann, ohne in Spekulationen abzudriften, ist schlussendlich eine empirische Frage.

Allgemein gesprochen ist allerdings die Vorstellung eines Dualismus von Migration und Mobilität grundlegend für das Verständnis von sozialer Ungleichheit jenseits des Nationalstaates, weil die Möglichkeit, sich über Grenzen zu bewegen, dadurch zu einem zentralen Kriterium wird, wie Lebenschancen ausgestalten werden können. Für die Lebenschancen der Menschen hat die Bewertung weitreichende Konsequenzen. Entweder werden sie als ökonomisch nützlich wahrgenommen oder aber als soziale Adaption gegenüber einer vorgestellten Gemeinschaft. Bedeutsam wird dies dann, wenn grenzüberschreitenden Bewegungen heute als wesentlicher Faktor angesehen wird, um ungleiche Positionen im sozialen Raum der globalen Zeitalters zu bestimmen (Bauman 1998; Beck 1999). Nicht in Bewegung zu sein, also lokal gebunden zu sein, gilt heutzutage als wesentliche soziale Benachteiligung (Boltanski und Chiapello 2006). Im Anschluss daran äußert Thomas Faist die These, dass die Unterscheidung zwischen kulturalisierten Arbeitsmigranten und -migrantinnen und hochqualifizierten mobilen Personen soziale Ungleichheiten (re-)produziert (Faist 2013). Die Wahrnehmung dieser zwei Kategorien führt zur einer symbolischen Hierarchisierung: Unten stehen die negativ assoziierten Migranten und Migrantinnen und oben die positiv assoziierten Mobilen.

Exkurs: Was kennzeichnet hochqualifizierte Arbeitskräfte?

Die Rede von hochqualifizierten Arbeitskräften ist in der Forschungsliteratur ein ständiges Thema. Bis auf den Verweis auf einen akademischen Bildungsgrund und einer professionellen Ausbildung sind weitere Definitionen, Beschreibungen Erklärungen rar. Mit anderen Worten: „there is no consistent definition or measurement of „highly skilled“ (Batalova und Lowell 2008, 86). Jedoch ist eine genauere Betrachtung der Hochqualifizierten in der Arbeitswelt wichtig, um zu verstehen, welche Normen in der sozialen Welt eine hohe Wertigkeit besitzen. Bezüglich dieser Thematik ist ein Rückgriff auf die Rechtfertigungsordnungen nach Luc Boltanski und Ève Chiapello hilfreich (2006). In ihrer Analyse der französischen Managementliteratur von 1960 und 1990 untersuchten sie, welche Eigenschaften, welches Wissen, welche Fähigkeit und Fertigkeiten von Manager erwartet werden. Sie konstatieren eine neue Entwicklung der Bewertungsprinzipien und Rangordnungen der Menschen, die sie „projektbasierte Polis“ (Rechtfertigungsordnung) nennen (Boltanski und Chiapello 2006, 154). Bei der Entstehung dieser sozialen Ordnung kommt es gleichzeitig zur Ausprägung von neuen Erfolgsmaximen und Werten, auf die die Menschen ihr Verhalten abstimmen können und so wissen, was erwünscht ist und welches Verhalten Ausgrenzungsrisiken in sich birgt. Das Äquivalenzprinzip, an dem Wertigkeiten von Personen und Objekten gemessen werden, ist in der projektbasierten Welt die Aktivität. Sie hat die Bedeutung, dass Personen in der Lage sind, Projekte ins Leben zu rufen oder sich initiierten Projekten anzuschließen. Damit ist gemeint, sich in Netze einzugliedern und sich selbst zu vernetzen. Man durchbricht mit der Aktivität die Isolation und nutzt Chancen, Kontakte zu knüpfen bzw. man beschäftigt sich mit Inhalten, durch die sich ein Projekt initiieren lässt. Das Leben einer Person wird als Abfolge von Projekten verstanden und die Projekte sind umso wertvoller, je deutlicher sie sich voneinander unterscheiden. Wichtig ist es, Tätigkeit zu entwickeln bzw. wie es umgangssprachlich heißt: „niemals um ein Projekt verlegen zu sein“. Denn die einander ablösenden Projekte wirken netzerweiternd, weil dadurch die Zahl der Kontakte erhöht wird und immer mehr Verbindungen geknüpft werden. Denn das Ziel der Aktivität ist es, seine persönliche *employability* zu verbessern, also anschlussfähig zu sein für weitere Projekte.

Diese Personen, die eine hohe *employability* haben, zeichnen sich durch folgende Wertigkeiten aus: Auf der einen Seite ist die Kompetenz ausschlaggebend. Personen, die diese Wertigkeit besitzen, sind anpassungsfähig und flexibel. Das heißt, sie lassen sich leicht in neue Projekte integrieren. Der Chamäleon-Vergleich ist an dieser Stelle durchaus angebracht. Sie sind stets verfügbar, engagiert und scheuen keine Risiken, aktiv zu sein. Des Weiteren erscheinen sie sympathisch, sehr kommunikativ, offen, neugierig und erwecken so das Interesse von anderen Personen. Im Grunde genommen zielen die Personen auf eine bewusste Selbstdarstellung ab, die nicht durch Herrschaft und Anweisung, sondern durch Kompetenz für Anerkennung und Gefolgschaft sorgen.

Auf der anderen Seite sind Kontakte sehr bedeutungsvoll. Sie signalisieren ein hohes Sozialkapital und dieses korreliert mit einem hohen Informationskapital. Informationen sind sowohl Ergebnis als auch Voraussetzung zur Kontaktvermehrung und diese bedeuten Zugang zu Ressourcen. Mit einem hohen Sozialkapital lassen sich Verbindungen aufbauen, die eine größtmögliche Opportunität in sich bergen und somit das Netz am effizientesten ausdehnen. Der Wert eines Kontaktes hängt davon ab, inwieweit er eine Distanz überbrücken kann und für Vermittlung sorgt. Die Distanz lässt sich zeitlich (zum Beispiel durch Aktivierung eingeschlafener Kontakte) und räumlich (zum Beispiel durch kommunizieren mit geografisch weit entfernten Kontakte) differenzieren. Mit anderen Worten sind sie die Brückenbauer, die eine hohe Variabilität der Rollenausprägung besitzen.

Allerdings reichen Kompetenz und Kontakte alleine nicht aus, um eine hohe Wertigkeit zu erlangen. Ausschlaggebend ist es, diese Wertigkeiten im Dienst des Allgemeinwohls zu stellen. Auf die Arbeitswelt übertragen würde das bedeuten, dass man seine Wertigkeiten der Kompetenz und der Kontakte dazu nutzt, die Aktivität der Mitarbeiter zu fördern und sie dazu befähigen, Kompetenz und Kontakte zu erhöhen. Der hohe Wertigkeitsträger monopolisiert seine Kontaktgewinne nicht, denn dadurch bleibt ein leistungsfähiges Netz offen, wächst und gedeiht im Wohle aller (Boltanski und Chiapello 2006, 168). Auch hier ist das Ziel, die employability zu erhöhen.

Zusammenfassend lässt sich festhalten, dass sich hohe Wertigkeitsträger dadurch auszeichnen, dass sie ihr Einstellungskapital, das heißt, die Fähigkeit, sich nach Abschluss eines Projektes an einem neuen zu beteiligen, vermehren. Einander ablösende Projekte wirken netzerweiternd, weil sich dadurch die Zahl der Kontakte erhöht. Niedrige Wertigkeitsträger sind das entsprechende Gegenteil.

Sie wirken nicht vertrauensfähig, sind kompromissunfähig, verschlossen, autoritär, intolerant und immobil. Sie verhalten sich wie ein Netzopportunist, der seine Netzgewinne monopolisiert. Während die Ausdehnung des Netzes Leben bedeutet, tritt hier Stillstand ein, der mit dem Tod des Netzwerkes gleichgesetzt wird.

ZUSAMMENFASSUNG

Die vier Facetten des liberalen Nationalstaates wurden als Wissensordnungen über Migration aufgefasst und daraufhin einer empirischen Spezifizierung für den deutschen Fall unterzogen. Dementsprechend wurde in diesem Kapitel gezeigt, welches Wissen in die Kategorisierungen von erwünschter und unerwünschter Migration einfließt. Die Perspektive einer konfliktuellen Wissenssoziologie, die sich auf Rechtfertigungsordnungen im Einwanderungsdiskurs stützt, ermöglicht die Fokussierung auf die Aushandlungen der Kategorisierungen von Migration. Wie werden die Kategorien im Diskurs realisiert? Die Kategorisierung einiger bestimmte Immigranten und Immigrantinnen als die Mobilen legt die Vermutung nahe, dass Mobilität als privilegierte Form der Migration aus dem typischen Kategorisierungssystem der Migration herausgetreten ist, welches im deutschen Einwanderungsdiskurs ein vermeintlich defizitäres Konstrukt ist. Wenn man diesen Gedanken weiter aufgreift und eine systematische Betrachtung der ökonomisch gewollten und kulturell erwünschten Immigranten und Immigrantinnen vornimmt, so lässt sich daraus folgende Abbildung realisieren (siehe auch Ulbricht 2016):

Abbildung 1: Eine Systematisierung der Wanted/ Not Wanted

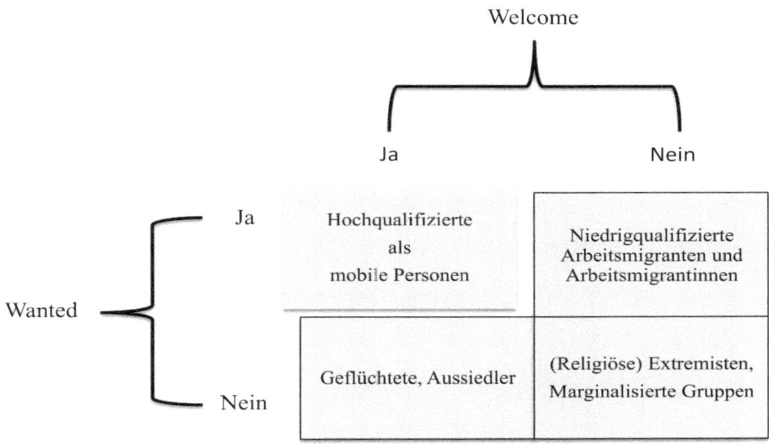

Quelle: Eigene Darstellung

Die *wanted and welcome* sind die bereits besprochenen hochqualifizierten mobilen Personen, die jeweils ökonomisch nützlich sind und bzgl. der Anpassung an den kulturellen Mainstream als positiv bewertet werden. Geflüchtete sind ökonomisch nicht gewollt aber die Selbstverpflichtung zur Einhaltung der Menschenrechte (Humanitätsordnung) würde grundsätzlich für eine Offenheit ihnen gegenüber sprechen. Aussiedler können über ethnische Merkmale als zugehörig zur Gemeinschaft definiert werden. Dennoch ist hier wichtig, empirisch genauer zu verstehen, inwiefern beispielsweise die Humanitätsordnung die kulturelle Anpassungsordnung oder Gefahrenordnung kritisiert und damit eine Offenheit gegenüber der nicht gewollten Migration garantiert. Niedrigqualifizierte Arbeitsmigranten und -migrantinnen sind ökonomisch gewollt aber kulturelle Grenzziehungen gegenüber diesen Immigranten und Immigrantinnen sind sehr wahrscheinlich, insbesondere wenn sich sozio-ökonomische Merkmale mit anderen Merkmalen wie Religion überlagern. Diese Immigranten und Immigrantinnen werden dann als Bedrohung für die nationale Gemeinschaft angesehen und kulturell abgewertet (Faist 2014). Immigrierende, die weder in einer kapitalistischen Logik verwertbar noch mit der Kultur kompatibel sind, werden als die „not wanted and not welcome" deklariert. Die empirische Analyse sollte sich dementsprechend darauf fokussieren, wie die mobilen Fachkräfte als wünschenswerte Immigranten und Immigrantinnen im Einwanderungsdiskurs sozial konstruiert werden. Im Gegensatz dazu muss auch analysiert werden, wie die nicht erwünschten Immigranten und Immigrantinnen legitim bewertet und kategorisiert werden, insbesondere unter dem Einfluss pro-migrantischer Wissensordnungen.

In der Arena: Forschungsprogramm für Migration vs. Mobilität

Im zweiten Teil der Arbeit wird der Prozess der Kategorisierung und Legitimierung von erwünschten und unerwünschten Immigranten und Immigrantinnen empirisch analysiert. Der wissenssoziologische Ansatz der Arbeit zielt darauf ab, genauer zu verstehen, welches Wissen bzw. welche Wissensordnungen bei der sozialen Konstruktion von Migration in die Kategorisierung und Legitimierung einfließen. Dieses empirische Unterfangen wird mittels einer Diskursanalyse durchgeführt. Die Diskursanalyse als Methodik ist insofern zielführend für diese Arbeit, da sie erstens mit der Naturalisierung des Sozialen bricht und den Prozess der (Wirklichkeits-)Konstruktion in den Blick nimmt (Laclau 1999). Zweitens vermitteln Diskurse Wissen und eine Diskursanalyse beschäftigt sich mit der Analyse von „gültigem Wissen" und wie dieses zustande kommt (Jäger 2011, 91). Dementsprechend ist der diskursanalytische Ansatz konsistent mir den bisherigen Überlegungen zu den Grenzziehungen. Ein Diskurs wird hier als ein typisches Schreiben und Sprechen über Immigranten und Immigrantinnen verstanden, welches in Anlehnung an Stuart Hall als Repräsentation aufgefasst wird (1997). Im Speziellen soll die Repräsentation der erwünschten Immigranten und Immigrantinnen als die (hoch-)qualifizierten, mobilen Fachkräfte und die unerwünschten Immigranten und Immigrantinnen als die integrationsbedürftigen Migranten und Migrantinnen im Diskurs untersucht werden.

Wie die Repräsentationen über die Erwünschten und Unerwünschten im Diskurs durch gesellschaftliche Wissensproduktion erzeugt werden, um überhaupt in sinnvollen Aussagen über diese Immigranten und Immigrantinnen sprechen zu können, ist das zentrale Anliegen dieser empirischen Arbeit. Diese stützt sich dazu auf das Forschungsprogramm der wissenssoziologischen Diskursanalyse (WDA) nach Rainer Keller (Keller 2011b). Ergänzt wird das Forschungsprogramm durch Elemente der Grounded Theory (Glaser und Strauss 2010). Diese wird verwendet, um einerseits die erwünschten und unerwünschten Immigranten und Immigrantinnen methodisch präzise beschreiben zu können und andererseits, um Thesen zu generieren, inwiefern diese Beschreibungen eine legitime Art sind, wie über diesen Gegenstand im Diskurs gesprochen werden kann. Damit ist gleichzeitig nicht der Anspruch erhoben, eine vollständige Theoriegenerierung durchzuführen. Im nächsten Kapitel erfolgt eine ausführliche Darstellung und Begründung der Methodik der Arbeit. Gerade weil die WDA ein Forschungsprogramm ist, ist die Deskription der Methodik entscheidend, um die Kontextualität des eigenen Forschungsprozesses offenzulegen.

BESTIMMUNG DES FORSCHUNGSGEGENSTANDES

Die vorliegende Arbeit fokussiert sich auf die diversen und miteinander konkurrierenden Wissensordnungen, die versuchen, ihre „Sicht der Dinge" in der diskursiven Arena der Bewertung von Immigranten und Immigrantinnen verbindlich zu machen. Dementsprechend kommt es zu Aushandlungsprozessen, in denen die Kritik und die Rechtfertigung der Wissensordnungen die legitime Grenzziehung zwischen erwünschten und unerwünschten Migranten und Migrantinnen konstruiert. Gegenstand ist die Untersuchung der symbolischen Grenzziehung, die in den Diskursen zur Einwanderung beobachtet werden kann. Demzufolge wird nachfolgend aufgezeigt, dass öffentliche Debatten ins Zentrum der Diskursanalyse gestellt werden müssen, um daraus entsprechend Erkenntnisse in Bezug auf die empirische Forschungsfrage zu gewinnen.

Warum der medialen Wirklichkeit bei der Beobachtung von symbolischen Grenzziehungen ein prominenter Platz eingeräumt wird, ist den Ergebnissen aus der Forschung zu Identitätsfragen, und hier insbesondere der Nationalismusforschung zuzuschreiben, die für Klaus Eder, Valentin Rauer und Oliver Schmidtke wie folgt zusammengefasst werden können:

> „Die Gestaltung der Beziehung zwischen Mehrheitsgesellschaft und ethnisch-kulturellen Minderheiten sowie die Herausbildung von Formen kollektiver Identität erfolgen in Situationen, die durch einen empirisch variablen, doch theoretisch konstitutiven Öffentlichkeitsbezug bestimmt sind. Es gehört zu den Einsichten aktueller Forschungen zur Ethnisierung von Konflikten, dass ihre öffentliche Kommunikation einen substanziellen Teil ihrer Dynamik ausmacht. Hier wird über Legitimität der Grenzziehung und den Wert der Identitätseinklagen entschieden. Vorrangiger Ort dieser Identitätsbildung ist nicht ein spezifisches face-to-face setting, indem Gemeinsamkeit durch konkrete Interaktionen der individuellen Akteure geschaffen wird, sondern die öffentliche Sphäre." (Eder, Rauer und Schmidtke 2004c, 39)

Gerade durch die Beobachtung der öffentlichen Sphäre kann sichergestellt werden, dass überhaupt Aussagen über die verschiedenen konkurrierenden Wissensordnungen und deren enthaltene Klassifikation getroffen werden können. Dies ist insofern wichtig, weil in vorangegangen Studien zur Grenzziehung, insbesondere in der Citizenship-Literatur behauptet wird, dass eine partikuläre Gemeinschaftsvorstellung einer nationalen Identität bei der sozialen Grenzziehung keine gewichtige Rolle spielt. Nicht zuletzt stellte Patrick Weil fest: „[T]here is no causal link between national identity and nationality laws." (Weil 2001, 34) Die kritische Frage lautet dann: Auf welcher Datengrundlage werden Aussagen zur Identitätsdimension von Citizenship getroffen? Es ist üblich, Citizenship-Modelle mittels Einbürgerungsregelungen, Integrationsmaßnahmen und der Einrichtung kultureller Rechte zu unterscheiden (Brubaker 1992; Castles und Miller 2009; Goodman 2014; Howard 2009; Koopmans et al. 2005). Doch ist auch bekannt, dass sich kollektive Identität insbesondere über den subjektiven Glauben (Max Weber), mittels Diskurse (Michel Foucault) oder über kollektive Rituale (Èmile Durkheim) konstruieren lässt. Es lässt sich also kritisch nachfragen, ob sich mit der alleinigen Betrachtung von Gesetzestexten überhaupt angemessene Aussagen zur Konstruktion von kollektiven Identitäten tätigen lassen. Demzufolge wird ein Geltungsproblem der Daten offensichtlich, durch das Rückschlüsse auf die eigentlich zu besprechende Thematik der Identitätsdimension kritisch hinterfragt werden müssen. Vielversprechend sind Ansätze, die die Kritik und Rechtfertigungen von Gesetzestexten in ihrem Prozess der Entstehung beobachten (Gerdes und Faist 2006) oder das mediale Echo von Policies analysieren (Koopmans et al. 2005), um dann Rückschlüsse auf eine Identitätsdimension zu ziehen.

Demzufolge ist es zielführend, partikulare nationale Identitätsvorstellungen nicht vorschnell durch Wahl der Untersuchungsmethode aus dem Blick zu verlieren, sondern diese ins Zentrum der Analyse zu stellen und zu untersuchen, welchen Einfluss diese auf die Konstruktion von erwünschter und unerwünschter Migration haben.

Die Beobachtung der Öffentlichkeit legt noch kein bestimmtes Medium nahe, anhand dessen die öffentliche Kommunikation methodisch kontrolliert beobachtet werden kann. Der konfliktuelle Charakter der konkurrierenden Wissensordnungen kann in diversen kommunikativen Arenen wie beispielsweise Fernsehen oder Radio nachvollzogen werden. Im Folgenden soll begründet werden, warum die schriftliche Sprache der favorisierte Ort der Beobachtung der Auseinandersetzung um die legitime Kategorisierung von Immigranten und Immigrantinnen ist. In Anlehnung an Paul Ricour ist die schriftliche Sprache bzw. der Text eine Ansammlung eines schriftlich fixierten Sprechens zu einem bestimmten Thema (2005). In den Texten ist das Wissen über ein bestimmtes Thema als Bedeutung festgeschrieben. Jedoch kann auf der Grundlage von Texten die Bedeutung jederzeit angezweifelt und mit grundsätzlichen kontigenten Bedeutungen in der Fortschreibung von Texten ergänzt, umgeschrieben oder komplett verneint werden. An diesem diskurstheoretischen Gemeinplatz ist noch nichts Bemerkenswertes. Die schriftliche Kommunikation wird dann zum distinkten Medium, wenn der Text unabhängig vom Autor und Leser bestehen kann. Es ist die Autonomie des Textes, die gewährleistet, dass dieser prinzipiell jedem Leser unabhängig von Raum und Zeit zugänglich ist. Dies ermöglicht einen wesentlichen Vorteil in Bezug auf das Verständnis von Kritik und Rechtfertigung: Die kritische Distanz und Widerspruchsmöglichkeit bzgl. der Deutungsangebote ist erheblich gesteigert, nicht unbedingt nur in der zeitlichen Dimension, sondern auch unter der Bedingung der physischen Abwesenheit des kritisierten Autors. Jeder Adressat kann in Ruhe den Text verstehen und Kritik schriftlich formulieren, die dann in der Öffentlichkeit jedoch einem höherem Begründungszwang ausgesetzt ist, als in einer formlosen Face-to-face-Interaktion.

Die Analyse ist darauf ausgerichtet, das *Weiterschreiben* von Bedeutungen zu erfassen. Die Frage muss lauten: An welche Bedeutungen wird angeschlossen, wie werden sie umgedeutet und eventuell in neuen Kontexten eingebettet? Dass dieses Weiterschreiben von Bedeutungen grundsätzlich kontingent ist, aber dennoch einer Regelhaftigkeit unterliegt, wird im nächsten Kapitel genauer erörtert.

Auf die Bedeutung der schriftlichen Kommunikation für die Identitätsbildung, insbesondere zur *Er*findung von nationalen Identitäten verwies bereits Benedict Anderson (1983). Der Nationalstaat als vorgestellte Gemeinschaft mit einer destinkten kulturellen Gemeinsamkeit wird erst möglich durch die Vervielfältigung und Zirkulation schriftlicher Kommunikation. In modernen Gesellschaften ist die nationale Identität als vorgestellte Gemeinschaft eine von vielen kollektiven Einheiten, die massenmedial schriftlich kommuniziert wird. Jedoch eine sehr bedeutende, wie unter anderem Craig Calhoun durch seine empirische Analyse zur sozialen Bewegungen feststellte, weil sie die Handlungen der Menschen nach dem Verlust der religiösen identitätsverbürgenden Weltbilder entscheidend strukturierte, wenn sie versuchten, der modernen Welt eine Bedeutung zu geben (Calhoun 1993). Beispielsweise bietet die nationale Identität Akteuren einen Rahmen, um über soziale und politische Rechte sprechen zu können und diese einzufordern. Daraus schlussfolgere ich, dass nationale Identitätsformationen gerade bei schriftlicher Kommunikation zu beobachten sind.

Aus diesen Gründen wird der empirische Gegenstand der Forschung abgeleitet. Die Datengrundlage basiert somit ausschließlich auf natürlichen Daten, die in verschriftlichter Form vorliegen und nicht von mir in irgendeiner Weise produziert worden sind, sprich in Form von Dokumenten, Texten und Berichten. Zudem impliziert die Zirkulation der schriftlichen Kommunikation die Herstellung eines öffentlichen Raumes. In diesem öffentlichen Raum wird das Thema der Migration adressiert, wie in Kapitel 2 ausführlich aufgezeigt. Die Zirkulation von schriftlicher Kommunikation im öffentlichen Raum wird durch die Massenmedien gewährleistet, daher gilt es, sich im letzten Schritt kurz mit der Beobachtung eben dieser Massenmedien zu beschäftigen. Über die integrative Funktion der Massenmedien in der Gesellschaft (Imhof, Jarren und Blum 2002) und im Speziellen über die Konstruktion der massenmedialen Migrationsrealität ist viel geschrieben worden (Geißler und Pöttker 2009). Deswegen soll nur punktuell hervorgehoben werden, warum die Beobachtung der Massenmedien für die Fragestellung relevant ist. Der zentrale Stellenwert ergibt sich aus der Position der Massenmedien im Vergleich zu anderen Medien in der Gesellschaft. Die Kommunikation über die Kategorisierung und Evaluierung von Immigranten und Immigrantinnen erfolgt in den Massenmedien und gerade diese Berichterstattung kann von allen anderen Akteuren beobachtet werden. Die Massenmedien bilden die Grundlage für den Austausch über Themen der Migration; diese ist eine Hintergrundrealität (Luhmann 1996) und grundsätzlich nicht konsenspflichtig. Beispielsweise kommunizieren Politiker über die Massenmedien mit den Wählern, beobachten wiederum die Reaktion in den Massenmedien und richten dann ihr Verhalten an diesen Reaktionen aus. Auch die Massenmedien beobachten, wie Politiker das Thema Migration beobachten und berichten für andere in einer zustimmenden oder ablehnenden Haltung über die Positionen. Somit haben die Massenmedien zugleich eine passive und aktive Rolle, indem sie die Bühne bereitstellen, aber auch durch das Verfassen von Kommentaren, Stellungsnahmen usw. an der Meinungsbildung partizipieren.

Selbstredend besitzen die Massenmedien eigene Selektionskriterien, nach denen sich die Berichte verfassen lassen. Wichtige Kriterien sind der Neuigkeitswert und der Aktualitätsbezug. Zudem muss das Thema medial überhaupt darstellbar sein. Die Ausführungen in Kapitel 2 zeigen, dass dies beim Thema Migration oftmals dramatisierend geschieht. Indem Presseberichte ins Zentrum der Analyse gestellt werden, kommen gesellschaftlich relevante und kontroverse Debatten in den Blick.

Bezüglich der Dramatisierung und Skandalisierung soll zum Abschluss auf die journalistischen Kriterien zur Behandlung von Migrationsthemen spezieller eingegangen werden. Mit den Worten von Bernd Scheffler provokativ formuliert: „Warum sollten denn Redakteure, die mit einem Magazin erfolgreich sein wollen, auf die bewährten Mittel der Übertreibung, der Emotionalisierung (bis hin zur feindlichen Polarisierung) verzichten?“ (Scheffler 2006, 132)

Allgemein gesprochen ist es eher weniger wahrscheinlich, dass starke Diskriminierungen in Form von direkten Werturteilen in öffentlichen Massenmedien erfolgen, weil dies ganz offensichtlich gegen das Gleichheitsgebot der Verfassung verstößt und der Verstoß beobachtbar ist. Journalisten sollten unter anderem deswegen darauf verzichten, weil Sie unter Beobachtung des Deutschen Presserates stehen, der eine unangemessene Berichterstattung kritisiert und rügt. Ziffer 12 des deutschen Pressekodex schreibt eine Nicht-Diskriminierung der Minderheiten vor: „Niemand darf wegen seines Geschlechts, einer Behinderung oder einer Zugehörigkeit zu einer ethnischen, religiösen, sozialen oder nationalen Gruppe diskriminiert werden.“ (Deutsche Presserat, Ziffer 12) Unter der Ziffer 12.1 der publizistischen Grundsätze heißt es:

> „In der Berichterstattung über Straftaten wird die Zugehörigkeit der Verdächtigen oder Täter zu religiösen, ethnischen oder anderen Minderheiten nur dann erwähnt, wenn für das Verständnis des berichteten Vorgangs ein begründbarer Sachbezug besteht.
> Besonders ist zu beachten, dass die Erwähnung Vorurteile gegenüber Minderheiten schüren könnte.“ (Deutscher Presserat, Ziffer 12.1)

Scheffler hat die Empfehlungen unter anderem des Deutschen Presserates und des Westdeutschen Rundfunkrates für die Frage zusammengestellt, was Journalisten und Journalistinnen beachten sollten, um eine angemessene Berichterstattung über Migranten und Migrantinnen zu gewährleisten:

- Differenzierung und Einzelfallbeschreibung, damit Verallgemeinerungen und Übertreibungen keine Vorurteile schüren;
- im Zusammenhang mit Kriminalität möglichst die Zugehörigkeit zu einer Ethnie, Nationalität, Religion nicht erwähnen;
- Ursachen und Hintergründe erklären;
- Fakten, Zahlen und Statistiken ausführlich und angemessen darstellen;
- Bezeichnungen von Asylant, Flut, Strom oder Chaos im Zusammenhang mit Fremden grundsätzlich vermeiden;
- berücksichtigen, dass es keine monokausalen Zusammenhänge bei der Migration gibt, wie beispielsweise: weniger Migranten/mehr Arbeitsplätze für Deutsche;
- Ereignisse über fremdenfeindliche Gewalttaten nicht verschweigen, jedoch beachten, diese allein durch die Berichterstattung zu Nachahmungstaten führen können.

Damit sind die strukturellen Erwartungen an die Journalisten klar formuliert, die Frage ist nur, wie Journalisten und Journalistinnen diese Erwartungen erfüllen?

In einer Untersuchung von Pöttker et al. zur Akzeptanz von Antidiskriminierungsregeln wurden in einer Zufallsstichprobe 180 Mitglieder des Deutschen Journalistenverbandes in NRW systematisch nach ihrer Einschätzung zu den berufsethischen Antidiskriminierungsregeln befragt. Die Ergebnisse deuten daraufhin, dass Journalisten ein allgemeines Problembewusstsein besitzen, das heißt, sie erkennen den Dualismus zwischen allgemeiner Moral, die im Pressekodex festgeschrieben ist, und ihrer journalistischen Pflicht, die Öffentlichkeit umfassend zu informieren an (Pöttker 2009). Die Studie zeigt, dass die allgemeinen Formulierungen von Antidiskriminierungsregeln, wie im Pressekodex, Ziffer 12, dargestellt, auf mehr Akzeptanz treffen als die strikten, unter Ziffer 12.1 aufgeführten Einschränkungen.

Laut einer nicht repräsentativen Umfrage von Daniel Müller zu den Einstellungen von 89 festangestellten Journalisten und Journalistinnen zu ihrer Rolle bei der Integration ethnischer Minderheiten, verstehen die Journalisten und Journalistinnen ihre Rolle darin, keine Vorurteile zu schüren. Allerdings ist ihnen die Richtlinie des Pressekodex des Deutschen Presserates unbekannt. „Trotzdem entspricht ihre Redaktionspraxis sehr weitgehend dem Anspruch dieser Richtlinie, nur bei begründbarem Sachbezug zum Delikt die ethnische o.ä. Zugehörigkeit von Verdächtigen/Tätigen anzugeben.“ (Müller 2009, 155)

Wie sollte eine Diskursanalyse mit diesen Erkenntnissen der journalistischen Selektivität umgehen? Nimmt man die sozial-konstruktivistischen Annahmen einer Diskursanalyse ernst, dann geht es gerade nicht darum, Journalisten und Journalistinnen als Faktor einer empirischen Analyse zu reduzieren bzw. zu eliminieren und auf den wahren Bericht hinter der medialen Realität des Journalisten und Journalistinnen abzuzielen. Stattdessen soll die Perspektive des Journalisten und Journalistinnen als ein Selektionsbias von Informationen gerade in den Mittelpunkt der Analyse gestellt werden. Der Bias wird als Teil des Forschungsgegenstand behandelt, denn „eine bedeutungsorientierte Diskursanalyse ist nichts anderes als nach den Selektionskriterien dieses Biases zu fragen“ (Rauer 2008, 133).

Die angesprochenen Argumente verlangen nach einer Methodik. Allgemein gesprochen müssen die Deutungen der Akteure im öffentlichen Raum interpretiert werden. Es geht also nicht darum, eine positivistische Definition der Migration oder der Mobilität zu entwerfen und darauf folgend zu schauen, was die Essenz der Begriffe ist. Im Gegenteil muss die Analyse zeigen, wie diese Kategorien sozial konstruiert werden, das heißt in erster Linie eine Historisierung der Begriffsgenese vornehmen. Welcher Sinn wird den Kategorien im Laufe der Zeit gegeben und auf welches Wissen greifen dabei die Akteure in den Medien zurück, wenn sie Unterscheidungen zwischen erwünscht und unerwünscht treffen?

Die Wissenssoziologie ist dafür die richtige Methode und eine Wissenssoziologie, die sich explizit mit öffentlichen Auseinandersetzungen beschäftigt, ist eine noch bessere Wahl. Um diesen Überlegungen gerecht zu werden, wird hier das Forschungsparadigma der WDA herangezogen. Dieses fokussiert sich auf kollektive Wissenspraktiken und Prozesse der sozialen Konstruktion von Deutungs- und Handlungsstrukturen, ihrer Legitimität sowie ihren gesellschaftlichen Wirkungen (Keller 2011b). Für den hier verfolgten Ansatz sind insbesondere ihre deduktiven Annahmen über die inhaltliche Strukturierung eines Diskurses hilfreich. Die WDA bietet mit dem interpretativen Repertoire der Deutungsmuster, Klassifikationen, Phänomenstrukturen und narrativen Strukturen eine theoretische Sensibilität zur Interpretation von diskursiven Aussagen (Keller 2012).

Mit dieser Untersuchung öffentlicher Diskurse zur Migration steht die Studie zugleich vor dem Problem großer Textmengen und mit der WDA kann angemessen begründet werden, auf welchen Entscheidungen die Eingrenzung von Untersuchungszeiträumen und -gegenständen basiert. Damit sind die Grundlagen geschaffen, um erstens methodisch kontrolliert die Sinnzuschreibung, das heißt, Kategorisierung und Bewertung der Immigranten und Immigrantinnen nachzuvollziehen, und zweitens die Selektion der eigenen Forschungsheuristiken methodisch kontrolliert offenzulegen.

Grundlagen der wissenssoziologischen Diskursanalyse (WDA)

Die wissenssoziologische Diskursanalyse nach Reiner Keller unternimmt den Versuch, die strukturalistisch orientierte und Strukturen erklärende Diskursperspektive von Michel Foucault mit stärker handlungstheoretisch ausgerichteten Ansätzen zu verknüpfen. Die Verknüpfung erfolgt mit den sozialkonstruktivistischen Arbeiten von Schütz sowie Berger und Luckmann und deren Weiterentwicklungen, die im deutschsprachigen Raum unter dem Titel „Hermeneutische Wissenssoziologie“ bekannt sind (Hitzler and Honer 1997). Dazu fasst Keller zusammen:

> „Summa summarum geht es der Wissenssoziologischen Diskursanalyse darum, die diskutierten Defizite durch eine Akzentverschiebung von der Konzentration auf die Wissensbestände und Deutungsleistungen individueller Akteure des Alltags hin zur Analyse von diskursiven Prozessen der Erzeugung, Zirkulation und Manifestation kollektiver Wissensvorräte auszugleichen.“ (Keller 2011, 185)

Daraus wird ersichtlich, dass Reiner Keller versucht, die soziologischen Errungenschaften in der Diskursforschung zu platzieren. Bei diesem Versuch, zwischen strukturtheoretischen und handlungstheoretischen Traditionen zu integrieren, orientiert sich die WDA am Practice Turn, der in der Soziologie unterschiedlich bezeichnet wird. Mittels des dialektischen Konzepts der Dualität von Struktur wird das Structure-Agency-Problem gelöst. Das heißt, dass die Akteure die Situation und die ihr zugrunde liegenden sozialen Regeln beziehungsweise Normen interpretieren, vervollständigen und anwenden. Den Akteuren wird eine interpretative Rationalität unterstellt. „Das tatsächliche Geschehen ist keine direkte Folge der zugrundeliegenden Strukturen bzw. Regeln und Ressourcen, sondern Ergebnis des aktiv-interpretierenden Umgangs sozialer Akteure mit diesen Orientierungsmuster." (Ebd., 189) Die Dimensionen von Struktur und Handlung werden im Diskurs in der semantischen Praxis deutlich als die Art und Weise, wie die Individuen Bedeutungen in ihrer Umwelt mit Wörtern belegen und diese aktualisieren, bestätigen, fortschreiben bzw. infrage stellen und dann verändern.

Dies ist allerdings nicht so zu verstehen, dass Diskurse als symbolische Ordnung die Handlungen von Akteuren im Sinne eines strikten Regelwissens vorstrukturieren. Beispielsweise würde dies bedeuten, dass der Einwanderungsdiskurs die Gesetze der Zuwanderung diktiert. Demzufolge müsste die empirische Analyse dann nur noch den zentralen kausalen Mechanismus zwischen dem Diskurs als Struktur und den Gesetzen als Handlungen bestimmen. Diese Argumentation lässt sich durchaus als Erklärung in der empirischen Diskursforschung zur Migration finden, da der Diskurs eine nachträgliche Rechtfertigung für Ausgrenzungshandlungen gegen Fremde liefert, wie beispielsweise Mark Galliker argumentiert (1996). Diese Sichtweise[19] ist irreführend, unterstellt sie doch, „that cul-

19 Im Wesentlichen kennzeichnet diese Sichtweise eine Subjekt-Objekt-Relation. Man beantwortet den Zusammenhang dieser Relation durch den Rückgriff auf die Marx'sche Erklärung: Das Bewusstsein des Menschen wird durch sein gesellschaftliches Sein bestimmt. Der Nexus von der materialökonomischen Basis und dem geistig-ideellen Überbau bestimmte das Denken der Soziologen/Philosophen lange Zeit. Der objektive Sinn, der den Individuen als Wissen draußen in der Welt zugänglich ist, wird als eine Kausal-Beziehung des Basis-Überbau-Modells gedacht. Ebenso wie Marx spricht auch Durkheim von der Widerspiegelung der Sozialstruktur in den Ideen und Vorstellungen, sprich den kollektiven Repräsentationen. Es gibt sogenannte strukturale Korrespondenzen: Menschen klassifizieren Dinge, weil sie in Klassen eingeteilt sind (vgl. Knoblauch 2005, 72). Eine Relativierung dieser einseitigen ökonomischen Determination des Wissens hat Max Weber in seiner Studie „Die protestantische Ethik

ture shapes action by supplying ultimate ends or values toward which action is directed" (Swidler 1986, 273). Der ursächliche Zusammenhang zwischen den Deutungsangeboten in öffentlichen Debatten und deren Aneignung von Akteuren ist weitaus komplexer und widersprüchlicher (eine ausführlichere Kritik dazu bei Pichler und Schmidtke 2004, 49). Die wissenssoziologische Diskursanalyse muss die scholastische Disputation von Struktur und Handlung überwinden, damit der Diskurs und die Handlungen der Akteure nicht mehr als zwei eigenständige Größen behandelt werden, deren Verhältnis in einer Art „Korrelationsanalyse" untersucht wird. Um dieses Problem zu adressieren, werden im Folgenden die vier Bausteine des Theoriegebäudes der WDA nach Reiner Keller besprochen: Die Diskursstrukturen, die diskursiven Ereignisse, die diskursiven Praktiken und die sozialen Akteure (vgl. Keller 2011b, 209).

Das Verhältnis von Struktur und Handlung entspricht in der WDA dem Verhältnis von Diskurs und diskursivem Ereignis. „Ohne Aussageereignis gibt es keine Diskurse; ohne Diskurse können Aussageereignisse nicht verstanden, typisiert und interpretiert werden." (Ebd., 209) Mit Aussageereignis meint Keller die sprachliche Realisierung eines Diskurses als Aussage; der Diskurs ist dann die Gesamtheit von Aussageereignissen (ebd., 234). Das Bindeglied zwischen Diskurs und diskursiven Ereignissen sind die sozialen Akteure, die die typisierten Zeichen im Diskurs aufgreifen und dann typisierend fortschreiben. Bei der Verwendung von Zeichen im Diskurs konstruieren die Akteure einen Sinnzusammenhang zwischen den einzelnen Zeichen und dem verfügbaren Wissen im Diskurs, dass ihnen dabei hilft, die Mehrdeutigkeit eines neuen Ereignisses zu reduzieren. Wenn soziale Akteure die Wirklichkeit mittels typischer Wissensbestände deuten und fortschreiben, so spricht Keller von einer Typisierung der Zeichen im Diskurs. Wie diese Typisierung im Diskurs funktioniert, erklärt sich bei genauerer Betrachtung der sozialen Akteure im Diskurs. Diese konstituieren sich vor allem durch die Positionen des Sprechers und der Subjektivierung. Letzteres bezeichnet den Adressaten von diskursiven Aussagen im Diskurs, die zum Bei-

---

und der Geist des Kapitalismus" vorgenommen. Er hat das Bestimmungsverhältnis umgekehrt und gezeigt, dass Ideen ebenso eine herausragende Bedeutung für das wirtschaftliche Handeln haben. Der Kapitalismus bekommt die Zustimmung und Unterstützung, also seine moralische Dimension vom Geist des Kapitalismus. Die Menschen brauchen überzeugende moralische Gründe, um sich dem Kapitalismus anzuschließen. Ohne einen normativen Referenzpunkt, mit dem sich der Profit rechtfertigen lässt, gerät der Kapitalismus nicht nur in eine Legitimationskrise, sondern er verliert auch an Bindungs-, Überzeugungs- und Motivationskraft für Arbeitnehmer und Arbeitgeber.

spiel als Problemverursacher, Objekt von notwendigen Interventionen oder als potenzielle Nachfrage nach spezifischen Leistungen auftreten können (ebd., 217). Der Diskursanalytiker van Dijk argumentiert hier, dass Diskurse über Migration sich auf Probleme fokussieren. Entweder verursachen Migranten und Migrantinnen Probleme oder sie haben Probleme und sind dementsprechend Nachfrager von spezifischen Leistungen (van Dijk 1992). Dadurch werden Identitätsangebote erzeugt, die die Migranten und Migrantinnen annehmen (müssen). Wird im Diskurs den Migranten und Migrantinnen eine Position zugesprochen zum Beispiel als Verursacher von Problemen, so müssen Migranten und Migrantinnen diese Anrufung erst einmal annehmen, um diese eventuell ablehnen bzw. neu definieren zu können. In diesem Moment der Anrufung wird den Migranten und Migrantinnen eine Subjektposition, eine Identität zugewiesen. „Erst die sprachliche Benennung weist ihm/ihr eine soziale Rolle zu, der Übergang vom Individuum zum gesellschaftlichen Subjekt wird vollzogen und erlaubt es ihm erst, zu sprechen." (Müller 2011, 6) In diesem Prozess der Anrufung und Annahme von Subjektpositionen wird Macht sichtbar. Eine kritische Diskursanalyse setzt hier an und fragt danach, wie die Sinnzuschreibung wie zum Beispiel die Zuschreibung einer Identität und damit die Subjektwerdung in einem Diskurs funktioniert. Ein möglicher Weg in Anlehnung an Bourdieu (1989) ist die Rekonstruktion von Ontologisierungen im Diskurs, das heißt 1.) Wie erkennen die Beherrschten und Herrschenden eine gemeinsam geteilte Realität, das heißt, wie funktioniert die gemeinsame Selektion von Zeichen im Diskurs?, 2.) Wie wird die selektierte Bedeutung anerkannt? und 3.) Wie wird diese gemeinsam geteilte Realität verkannt? Die Beherrschten erkennen also die Bedeutung an, naturalisieren sie aber auch; das heißt, die Beherrschten erkennen die Bedeutung als selbstverständlich an und schreiben diese im Diskurs fort. In diesem Sinne ergibt sich die Legitimität von diskursiven Aussagen durch die symbolische Macht, die die soziale Konstruiertheit von Phänomenen als evident erscheinen lässt. Im Diskurs muss die Macht dementsprechend darin gesucht werden, welche Zeichen von Akteuren im Artikel fortgeschrieben bzw. exkludiert werden. Damit wird deutlich, dass die legitimen diskursiven Aussagen kein Produkt eines deliberativen Verfahrens sind. Dennoch ermöglicht aber die Perspektive von Boltanski und Thévenot den diskursiven Ort der Bestimmung von legitimen Aussagen einzugrenzen, indem die Kritik und die Rechtfertigung von Aussagen speziell analyisiert wird.

Neben der Position des Adressanten ist der Sprecher ein weiterer sozialer Akteur im Diskurs. Ein Sprecher ist Träger einer sozialen Rolle, die hier Sprecherposition genannt wird. Die daran angeknüpften Handlungsspielräume für die Interpretationen der Umwelt bzw. die Sinngebung allgemein sind durch spezifische Formationsregeln gerahmt. Sie schränken die Bandbreite der Interpretationsmöglichkeiten ein und werden von Foucault als Verknappungsmechanismen verstanden.

Ziel einer wissenssoziologischen Diskursanalyse muss es sein, diese Selektionskriterien für die Bedeutungsauswahl anzugeben und empirisch zu ergründen, inwieweit die Akteure diese fortschreiben oder transformieren. Wie werden durch Formationsregeln die legitimen Sprecherpositionen und semantischen Räume begrenzt? Dass der Regelbegriff von besonderer Bedeutung ist, wird in der Definition des Diskurses offensichtlich:

> „Als Diskurs bezeichne ich einen Komplex von Aussageereignissen und darin eingelassenen Praktiken, die über einen rekonstruierbaren Strukturzusammenhang miteinander verbunden sind und spezifische Wissensordnungen der Realität prozessieren. Dieser Strukturzusammenhang umfasst die den Ereignissen gemeinsam Regeln und Ressourcen der Diskursformation [...].“ (Keller 2011, 235)

Die Analyse des Diskurses hat die Aufgabe, den Strukturzusammenhang der Aussagen zu erkennen. „Eine Diskursanalyse ist dann nichts anderes, als die Regelhaftigkeit sozialer Realität an Licht zu bringen, das heißt, sie ist die Methode der Rekonstruktion der Regelhaftigkeit sozialer Wirklichkeit.“ (Bublitz 2011, 254) Um diese Regelhaftigkeit genauer rekonstruieren zu können, wird sich hier an den von Keller in Anlehnung an Foucault vorgeschlagenen Grundmomenten der Regelbildung im Diskurs (Keller 2011, 134), die die Formation der Gegenstände, der Äußerungsmodalitäten, der Begriffe und der Strategien im Diskurs rekonstruiert, orientiert.

Die Regelhaftigkeit verweist auf die Wiederholbarkeit von diskursiven Aussagen, die der Diskursforscher dann als soziale Praktiken des Diskurses beobachten und interpretieren kann. Gerade in der ständigen Wiederholbarkeit wird die Wirkmächtigkeit eines Diskurses offensichtlich (Butler 2003). Diese Grundmomente werden vor allem durch die Anwendung des Interpretationsrepertoires näher beleuchtet (ausführlicher dazu in der Besprechung der Methodik der Interpretation der Daten, Kapitel 3). Die theoretische Besprechung der Epistemologie der WDA wird in der Literatur umfangreich erläutert und wird an dieser Stelle nicht weiter ausgeführt. Gewinnbringender ist es, die Anwendung der WDA im Forschungsprozess zu reflektieren.

Operationalisierung der WDA für das Forschungsprogramm

Es stellt sich nun die Frage, wie die typischen Wissensbestände im Einwanderungsdiskurs interpretiert werden können. Es muss also im Folgenden besprochen werden, wie die in den Presseartikeln vorzufindenden Aussageereignisse analysiert werden können. Auch hier gilt, dass die Diskursanalyse „immer und notwendig ein hermeneutischer Prozess der Textauslegung“ ist (Keller 2011b, 273).

Die WDA ist nach ihrem Begründer Reiner Keller ein Forschungsprogramm. Sie verbindet die Diskurstheorie mit diskursanalytischen Methoden. Es wäre ein fataler Trugschluss, ihre theoretischen Annahmen zu favorisieren und die Methodik zu vernachlässigen. Es bedarf somit eines Konzeptes zur Interpretation der Daten.

In vielen Fällen bleiben die Vorschläge, wie eine empirische Diskursanalyse konkret durchzuführen sei, eher schwammig bzw. implizit. Damit die vorliegende Studie sich nicht zu einem deprimierenden Ergebnis führt, muss selbst mit soziologischem Blick auf den eigenen Forschungsprozess geschaut werden. Also müssen die eigenen Interpretationskriterien offen gelegt werden. Dementsprechend soll diese Arbeit folgenden Ansprüchen gerecht werden (Soeffner und Hitzler 1994):

- Methodisch kontrollierte Interpretation der Daten,
- Intersubjektive Nachvollziehbarkeit der Methodik,
- Überprüfbarkeit der damit erzielten Ergebnisse.

Ein erster wichtiger Schritt in diese Richtung ist die Frage, was denn eigentlich das Resultat einer Diskursanalyse sein soll. Das Diskursfeld Migration vs. Mobilität ist selbst aufgestellte Konstruktion. Welche Aussageereignisse zu diesem Feld gezählt werden und welche nicht, muss sich durch die Konstruktion zweiter Ordnung entnehmen lassen. Mit anderen Worten: Diese Diskursanalyse bringt erst den Diskurs hervor und schreibt sich zugleich in ähnlich geartete Diskurse ein und wird somit Teil der Deutungskämpfe. Diese Sichtweise bringt folgende Einschränkungen mit sich:

Mit der Analyse kann nicht auf die reale Welt oder die Wirklichkeit zugegriffen werden, wie es die traditionellen Hermeneutiker wie zum Beispiel Wilhelm Dilthey versucht haben. Es geht nicht um das richtige Verstehen der verborgenen Bedeutungen hinter den Texten. Es lassen sich nicht die Meinungen der Autoren, Zeitungen, Editoren aus den Texten herauskürzen, um die wahre und objektive Widerspiegelung der „Welt da draußen“ zu erreichen. Demzufolge ist eine sozialkonstruktivistische Diskursanalyse immer selektiv konstruierend. Somit ist die Interpretationsabhänigigkeit kein methodisches Problem, sondern Teil des Forschungsgegenstandes. Allerdings muss sich das Ergebnis einer wissenssoziologischen Diskursanalyse dem wissenschaftlichen Urteil wahr/falsch stellen und das nicht durch ein externes Wahrheitskriterium (wie zum Beispiel mittels mathematischer Methoden in quantitativen Analysen), sondern orientiert an der intersubjektiven Nachvollziehbarkeit der Ergebnisse. Die textübergreifenden Verweisungszusammenhänge in Gestalt von Formationsregeln und somit Strukturen der Aussageproduktion müssen plausibel sein.

Forschungsprogramm einer qualitativen und quantitativen Untersuchung

Das Nachdenken über öffentliche Massenmedien war stets angetrieben von Techniken, welche erlauben, diese erst zu erkennen und zu analysieren. Ob telefonische Meinungsumfragen oder wie heute der digitale Zugang zu umfassenden Zeitungsarchiven wie LEXIS-NEXIS oder ProQuest. Auch diese Arbeit nimmt dies zum Anlass, um über eine Verknüpfung von bereits etablierten Methoden zur Erforschung von Massenmedien und neueren Entwicklung gerade im Bereich der Computerlinguistik von Big Data nachzudenken. Wie Christopher Bail argumentiert, nutzen verschiedene Sozialwissenschaften bereits Big Data, um beispielsweise die Mobilisierung von Protestbewegungen oder die Verbreitung von Krankheiten über den Kurznachrichtendienst Twitter zu erforschen und zu dokumentieren (Bail 2014). Die Kombination aus qualitativen und quantitativen Verfahren erscheint besonders wertvoll, weil deren Komplementarität das entscheidende Argument bei einer Diskursanalyse ist. Die quantitative Untersuchung von Diskursen liefert einen ersten wichtige Einstieg in das Material, anhand dessen Häufigkeiten und Regelmäßigkeiten von Aussagen im Diskurs zum Vorschein kommen (Galliker 1996). Mit der Analyse von Schlüssel- oder Schlagwörter durch lexikometrische Methoden können Argumentationsstrukturen quantitativ fixiert werden. So können in einzelne Textkorpora typische argumentative Grundmuster rekonstruiert und mit anderen Textkorpora verglichen werden. Dieser Analyseschritt ermöglicht es, „Rückschlüsse auf die Dominanz oder Marginalität bestimmter expliziter Verknüpfung" von Aussagen im Diskurs zu ziehen (Glasze, Husseini und Mose 2009, 298). Ein weiterer Vorteil gegenüber der rein qualitativen Datenerhebung und Auswertung ist die Längsschnittanalyse. Hier kann gezeigt werden, wann und in welchem Kontext bestimmte Themen an ein Phänomen andocken. Ein bedeutender Vorteil, gerade wenn sich Migration als ein Metaissue eignet.

Neben der Quantifizierung von Text wird in einem zweiten Schritt die interpretativ-hermeneutische Methode angewandt, um die tieferliegenden Regelmäßigkeiten des Diskurses freizulegen. Die Kombination von qualitativen und quantitativen Methoden ermöglicht es, erst die Breite des Diskurses zu erfassen, um von dort zu einzelnen Dokumenten vorzudringen. Gleichzeitig wird durch die Anwendung der qualitativen Verfahren von einzelnen Dokumenten auf breitere Verweisungszusammenhänge geschlossen. Dementsprechend wird versucht, dadurch an das Netz der Bedeutungen engmaschiger anzuknüpfen.

Methodik zur Erhebung der Daten

Nachfolgend werden Begriffe und Verfahren definiert und im Hinblick auf ihre Anwendung erklärt. Die chronologische Beschreibung des Prozesses der Datenerhebung und Auswertung (Fallkonstruktion) erfolgt in Kapitel 3.2.

Medienauswahl:

Die Datensammlung wurde auf die Vorauswahl von Qualitätszeitungen in der bundesrepublikanischen Öffentlichkeit beschränkt. Die Medien wurden nach einem qualitativen Stichprobenplan selektiert. Dabei orientierte sich die Auswahl an verschiedenen Selektionskriterien wie zum Beispiel wichtige Referenzmedien (Frankfurter Allgemeine Zeitung [FAZ], Tagesschau, Spiegel), politische Ausrichtung (tageszeitung [taz], Welt) und meistbesuchte Nachrichtenseiten im Internet (Bild, Stern, Focus). Somit wurden acht Zeitungen und Zeitschriften sowie ihre dazugehörigen Online-Angebote ausgewählt, von denen angenommen werden kann, dass eine hohe soziale Reichweite der diskursiven Aussagen realisiert wird. Die Vorauswahl impliziert gleichzeitig einige Nachteile, die an dieser Stelle kurz kritisch reflektiert werden sollen. Das diskursive Feld der Einwanderung ist wie jedes andere Feld auch, ein strukturiertes Feld der Positionen, von denen aus Akteure ihre Aussagen produzieren. Eine selektive Analyse hat insofern zu berücksichtigen, dass die Relationen zwischen Akteuren nicht 100-%ig aufgedeckt werden können und die Genese bestimmter Positionen im Unklaren bleiben muss, insbesondere wenn Akteure schlichtweg nicht in Sample inkludiert werden, die unter gewissen Umständen die Positionen anderer Akteure neu bewerten würden. Diese Analyse berücksichtigt diesen Aspekt insofern, dass erstens der qualitative Stichprobenplan ein Einstieg in die Diskursanalyse ist. Wenn relevante Verweise in den Medien auftauchen, zum Beispiel Pressemitteilungen, Gesetzestexte, Reporte etc., die nicht in den Stichprobenplan einbezogen wurden, dann werden diese nach Maßgabe des theoretical Samplings der Grounded Theorie (siehe dazu Artikelauswahl und Forschungsprozess) in das Gesamtsample aufgenommen.

Zweitens ist das diskursive Feld ein Machtfeld, in dem die Positionen durch akkumuliertes Kapital im Zeitverlauf erworben wurden. Die Medien entsprechen einer Auswahl, die die verschiedensten (Macht-)Positionen im Feld widerspiegeln. Gewisse Akteure nehmen eine bessere (Sprecher-)Position ein als andere und somit ist die Produktion von legitimen Aussagen immer ungleich verteilt. Damit soll sichergestellt werden, dass Deutungen im Diskurs Gegenstand der Interpretationsarbeit der Akteure sind, die ständig darum bemüht sind, ihre Sicht der Dinge gegenüber anderen durchzusetzen. Bezüglich der Analyse ist also wichtig zu verstehen, wie die unterschiedlichen Medien Differenzierungsmerkmale zur Kategorisierung von Immigranten und Immigrantinnen diskutieren. Beispielsweise gilt es zu fragen, wie die FAZ im Vergleich zur Bild oder auch zur taz die Differenzierung nach Humankapitalkriterien verhandelt. Ist diese ähnlich gelagert, so lautet das Argument, dass dann eine interessante Homologie zwischen den objektiven Positionen im diskursiven Feld und den inkorporierten Positionen der Medien auszumachen ist. Dementsprechend wäre das Differenzierungsmerkmal Humankapital mit Definitionsmacht behaftet, welche diskursive Aussagen regelhaft produziert und entscheidend die Klassifikation der Immigranten und Immigrantinnen konstruiert.

Artikelauswahl:

Die Artikel wurden für das Gesamtsample auf zweifachem Wege ausgewählt. Zum einen werden *alle* zur Verfügung stehenden Artikel ins Sample inkludiert. Dies geschieht mithilfe einer computergestützen automatischen Sammlung der Artikel. Zum anderen werden die Artikel nach einem qualitativen Stichprobenplan ausgewählt, dessen Verfahren sich an der Grounded Theory orientiert.

Quantitative Artikelauswahl:

Die quantitative Artikelauswahl stellt zugleich den Gesamtkorpus da. Grundlage für die Auswahl sind digitalisierte Textkorpora. Der Gesamtkorpus wurde generiert, indem in den digitalisieren Archiven der Medien alle Artikel in Sample aufgenommen wurden, die ein entsprechendes Suchwort enthielten. Das Suchwort wird als ein Bedeutungsträger verstanden und hat sich durch die Konstruktion eines soziologisch interessanten Falls im Prozess der Erhebung und Auswertung der Daten ergeben.

Die Generierung der Daten erfolgt über das Programm LinkClub, welches eigens für die Erhebung der Daten geschrieben worden ist. Über eine Gui, eine einfache grafische Benutzeroberfläche, kann eine Quelle ausgewählt und ein Suchwort eingegeben werden. Dabei werden die eigentlichen Artikel aus den heruntergeladenen HTML-Seiten extrahiert. Diese Artikel werden in einem Output-Verzeichnis abgelegt. Das Programm ist in Java 7 implementiert und verwendet zum Herunterladen die interne Suchfunktionalität der jeweils abzucrawlenen Seite. Die Suchergebnisse sind hinter einer öffentlich zugänglichen Seite einsehbar. Um die URL auf die entsprechenden Suchwörter anzupassen, werden Templates (siehe unten) verwendet; um die URL sowie das Datum der eigentlichen Artikel zu extrahieren, wird ein einfaches Pattern-Matching mit den Templates ausgeführt. Mit der URL des Artikels wird dieser mittels HTMLUnit heruntergeladen. Der eigentliche Inhalt des Artikellinks wird durch das freie Framework Boilerpipe extrahiert. Die Nachrichten werden dann nach Erscheinungsdatum im Output-Verzeichnis sortiert abgelegt. Das Programm verwendet für das Herunterladen von Artikeln Templates, um manuell eingetragene Informationen für den Download zu verwenden.

Beispiel für die Verwendung von Templates:
templateName=Bild Online
searchUrl=http://www.bild.de/suche.bild.html?type=article&query=
[EnterSearchKeyWordsHere]&resultsStart=[EnterOffsetHere]&
resultsPerPage=10
articlehomeUrl=http://www.bild.de
countPagesStart=0
pagerType=offset
articleInResultListHtmlBegin=data-vr-contentbox
articleInResultListHtmlEnd=</div>
resultListDownloadType=BufferedReader
dateInArticleHtmlBegin=datetime=
dateInArticleHtmlEnd=</ti
extractDateFrom=SearchResultPage

Qualitative Auswahl der Artikel:

Zugegebenermaßen wäre der leichteste Weg eine Auswahl von ein, zwei oder drei Zeitungsartikeln, die dann in einer hermeneutischen Tiefenanalyse wie zum Beispiel der objektiven Hermeneutik detailliert analysiert werden. Allerdings würde dieses Vorgehen dem Theoriefundament einer sozialkonstruktivistischen Diskursanalyse eindeutig widersprechen. Der einzelne Zeitungsartikel würde dann die gesamte Diskursstruktur widerspiegeln und nicht, wie hier angenommen berücksichtigen, dass ein Zeitungsartikel mehrere Diskursfragmente enthält, die im Zusammenhang mit dem Gesamtmaterial analysiert werden müssen.

Um den angemessenen Umfang des empirischen Materials bestimmen zu können, liefert der von Glaser und Strauss eingebrachte Entwurf einer gegenstandsbezogenen Theoriebildung (Glaser und Strauss 2005; Strauss und Corbin 1996) einen brauchbaren methodischen Werkzeugkasten, welcher in der wissenssoziologischen Diskursforschung für die Erhebung sowie zur Auswertung breite Anwendung findet (für eine ausführliche Explikation der Grounded Theory im Forschungsprogramm der WDA im migrationssoziologischen Kontext siehe zuletzt Biermann 2014).

Die Grounded Theory unterstützt die Transparenz und Kontrolliertheit des Forschungsprozesses. Ihr Kennzeichen ist, dass am Anfang der empirische Gegenstand im Zentrum steht, wobei das Kontextwissen dabei hilft, die theoretische Sensitivität des Forschers zu erhöhen. Ziel ist es, eine verankerte Theorie aus den empirischen Daten zu gewinnen. Die „gegründete Theorie" (Strübing 2004, 13) erreicht dies vor allem durch die Generierung einer komparativen Analyse, das heißt, dass aus dem empirischen Gegenstand konzeptuelle Kategorien und Aussagen über ihre Beziehungen entwickelt werden. Der Prozess der Theoriegenerierung ist ein Prozess der Genierung von Kategorien, die permanent in der Erhebung und Auswertung miteinander verglichen werden (komparative Analyse). Gerade durch die Methode des ständigen Vergleichens werden die Eigenschaften von Kategorien generiert und aufeinander bezogen. Die Generierung von Theorie ist ein zirkulärer Prozess. Im gesamten Ablauf des Forschungsprojekts sind die Datenerhebung, die Datenanalyse und die Generierung von Theorie keine aufeinander folgenden Phasen, sondern diese sind ineinander verschränkt. Die Phasen beeinflussen sich gegenseitig. Abgeleitet aus der zeitlichen Parallelität der Erhebung, Auswertung und Theoriegenerierung ergibt sich das theoretische Sampling zur Erhebung der Daten. Die Daten werden parallel erhoben, kodiert und analysiert und dann wird darüber entschieden, „welche Daten als nächstes erhoben werden sollen und wie sie zu finden sind" (Glaser und Strauss 2010, 61). Der Umfang der Datensammlung richtet sich nach der theoretischen Sättigung, die dann erreicht ist, wenn die gegebenen Kategorien in ihrem Merkmalsraum über eine weitere Hinzuziehung von Primärdaten nicht weiter ausdifferenziert und zudem keine neuen Kategorien mehr über das gegebene und erweiterbare Datenmaterial gefunden werden können (siehe auch Kapitel 3.2.1 zur Fallkonstruktion für die „neuen Gastarbeiter")

Zeitraum:

Zur Bestimmung des Zeitraums wurde einer theoretischen Vorüberlegung gefolgt. Die WDA vertritt die These, dass insbesondere Irritationserfahrungen auf der Ebene kollektiver Wissensvorräte zu Katalysatoren von Diskursen werden (Keller 2011). Für den vorliegenden Fall wurde die ökonomische Krise seit 2007/2008 für ausschlaggebend gehalten. In der Zeit knapper werdender Ressourcen registrierte Deutschland eine zunehmende Anzahl von Immigranten und Immigrantinnen, die nun vermehrt zum Thema der Medien wurden. Der Untersuchungszeitraum wurde vom 01.01.2008 bis zum 31.07.2014 festgelegt. Abbildung 2 zeigt, dass beim Ausbruch der schwersten ökonomischen Krise seit 1924 das Wanderungssaldo im Jahr 2008 noch leicht zurückging, dann aber kontinuierlich anstieg und sich im Vergleich zu den Jahren davor deutlich verstetigte. Von 2006 bis 2014 stieg der Wanderungssaldo um ca. 551 % an.

Abbildung 2: Zuzüge und Fortzüge von Ausländern von 2006-2014

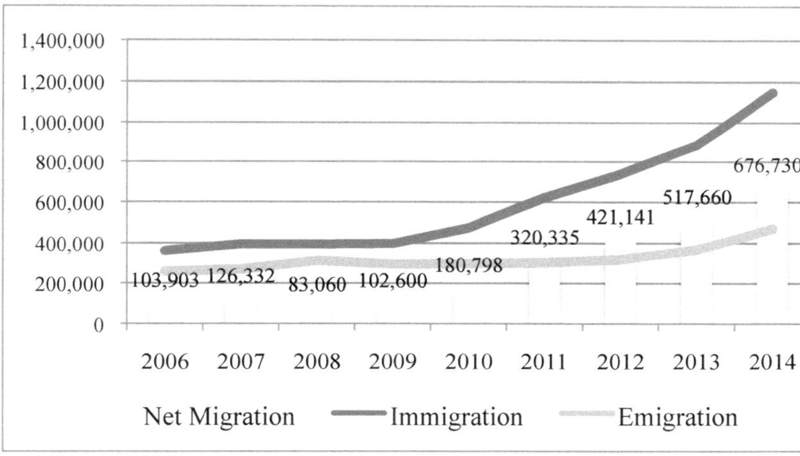

Quelle: Statistisches Bundesamt 2014

Es ist davon auszugehen, dass in den öffentlichen Debatten verhandelt wird, inwiefern das Wachstum der Immigration zu bewerten ist. Einige theoretische Annahmen folgen der Überlegung, dass die Problematisierung des Fremden keine Folge von erhöhter Migration ist, „als vielmehr ein Problem der zunehmenden Destablisierung gesellschaftlicher, persönlicher und biographischer Zukunftsorientierungen“ (Nassehi 1995, 460). Dennoch ist empirisch auch bekannt, dass in der Zeit der ökonomischen Rezession von 1972/73, die Anwerbung von Gastarbeitern und Gastarbeiterinnen als fiskalischer Aderlass interpretiert und erst damit als ein Problem beschrieben worden ist (Ellermann 2014, siehe auch Kapitel 4.1.).

Methodik zur Interpretation der Daten

Die Sammlung von allen zur Verfügung stehenden Artikeln bzgl. eines Suchwortes eröffnet eine neue Perspektive auf die Diskursanalyse. In der Komplexität des großen Datenkorpus, den man unmöglich angemessen durchlesen kann, gilt es, mithilfe der Lexikometrie das Einfache und das Regelhafte zu finden. Für diesen Analyseschritt wurde das Programm Wordsmith genutzt.

Die Artikel wurden nach Häufigkeiten pro Jahr und pro Teilkorpus ausgewertet und anschließend mit korpuslinguistischen Methoden analysiert. Im ersten Schritt der korpuslinguistischen Analyse wurden Charakteristika eines Teilkorpus im Vergleich zum Gesamtkorpus ermittelt. Die Aufteilung des Gesamtkorpus in verschiedene Teilkorpora erfolgte nach Jahren und nach Medien, um dann Aussagen über die jeweiligen inhaltlichen Schwerpunkte zu gewinnen. Dazu wurde eine einfache Wortliste der jeweiligen Medienkorpora erstellt, die dann mit der gesamten Wortliste von allen Medien verglichen wurde. Anschließend wurden Schlüsselwörter erstellt, welche eine ungewöhnlich hohe Häufigkeit in einem Datenkorpus im Vergleich zu einer Norm im Gesamtkorpus besitzen. Nicht die absolute Häufigkeit eines Wortes ist ausschlaggebend, sondern der Keyness-Wert. Keyness bezeichnet hier ein statistisches Maß für die Überzufälligkeit des Auftauchens eines Wortes in einem Teilkorpus. Hat der Keyness-Wert einen positiven Faktor, tritt das Wort häufiger in dem speziellen Korpus auf. Der umgekehrte Fall gilt für einen negativen Faktor. An dieser Stelle wurde sich noch nicht inhaltlich mit den Artikeln auseinandergesetzt. Sie wurden weder gelesen, geschweige denn inhaltlich analysiert. Dies hat den Vorteil, dass die Analyse an dem Punkt keinem weiteren Bias des Forschers unterliegt, welche die Analyse einschränken könnte. Somit ist das Verfahren induktiv konzipiert. Es kommt ohne im Voraus definierte Suchanfragen aus und bietet „damit die Chance, auf Strukturen zu stoßen, an die man nicht schon vor der Untersuchung gedacht hat“ (Dzudzek et al. 2009, 255).

Im nächsten Schritt wurden für relevant erachtete Schlüsselwörter Konkordanzanalysen erstellt. Die Konkordanz eines Schlüsselwortes gibt den Text in einem zu definierenden Umfeld um das Schlüsselwort herum an. In dem Programm Wordsmith lässt sich die Ausgabe des Textumfeldes nach Häufigkeiten und nach der Länge der Wörter clustern, die links bzw. rechts neben dem Schlüsselwort stehen. Dementsprechend können durch die korpuslinguistische Analyse Aussagen über Regelmäßigkeiten von Wörtern als Bedeutungsträger getroffen werden. Im Speziellen lassen sich gemäß den Fragestellungen Thesen bzgl. der Zuschreibung von Eigenschaften auf bestimmte Zuwanderer generieren oder bestimmte Ereignisse extrahieren, die für den Diskurs prägend sind. Diese Ergebnisse werden als instruierend für die weitere hermeneutische Interpretation und Erhebung von Daten angesehen.

Die hermeneutische Interpretation der Daten

Damit der Diskurs überhaupt in Ansätzen in seiner Gänze dargestellt werden kann, müssen einige grundlegende Begriffe eingeführt werden, die in der hermeneutischen Wissenssoziologie und im Speziellen in der wissenssoziologischen Diskursanalyse als Interpretationsrepertoire dienen. Bereits eingangs wurde erwähnt, dass insbesondere die deduktiven Annahmen über die inhaltliche Strukturierung eines Diskurses hilfreich für die Analyse sind. Nach Reiner Keller ist das Interpretationsrepertoire „das typisierte Ensemble von Deutungsbausteinen, aus denen ein Diskurs besteht und das in einzelnen Äußerungen mehr oder weniger umfassend aktualisiert wird" (Keller 2011b, 235).

Die WDA bietet mit dem interpretativen Repertoire der Deutungsmuster, Klassifikationen, Phänomenstrukturen und narrativen Strukturen eine theoretische Sensibilität zur Interpretation von diskursiven Aussagen (Keller 2012). Mithilfe der Phänomenstruktur soll in dieser Arbeit herausgearbeitet werden, welches „Wissen, [welche] Gegenstände, Zusammenhänge, Eigenschaften, Subjektpositionen" (Keller 2011b, 265) in die Kategorisierung einfließen. Reiner Keller definiert die Phänomenstruktur folgendermaßen:

> „Das Konzept der Phänomenstruktur bezeichnet keineswegs Wesensqualitäten eines Diskurs-Gegenstandes, sondern die entsprechenden diskursiven Zuschreibungen [...,] die Bestimmung der Art des Problems oder des Themas einer Aussageeinheit, die Benennung von Merkmalen, kausalen Zusammenhängen (Ursache-Wirkung) und ihre Verknüpfung mit Zuständigkeiten, Verantwortung, Problemdimensionen, Wertimplikationen, moralischen und ästhetischen Wertungen, Folgen, Handlungsmöglichkeiten u.a." (Keller 2011, 248)

Die Phänomenstruktur ist der erste Zugang zur inhaltlichen Strukturierung des Diskurses. Die Regelhaftigkeit, das heißt der strukturierende Zusammenhang von diskursiven Aussagen wurde mittels der Generierung von Kategorien erforscht. Im Prozess der Genierung von Kategorien durch das offene, axiale und selektive Kodieren wurden die Elemente einer Kategorie herausgearbeitet. Die Grounded Theory untersucht dabei unterschiedliche Merkmalsausprägungen einer Kategorie wie beispielsweise Bedingungen, Kontexte, Ursachen, Konsequenzen, Korrelationen, Prozesse, Typen, Identitäten, Verantwortung usw. Die Elemente einer Kategorie können speziell zur Erarbeitung der Phänomenstruktur genutzt werden. Die grundlegenden theoretischen Kodierfragen, die die Erhebung von weiteren Daten anleiteten, orientierten sich an den Vorschlägen von Reiner Keller zum offenen, axialen und selektiven Kodieren (Keller 2011a).

Als zweiter inhaltlicher Zugang wurde die Analyse der narrativen Struktur gewählt, insbesondere um die Entwicklung des Diskurses im Untersuchungszeitraum erfassen zu können. „In synchroner Hinsicht verknüpft sie (die narrative Struktur) die unterschiedlichen Deutungselemente eines Diskurses zu einem zusammenhängenden, erzählbaren Gebilde.“ (Keller 2011b, 252) Einzelne diskursive Aussagen werden mittels der narrativen Struktur zu einer gemeinsamen Grunderzählung, den roten Faden, zusammengeführt. Die Analyse der narrativen Struktur ermöglicht vor allem eine zeitliche Rekonstruktion der kausalen Zusammenhänge in einem Diskurs. Welche Akteure ordnen Ereignissen in eine ähnliche Grunderzählung ein, die spezifische Vorstellungen von Argumenten, Kausalität, Verantwortung usw. enthalten? So wurden verschiedene Darstellungen desselben Phänomens und dessen Zusammenhänge herausgearbeitet.

ZUR FALLKONSTRUKTION: DATENERHEBUNG UND DATENINTERPRETATION

Die Beschreibung der Fallkonstruktion dient dazu, die eigenen Selektionskriterien offenzulegen, damit die Studie dem Anspruch der Nachvollziehbarkeit gerecht wird. Im Folgenden wird der Analyseprozess chronologisch kurz beschrieben, ab dem Zeitpunkt als die Entscheidung für einen quantitativen und qualitativen Zugang im Rahmen des Forschungsprogramms der WDA gefallen ist. Die erste Phase der Beobachtung, wie die Massenmedien die Immigration kategorisieren, bestand im Wesentlichen darin, eine erste Orientierung zu gewinnen, das heißt mit freischwebender Aufmerksamkeit alles wahrzunehmen und einzusammeln, was prinzipiell jedem Informierten möglich ist (Hitzler und Honer 1997). Diese Phase des Projekts war zum einen von den empirischen Ergebnissen der Studie „Die Einhegung des Anderen“ von Klaus Eder, Valentin Rauer und Oliver Schmidtke (2004) angeleitet, die eine Parallelität der Diskursstränge der bedrohten kulturellen nationalen Identität und der demografisch gebotenen Immigration identifizierten. Zum anderen war die Fallkonstruktion unterwiesen von den theoretischen Überlegungen von Roger Brubaker zur Distribution bzw. der „ease of activiation“ von sozialen Kategorien im Prozess der Grenzziehung:

„[O]ne way to study the varying salience of ethnicity is to study not only the content of ethnic schemas and representations but also the distribution of such representations within a population, their accessibility or ease of activation, their relative salience once activated, and the relative ease with which they ‚slot‘ into or ‚interlock‘ with other key cultural representations.“ (Brubaker 2009, 34)

Die normative Evaluierung grenzüberschreitender Bewegung lässt sich zwar prägnant in den abstrakten Kategorien Mobilität und Migration zusammenfassen. Allerdings sind diese zwei Kategorien für eine rein empirische Analyse nur bedingt brauchbar und müssen vielmehr als ein Idealtypus im Weber'schen Sinne verstanden werden, die nun mit der Empirie konfrontiert werden müssen. Die Frage für das methodische Vorgehen lautet also: Wo und wie wird die Unterscheidung Mobilität vs. Migration praktiziert? Dies bedeutet, dass die abstrakten Kategorien der Mobilität und Migration in dem deutschen Einwanderungsdiskurs lokalisiert werden müssen. Beispielsweise lautet dann die Frage an das Material: An welches Wissen, welche Symbole, Narrative etc. schließen die Kategorien an?

Ziel war es also, einen Schritt zurückzutreten und generell zu verstehen, mit welchen Begriffen, Ereignissen, Erzählungen etc. die unterschiedlichen und parallelen Diskurse über die gefährdete nationale Identität und den Fachkräftemangel operieren. Gesucht wurde speziell nach Artikeln, die Immigranten und Immigrantinnen jenseits der gefährdeten kulturellen Identität behandeln, um überhaupt Phänomene zu entdecken, die in Ansätzen die erwünschte Migration thematisieren. In diesem Zusammenhang sind zwei Leitartikel im „Der Spiegel" („Der deutsche Traum" und „Pritsche ohne Kissen", 23.02.2013) zu nennen, die explizit eine positive bzw. negative normative Bewertung von Immigranten und Immigrantinnen enthalten.

Diese beiden Artikel dienten als Ausgangspunkt des Samplings, weil hier konkret zu beobachten war, wie die Immigration von einigen gefordert und gefördert werden sollte und von anderen kritisch hinterfragt wurde. Die (hoch-) qualifizierten Fachkräfte wurden als die „neuen Gastarbeiter" bezeichnet. Es war zu erwarten, dass diese Fachkräfte in wirtschaftlichen Kategorien erfasst werden, jedoch wurden auch die kulturellen Vorzüge der neuen Generation von Gastarbeiter und Gastarbeiterinnen im Hinblick auf die Erfahrungen mit den alten Gastarbeiter und Gastarbeiterinnen thematisiert. Der Vergleich zwischen den vermeintlichen Generationen von Gastarbeiter und Gastarbeiterinnen war ausschlaggebend, um in den Medien nach weiteren Artikeln zu den „neuen Gastarbeitern" zu suchen. Nach weiteren Treffern wurde entschieden, einen methodisch zu analysierenden Fall aus den „neuen Gastarbeitern" zu konstruieren. In dem Spiegel-Artikel „Pritsche ohne Kissen", der in den Artikel über die „neuen Gastarbeiter" eingebettet war, wird die „Armutszuwanderung" nach Deutschland beschrieben. Interessant an dieser Beschreibung war zunächst die Betitelung selbst. „Armutszuwanderung" schien auf den ersten Blick ein neuer Begriff zur Beschreibung von Zuwanderung nach Deutschland zu sein. Die Frage, die die weitere Recherche nach Artikeln instruierte, lautete also, was genau unter dem

Begriff „Armutszuwanderung“ verstanden wird. Aus der Thematisierung der Roma im Zusammenhang mit der „Armutszuwanderung“ ergab es sich, einen Fall zu konstruieren, weil hier unterschiedliche Merkmale in die Kategorisierung der „Armutszuwanderung“ einflossen. Gleichzeitig war die Überlegung präsent, dass sich die beiden Fälle für einen fallübergreifenden Vergleich anbieten. Schließlich handelt es sich in beiden Fällen um innereuropäische Migration, die sich im Rahmen der Arbeitnehmerfreizügigkeit ereignet, nur dass diese in einem Fall positiv und im anderen Fall negativ bewertet wird.

Der Fall der neuen Gastarbeiter

Damit nicht die Gefahr besteht, die positive Wahrnehmung der (hoch-) qualifizierten Immigranten und Immigrantinnen bereits durch die Artikelauswahl in der Medienberichterstattung zu reproduzieren, wurden Artikel aus den Archiven der Medien ausgewählt, die das Wort „Gastarbeiter“ enthielten. Damit ist nicht gesagt, dass die Artikelauswahl vollständig unabhängig vom eigenen Kontextwissen ist, dennoch ist zu erwarten, dass mit diesem Suchbegriff auch Themen angesprochen werden, die jenseits der positiven Perspektive auf die Migration operieren. Insbesondere Fragen der Integration der ersten und zweiten Generation der Gastarbeiter und Gastarbeiterinnen lassen auf eine hohe Bedeutungsvarianz im Sample hoffen, um so verschiedene Merkmale bei der Kategorisierung von erwünschter Migration beobachten zu können.

Zur Ermittlung des Datenumfangs wurden im ersten Schritt alle zur Verfügung stehenden Artikel in den Archiven, die das Wort *Gastarbeiter* enthielten, in das Gesamtsample aufgenommen und anschließend mit lexikometrischen Methoden analysiert. In den Medien Bild, Tagesschau, Stern, Spiegel, Focus, taz, Welt und FAZ und ihren jeweiligen Webangeboten fanden sich insgesamt 2758 Artikel, in denen das Wort *Gastarbeiter* verwendet wurde. Eine quantitative linguistische Textanalyse war ein erster Einstieg in das Datenmaterial, um Worthäufigkeiten und Regelmäßigkeiten im Datenkorpus ausfindig zu machen.

Ausgangspunkt zur weiteren theoriegeleiteten Begründung des Samplings waren zum einen die Ergebnisse der quantitativen Analyse zur Häufigkeit der „neuen Gastarbeiter“ im Gesamtsample. Als erstes wurde der Spiegelartikel „Der deutsche Traum“ offen und Satz für Satz in einer Analysegruppe kodiert. Die Kategorien „Gemeinsamkeiten“ sowie „Unterschiede“ der alten Gastarbeiter und Gastarbeiterinnen im Vergleich zu den neuen Zuwanderern waren ausschlaggebend für die weitere Generierung von Daten. Folgende Fragen wurden an das Material gestellt: Wie werden die Gastarbeiter und Gastarbeiterinnen retrospektiv beurteilt? Was bedeutet Integration der Gastarbeiter und Gastarbeiterinnen? Welche ökonomischen und kulturellen Erwartungen an die neuen Zuwanderer folgen daraus? Die wissenssoziologische Fragestellung der Diskursforschung war hier also: Welches Wissen über die Gastarbeiter und Gastarbeiterinnen wird erzeugt und verbreitet?

Im Verlauf dieser induktiven Vorgehensweise wurden die kulturelle Problematisierung der alten Gastarbeiter und Gastarbeiterinnen und die gleichzeitige Anerkennung ihrer wirtschaftlichen Leistung für Deutschland offensichtlich. Um einen maximalen Kontrast zu dieser Sinngebung zu erreichen, wurde speziell nach Diskursfragmenten gesucht, die entweder die Kategorie „Integration der alten Gastarbeiter" um weitere Merkmale erweitern oder Gastarbeiter und Gastarbeiterinnen jenseits kultureller Anpassungserwartungen diskutieren. Hier waren die Ergebnisse der Konkordanzanalyse der Begriffs *Gastarbeiter* im Teilkorpus der Bild hilfreich, die deutlich machten, dass das 50-jährige Jubiläum des türkischen Gastarbeiterabkommens ein wichtiges Thema im Bild-Korpus ist. Dementsprechend wurden die Eigenschaften der Kategorie „Integration der alten Gastarbeiter" gezielt mit der Erhebung und Interpretation des Jubiläums gewonnen. Mit dem Wissen aus der Korpuslinguistik, dass Gastarbeiter und Gastarbeiterinnen auch im Ausland besprochen werden, wurden daraufhin Artikel gesammelt, die die Gastarbeiter und Gastarbeiterinnen jenseits der deutschen Integrationsdebatte diskutieren. Instruktiv hierfür waren die Arbeitsbedingungen von Gastarbeiter und Gastarbeiterinnen außerhalb Deutschlands wie zum Beispiel in Katar und Russland. Der Vergleich der Länder war insofern gewinnbringend, als dass er die spezifische Perspektive auf Gastarbeiter und Gastarbeiterinnen in Deutschland herausarbeitete.

Anders als der Ausgangsartikel „Der deutsche Traum" wurden die weiteren Artikel nicht Satz für Satz kodiert, sondern einer Grobanalyse unterzogen. Die Beiträge wurden mit Memos kommentiert und relevante Stellen über die Gastarbeiter und Gastarbeiterinnen offen kodiert oder in das bereits erarbeite Kodesystem integriert. Insgesamt wurden so 483 Artikel in die Grobanalyse eingeschlossen und mit 1901 „Codings" versehen. Im Anschluss an die Grobanalyse wurde sich deduktiv an der Erarbeitung der Phänomenstruktur der „neuen Gastarbeiter" orientiert, um zu beobachten, wie der öffentliche Diskurs die gewünschten Zuwanderer in Abgrenzung zu den alten Gastarbeiter und Gastarbeiterinnen evaluiert und klassifiziert. Neben der Wissensproduktion über die Gastarbeiter und Gastarbeiterinnen standen nun die Fragen im Vordergrund, welche diskursiven Strategien, Aushandlungsprozesse, Akteure, Sprecherpositionen in welcher Art und Weise das Phänomen konstituieren.

Anhand des Prinzips des maximalen und minimalen Kontrastes wurden Artikel aus dem Grobsample ausgewählt, welche die entwickelten Kategorien „Ursachen", „Verantwortlichkeiten", „Eigenschaften der neuen Gastarbeiter", „Problemstärke", „Wer spricht", „Über wen wird gesprochen" und „Wertbezug" in ihren Merkmalsraum ausfüllen. Insgesamt wurden so 32 Artikel im Feinanalysesample einbezogen. In diesem Forschungsprozess wurde textübergreifend axial kodiert, um die verschiedenen Dimensionen einer Kategorie zu erfassen. Die Kategorie „Eigenschaften der neuen Gastarbeiter" wurde zum Beispiel mit den Konzepten „positive Kompetenzen", „mobil", „deutsche Sprache lernen", „Die Neuen im Unterschied zu den ‚Alten'" und „kulturelle Ähnlichkeit" ergänzt. In diesen Kategorien kommt die instrumentelle wirtschaftliche Bewertung der Eigenschaften der Gastarbeiter und Gastarbeiterinnen zum Ausdruck.

Kodierungsbeispiele „positive Kompetenzen"

(1) „Fachkräfte aus den südeuropäischen Krisenländern entdecken Deutschlands Wirtschaft. Die neuen Zuwanderer sind jung, arbeitshungrig – und meistens qualifiziert." (Welt, 03.10.2011)

(2) „73 Prozent der spanischen Architekten würden ins Ausland gehen, am liebsten nach Deutschland. 70 Prozent der Studenten der Complutense-Universität in Madrid ebenfalls, auch am liebsten nach Deutschland. Bei den Juristen sind es über 90 Prozent. Die Ärztegewerkschaft CESM ließ mitteilen, dass rund 200 Ärzte aus der Provinz Valencia nach Deutschland unterwegs seien." (Spiegel 11.06.2011)

Kodierungsbeispiele „mobil"

(1) „[...] denen, die wirklich nach Deutschland gehen wollen, planen die wenigsten eine Auswanderung für immer. Die Generation junger Italiener steht für Mobilität, nicht unbedingt für dauerhafte Migration." (Bild, 03.11.2012)

(2) „In zwei Jahren wird er Hamburg wieder verlassen, das weiß er schon jetzt. Hamburg ist nur eine kurze Episode, eine Zeile in seinem Lebenslauf. Er muss nur solange hier bleiben, bis die neue Zweigstelle für seinen Arbeitgeber steht." (Spiegel, 09.06.2008)

Kodierungsbeispiele „die ‚Neuen' im Unterschied zu den ‚Alten'"

(1) „In Spanien boomt das Interesse am deutschen Arbeitsmarkt. Anders als die niedrig qualifizierte Gastarbeiterin in den 60er-Jahren planen jetzt vor allem junge Akademiker die Emigration und stürmen Sprachschulen, die Deutschkurse anbieten." (Focus, 06.06.2011)

(2) „Allein im vergangenen Jahr sind fast doppelt so viele Griechen nach Deutschland ausgewandert wie 2010, und nach Essen kommen nicht mehr Gastarbeiter für die Stahlwerke, sondern die Qualifizierten, die Hochschulabsolventen, Einser-Studenten." (FAZ, 17.06.2012)

Kodierungsbeispiele „Sprache erlernen"

(1) „Umso erfreulicher, dass wir in Europa und Übersee ein steigendes Interesse an der deutschen Sprache registrieren dürfen. Und zwar nicht aus selbstloser Liebe zu Goethe, Schiller und Heine, sondern weil immer mehr gut ausgebildete, junge Ausländer in der Bundesrepublik ein Land sehen, in dem man sein Glück machen kann." (Welt 29.10.2011)

(2) „Da gilt es nur noch, die Sprachbarriere zu überwinden. Und das versuchen Italiener, Spanier, Portugiesen. Die Deutschkurse der Goethe-Institute in den Euro-Krisenländern sind bestens besucht. Mehr als 10 000 Spanier lernten dort im vergangenen Jahr Deutsch, 2009 waren es erst 6000 gewesen. Insgesamt pauken heute in den Euro-Krisenstaaten 50 Prozent mehr Menschen unsere Grammatik am Goethe-Institut als vor drei Jahren. Die meisten tun es, weil sie in Deutschland arbeiten wollen." (FAZ, 02.06.2013)

Kodierungsbeispiel „kulturelle Ähnlichkeit"

(1) „‚Das Hin- und Herspringen zwischen zwei unterschiedlichen Kulturen fällt ihr jetzt nicht schwer. Deutschland ist ein interessanter Graubereich zwischen den beiden Extremen Spanien und Großbritannien – sowohl kulturell als auch bezüglich des Arbeitsmarktes', so Woodnutt. Sie ist optimistisch, dass ihre Zukunft in Hamburg liegt – zumindest in den kommenden Jahren. Hier hat sie auch andere Spanier getroffen, die aus den gleichen Gründen ihr Land verließen. Und einen deutschen Freund hat sie auch schon." (Welt, 09.11.2011)

(2) „Die Arbeitszuwanderung aus Spanien und Portugal von gut ausgebildeten jungen Menschen kann durchaus unserem Land helfen – die massenhafte Zuwanderung aus Osteuropa von kulturell deutlich anders geprägten Menschen wohl kaum." (Spiegel 04.03.2013)

Der Fall der Armutszuwanderung

Der Fall der „neuen Gastarbeiter" bespricht die erwünschten Zuwanderer vor dem Hintergrund der Erfahrungen mit der ersten Generation der Gastarbeiter und Gastarbeiterinnen. Das Neue wird auf das Vertraute zurückgeführt. Laut den massenmedialen öffentlichen Debatten stammen die „neuen Gastarbeiter“ aus Südeuropa, die sich in der Krise auf den Weg nach Deutschland begeben. Es ist eine europäische Immigration, die von der europäischen Freizügigkeit geprägt ist. Die Konstruktion des nächsten Falls sollte diesen Aspekt berücksichtigen und einen Vergleich im Rahmen der europäischen Freizügigkeit ermöglichen.

In dem Artikel über die „neuen Gastarbeiter“ ist der Beitrag „Pritsche ohne Kissen“ eingebettet. Der Artikel beschreibt die Migration von niedrigqualifizierten Zuwanderern aus dem Osten Europas als ein Problem, „das kontinuierlich seit Jahren ansteigt“ (Spiegel 23.03.2012). In dem Artikel werden die Menschen als Armutszuwanderer bezeichnet. Ein Begriff, der zunächst im Kontext der Beschreibung von osteuropäischer Migration nach Deutschland überrascht. Aus dieser Beobachtung ergaben sich eingangs einige Fragen: Inwiefern überlagert das Heterogenitätsmerkmal der Klasse die übliche Kulturalisierung der Migrationsströme aus dem Osten Europas durch Begriffe wie Zigeuner bzw. Sinti und Roma? Wie wird die osteuropäische Migration im Vergleich zu der südeuropäischen Migration geschildert, die genauso unter dem Paradigma der europäischen Freizügigkeit, sprich der Mobilität der EU-Bürger und -Bürgerinnen betrachtet werden kann? Im Hinblick auf die empirische Fragestellung der Arbeit wurde daraufhin vorläufig angenommen, dass es sich bei „Armutszuwanderung“ um die Beschreibung der unerwünschten Migration nach Deutschland handelt. Dementsprechend wurde eine methodisch kontrollierte Fallbeschreibung der „Armutszuwanderung“ erstellt. Ähnlich zum ersten Fall der „neuen Gastarbeiter“, wurden im ersten Schritt alle zur Verfügung stehenden Artikel in den Archiven der verschiedenen Medien, die das Wort „Armutszuwanderung“ enthielten, in das Gesamtsample aufgenommen und anschließend mit lexikometrischen Methoden analysiert.

Der Analyseprozess zur Ermittlung und Interpretation der Daten ist identisch zur Fallkonstruktion der „neuen Gastarbeiter“. Während allerdings in der Besprechung des ersten Falls die Konstruktion der Phänomenstruktur dargestellt wurde, soll an dieser Stelle die Ermittlung der Storyline erörtert werden. Am Anfang instruierten die Erkenntnisse aus der Korpuslinguistik das Nachdenken über den roten Faden. Der Diskurs entwickelt sich hauptsächlich in den Jahren 2013 und 2014. Zudem waren aus der Betrachtung der Keyness-Werte die Begriffe *Januar* und *CSU-Papier* im Tagesschau-Korpus wichtige Hinweise zur zeitlichen Abfolge des Diskurses. Dementsprechend wurden Artikel über das *CSU-Papier* recherchiert, welches Ende Dezember 2013 im Diskurs das erste Mal auftauchten. In dem *CSU-Papier* und in den Berichten über das *CSU-Papier* wurde nach Hinweisen auf eine zeitliche Strukturierung des Diskurses geachtet. Die Belastung der Kommunen und Städte erwies sich dabei als zentraler Grund, um überhaupt die „Armutszuwanderung" als ein problematisches Phänomen beschreiben zu können. In diesem Kontext wurde der Deutsche Städtetag (DST) angeführt, der sich über die Folgen der „Armutszuwanderung" beklagt. Nach der Identifizierung des Deutschen Städtetags als wichtiger Akteur in der Debatte, wurde nach Dokumenten gesucht, die Hinweise darauf geben, ab wann der Deutsche Städtetag zum ersten Mal in der Debatte relevant wird.

Der Deutsche Städtetag wird mit seinem Positionspapier in verschiedenen Artikeln als Anlass genommen, um über der „Armutszuwanderung" sprechen zu können. Das Positionspapier wurde am 22.01.2013 veröffentlicht und mit dem Wissen, dass sich der Diskurs erst im Jahr 2013 konstituierte, kann damit begründet angenommen werden, dass sich hier der Beginn der Debatte abzeichnet. Fortan ist die Generierung der Erzählstruktur auf die Methode des ständigen Vergleichens zurückzuführen, die nun im Weiteren dargestellt wird.

Das Vorkommnis des Deutschen Städtetags in der medialen Berichterstattung wurde mit der Kategorie „Städtetag als Resonanzverstärker zur Problematisierung der Migration" kodiert. Das Positionspapier wurde in das Sample integriert und Satz für Satz kodiert. Das Positionspapier enthält zugleich ein eigenes Narrativ über die „Armutszuwanderung". Mit anderen Worten erfolgt hier eine „Narrativisierung von Ereignissen" (Viehöver 2011, 196) der „Armutszuwanderung". Ausgangslage ist die EU-Erweiterung mit den Nationalstaaten Bulgarien und Rumänien im Jahr 2007. Die Beschreibung der Ausgangslage enthält eine Verknüpfung der Ursachen der Migration, die mit den Kategorien „problematische soziale Lage in Rumänien und Bulgarien" und „Migration wegen ethnischer Diskriminierung" sowie „Konsequenzen für die deutsche Gesellschaft bei der Ankunft der Armutszuwanderer" kodiert worden sind. Problematisch ist die „schlechte Bildungs- und Ausbildungssituation" der Migranten und Migrantinnen, die zu einem „Missbrauch ihrer sozialen Notlage" führen kann. Die weiteren konstruierten Kategorien beschreiben die Zuweisung der Verantwortung, Handlungsnotwendigkeiten und Forderungen des Deutschen Städtetags. Diese Kategorien wurden anschließend in einem ständigen Vergleich mit anderen Medienberichten zur „Armutszuwanderung" analysiert. Anders ausgedrückt: Welche Aspekte des Narrativs wurden aufgegriffen, welche wurden nicht angesprochen? Wenn über die „Armutszuwanderung", im Speziellen über den Missbrauch ihrer sozialen Notlage gesprochen wird, unter welchen Bedingungen geschieht das? Welche Akteure benutzen ähnliche Argumente in der Darstellung der Ursachen? Welche Akteure lassen die Ursachen weg und reden nur von den Konsequenzen für den Deutschen Städtetag? Die Vorkommnisse jeder aus dem Positionspapier gewonnenen Kategorie wurden mit den Artikeln, die auf den Städtetag Bezug nehmen, vergleichend analysiert. Durch die Variationen in der

Beschreibung der „Armutszuwanderung" können schließlich typische Narrationen mit den dazugehörigen Akteuren unterschieden werden. Dazu ein Beispiel für die Variation bzw. die kontrastierenden Deutungen der „Armutszuwanderung":

Das Positionspapier des Deutschen Städtetags wurde von der Bundesregierung im Namen von Bundesinnenminister Hans-Peter Friedrich aufgegriffen und dahingehend interpretiert, dass die Armutszuwanderer eine Belastung für den deutschen Wohlfahrtsstaat darstellen. Die Interpretation schloss also nicht an der Kategorie des „Missbrauchs der sozialen Lagen" der Armutszuwanderer an, sondern fokussierte sich auf den Problemlösungsversuch der „Schließung der Grenzen für Rumänen und Bulgaren". Die mediale Aneignung des Themas durch den Bundesinnenminister löste dann eine Debatte zwischen Befürwortern und Gegnern der europäischen Freizügigkeit für Rumänen und Bulgaren aus. Zentrale Gegensätze in der Erzählung waren die Begrenzung der „Armutszuwanderung" durch Grenzschließung bzw. Ausweisung vs. der Verteidigung der europäischen Freizügigkeit. Das Kriterium zur Beurteilung dieser Frage ist die Belastung des Wohlfahrtstaates, die entsteht, wenn Migranten und Migrantinnen nicht selbstständig auf dem Arbeitsmarkt ihr Einkommen erwirtschaften können. Die Entscheidung dieser Frage ist bis zum Ende der Debatte virulent und strukturiert das Andocken weiterer Argumente und Akteure. Letztendlich ist dies der rote Faden, der die Story zur „Armutszuwanderung" strukturiert.

Analyse und Ergebnisse der symbolischen Grenzziehung

Die Immigrationsdebatte in Deutschland ist laut Wayne A. Cornelius, Philip L. Martin und James F. Holifield von drei Schlüsselfaktoren geprägt: (1.) die Prognose eines rückläufigen Arbeitskraftangebots, (2.) die Notwendigkeit, die seit langem sesshaften Gastarbeiter und Gastarbeiterinnen politisch und sozial zu integrieren, insbesondere die türkischen Gastarbeiter und Gastarbeiterinnen, und (3.) die Angst vor einer massiven und unkontrollierten Zuwanderung aus Osteuropa (Cornelius, Martin und Hollifield 1994a, 19). Obwohl diese Beobachtung ca. zwei Jahrzehnte zurückliegt, kann sie für die heutige Debatten eine gewisse Plausibilität beanspruchen. Die analysierten Fälle der „neuen Gastarbeiter" und der „Armutszuwanderung" spiegeln die Beobachtung der Autoren wieder. Bei letzterem handelt sich um die Beschreibung der Zuwanderung von Rumänen und Bulgaren im Zuge der EU-Osterweiterung, die kritisch und abwehrend diskutiert wird. Die Debatte um die „neuen Gastarbeiter" ist insofern eine interessante Beobachtung im Einwanderungsdiskurs, weil dort zum einen Bezug genommen wird auf die Prognose eines rückläufigen Arbeitskraftangebots in Deutschland und zum anderen auf die Problematik der Integration von den ersten Gastarbeiter und Gastarbeiterinnen hingewiesen wird. Dementsprechend können diese beiden Fälle als angemessene Beschreibungen dienen, um Aussagen zur symbolischen Grenzziehung im Einwanderungsdiskurs tätigen zu können. Im Folgenden soll eine genaue Fallbeschreibung verfasst werden, in der erstens die politische Rahmenbedingungen reflektiert und zweitens die Begriffe historisiert werden.

DIE NEUEN GASTARBEITER ALS DIE „WANTED AND WELCOME“

„Die neuen Gastarbeiter – Europas junge Elite für Deutschlands Wirtschaft“ (Spiegel 25.02.2013)

In der Einleitung wurde festgehalten, dass zur Beschreibung der Immigration aus Südeuropa im Zuge der jüngsten ökonomische Krise der Begriff der „neuen Gastarbeiter“ verwendet wird. Die Renaissance des Begriffs *Gastarbeiter* suggeriert eine gewisse Kontinuität in der Wahrnehmung der Einwanderung, die in der medialen Realität so nicht anzutreffen ist. Abgesehen von der Diversifizierung der Immigranten und Immigrantinnen nach Herkunftsländern und dem heute fehlenden Gastarbeiterabkommen mit den damaligen Ländern, ist auch die Wahrnehmung der Zuwanderer nicht einfach von einem „Alten“ zu einem „Neuen“ übergegangen. Wie bereits an anderer Stelle beschrieben, haben öffentliche Grenzziehungspraktiken im Integrationsdiskurs im Laufe der Zeit aus den einstigen Gastarbeiter und Gastarbeiterinnen unter anderem „Türken“ werden lassen, die seit dem Jahr 2001 vermehrt als „Muslime“ bezeichnet werden (Rauer 2013). Die Migrationsdebatte kehrt nun zu der Beschreibung von Gastarbeitern zurück. Es wird in der Gegenwart explizit auf das Wissen der ersten Gastarbeiter und Gastarbeiterinnen zugegriffen, um der Zuwanderung Sinn zu verleihen. Wie diese Arbeit zeigen wird, unterscheiden sich die Gastarbeiter und Gastarbeiterinnen von damals – in der Regel männlich, gering qualifiziert und aus ländlichen Regionen stammend – von den heutigen Gastarbeiter und Gastarbeiterinnen in vielerlei Hinsicht, aber vor allem aber hinsichtlich ihrer Qualifikation.

Im Folgenden wird zunächst der politische Kontext des neuen Gastarbeiterdiskurses beschrieben. Anschließend wird illustriert, wie sich die Wahrnehmung der Gastarbeiter und Gastarbeiterinnen im damaligen Kontext der Anwerbung abspielte.

Politisch gewünscht ist die Anwerbung hochqualifizierter Immigranten und Immigrantinnen seit der Einführung der Green Card durch die rot-grüne Bundesregierung im Jahr 2001. Durch dieses „Sofortprogramms zur Deckung des IT-Fachkräftebedarfs“ migrierten ca. 18.000 Arbeitnehmer und Arbeitnehmerinnen aus nicht EU-Staaten nach Deutschland (Bundesamt für Migration und Flüchtlinge 2005, 78). Karen Schwönwälder zeichnete chronologisch nach, wie sich die damalige Bundesregierung sukzessive der Anwerbung qualifizierter Fachkräfte öffnete und wie in den Medien seit 2007 verstärkt die Nachfrage nach diesen mit dem demografischen Wandel und dem Fachkräftemangel gerechtfertigt wurde (2012). Im Jahr 2012 traten zwei Gesetze in Kraft, die die Zuwanderung von qualifizierten Immigranten und Immigrantinnen offener und attraktiver machen sollten. Das seit April 2012 gültige Anerkennungsgesetz (Gesetz zur Verbesserung der Feststellung und Anerkennung im Ausland erworbener Berufsqualifikationen) ermöglicht ausländischen Fachkräften durch eine vereinfachte Anerkennung ihrer Qualifikationen vermehrt nach Deutschland zu kommen und bereits ansässigen Fachkräften mit nicht anerkannten Berufsabschlüssen in Deutschland einen angemessenen Zugang zum Arbeitsmarkt. Im August desselben Jahres wurde die EU-Richtlinie 2009/50/EG (Blaue Karte) in nationales Recht umgesetzt. Ausländische Fachkräfte aus Drittstaaten mit einem akademischen Abschluss, die einen Job gemäß ihrer Qualifikation und ein bestimmtes Mindestbruttogehalt angeboten bekommen, erhalten einen Aufenthaltstitel gemäß der Richtlinie. Diese beiden Gesetze sind in eine Reihe von neuen Gesetzen und Ordnungen eingebettet (zum entsprechenden Überblick siehe Humpert 2012). Neben diesen gesetzlichen Rahmenbedingungen haben Bund und Länder die PR-Kampagne *Make it in Germany* gestartet, um die Attraktivität des deutschen Standortes für ausländische Fachkräfte zu erhöhen. *Make-it-in-Germany.com* gehört zur gemeinsamen Fachkräfte-Offensive des Bundesministeriums für Wirtschaft und Energie (BMWE), des Bundesministeriums für Arbeit und Soziales (BMAS) und der Bundesagentur für Arbeit (BA). Wie Michael Humpert kommentiert, erhalten ausländische Fachkräfte auf diesem Willkommensportals „umfassende Informationen über ihre Karrierechancen, wie sie erfolgreich ihren Weg nach Deutschland gestalten können und warum es sich lohnt, hier zu arbeiten und zu leben“ (ebd. 2012, 23).

Die absoluten Zahlen zur Anwerbung von Hochqualifizierten aus Drittstaaten zeigen ein differenziertes Bild. Von 2009 bis 2012 wuchs die Anzahl von Fachkräften aus Drittstaaten in Deutschland von 16.000 auf 27.000. 2013 sank die Zahl aber wieder auf 24.000 Personen. Tabelle 2 verdeutlicht die Anzahl von Fachkräften nach dem jeweiligen Aufenthaltsstatus.

Tabelle 2: Zuwanderung von Fachkräften bzw. Hochqualifizierten aus Drittstaaten von 2009 bis 2013

Aufenthaltsstatus nach	2009	2010	2011	2012	2013
§ 18 Abs. 4 AufenthG (Qualifizierte Beschäftigung)	14.816	17.889	23.912	23.191	17.185
§ 19AufenthG (Hochqualifizierte Beschäftigung)	169	219	370	244	27
§ 19a AufenthG i.V. m. §2 Abs. 1 Nr. 2 Bst. a) BeschV (Blaue Karte EU, Regelberufe)	–	–	–	1387	2786
§ 19a AufenthG i.V. m. §2 Abs. 1 Nr. 2 Bst. b) oder §2 Abs. 2 BeschV (Blaue Karte EU, Mangelberufe)	–	–	–	803	1865
§ 20 AufenthG (Forscher)	140	211	317	366	444
§ 21 AufenthG (Selbstständige Tätigkeit)	1024	1040	1347	1358	1690
Fachkräfte insgesamt	16.149	19.359	25.946	27.349	23.997

Quelle: Humpert 2012, 33, nach dem Ausländerzentralregister

Die Immigration (hoch-)qualifizierter EU-Bürger und -Bürgerinnen nach Deutschland kann aufgrund der europäischen Freizügigkeit nicht wie bei der Zuwanderung aus Drittstaaten ermittelt werden. Der Sachverständigenrat für Migration hat in seinem Jahresgutachten 2013 eine Auswertung des Mikrozensus 2011 vorgenommen, um das Bildungsniveau der Unionsbürger und -bürgerinnen zu erfassen. Der Akademikeranteil liegt bei allen Zuwanderergruppen aus der EU höher als bei der Mehrheitsbevölkerung, siehe Abbildung 3.

Abbildung 3: Akademikerquote der 25- bis 64-jährigen Neuzuwanderer nach Herkunftsgruppe 2010

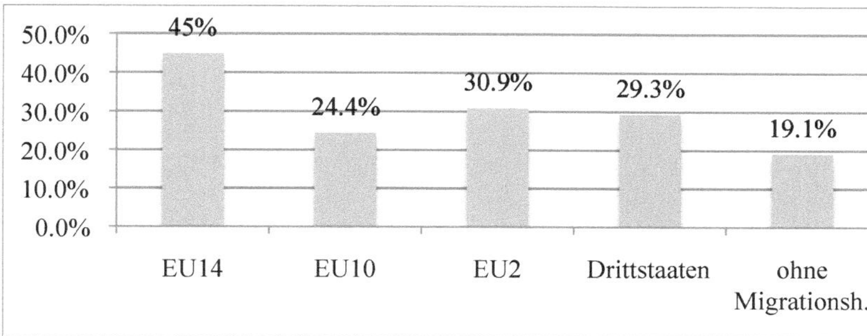

EU14	EU10	EU2	Drittstaaten	ohne Migrationsh.
45%	24.4%	30.9%	29.3%	19.1%

Quelle: Eigene Darstellung nach SVR 2013

Da der Terminus der „neuen Gastarbeiter“ verwendet wird, ist es hilfreich, sich die Anzahl der ausländischen Staatsbürger und Staatbürgerinnen in Deutschland nach den Herkunftsländern der alten Gastarbeiter und Gastarbeiterinnen anzuschauen. Abbildung 4 zeigt die Anzahl von Spaniern/Spanierinnen, Italienern/Italienerinnen sowie Griechen/Griechinnen und Türken/Türkinnen in Deutschland. Als Vergleichsgruppe sind zusätzlich Polen/Polinnen dargestellt, diese Gruppe verzeichnet seit einigen Jahren die meisten Zuzüge nach Deutschland. So ist ihre Anzahl von 2007 bis 2014 von 384.808 auf 674.152 gestiegen, ein Zuwachs von 75 %. Die Anzahl der Spanier/Spanierinnen ist im selben Zeitraum von 106.301 Zuzügen um 38 % auf 146.846 gestiegen, die griechische Bevölkerung um 11 %, die italienische um 8 %. Fakt ist also, dass die Zuwanderung aus den alten Gastarbeiterländern nach Deutschland gestiegen ist und dass der Akademikeranteil unter den Zuwanderern deutlich über jenem der deutschen Mehrheitsbevölkerung liegt. Die Anwerbung der qualifizierten Immigranten und Immigrantinnen scheint sich auf den ersten Blick auszuzahlen. Russel King et al. sehen jedoch eher die Push-Faktoren der hohen Arbeitsarbeitslosigkeit und die Unterschiede im BIP als ursächlich an. Dies führt zu einer hohen Kern-Peripherie-Migrationsdynamik (2014).

Abbildung 4: Anteil der ausländischen Bevölkerung nach Staatsangehörigkeit in Deutschland von 2007 bis 2014

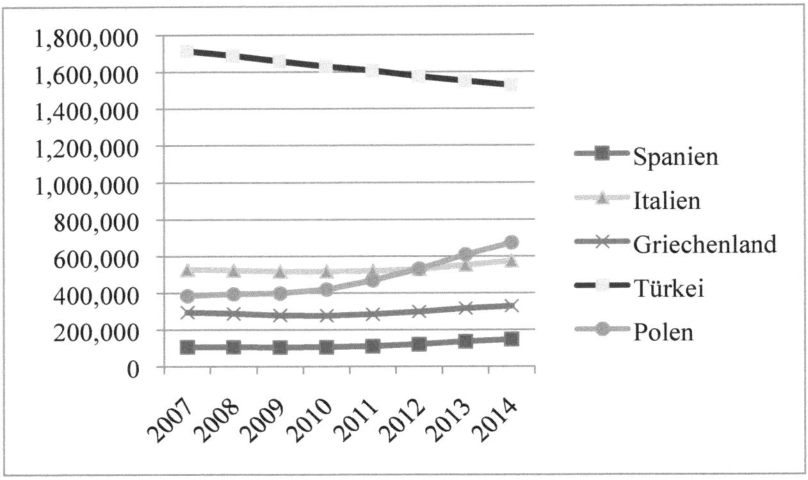

Quelle: Eigene Darstellung nach Destatis

Allgemein gesprochen waren die Gastarbeiter und Gastarbeiterinnen in Deutschland gewollt, um als externes Arbeitsangebot das ökonomische Wachstum aufrechtzuerhalten (Kindleberger 1967). Der Bedarf an Arbeitskräften ist eine strukturelle Notwendigkeit in modernen kapitalistisch organisierten Industrieländen, wie in der Dual-Labor-Theorie formuliert (Piore 1979). Danach sollten, basierend auf der Arbeitsnachfrage in den Industrieländern, Immigranten und Immigrantinnen durch formale Arbeitsrekrutierungsprogramme ins Land geholt werden. Politisch wichtig war dabei, dass die Arbeitsmigranten und -migrantinnen kurzfristig im Land bleiben (Herbert 2001) und mittels einer Rotationspolitik[20] durch neue Arbeitsmigranten und -migrantinnen ersetzen werden sollten. Die

20 Das Rotationsprinzip bezeichnet einen befristeten Aufenthalt der Immigranten und Immigrantinnen zu Arbeitszwecken. Nach Ablauf der Arbeitserlaubnis sollen die Immigranten und Immigrantinnen in ihr Heimatland zurückkehren und durch neue Immigranten und Immigrantinnen ersetzt werden. Karen Schönwälder hat jedoch gezeigt, dass die Rotationspolitik des temporären und zirkulären Aufenthalts der Gastarbeiter, die nach zwei Jahren ausgewechselt werden sollten, politisch nicht durchgesetzt wurde (Schönwälder 2001). Dementsprechend existierte die Rotationspolitik nur informell, begünstigt durch betriebsinterne Regelungen.

Gastarbeiter und Gastarbeiterinnen dienten damit als Konjunkturpuffer, das heißt, sie wurden in Zeiten des wirtschaftlichen Aufschwungs und Booms geholt und sollten in den Abschwungphasen wieder nach Hause geschickt werden (Castles und Kosack 1973). Neben der Funktion der mobilen Reserve wurden die Gastarbeiter und Gastarbeiterinnen vor allem in der Landwirtschaft als billige Arbeitskräfte eingesetzt, um das Lohngefüge relativ stabil zu halten und eine strukturelle Inflation der Löhne zu vermeiden (Herbert 2001, 205). Die Gastarbeiter und Gastarbeiterinnen arbeiteten vor allem in Bereichen „defizitärer Funktionserfüllung" (Esser 1980, 238). Mit anderen Worten: Sie dienten dazu, Arbeit zu verrichten, die dreckig, gefährlich oder erniedrigend ist. Dies ermöglichte gleichzeitig den Aufstieg einheimischer Arbeitskräfte in bessere Positionen (Heckmann 1981). Die Benachteiligung der Gastarbeiter und Gastarbeiterinnen in Deutschland war für selbige zu Beginn ihres Aufenthaltes in Deutschland nicht von entschiedener Bedeutung. Ihr Vergleichsmaßstab blieben die Heimatländer, in denen eine hohe Arbeitslosigkeit und niedrige Löhne herrschten. „Ihr Ziel war es in erster Linie, ‚möglichst rasch möglichst viel Geld' zu verdienen, um bald nach Hause zurückzukehren." (Herbert 2001, 214)

Die öffentliche Wahrnehmung der Gastarbeiter und Gastarbeiterinnen zur damaligen Zeit soll im Folgenden überblicksartig beschrieben werden, damit es grundsätzlich möglich ist, die Wahrnehmung der „neuen Gastarbeiter" in den historischen Kontext einzubetten bzw. (Dis-)Kontinuitäten herauszuarbeiten.[21]

Der Begriff *Gastarbeiter*[22] war zur Zeit des ersten deutsch-italienischen Anwerbeabkommens 1955 nicht prägend für die Bezeichnung der Arbeitsmigranten und -migrantinnen. Mitte 1955 wurde der Ausdruck Gastarbeiter noch nicht benutzt (Hubrich 2009). Vielmehr wurden Begriffe wie ausländische Arbeiter, ausländische Arbeitskräfte oder insbesondere Fremdarbeiter verwendet. Wobei letzterer ein Begriff der Nationalsozialisten zu Benennung der Zwangsarbeiter war. Der „freundlichere" Begriff *Gastarbeiter* sollte das „belastete Wort Fremdarbeiter" in den 1960er Jahren ersetzen (Jung, Wengeler und Böke 2000, 53). Zudem wurde in den 1950er Jahren nicht die Ansicht in den Medien vertreten, dass die

21 Einen Genealogie zur politischen Gestaltung der ersten Anwerbeabkommen liefert unter anderem Serhat Karakayali (2008, 100). Die historische Migrationsforschung entzauberte zudem einige Mythen zu dem Gastarbeitersystem, unter anderem die verbreitete Ansicht, dass ausschließlich männliche Gastarbeiter nach Deutschland kamen. Siehe dazu den Sammelband „Das „Gastarbeiter"-System" von Oltmer, Kreienbring und Dìaz (2012).

22 Hier wird im Folgenden auf die weibliche Form verzichtet, weil dies der damaligen medialen Darstellung von Gastarbeitern und Gastarbeiterinnen entsprach.

Gastarbeiter eventuell bleiben könnten (Ellermann 2014). Wie allerdings Annette Treibel schilderte, gab es Anfang der 1960er Jahre wiederum einen Aufruf, das Wort *Gastarbeiter* zu ersetzen. Die Ersetzung des Begriffs zielte auf die negative Bezeichnung der Gastarbeiter in den Medien ab, die die „reale" Situation der Arbeitsmigranten nur unzureichend abbildete. Zumal der Begriff der ersten Generation der *Gastarbeiter* sich im Diskurs etablierte, als sich herausstellte, „dass die Gastarbeiter und Gastarbeiterinnen Familienangehörige nachholten, hier eine Familie gründeten oder andere private Beziehungen aufbauten" (Treibel 2008, 129).

Von 1960-1965 ist die Arbeitsmarktmigration der Gastarbeiter und Gastarbeiterinnen kein politisch kontroverses Thema und über die Rückkehrbereitschaft wird kaum berichtet (Herbert 2001). Abgesehen von der Ersetzung des „anrüchigen Begriff des Fremdarbeiters" (Wehler 2008, 40) durch *Gastarbeiter*, fand eine breite öffentliche Thematisierung der Gastarbeiter und Gastarbeiterinnen in Deutschland nicht statt.

In der empirischen Analyse zur Beschreibung der Gastarbeiter in den Medien, kommt Martin Wengeler zu dem Urteil, dass die Gastarbeiter und Gastarbeiterinnen vor allem unter dem Aspekt des wirtschaftlichen Nutzens diskutiert worden sind und dieser wird als selbstverständlich vorausgesetzt (Wengeler 2003). In dieser Hinsicht unterschied sich die öffentliche Wahrnehmung von der politischen Intention der Anwerbung von Gastarbeitern und Gastarbeiterinnen. Überwogen bei dem ersten bilateralen Anwerbeabkommen 1955 mit Italien noch die außenpolitischen Interessen, so wurden in den weiteren Abkommen mit Spanien (1960) und Griechenland sowie der Türkei (beide 1961) die arbeitsmarktpolitischen Interessen der Bundesrepublik berücksichtigt. Jedoch kann nicht von einem Primat des ökonomischen Nutzens gesprochen werden, wie es Karen Schönwälder am Fall des türkischen Gastarbeiterabkommen demonstriert hat (2001).

In der medialen Realität jedoch dominierte die Wahrnehmung der Gastarbeiter und Gastarbeiterinnen als Konjunkturpuffer, die man bei Hochkonjunktur holt und bei schlechter Auftragslage wieder nach Hause schickt. „Für diese Sichtweise wird die Bezeichnung Gastarbeiter, die sich in dieser Zeit einbürgert, als symptomatisch angesehen." (Ebd., 346) Mit den Worten von Michael Walzer spiegelt der Begriff *Gastarbeiter* genau diese Intention wieder: „Von entscheidender Bedeutung in diesem Kontext ist, dass die Arbeiter, die ins Land gelassen werden, ‚Gäste' sein sollen und keine Einwanderer, die eine neue Heimat suchen und eine neue Staatsbürgerschaft anstreben." (Walzer 2006, 98)

In den 1960er Jahren war die Einstellung gegenüber den Gastarbeitern in der Öffentlichkeit in Deutschland zunächst nicht feindselig, sondern vielmehr paternalistisch (Schönwälder 2004). Bis zur ersten Ölkrise (1973) versuchten Politik und Medien die Bevölkerung von der Anwerbung zu überzeugen. Laut Schönwalder waren die zentrale Argumente dabei a) die Beschäftigung der Ausländer als ökonomische Notwendigkeit, b) die Migration als Nebeneffekt der Integration in Westeuropa, c) die Möglichkeit, die ökonomische Überlegenheit der eigenen Bevölkerung durch die Kontrastierung mit den Gastarbeiter und Gastarbeiterinnen zu demonstrieren und d) der deutschen Bevölkerung nach dem Faschismus Toleranz im Umgang mit Differenz zu vermitteln (Schönwälder 2004). Die Anwesenheit der Gastarbeiter und Gastarbeiterinnen auf deutschem Territorium „wurde der bundesdeutschen Bevölkerung als Vorbote der idealisierten Zukunft des geeinten Europas präsentiert und den Deutschen daneben als Mittel der Selbsterhöhung angeboten" (Schönwälder 2001, 168). Die Thematisierung der Gastarbeiter und Gastarbeiterinnen in den medialen Diskursen intensivierte sich, als man begann, die Arbeitsmigration als Massenphänomen und zunehmend auch als Dauerphänomen wahrzunehmen. Als Ausländerproblem wurden die Gastarbeiter und Gastarbeiterinnen unter anderem deklariert, als der ehemalige Bundeskanzler Ludwig Erhard, Arbeitgeber und die FDP die Ausländer als kostspielige und ungeliebte Erscheinung bezeichneten. Durch diese Akteure wurde die Anwerbung von hunderttausenden Gastarbeiter und Gastarbeiterinnen mit der mangelnden Arbeitsmoral der Deutschen in Beziehung gesetzt und man versuchte, die Gewerkschaften zu schwächen, indem man sie als Verantwortliche für die Anwerbung deklarierte. Wie Manuel Delgado in seiner Analyse der Presseberichte von 1966 bis 1969 dargestellt hat, wichen den anfangs noch positiven Berichten über die Eigenschaften und die Arbeitskraft der Gastarbeiter, welche einem Werbefeldzug gleichkamen, um den Deutschen einen positives Einstellung zu den Gastarbeitern zu vermitteln, der Angst vor Arbeitslosigkeit durch die Konkurrenz mit den Gastarbeitern (Delgado 1972). Die Problematisierung der Gastarbeiter und Gastarbeiterinnen in der deutschen Öffentlichkeit der 1960er und 1970er Jahre wurde ausführlich von Karen Schönwälder diskutiert, die nachgezeichnet hat, durch welche Ereignisse die noch bis Anfang der 1970er Jahre positive Einstellung gegenüber den Gastarbeiter und Gastarbeiterinnen in eine negative Stimmung kippte und wie der Bevölkerung verdeutlicht wurde, dass man es mit Gastarbeiter und Gastarbeiterinnen und nicht mit permanenter Einwanderung zu tun habe (2001).

Bis Anfang der 1970er Jahre und im politischen Kontext der sozialliberalen Koalition im Bundestag dominierte in den Medien die Kritik an der sozialen Lage der Gastarbeiter. Sie wurden als Opfer von miserablen Lebensbedingungen beschrieben und die Entwicklung einer migrantischen Unterschicht wurde kritisch begutachtet. Wie Ullrich Herbert festgestellt hat, waren es vor allem Berichte über die Wohnsituation und nicht über die Arbeitsbedingungen der Gastarbeiter und Gastarbeiterinnen, die das öffentliche Interesse erweckten. Zum einen, weil diese selbst an billigem Wohnraum interessiert waren und zum anderen, weil Unterbringung ein beeinflussbarer Kostenfaktor für die Unternehmen war:

> „Während vertraglich geregelt war, dass Ausländer die gleichen Löhne und Sozialleistungen zu erhalten hatten wie Deutsche, gab es bei den Unterkünften Einsparungsmöglichkeiten, die sich dann in entsprechend primitiven Wohnverhältnissen der Gastarbeiter niederschlugen." (Herbert 2001, 216)

Allerdings wandelte sich 1972/73 die Wahrnehmung der Gastarbeiter und Gastarbeiterinnen in den Medien. Dazu kommentiert Karen Schönwälder: „Es ist bemerkenswert, wie schnell aus den vorher unverzichtbaren Helfern eine untragbare Last wurde und bald sogar die ‚ganzen Gastarbeiter' als ‚ein Minus' galt." (Schönwälder 2001, 631) Vor dem Hintergrund der Anschläge auf die Olympischen Spiele in München 1972 sollte die Ausländerpolitik grundsätzlich überdacht werden. Problematisiert wurden die Aufnahmekapazitäten und Überlastungen der deutschen Städte. Diese Problemzuschreibung galt als Hauptgrund eines erwünschten Stopps der Zuwanderung. Die Problemursachen der zunehmenden Arbeitslosigkeit, der Konkurrenz und der Wirtschaftskrise sowie die Vorläufer der sogenannten Ölkrise im Winter 1971/72 und im Herbst 1973 führten zum gewünschten Anwerbestopp, der am 23.11.1973 in Kraft trat. Die Arbeitsmigration wurde „zunehmend als ‚krankmachende' Belastung wahrgenommen, während ihr Anwerbung in den 60er Jahren noch zum Kurieren des ‚chronisch kranken' deutschen Arbeitsmarktes angepriesen wurde" (Böke 1997, 171). Die einstige Problematisierung der Gastarbeiter und Gastarbeiterinnen für den deutschen Arbeitsmarkt schien wie vergessen, als diese in ihrer Funktion als „industrielle Reservearmee" (Treibel 2008, 121) nicht mehr gebraucht wurden. Dabei spielte die bedrohte nationale Identität in der öffentlichen Debatte keine große Rolle (Schönwälder 2001).

Die Arbeitsmigranten und -migrantinnen wurden vornehmlich als Warenimporte und -exporte medial wahrgenommen und verdinglicht. Deshalb war es erstaunlich, als die austauschbare Masse „soziale" Probleme in den Städten hervorrief. Dies ist umso bemerkenswerter, weil, wie Karen Schönwälder gezeigt hat, die Regierung bereits Mitte der 1960er Jahre den dauerhaften Aufenthalt der Einwanderer antizipiert hat. Auch der Familienzusammenschluss nach dem Anwerbestopp kam nicht überraschend (Schönwälder 2001), insbesondere wenn man die Erfahrungen mit den Gastarbeitern in der Schweiz heranzieht (Herbert

2001). Interessanterweise wurde der Anwerbestopp nicht ursächlich durch die Ölkrise ausgelöst, wie verbreitet angenommen (Bade 1988). Vielmehr war dieser „ein willkommener Anlass, Pläne zu einer restriktiveren Arbeitsmigrationspolitik endlich in die Tat umzusetzen (Berlinghoff 2012, 150).

Fortan wurden die Gastarbeiter und Gastarbeiterinnen, wie Aristide Zolberg feststellt, zu unerwünschten Gästen, die nun vermehrt als „moral actors" anstatt „economic actors" wahrgenommen wurden (Zolberg 1981, 13).[23] Politisch betrachtet hat der Familiennachzug nach dem Anwerbestopp eine Art nationalen Steuerungsverlust der Immigration hervorgerufen (Bade und Bommes 2000), indem die verfassungsrechtlichen Normen und außenpolitischen Überlegungen die Durchsetzung einer Blockade des Familiennachzugs verhinderten.

Demzufolge waren letztendlich nicht nur die Immigranten und Immigrantinnen vielfach darum bemüht, den Gastarbeiterstatus und die Wahrnehmung als Gastarbeiter und Gastarbeiterinnen abzulegen. Dennoch werden die (hoch-)qualifizierten Immigranten und Immigrantinnen, die derzeit nach Deutschland kommen, als „neue Gastarbeiter" betitelt. Eine Beobachtung, die nach einer Erklärung verlangt. Zumal auch denkbar gewesen wäre, die Fachkräfte nicht mit den Gastarbeitern zu assoziieren und sie eher als arbeitslose Südeuropäer dazustellen, die in Konkurrenz zum einheimischen Arbeitsangebot treten.

Sarah Hubrich schlussfolgert in ihrer Analyse des Presseechos des ersten Anwerbeabkommens mit Italien, dass eine weitere Analyse der Gastarbeiter und Gastarbeiterinnen zur Konstruktion von erwünschter Zuwanderung in den Medien zielführend ist:

„Und obwohl das untersuchte Material bereits mehr als ein halbes Jahrhundert alt ist, ist die ihm zugrundeliegende Problematik heute aktueller denn je: Wieder fehlen Deutschland Arbeitskräfte, erst im Sommer 2008 hat die Bundesregierung ein Aktionsprogramm beschlossen, um die Zuwanderung von Hochqualifizierten zu fördern [...] Es scheint daher interessant und wünschenswert, in einer Inhaltsanalyse aktueller Medien – oder auch einer

23 Demzufolge befürworteten 1980 zwei Drittel aller Deutschen die Rückkehr der Gastarbeiter, weil sie in den Zeiten der wirtschaftlichen Rezension als fiskalischer Aderlass interpretiert wurden. Zudem wurden die Gastarbeiter zunehmend mittels der Differenzierungskategorie Religion zu unerwünschten Fremden konstruiert. Insbesondere Türken gerieten durch ihre nicht jüdisch-christliche Tradition und als Nicht-EG-Mitglieder ins Blickfeld der deutschen Bevölkerung. Zur politischen Diskussion vom „Gastarbeiterproblem zur Einwanderungsfrage" eindrucksvoll Ullrich Herbert (2012, 232ff).

Längsschnittanalyse – zu untersuchen, on und inwieweit sich der öffentliche Diskurs in den vergangenen Jahrzehnten verändert hat." (Hubrich 2009, 73)

Diesem Fazit von Sarah Hubrich soll mit der Diskursanalyse über die „neuen Gastarbeiter" Rechnung getragen werden. Inwieweit die „neuen Gastarbeiter" über die Differenzbildung zu den alten Gastarbeiter und Gastarbeiterinnen konstruiert werden, ist Gegenstand der folgenden wissenssoziologischen Diskursanalyse, die den Prozess der sozialen Konstruktion des Phänomens der „neuen Gastarbeiter" nachvollzieht. Dies geschieht aus zwei Gründen: Erstens lässt die offensichtlich positive Konnotierung der „neuen Gastarbeiter" im Vergleich zu dem Konstrukt des „muslimischen Subjekts" (Tezcan 2012) einen Einblick in die gegenwärtigen und zukünftigen Bedingungen der Ein- und Ausgrenzung von Immigranten und Immigrantinnen in Deutschland zu. Die Frage „Wer sollte wann und im Vergleich zu wem als integriert gelten?" (Bloemraad, Korteweg und Yurdakul 2010, 44) wird in den Diskurs über die „neuen Gastarbeiter" zurückgeworfen.

Zweitens könnten die „neuen Gastarbeiter" Aufschluss darüber geben, wie die Partikularisierung des Universellen im Einwanderungsdiskurs funktioniert. Wie stellt Deutschland also sicher, dass Immigranten und Immigrantinnen sich nicht in irgendeine Gesellschaft, sondern in die deutsche Gesellschaft symbolisch integrieren? Die Bezeichnung der (hoch-)qualifizierten Zuwanderer als die „neuen Gastarbeiter" kann somit als ein interessanter soziologischer Fall zur Beantwortung der Fragestellung konzipiert werden.

Mediale Präsenz der Gastarbeiter

Absolute Nennung der Gastarbeiter in den Massenmedien

In dem Zeitraum von 01.01.2008 bis zum 31.07.2014 finden sich in den Medien Bild, FAZ, Focus, Spiegel, Stern, Tagesschau, taz, die Welt und ihren jeweiligen Webangeboten insgesamt 2758 Artikel, in denen das Wort *Gastarbeiter* genannt wird. Pro Jahr variiert dabei die Häufigkeit der Beiträge in den Medien. 2012 ist das Jahr mit den wenigsten Artikel zum Thema Gastarbeiter (N = 264), flankiert von den Jahren 2011 (N = 601) und 2013 (N = 532) mit den meisten Beiträgen. Im Durchschnitt erscheinen jährlich 394 Artikel mit dem Stichwort *Gastarbeiter*.

Abbildung 5: Nennung des Begriffs Gastarbeiter insgesamt im Zeitraum von 2008 bis 2014

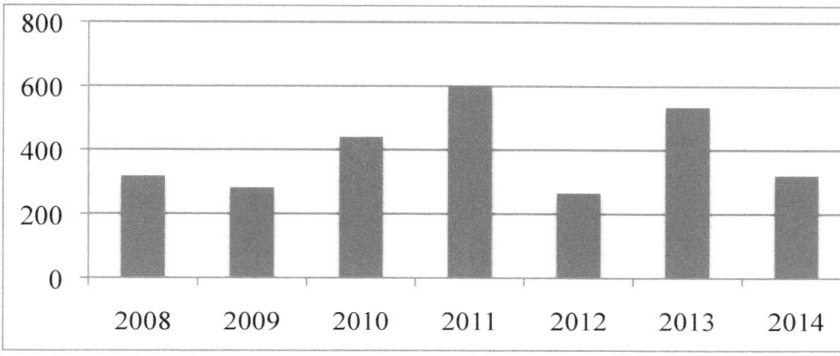

Quelle: Eigene Berechnung

Die außerordentliche Häufung in den Jahren 2011 und 2013 lässt sich mit bestimmten Ereignissen begründen, die die gestiegene Relevanz des Themas Gastarbeiter plausibel begründen lässt. In einem offiziellen Festakt feierte die Bundesrepublik im Jahr 2011 das 50-jährige Gastarbeiterabkommen mit der Türkei. Zudem stieß die Kritik des Türkischen Ministerpräsident Recep Tayyip Erdoğan an der deutschen Einwanderungspolitik auf großes mediales Interesse. Im selben Jahr warben die deutsche Bundesregierung und die deutschen Wirtschaftsverbände vermehrt um die „neuen Gastarbeiter". Gleichzeitig wurden die Arbeitsbedingungen der Gastarbeiter und Gastarbeiterinnen im Ausland zum Thema, unter anderem durch die Revolution in Libyen. 2013 sind die „neuen Gastarbeiter" in Deutschland angekommen und die Medien berichten über ihre Situation und Eigenschaften. Außerdem werden 2013 die Gastarbeiter und Gastarbeiterinnen in den Ländern Katar und Russland thematisiert. Eine ausführliche Beschreibung der inhaltlichen Dimension erfolgt in Kapitel 4.1.1.2, „Korpuslinguistische Analyse des Gastarbeiterdiskurses". An dieser Stelle zeigt der Vergleich der Medien untereinander, wie sich diese dem Thema Gastarbeiter widmen.

Abbildung 6: Anzahl der Artikel zum Thema Gastarbeiter pro Zeitung von 2008 bis 2014

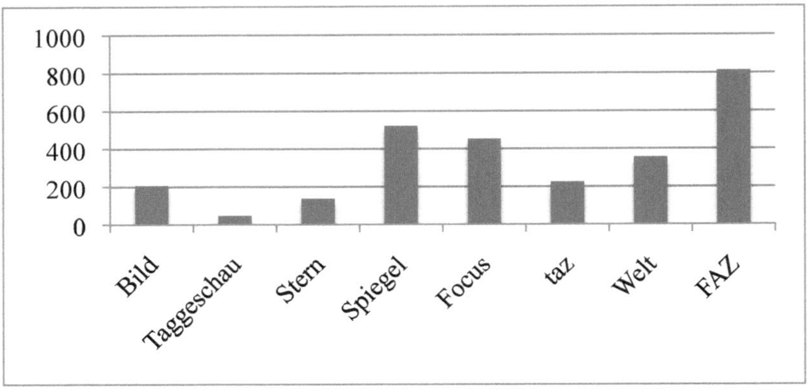

Quelle: Eigene Berechnung

Auffällig ist, dass die FAZ besonderes Interesse an dem Thema zeigt; auf diese entfallen circa 30 % der insgesamt 2758 Artikel. Verglichen mit den ebenfalls täglich erscheinenden Tagungszeitungen taz und Welt sind dies 58 % der 1393 auf die Tageszeitungen entfallenden Artikel. Das deutet auf ein gesondertes Interesse am Thema *Gastarbeiter* hin. Dabei wäre es in diesem Zusammenhang eher erwartbar, dass insbesondere die taz aufgrund ihres linksalternativen Milieus mehr über die Migrations- und Einwanderungsspezifischen Fragen berichtet. In der Studie von Valentin Rauer zur medialen Präsenz der türkischen Dachverbände nahm die taz eine Sonderrolle gegenüber den anderen Zeitungen ein (Rauer 2008). Die wöchentlich erscheinenden Magazine Stern, Spiegel, Focus tragen mit insgesamt ca. 40 % (N = 1111) der Artikel zum Thema Gastarbeiter bei. Der Spiegel hat daran mit 47 % (N = 521) den größten Anteil. Die reinen Webangebote von Bild und Tagesschau kommen insgesamt auf einen 9-%igen Anteil am Gesamtsample; tagesschau.de hat dabei den geringsten Wert mit 48 Artikeln. Alleine durch die quantitative Betrachtung der Differenzen lässt sich an dieser Stelle noch keine Aussage zur der Selektivität der Medien tätigen. Aussagekräftiger ist die Betrachtung der absoluten und der relativen Verteilung der Artikelanzahl pro Medium über den Zeitraum von sechs Jahren. Die absolute Dimension zeigt deutlich, dass die FAZ kontinuierlich über den gesamten Zeitraum verteilt auf einem hohen Niveau über die *Gastarbeiter* berichtet hat. Die Tagesschau dagegen hat am wenigsten über die *Gastarbeiter* berichtet. Die Tabelle zeigt auch, dass sich die Berichterstattung der Zeitungen in ihrer Struktur ähnelt.

Sie reagieren gleichsam positiv wie auch negativ auf bedeutsame Ereignisse zum Thema *Gastarbeiter*. Die Intensität der Reaktion variiert jedoch beträchtlich. Um diesen Aspekt genauer analysieren zu können, gibt die relative Verteilung der Artikel einen noch besseren Aufschluss über die Kontinuitäten sowie Diskontinuitäten von den jeweiligen Medien.

Abbildung 7: Verteilung der Artikelanzahl der Zeitungen pro Jahr (absolute Nennung)

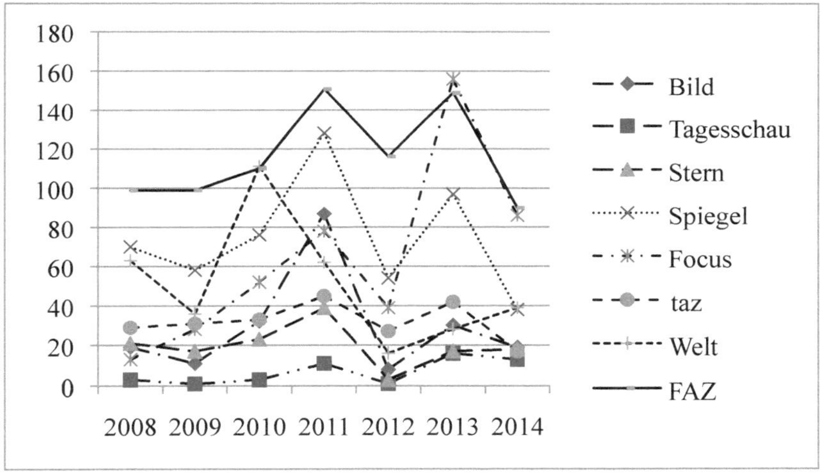

Quelle: Eigene Berechnung

Erwähnenswert sind Beobachtung über die FAZ, die Welt sowie über den Focus und die Bild. Die FAZ hat weiterhin einen kontinuierlich hohen prozentualen Anteil an der Berichterstattung. Die Welt hat zu Beginn in den Jahren 2008 bis 2012 die größte Votatilität des Artikelanteils am Gesamtsample. Im Vergleich zum Vorjahr nimmt der Anteil 2009 um ca. 35 % ab, um dann im Jahr 2010 wieder um 96 % Prozent zu steigen (mit einem Gesamtanteil von 25 %). 2011 nimmt der Anteil wieder um 144 % ab, entgegen dem Trend der Gesamtberichterstattung. Zum Ende des Zeitraums wird das Thema *Gastarbeiter* quantitativ betrachtet im Vergleich zu den anderen Medien immer unbedeutender und stabilisiert sich bei ca. 8 % des Gesamtanteils. Der Focus hingegen übernimmt einen höheren Anteil zum Ende des Zeitraums und hat im Jahre 2013 sogar den Spitzenanteil am Gesamtsample mit 29,16 %. Im Vergleich von 2012 zu 2013 hat der Focus sogar den größten Artikelzuwachs mit 97 % im Gesamtsample.

Abbildung 8: Verteilung der Artikelanzahl der Zeitungen pro Jahr (Angaben in Prozent)

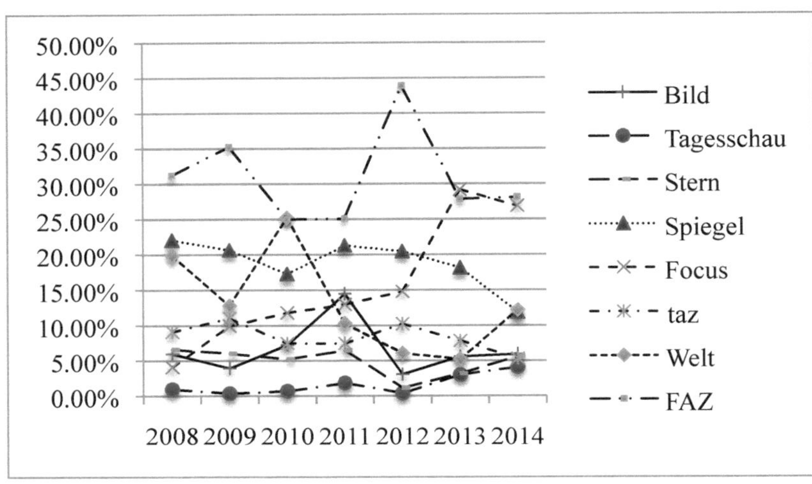

Quelle: Eigene Berechnung

Die Bild hat im Jahr 2011, in dem die größte Anzahl von Artikel im Gesamtzeitraum zu verzeichnen ist, ebenfalls den größten Anteil innerhalb des untersuchten Zeitraumes mit 14,48 % sowie die größte Steigerung von 99 % im Vergleich zum Vorjahr. Diese Steigerung lässt sich mit der Reportage-Reihe der Bild (50 Beispiele zu gelungenen Integration von Gastarbeitern) erklären, die diese anlässlich des 50. Jubiläums des Gastarbeiterabkommens mit der Türkei herausgebracht hat.

Zusammenfassend ist festzuhalten, dass die rein quantitative Verteilung der Artikel erkennen lässt, dass Focus, Welt und Bild ereignisorientierter über *Gastarbeiter* schreiben, jedoch auch ihre eigene Selektivität haben, die sich alleine durch die unterschiedliche Thematisierung in dem Zeitraum erkennen lässt. Die weitere inhaltliche Bestimmung wird zeigen, welche speziellen Themen in den Medien über den üblichen breiten Nachrichtenwert hinaus Relevanz finden. Dies gilt im besonderen Maße für die FAZ. Des Weiteren lässt sich keine Schlussfolgerung in Bezug auf die politische Ausrichtung der Medien ziehen.

Korpuslinguistische Analyse des Gastarbeiterdiskurses

Das erste lexikometrische Verfahren zur Analyse von Häufigkeiten, Regelmäßigkeiten sowie Strukturen und Ereignissen im Diskurs zu den Gastarbeitern ist die Darstellung der Eigenschaften eines Teilkorpus im Vergleich zum Gesamtkorpus. Diese Analyse soll die Beschreibung der Häufigkeiten, die in dem vorherigen Kapitel erfolgte, inhaltlich ergänzen und erste Thesen bzgl. der Diskursstruktur generieren.

Hierzu wurden in einem ersten Schritt Schlüsselwörter (Keyness) ermittelt, die in einem Teilkorpus signifikant über- bzw. unterrepräsentiert sind. Ziel dieser Analyse ist es, herauszuarbeiten, welchen Schwerpunkt die unterschiedlichen Medien in Bezug auf den Gastarbeiterdiskurs setzen. Erwartungsgemäß lassen sich unterschiedliche Schlüsselwörter identifizieren, die einen wichtigen Hinweis darauf geben, welche Themen besondere Relevanz in dem jeweiligen Teilkorpus, aber auch in einem Vergleichsjahr haben. Letzteres ist in Tabelle 3 dargestellt, die die einzelnen Jahre als Teilkorpora im Vergleich zum Gesamtzeitraum zeigt. Dadurch lassen sich erste Thesen formulieren, wie sich der Gastarbeiterdiskurs dynamisch entwickelt und an welche Themen der Diskurs generell anschließt. Die Jahre 2011 und 2013 sind jene mit den häufigsten Artikeln zum Thema *Gastarbeiter* im Gesamtkorpus. Für 2011 zeigt sich, dass die *Gastarbeiter* insbesondere im Kontext des arabischen Frühlings in Libyen besprochen werden, während sie 2013 mit der WM 2022 in Katar und vermutlich mit den dortigen Arbeitsbedingungen auf den WM-Baustellen in Verbindung stehen. Auch im Jahr 2014 sind diese Begriffe im dem Korpus überrepräsentiert. Dazu kommt die Thematisierung der Olympischen Spiele in Sotschi. Aus dieser Betrachtung heraus lässt sich die These formulieren, dass der Gastarbeiterdiskurs die Arbeitsbedingungen auf Baustellen in Katar und Russland bespricht.

Tabelle 3: Teilkorpus differenziert nach Jahren mit Keyness-Begriffen für den Gastarbeiterdiskurs

2008		2009		2010	
Begriffe	Keyness	Begriffe	K.	Begriffe	K.
Polen	221	Integration	133	Sarrazin	1402
Deutschland	134	Migranten	120	Deutschland	431
Euro	85	Integriert	80	Migranten	385
Wir	73	Mehrheitsgesell.	78	Integration	330
Politiker	72	Eltern	77	Fachkräfte	308
CDU	64	Spanien	77	Merkel	257
Hamburg	64	Krise	69	Migrationshinterg.	188
Kultur	39	Muslime	69	Zuwanderung	175
Islam	37	Generation	65	Buch	125
Muslime	32	Bildung	56	Islam	106

Religion	28	Gesellschaft	54	Gesellschaft	99
		Schule	51	Muslimischen	98
		Kinder	48	Muslime	90
				Zuwanderer	79
				Euro	77
				Probleme	72
				Integrationspolitik	71

2011		2012		2013	
Begriffe	K.	Begriffe	K.	Begriffe	K.
Libyen	2818	Familie	73	Katar	1357
Gaddafi	1738	Euro	56	FIFA	750
Tripolis	1311	Russland	*45*	WM	736
Rebellen	1233			Russland	301
Bengasi	527			Arbeitsbedingun-	301
Tunesien	470			gen	280
Zivilisten	319			Fußball	268
Nato	301			Moskau	218
Machthaber	203			Migranten	214
Integration	168			Baustellen	188
Regime	162			Nepalesische	143
Unruhen	148			Gastarbeiter	140
Humanität	134			Zwangsarbeiter	*136*
Demonstranten	122			*Todesfälle*	
Diktator	116				
Gastarbeiter	107				

2014	
Begriffe	K.
Katar	1119
Sotschi	519
FIFA	507
2022	388
WM	363
Russland	317
Baustellen	264
Sport	182
Olympischen	133
Arbeitsbedingungen	129

Eine weitere interessante Beobachtung, die sich auch der Betrachtung der Keyness-Werte ergibt, ist die relative Häufigkeit des Wortes *Integration* in den verschiedenen Jahren. Bis auf 2008 hat der Begriff, wenn auch in abgewandelter Form (Integrationspolitik) in jedem Teilkorpus einen hohen Keyness-Wert, im Jahr 2009 sogar den höchsten Wert im Teilkorpus. *Gastarbeiter* im Kontext der Integration ist somit im gesamten Zeitraum ein wichtiges Thema im Diskurs. Überrepräsentiert ist *Integration* im Jahr 2010 mit sogar dem höchsten Keyness-Wert im gesamten Zeitraum, als Thilo Sarrazin mit seinem Buch „Deutschland schafft sich ab" die Integrationsdebatten dominiert hat. In diesem Kontext der Integrationsdebatte muss in der weiteren sozialwissenschaftlichen Hermeneutik analysiert werden, inwiefern die Begriffe Islam und Muslime in Verbindung mit dem Begriff der Integration sowie mit den Gastarbeitern im Allgemeinen stehen. Eine weitere lose Assoziation, die mit der Betrachtung der Keyness-Werte von *Euro, Krise, Spanien, Fachkräfte* und *Generation* entsteht, ist die Migration von Südeuropäern nach Deutschland in Folge der Eurokrise. Auch hier muss die weitere Analyse zeigen, wie die *Gastarbeiter* in diesem Kontext thematisiert werden. Insgesamt lassen sich folgende Rückschlüsse auf die Strukturierung des Gastarbeiterdiskurses ziehen, die im weiteren Verlauf der Analyse überprüft werden müssen. Die *Gastarbeiter* werden erstens in dem Kontext einer Auslandsperspektive betrachtet, die in einem Zusammenhang mit der Ausrichtung der Fußball-WM in Katar, mit den Olympischen Spielen in Sotschi sowie mit den Unruhen in Libyen steht. Zweites ist Integration zentral für den Gastarbeiterdiskurs und drittens stehen die Gastarbeiter in einem Zusammenhang mit der Eurokrise in Spanien.

Als zweiten Analyseschritt, der ebenfalls auf die Berechnung von Keyness-Werten aufbaut, ist die Betrachtung der einzelnen Medien als ein Teilkorpus im Vergleich zum Gesamtkorpus über den gesamten Zeitraum. Tabelle 4 zeigt die Keyness-Werte der acht untersuchten Medien.

Tabelle 4: Die Medien als Teilkorpus differenziert nach Keyness-Begriffen im Vergleich zum Gesamtkorpus des Gastarbeiterdiskurses

Teilkorpus/ Gesamt	Schlüssel-wörter	Häufigkeit	Keyness
Bild	Deutschland	702	430.98
	Gastarbeiter	348	173,45
	Gelungene	38	122,62
	Integration	118	88,11
	Keine besonderen negativen Schlüsselwörter		
Tagesschau	Katar	89	265,56
	Ausland	61	101,90
	Integration	45	74,73
	Russland	38	69,68
	Keine besonderen negativen Schlüsselwörter		
Stern	Keine besonderen positiven Schlüsselwörter		
	Keine besonderen negativen Schlüsselwörter		
Spiegel	Bundesrepublik	2.524	130,54
	Deutschland	5.470	- 364,56
	Gastarbeiter	3.341	- 91,43
	Sprache	528	- 47,17
Focus	Katar	687	1.280,86
	WM	372	746,34
	Sport	412	722,46
	Fußball	259	684,14
	WM-Special	91	270,26
	Arbeitsbedigungen	120	172,91
	Keine besonderen negativen Schlüsselwörter		
taz	Migranten	360	317,86
	Rassismus	126	197,25

	Menschen	760	185,56
	Migrationshintergrund	138	146,20
	Islam	192	136,42
	Migration	107	123,26
	Religion	122	106,38
	Muslime	150	105,71
	Problem	185	75,61
	Nazis	64	71,37
	Diskriminierung	44	44,80
	WM	47	- 320
	Katar	63	- 184, 98
	FIFA	35	- 114,30
	Bundesrepublik	53	- 149,59
	Millionen	151	- 131,85
	Unternehmen	56	- 61, 27
Welt	Katar	235	664,04
	2022	80	227,67
	USA	142	222,80
	Zuwanderer	70	179,63
	WM	78	179,63
	Amnesty	37	115,88
	FIFA	57	108,70
	Gastarbeiter	189	85,43
	Keine besonderen negativen Schlüsselwörter		
FAZ	Qatar	349	610,77
	Deutschland	2017	174,80
	Gesellschaft	554	147,43
	Benghasi	83	145,89
	Hizbullah	70	127,32
	Fatma	83	121,21
	Russland	334	114,65
	Singapur	110	114,53
	ZDF	9	- 213,80
	ARD	6	- 203,99

Bei der Betrachtung der Teilkorpora im Vergleich zum Gesamtkorpus zeigt sich, welche Medien welche Begriffe in welchem Zeitraum besprechen. So hat beispielsweise der Focus im Jahr 2013 den höchsten Anstieg von Publikation zum

Thema *Gastarbeiter*. Außerdem ist in dem Jahr 2013 das Thema *Katar* für den Gastarbeiterdiskurs zentral. Bei der Besprechung der Keyness-Werte für den Teilkorpus Fokus hat sich gezeigt, dass der Focus in dem Gastarbeiterdiskurs relativ häufig über *Gastarbeiter* in Verbindung mit *Katar*, der *WM*, den *Baustellen* und *Fußball* spricht. Dies könnte die thematische Relevanzsetzung vom Focus in der Berichterstattung erklären. Ist es also das Ziel, den Gastarbeiterdiskurs im Hinblick auf die Auslandsperspektive zu beschreiben, so sind insbesondere die Analysen der Teilkorpora von Focus aber auch der Welt, der FAZ und der Tagesschau hilfreich. Im Gegensatz dazu thematisiert die taz die *Gastarbeiter* aus dieser Auslandsperspektiv relativ selten. Hier sind Begriffe wie beispielsweise *Migranten*, *Rassismus*, *Migrationshintergrund*, *Islam*, *Religion* deutlich überrepräsentiert. Ist in der rein quantitativen Betrachtung der Artikelanzahl noch unerwartet gewesen, dass die taz relativ wenig über die *Gastarbeiter* berichtet, so kann die inhaltliche Betrachtung die Erwartung bestätigen, dass diese aufgrund ihres linksalternativen Milieus mehr über migrations- und einwanderungsspezifische Fragen berichtet, im Speziellen über Rassismus und Diskriminierung von Migranten und Migrantinnen. Die FAZ besitzt mit ca. 30 % der 2758 Artikel einen relativ großen Anteil am Gesamtsample und die Betrachtung der Keyness-Werte des FAZ-Korpus erlauben wenige Rückschlüsse auf spezielle inhaltliche Thematisierung des Gastarbeiterdiskurses. Bis auf die unterschiedliche Schreibweise von Katar ist zu vermuten, dass die FAZ ausgeglichen zu allen Themen im Gastarbeiterdiskurs berichtet. Ähnlich dazu lässt sich der Teilkorpus von Stern und Spiegel einschätzen. Auffällig beim Stern-Korpus ist, dass der Begriff *Gastarbeiter* relativ selten im Vergleich zum Gesamt- und insbesondere im Vergleich zum Bild-Korpus genannt wird.

Im letzten Analyseschritt der Lexikometrie soll genau geklärt werden, in welchem Kontext die Schlüsselwörter genannt worden sind, um spezielle Ereignisse bzw. Strukturen zu identifizieren, die für das qualitative Sampling nützlich sein könnten. Dazu werden die Konkordanzen der Schlüsselwörter ermittelt. Beispielsweise wäre es interessant zu erfahren, warum der Begriff *Gastarbeiter* einen erhöhten Keyness-Wert im Bild-Korpus hat. Die nachfolgende Abbildung 9 zeigt eine Wordcloud für die Konkordanz des Begriffs *Gastarbeiter* im Teilkorpus der Bild. Die Konkordanz ist in der Wordcloud nach Begriffen geclustert, die zu zeigen helfen, welche Begriffe systematisch im Zusammenhang mit *Gastarbeiter* stehen. Je größer die Begriffe desto wichtiger ist der Zusammenhang. Offensichtlich ist, dass *Gastarbeiter* mit der HTML-Beschreibung der Texte zusammenhängt, die allerdings auf die Abspeicherung der Bild-Dateien zurückzuführen ist. Lässt man diesen Aspekt außen vor, so ist in der Wordcloud allerdings zu erkennen, dass 50 Jahre *Gastarbeiter* im Jahr 2011 ein spezielles Ereignis für die mediale Berichterstattung der Bild gewesen ist.

Abbildung 9: Wordcloud für den Begriff Gastarbeiter im Bild-Korpus

In der Tat jährte sich 2011 das Abkommen zur Anwerbung von Gastarbeitern mit der Türkei zum 50. Mal. Um also mehr in Erfahrung zu bringen, wie über die *Gastarbeiter* berichtet wird, ist die mediale Berichterstattung über das Gastarbeiterabkommen in der Bild zentral.

Im Zusammenhang mit der Erwähnung von Gastarbeitern scheint die Nennung von Ländern in verschiedenen Medien von Bedeutung zu sein. Offen ist allerdings, ob diese Nennung entweder zur Beschreibung der Herkunft von Gastarbeiter oder zur Beschreibung der Situation der Gastarbeiter in diesen Ländern benutzt worden ist. Beispielsweise hat sich der Focus in seiner Berichterstattung stärker auf den Sport konzentriert, was die Vermutung zugelassen hat, dass dies auf die Thematisierung der Arbeitsbedingungen der *Gastarbeiter* auf den WM-

Baustellen in Katar zurückzuführen ist. Die Konkordanzanalyse des Begriffs *Katar* kann dazu mehr Klarheit bringen. Abbildung 10 zeigt das Wordcloud-Cluster für den Begriff *Katar* im Focus-Korpus.

Abbildung 10: Wordcloud für den Begriff Katar im Focus-Korpus

Es ist deutlich zu erkennen, dass die Arbeitsbedingungen der *Gastarbeiter* in Katar zur WM 2022 thematisiert werden. Auch hier ist diese Information nützlich für das Sampling in der qualitativen Untersuchung.

Neben der Recherche nach Ereignissen, die das qualitative Sampling instruieren können, spielt auch die Suche nach normativ bewertenden Strukturen der *Gastarbeiter* eine Rolle. In diesem Schritt wurden die Konkordanzen des Wortes *Gastarbeiter* mit einem speziellen Fokus auf die Eigenschaften und Adjektive erstellt, die dem Wort zugeschrieben werden. In Abbildung 11 ist die Wordcloud der Konkordanz von *Gastarbeiter* dargestellt, die sich auf die zwei Wörter links neben dem Begriff *Gastarbeiter* konzentriert.

Abbildung 11: Wordcloud für den Begriff Gastarbeiter im Gesamtkorpus

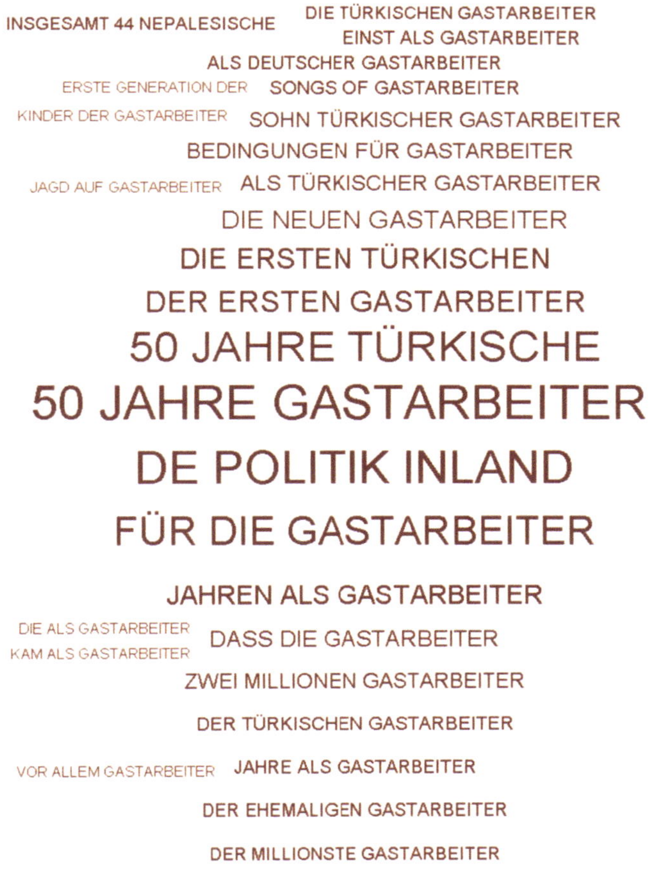

INSGESAMT 44 NEPALESISCHE
DIE TÜRKISCHEN GASTARBEITER
EINST ALS GASTARBEITER
ALS DEUTSCHER GASTARBEITER
ERSTE GENERATION DER
SONGS OF GASTARBEITER
KINDER DER GASTARBEITER
SOHN TÜRKISCHER GASTARBEITER
BEDINGUNGEN FÜR GASTARBEITER
JAGD AUF GASTARBEITER
ALS TÜRKISCHER GASTARBEITER
DIE NEUEN GASTARBEITER
DIE ERSTEN TÜRKISCHEN
DER ERSTEN GASTARBEITER
50 JAHRE TÜRKISCHE
50 JAHRE GASTARBEITER
DE POLITIK INLAND
FÜR DIE GASTARBEITER
JAHREN ALS GASTARBEITER
DIE ALS GASTARBEITER
KAM ALS GASTARBEITER
DASS DIE GASTARBEITER
ZWEI MILLIONEN GASTARBEITER
DER TÜRKISCHEN GASTARBEITER
VOR ALLEM GASTARBEITER
JAHRE ALS GASTARBEITER
DER EHEMALIGEN GASTARBEITER
DER MILLIONSTE GASTARBEITER

Es fällt auf, dass die *Gastarbeiter* sehr stark mit der türkischen Nationalität in Verbindung gebracht werden. *Türkische Gastarbeiter* sind weitaus häufiger überrepräsentiert als die anderen Nationalitäten. In der Wordcloud befindet sich auch der Begriff der *neuen Gastarbeiter*, der 20-mal in dieser Wortkombination genannt wird. Insgesamt taucht der Begriff der *neuen Gastarbeiter* in den Wortvariationen neu* Gastarbeiter 31-mal im Gesamtkorpus auf. Die Konkordanzen sind aufgrund der geringen Häufigkeit nicht in einer Wordcloud dargestellt. Erwartungsgemäß werden die *neuen Gastarbeiter* in einem Wirtschaftskontext besprochen. Deutlich wird zum Beispiel, dass deutsche Firmen die *Gastarbeiter* anwerben müssen. Die genannten Artikel werden in der weiteren qualitativen Analyse als Ausgangspunkt für das weitere Sampling genutzt. Die *neuen Gast-*

arbeiter werden als ein Symbol für die erwünschten Zuwanderer betrachtet. Die genauen sozialen Bedingungen der Thematisierung der *neuen Gastarbeiter* müssen allerdings in dem Verständnis der Storyline und der Phänomenstruktur analysiert werden.

Inhaltliche Bestimmung des Gastarbeiterdiskurses

Zur inhaltlichen Bestimmung des Gastarbeiterdiskurses ist die Analyse des typischen Sprachgebrauchs hinsichtlich erwünschter Immigranten und Immigrantinnen von Bedeutung. Der Diskurs wird aus Texten generiert. Interessant ist in der nachfolgenden Darstellung jedoch nicht der einzelne Text, sondern die Wiederholung von gleichgerichteten diskursiven Aussagen zu einem bestimmten Phänomen im Diskurs. Dem diskursiven Sprechen kann durch Kritik widersprochen werden, die bestenfalls eine beobachtbare Rechtfertigung nach sich zieht. Diese Perspektive auf den konfliktuellen Charakter über das Wissen zur Migration ist zentraler Gegenstand dieser empirischen Arbeit. Im Folgenden werden die typischen Wiederholungen von diskursiven Aussagen und die typischen abweichenden An- und Ausschlüsse durch die Storyline und die Phänomenstruktur zusammengefasst.

Die Storyline der Gastarbeiter

Das Thema „Gastarbeiter" ist medial eng an drei inhaltliche Diskursstränge gekoppelt: a) dem wirtschaftlichen Diskurs über den Fachkräftemangel, b) dem Diskurs über ihre Integration der in Deutschland und c) dem Diskurs über Arbeitsbedingungen der Gastarbeiter und Gastarbeiterinnen im Ausland. Nachfolgend werden diese Grunderzählungen anhand bedeutsamer medialer Ereignisse differenzierter dargestellt.

a) Gastarbeiter im Kontext der Fachkräftemangels

Die gemeinsame Grunderzählung, also der rote Faden des wirtschaftlichen Diskursstranges, ist in seiner Problemdefinition homogen und unumstritten. Es gilt die Annahme, dass die deutsche Volkswirtschaft abhängig von einer gesteuerten Zuwanderung ist. Die Themen Wirtschaft und Zuwanderung werden kausal mittels des knapper werden Arbeitsangebots durch den demografischen Wandel und dem Fachkräftemangel verbunden. Der negative Zusammenhang zwischen Bevölkerung und Fachkräften gilt als unhinterfragt, so dass bei sinkender Bevölkerung mit einem größeren Fachkräftebedarf zu kalkulieren ist. Um also das zukünftige Wachstum der Volkswirtschaft nicht zu gefährden, braucht Deutschland eine gesteuerte Zuwanderung, die nach erwünschten und unerwünschten Immigranten und Immigrantinnen unterscheidet. Die Steuerung der Zuwanderung ist eine politische Aufgabe, von der erwartet wird, aus den Fehlern der bisherigen Zuwanderung zu lernen. Die Interpretation der Zuwanderungsgeschichte ist kontrovers. Zum einen resultiert sie aus der Wahrnehmung einer gescheiterten Rotationspolitik, durch die Deutschland überhaupt erst zu einem Immigrationsland geworden ist. Zum anderen werden die Erfahrungen mit den türkischen Gastarbeiter und Gastarbeiterinnen problematisiert. Die Beschreibung der gewünschten Immigranten und Immigrantinnen konstruiert sich, wie bereits der Begriff der „neuen Gastarbeiter" nahelegt, über die Differenzbildung zu den ersten Gastarbeiter und Gastarbeiterinnen. Die erwünschten Zuwanderer werden erstens über die Wirtschaftsnachfrage und zweitens durch die negativen Erfahrungen mit den alten Gastarbeiter und Gastarbeiterinnen definiert. So wird erfolgreiche Integration der ersten Gastarbeiter und Gastarbeiterinnen und ihrer Nachkommen im öffentlichen Diskurs durch einen sozialen Aufstieg mittels Bildungserfolg und Unternehmertum symbolisiert. Mit anderen Worten: Ein sozialer Aufstieg als Integrationsanforderung. Im Hinblick darauf besteht die Erwartung, dass die „neuen Gastarbeiter" sich durch ihre bereits vorhandene Qualifikationen und Kompetenzen wirtschaftlich und sozial besser integrieren. Im Folgenden wird diese Storyline differenzierter betrachtet.

Der Fachkräftemangel und ein neues Gastarbeitersystem

Im Zuge der EU-Ratspräsidentschaft von Frankreich (01.07.-31.12.2008) hat EU-Ratspräsident Nicolas Sarkozy den Innenministern der 27 EU-Staaten einen „Pakt zur Einwanderung und Asyl" in Cannes vorgestellt. Kernthemen des Paktes sind der unter anderem der Verzicht auf massive Legalisierungsoperationen für illegale Einwanderer sowie Vorschläge zur Einigung auf eine gemeinsame Abschiebeprozedur für unerwünschte und illegale Zuwanderung. Außerdem werden Integrationsmaßnahmen für erwünschte und legal nach Europa einreisende Immigranten und Immigrantinnen definiert. Nach dem gescheiterten irischen Referendum (über den EU-Reformvertrag von Lissabon) will Nicola Sarkozy mit der Kampagne „ein Europa, das schützt", die Ängste der Bürger und Bürgerinnen vor dem sozialen Abstieg ernst nehmen und sich um ihre „Alltagssorgen" kümmern. Dazu zählt die Steuerung der Migration durch die Einführung eines neuen Gastarbeitersystems.

Wer in der EU als Immigrant/Immigrantin willkommen und erwünscht ist, wird in dem Pakt eindeutig angesprochen. Die Zuwanderung in die EU soll nach ökonomischen Nützlichkeitskriterien organisiert werden. Dementsprechend sollen qualifizierte Immigranten und Immigrantinnen bessere Chancen bekommen, in der EU Arbeit zu finden.

„Die Einwanderung soll sich künftig nach den Bedürfnissen des Arbeitsmarkts und der ‚Aufnahmefähigkeit' der Sozialsysteme richten. Ziel ist eine ‚zirkuläre Migration', bei der Einwanderer nach einigen Jahren in ihre Heimatländer zurückkehren." (Focus 07.07.2008)

Die Mitgliederländer sollten selbst bestimmen dürfen, nach welcher Regelung sie eine Öffnung des Arbeitsmarktes für qualifizierte Immigranten und Immigrantinnen treffen. Kritisch kommentiert wird dieser Vorstoß durch Pro Asyl, die der europäischen Politik eine Rückkehr zum Gastarbeiterprinzip vorwirft. Der pejorative Charakter der Bezeichnung „Rückkehr zum Gastarbeiterprinzip" ist offensichtlich aber eine spezifischere Problematisierung des Gastarbeiterprinzips und wird in den Medien nicht weiter ausgeführt. Es bleibt jedoch eine wirkungsvolle Metapher für rückschrittige politische Entwicklungen auf dem Gebiet der Migration.

In Deutschland wird die Öffnung des Arbeitsmarktes für die ausländische Arbeitskraft im Kontext des Fachkräftemangels besprochen. In Bezug auf den Fachkräftemangel hat das Thema „Gastarbeiter" unterschiedliche Bedeutungswandel vollzogen. Im Untersuchungszeitraum von 2008 bis 2009 war dieser zuerst an die Anwerbung von hochqualifizierten Ausländern nach Deutschland gekoppelt. Im Jahr 2008 gab es mehrere Berichte, die die Initiative der Bundesregierung thematisierten, welche ausländischen Akademikern den Zugang zum deutschen Arbeitsmarkt erleichtern sollte, um den zunehmenden Fachkräftemangel in der Wirtschaft zu lindern. Die Medien berichteten über den Vorrang für hochqualifizierte Akademiker, die dann ein dauerhaftes Aufenthaltsrecht bekommen, wenn sie die Mindestverdienstgrenze von 63.600 Euro erreichen. Anlass zur Kontroverse bot die Frage, inwiefern diese auf 40.000 Euro zu senken ist, um die Zuwanderung von qualifizierten Fachkräften zu erleichtern. Zudem sollte für die Qualifizierten die Vorrangsprüfung entfallen und auch für Akademiker aus Drittstaaten der Arbeitsmarkt geöffnet werden. Allerdings bleibt bei ihnen die Vorrangsprüfung bestehen. Konsens herrschte in der Überzeugung, dass es keinen Bedarf bei der Zuwanderung von nichtakademischen Berufen gebe. Der Fachkräftemangel in diesem Bereich könne durch mehr Ausbildung rasch behoben werden.

Im Zeitraum von 2010 bis 2011 stehen die Gastarbeiter und Gastarbeiterinnen weiterhin im Kontext eines Fachkräftemangels. Allerdings hat sich nun die Rechtfertigung für die Anwerbung von (hoch-)qualifizierten Ausländern mit der sogenannten „Schuldenkrise" in Südeuropa verbunden. Das „deutsche Jobwunder" in der Krise (Bild 23.06.2011) wird zu einem Problem für die Unternehmen, die einem geringen Arbeitskraftangebot gegenüberstehen. Anfang des Jahres 2010 gewinnt das Thema in den Medien zunehmend an Bedeutung, als Kanzlerin Angela Merkel nach Spanien reist und die Anwerbung von Auszubildenden aus Spanien und Portugal anspricht. Dies markiert den Start für die Anwerbeaktionen in den südeuropäischen Ländern. Begründet wird dieses Vorgehen mit dem Mangel an Auszubildenden, die besonders durch die demografische Entwicklung noch zunehmen wird. Die Aktion wird als ein Stück „gelebte europäische Solidarität" dargestellt, in der man zwei Fliegen mit einer Klappe schlägt: Die Menschen in Südeuropa haben eine Zukunftsperspektive und Deutschland löst sein Fachkräftemangel-Problem. Zudem wird erwartet, dass das spanische Interesse an Jobs im Ausland, unter anderem in Deutschland, weiterhin deutlich zunehmen wird, denn aufgrund der Wirtschaftskrise in Spanien ist die Jugendarbeitslosenquote auf 43 % gestiegen. Die volle Freizügigkeit für Erwerbstätige in der EU (auch für nicht akademische Berufe) führt hier zu keiner Problematisierung der Zuwanderung, im Gegenteil: „Es ist besser, die Arbeitskräfte aus Europa zu holen, als erneut das Zuwanderungsgesetz für Migranten aus anderen Weltregionen zu ändern", so CSU-Sozialpolitiker Max Straubinger (Welt 22.01.2011).

Die mediale Relevanzsetzung des Zusammenhangs von Migration und Fachkräftemangel wird vor dem Hintergrund der Forderungen der deutschen Industrie diskutiert. Diese hat sich aus der Finanzkrise befreit und sucht nun dringend Arbeitskräfte. Die FAZ berichtet, dass diese, kaum aus der Krise heraus, schon den Fachkräftemangel beklagt. Kritisiert wird von den Vertretern der Industrie, dass grundlegend ein großes, bundesweites Programm fehlt, um – wie einst in den 1960er Jahren – Gastarbeiter und Gastarbeiterinnen nach Deutschland zu locken. In dem Kontext der Forderung zur Anwerbung von Arbeitskräften ist das Gastarbeitersystem positiv konnotiert, welches hier eine geregelte und gesteuerte Zuwanderung suggeriert.

Im Hinblick darauf ist die Forderung des damaligen Bundeswirtschaftsministers Rainer Brüderle besonders prägnant. Mit dem Slogan „I want you for Gastarbeiter" (Bild 30.07.2010) wirbt Brüderle für die Anwerbung mittels Begrüßungsgeld bzw. Lockprämie. Es besteht ein Konsens in den Medien, dass der Fachkräftemangel zum Schlüsselproblem für den Arbeitsmarkt wird, jedoch ist seine Bekämpfung kontrovers.

Das Argumentationsmuster pro Anwerbung wird mit dem wirtschaftlichen Nutzen der Anwerbung von qualifizierten Fachkräften gerechtfertigt. Erst der Import des migrantischen Arbeitsangebots kann den Fachkräftemangel lindern. Dem wird das Contra-Argumentationsmuster „Mehr Ausbildung statt mehr Einwanderung" von CDU/CSU, Verdi und der Bundesagentur für Arbeit gegenübergestellt. Die Argumentation zielt darauf ab, zunächst das eigene Arbeitskräftepotenzial auszuschöpfen und dann erst im zweiten Schritt Gastarbeiter und Gastarbeiterinnen anzuwerben:

„Fachkräfte müssten vorrangig ‚aus der Vielzahl von arbeitsfähigen, aber leider langzeitarbeitslosen Menschen in Deutschland' rekrutiert werden, sagte Merkel. Auch angesichts der Arbeitnehmerfreizügigkeit in der EU ‚wird sich eine Lage, wie wir sie zum Beispiel Anfang der 60er Jahre hatten, als wir einen Arbeitskräftemangel hatten, wo auch sehr viele türkische Gastarbeiter [...] gekommen sind, nicht wiederholen'." (Focus 11.10.2010)

Die Bild schließt sich dieser Forderung in mehreren Kommentaren an: „Deutschland braucht keine Brüderle-Initiative zur Anwerbung von Schlauköpfen aus dem Ausland. Deutschland braucht eine schlaue Politik, die unsere Jugend fit für die Zukunft macht." (Bild 31.07.2010)

Auch in dieser Pro/Contra-Debatte der Anwerbung von Fachkräften dient die ehemalige Gastarbeiterpolitik als Vergleichsfolie zur Bewertung der aktuellen Politik. Dabei ist die Verwendung des Narrativs der Gastarbeiterpolitik ambivalent. Arbeitsgeber und Akteure die sich für eine Einwanderung aussprechen, beziehen sich auf die Zeitspanne der 1950er bis Anfang der 1960er Jahre, in der die Gastarbeiterpolitik als Beispiel für eine gut geregelte Zuwanderung wahrgenommen wurde. Akteure, die hingegen das Bildungsargument der eigenen Bevölkerung hervorbringen, befürchten die nach den 1960er Jahren wahrgenommenen negativen Folgen der Gastarbeiterpolitik. Problematisiert werden hier in erster Linie die „Integrationsprobleme" mit den türkischen Gastarbeitern. Vereinzelt treten Äußerungen im Diskurs auf, die die wirtschaftlichen Argumente mit dem Ausbildungsargument verbinden, jedoch bleiben diesen marginal und sind in der Debatte nicht anschlussfähig.

„Doch die Vorstellung, dass eine gesteuerte Öffnung der Grenzen für ausländische Arbeitskräfte die Einheimischen automatisch benachteiligt, ist ein Trugschluss. Studien des IAB zeigen, ‚dass durch Zuwanderung die Arbeitslosigkeit nicht steigt und sie bei qualifizierter Zuwanderung sogar sinkt', sagt Experte Brücker." (Spiegel 09.08.2010)

Im Zuge der Debatte wird eine moderne Zuwanderungspolitik eingefordert, so kommentiert Heribert Brücker vom Institut für Arbeitsmarkt- und Berufsforschung (IAB): „Deutschland hat im Vergleich zu anderen OECD-Staaten deutlich mehr schlecht qualifizierte Einwanderer. Wir schaffen es nicht, wie Kanada, USA, Neuseeland oder Australien, die Einwanderung gezielt zu steuern." (Spiegel 09.08.2010) Was Deutschland braucht ist laut Klaus F. Zimmermann, 2000 bis 2011 Präsident des Deutschen Instituts für Wirtschaftsforschung e.V. (DIW), eine Art „Agenda für Zuwanderung“ (ebd.), die nach einem Modell des Sachverständigenrates deutscher Stiftung für Integration und Migration wie folgt aussehen soll: „ein Punktesystem für Qualifikationen ausländischer Interessenten, eine Engpass-Diagnose und eine sogenannte Akutsteuerung in besonders vom Mangel betroffenen Berufsfeldern“ (ebd.). Und Klaus Bade kommentiert im Spiegel: „Das ist der einzige Weg aus der Pannensituation, die wir haben.“ (Spiegel 09.08.2011) Doch auch diese Argumente sind in der Pro/Contra-Debatte nicht anschlussfähig und werden von den jeweiligen politischen Akteuren nicht aufgegriffen.

Der Fachkräftemangel wird im Jahr 2011 weiter vor dem Hintergrund des Abbaus bürokratischer Hürden für ausländische Fachkräfte diskutiert. „Der Fachkräftemangel droht sonst zum Konjunkturrisiko zu werden.“ (Focus 21.06.2011) Zudem gewinnt das Thema im Zusammenhang mit dem Thema Migration an medialer Relevanz, als die EU-Osterweiterung mit der Öffnung des Arbeitsmarktes ansteht, die allerdings zu diesem Zeitpunkt noch nicht unter dem Thema „Armutszuwanderung“ strittig debattiert wird. Dies ist insofern für die Pro/Contra-Debatte interessant, als dass CSU-Chef Horst Seehofer mit dem Argument der EU-Freizügigkeit eine politische Regelung der Anwerbung von Gastarbeiter und Gastarbeiterinnen für nicht nötig hält. Es kommt zu keiner Problematisierung der EU-Osterweiterung im Hinblick auf die Arbeitsmarktmigration. Im Gegenteil: In den Medien wird verblüfft festgestellt, dass die osteuropäischen Fachkräfte einen Bogen um den deutschen Arbeitsmarkt machen:

> „Deutscher Arbeitsmarkt: Gastarbeiter dringend gesucht. Am 1. Mai ist es so weit. Polen, Tschechen und andere Osteuropäer dürfen frei in Deutschland arbeiten. Doch einen Ansturm erwartet keiner. Im Gegenteil: Deutsche Firmen müssen die neuen Gastarbeiter heftig umwerben.“ (FAZ 17.04.2011)

Der wichtigste Grund dafür für den nicht erwarteten Ansturm ist die Erkenntnis, dass viele Ärzte und Ärztinnen, Pfleger und Pflegerinnen, Ingenieure und Ingenieurinnen sowie Handwerker und Handwerkerinnen ihre Heimat schon längst verlassen haben – und zwar nach Großbritannien, Irland und Schweden. Diese Staaten haben ihre Grenzen für Arbeitskräfte schon 2004 geöffnet. In diesem Kontext wird erneut von den Vorzügen eines großen und bundesweiten Programms zur Anwerbung von Gastarbeitern wie in den 1960er Jahren berichtet. Die Bekämpfung des Fachkräftemangels durch eine gesteuerte Migrationspolitik, wie es sie angeblich zu Zeiten der Gastarbeiterpolitik gegeben hat, gewinnt dann eine positive Konnotation, wenn sie im Vergleich zur kleinteiligen Anwerbearbeit von einzelnen Firmen gesehen wird. Die Gastarbeiterpolitik in den 1960er Jahren wird als zielführend zur aktuellen Steuerung von Migration beschrieben, weil sich hier die Selektion der Immigranten und Immigrantinnen strikt an Qualifikationskriterien und Arbeitsmarktrichtlinien orientierte.

Im Wesentlichen schreibt sich die Debatte um den Fachkräftemangel in den Jahren 2012 bis 2014 mit den Pro/Contra-Argumentationsmustern der Anwerbung von ausländischen Fachkräften ähnlich gelagert fort. Neu ist allerdings ein Argument, dass nicht die formale Regelung der Zuwanderung thematisiert, sondern auf einen kulturellen Wandel innerhalb der deutschen Gesellschaft abhebt. Die Förderung einer Willkommenskultur für qualifizierte Fachkräfte – als eine Reaktion auf den Fachkräftemangel – wird sowohl von den Contra- also auch von Pro-Akteuren befürwortet. Das Informationsportal „Make it in Germany", gestartet vom Wirtschafts- und Arbeitsministerium sowie der Bundesagentur für Arbeit ist eine zentrale Anlaufstelle für ausländische Arbeitsmigranten und -migrantinnen und soll „ein Ausdruck von Willkommenskultur" sein (Spiegel 03.07.2013). Das Internetportal wird in den Medien vor allem als Instrument angesehen, um die Sprachbarriere für viele ausländische Fachkräfte aus dem Weg zu räumen und dies mit zunehmenden medial registriertem Erfolg. 2011 kamen knapp zwei Drittel der Immigranten und Immigrantinnen, die nach Deutschland einreisten, aus der EU. Getrieben von den Auswirkungen der Schuldenkrise und der hohen Arbeitslosigkeit in den Krisenländern, stieg die Zahl der Einwanderer aus Spanien, Portugal und Griechenland sprunghaft an. Diese Einwanderung wird medienübergreifend positiv wahrgenommen: „Arbeitskräfte aus dem Süden: Gut, dass wir die Spanier haben." (FAZ 18.11.2012) Im folgenden Abschnitt wird die Wahrnehmung dieser Immigration differenzierter erörtert.

Die verlorene Generation kommt ins gelobte Paradies

Parallel zu dem wichtigen medialem Ereignis „50 Jahre Gastarbeiterabkommen mit der Türkei" im Jahre 2011 geraten die südeuropäischen Fachkräfte als „die neuen Gastarbeiter" (Welt 30.10.2011) zunehmend in den Fokus der medialen Berichterstattung. Im Vordergrund steht zunächst die Darstellung der Gründe für die Migration nach Deutschland: Mit der Krise haben junge und ausgebildete Menschen ihren Arbeitsplatz verloren und es besteht keine aussichtsreiche Perspektive, dass sie diesen auf absehbare Zeit wiedererlangen. Sätze wie „Leicht ist es nicht, aber alles ist besser als in Griechenland" oder „Weg aus Rom, weg aus dem Dauer-Chaos" (ebd.) verdeutlichen die Perspektivlosigkeit der Menschen in den „Krisenländern". Oftmals kommen einzelne Personen in den Artikeln zu Wort und reflektieren über die Gründe Migration:

„‚Wir waren genauso sorglos wie die Menschen hier, haben unser Leben genossen – aber dann sind die Löhne ausgeblieben und die Preise explodiert.' Seitdem hält die Krise Griechenland eisern im Griff – und treibt junge Griechen wie Kalliopi in Scharen ins Ausland

[...] ‚Jeder, der eine Ausbildung hat, verlässt Griechenland', sagt Kalliopi. Und nicht nur Griechenland: In dem mexikanischen Lokal, in dem sie in Berlin jetzt kellnert, arbeiten überwiegend Italiener und Spanier – und jeden Tag schauen weitere Südeuropäer herein und fragen, ob eine Stelle frei ist, erzählt sie." (taz 04.10.2012)

Die Perspektivlosigkeit der arbeitslosen Jugend in den südeuropäischen Krisenländern wird eingebettet in die Beschreibung Deutschlands, welches der europäischen Jugend eine vielversprechende Zukunft bieten kann. Deutschland wird in den Porträts als „ein tolles Land mit viel Lebensqualität" dargestellt (Welt 30.10.2011). Diese Gegenüberstellung der Krisenländer Griechenland, Spanien und Italien mit Deutschland ist fortan ein zentrales Merkmal des Diskurses über die „neuen Gastarbeiter" und wird sich in den darauffolgenden Jahren im Diskurs permanent fortschreiben, wie beispielsweise in den Artikeln „Im gelobten Land" (FAZ 12.08.2012) und „Der deutsche Traum" (Spiegel 25.02.2013). Bei der Beschreibung von Deutschland werden nicht nur die ökonomischen Vorteile von gut bezahlten und sicheren Jobs hervorgehoben, sondern insbesondere die deutsche Willkommenskultur für die Fachkräfte. Zu Beginn der Diskussion um die deutsche Willkommenskultur im Jahr 2010 ist der Blick auf selbige noch defizitär. Bisher waren ausländische Fachkräfte in Deutschland „beschränkt willkommen", wie der Spiegel in einem Leitartikel feststellt:

„Ulrich Dietz, Chef der Firma GFT Technologies AG, die IT-Spezialisten aus der ganzen Welt in die ganze Welt vermittelt, erklärt: ‚Überall – in China, Indien, in Brasilien – sitzen hochmotivierte, begabte Jungingenieure, die wir dazu bringen müssen, nach Deutschland gehen zu wollen.' Doch Dietz weiß auch: ‚Die deutsche Gesellschaft muss sich mehr öffnen. Leider werden zum Beispiel Inder immer noch nicht voll akzeptiert.' Junge Ingenieure gingen oftmals lieber in die USA, die kulturell offener seien." (Spiegel 09.08.2010)

Diese Defizitperspektive der mangelnden Willkommenskultur in der deutschen Gesellschaft, die in eine „echte Willkommenskultur" transformiert werden muss, verblasst im Kontext der Anwerbung der „neuen Gastarbeiter" aus Südeuropa. Die Beschreibung der Willkommenskultur dient dann der Konstruktion einer positiven nationalen Identität:

„Deutschland hat bei jungen Europäern heute einen exzellenten Ruf. Eine Karriere in der Bundesrepublik verspricht nicht nur gutes Geld. Man kann sich bei uns offenbar richtig wohl fühlen, das Land macht mit seinen Schulen, Universitäten, seinen Theatern, Sportfesten und Konzerten einen ausgesprochen einladenden Eindruck. Nicht zu vergessen die – vergleichsweise – niedrige Kriminalität oder der – vergleichsweise – reibungslose Ablauf im öffentlichen Nahverkehr. Selbst im Mülltrennungssystem – was für ein Wort – erkennen Einwanderer noch den deutschen Sinn für Sauberkeit und Ordnung." (Welt 29. 10.2011)

Zum einen enthält diese Imagination der nationalen Identität eine Rationalisierung der Gründe für die zunehmende Ankunft qualifizierter Fachkräfte in Deutschland. Das Sense-Making der Attraktivität Deutschlands basiert auf der momentanen Situation der südeuropäischen Krisenländer und variiert im Diskurs je nach konkretem „Krisen-Anlass" (siehe Müllkrise in Süditalien). Typisch bei der Anwerbung der „neuen Gastarbeiter" durch die Willkommenskultur ist die Konstruktion einer Überlegenheit der deutschen Identität bezüglich des Umgangs mit der ökonomischen Krise: „Kommt! Verdient hier gutes Geld! Und schreibt nach Hause: „Bitte keinen Zoff mehr mit den Deutschen! Sie machen vor, wie wir uns selber helfen können: mit Fleiß! Mit Sparsamkeit! Und mit Erfindungsreichtum!" (Bild 14.04.2012)

Zum anderen wird die Willkommenskultur für die neuen Migranten und Migrantinnen aus Europa zum Anlass genommen, um Deutschland de facto als ein Einwanderungsland beschreiben zu können:

„Kurzum: Deutschlands Ruf ist im Ausland offenbar weit besser als in der Berliner Nörgelrepublik. Wir Deutsche wären gut beraten, diesen erfreulichen Trend nicht gleich wieder in Grund und Boden zu quatschen. Zu wenig, zu spät, wer weiß – geschenkt. Es liegt in unserem Interesse, die neuen Migranten, die vor allem von Europa nach Europa auswandern, freundlich und Schulter klopfend in Empfang zu nehmen. Als Einwanderungsland konkurrieren wir weltweit um die besten Köpfe." (Welt 29.10.2011)

Diese Konstruktion einer „Willkommens- statt ‚Gnadenerlasskultur'" (Welt 30.10.2011) richtet sich selbstredend gegen die Vorstellung, dass Deutschland kein Einwanderungsland ist. Allerdings ist die Thematisierung der Frage, ob Deutschland ein Einwanderungsland ist oder, nicht marginal im Diskurs. Viel dominanter ist die Betonung der instrumentellen Bedeutung der Willkommenskultur. Mit anderen Worten: Ohne Willkommenskultur keine Fachkräfte und ohne Fachkräfte kein wirtschaftlich konkurrenzfähiger Nationalstaat.

In den Medien wird das Interesse der „neuen Gastarbeiter" an dem „erfolgreichen" und „krisenfesten" Deutschland über die gestiegene Teilnehmeranzahl in deutschen Sprachkursen gemessen: „Büffeln gegen das Chaos – Global Village: Junge Athener bereiten sich auf Jobs in Deutschland vor" (Spiegel 05.12.2011) oder „WEGEN EUROKRISE – Italiener büffeln plötzlich wieder Deutsch [...]" (Bild 03.11.2012, Hervorhebung im Original). Gerade weil es wegen der europäischen Freizügigkeit für Arbeitnehmer keine verlässlichen Zahlen für die Einwanderung nach Deutschland gibt, wird die Immigration der Fachkräfte als erstes über die Einschreibungen in den Sprachschulen registriert:

> „Das neue Interesse an Mitteleuropa haben auch die deutschen Sprachschulen und Kulturinstitute in Spanien bemerkt. ‚Alle wollen Deutsch lernen', berichtet Rainer Zorn, Koordinator des Goethe-Instituts in San Sebastian in Nordspanien." (Bild 23.06.2011)

Die Sprachschulen sind ein Gradmesser für die Attraktivität Deutschlands bei qualifizierten Fachkräften. Das mediale Interesse an diesen Fachkräften aus Südeuropa schreibt sich in der Debatte fort, als nicht nur das Interesse an der Sprache, sondern nun auch die tatsächliche Ankunft der Spanier, Italiener und Griechen in Deutschland thematisiert wird. Mit der registrierten Ankunft der „neuen Gastarbeiter" in den öffentlichen Massenmedien „Die Spanier sind da" (FAZ 09.02.2013) werden die Eigenschaften der „neuen" im Unterschied zu den damaligen Gastarbeitern herausgearbeitet.

Die Wirtschaftsperspektive auf den Fachkräftemangel und die dringend benötigten Arbeitskräfte wird beibehalten, nur werden die „neuen Gastarbeiter" in ihren Eigenschaften und inwiefern sie damit einen wichtigen Beitrag für den Wohlstand in Deutschland präziser beschrieben:

> „Deshalb sind Arbeitgeber längst auf die Idee gekommen, das Reservoir im krisengeschüttelten Süden anzuzapfen. Ein brisantes Thema, schließlich sind die Folgen fehlgeschlagener Integration aus der Anwerbewelle im vergangenen Jahrhundert noch heute spürbar. Doch diesmal ist vieles anders, sagen Wissenschaftler. Wurde für das Wirtschaftswunder der sechziger Jahre vor allem um gering qualifizierte Kräfte geworben, sind die heutigen Arbeitsnomaden ‚in der Regel sehr gut qualifiziert, teilweise besser als die meisten Deutschen', wie der Ökonom Herbert Brücker vom Institut für Arbeitsmarkt- und Berufsforschung sagt." (FAZ 09.02.2013)

Wie das Zitat verdeutlicht, werden die „neuen Gastarbeiter" vor allem vor dem Hintergrund der Erfahrungen mit den damaligen Gastarbeiter und Gastarbeiterinnen abgegrenzt. Medienübergreifend heißt es, dass die heutige Immigration von Arbeitskräften mit der damaligen Situation der Gastarbeiter und Gastarbeiterinnen nicht zu vergleichen ist. Die Motivation der Immigranten und Immigrantinnen, nach Deutschland zu migrieren ist zwar die gleiche wie bei den ersten Gastarbeitern, allerdings sind die Qualifikationsunterschiede der Immigranten und Immigrantinnen beträchtlich:

> „Doch bei ihrer Entscheidung, hierhin auszuwandern, zählte für die Tochter einer Spanierin und eines Briten letztlich nur eine Gewissheit: ‚Alle wissen: Deutschland ist *das* Land, um Arbeit zu finden‘, sagt sie – in etwa so wie auch die Gastarbeiter vor 50 Jahren“ (Welt 09.11.2011, Hervorhebung im Original)

Gesucht werden nun ausgebildete Fachkräfte und keine Fließbandarbeiter: "Im Unterschied zur ‚Gastarbeiter-Welle‘ vor einigen Jahrzehnten haben hiesige Firmen heute großes Interesse an Fachkräften.“ (taz 22.12.2011). Die heutigen Fachkräfte unterscheiden sich vor allem bezüglich des Bildungsniveaus: „Allein im vergangenen Jahr sind fast doppelt so viele Griechen nach Deutschland ausgewandert wie 2010, und nach Essen kommen nicht mehr Gastarbeiter für die Stahlwerke, sondern die Qualifizierten, die Hochschulabsolventen, Einser-Studenten [...].“ (FAZ, 17.06.2012)

In dieser Gegenüberstellung erfolgt eine Abgrenzung gegenüber den ersten Gastarbeitern und gegenüber den deutschen Erwartungen zu den Gastarbeitern. Die Notwendigkeit der kognitiven Assimilation, insbesondere das Erlernen der deutschen Sprache ist heute eine klare Erwartung an die Gastarbeiter und Gastarbeiterinnen, aber auch an die deutsche Gesellschaft, die jene in dieser Hinsicht unterstützen muss. Diese Erwartungshaltung resultiert retrospektiv über die falschen Annahmen der Rückkehr der Gastarbeiter und Gastarbeiterinnen und über die im Anschluss mangelnde Integration der ersten Gastarbeiter und Gastarbeiterinnen. Dementsprechend wird die temporale Dimension der Gastarbeiterpolitik als Narrativ genutzt, um zunächst die Vorteile für den deutschen Arbeitsmarkt darstellen zu können. Immigrierte als Gastarbeiter und Gastarbeiterinnen sind qualifizierte Fachkräfte, die der deutschen Wirtschaft nützen. Gleichzeitig wird die Gastarbeiterpolitik an dem Punkt problematisiert, als aus den Gästen dauerhafte Einwanderer wurden.

Infolgedessen wird das Narrativ der Gastarbeiterpolitik genutzt, um die Willkommenskultur zu kritisieren, denn was passiert eigentlich mit den Gastarbeitern, wenn die deutsche Wirtschaft wieder in eine Rezension abrutscht:

> „Es ist deshalb eine Milchmädchenrechnung, wenn immer wieder warnend auf die vierhunderttausend ‚Netto‘-Einwanderer hingewiesen wird, die Deutschland jährlich brauche, um seinen Bedarf an Nachwuchs auf dem Arbeitsmarkt zu decken. Die Kunst wird es nicht sein, dieses Maß zu erfüllen, sondern jedem Einwanderer, der mit der Hoffnung kommt, hier arbeiten zu können, auch wirklich auf Dauer jene Chance zu bieten, die er haben will. Die ‚Willkommenskultur‘ klingt sonst sehr schnell nach hohler Nuss.“ (FAZ 29.05.2013)

Ohne in Spekulation abzudriften kann behauptet werden, dass im Gastarbeiterdiskurs die Erwartung einer hohen Integrationsbereitschaft der „neuen Gastarbeiter" besteht. Dadurch, dass die „neuen Gastarbeiter" im Diskurs als lern- und anpassungsfähig konstruiert werden (etwa die deutsche Sprachen lernen), wird hier der Unterschied zu den alten Gastarbeitern offensichtlich. Sie sind hochmotivierte, qualifizierte Bewerber, die zudem mit Integrationsprogrammen für ausländische Mitarbeiter in den Firmen unterstützt werden. Ein weiterer Punkt, der die Integrationsbereitschaft der „neuen Gastarbeiter" betrifft, insbesondere der Immigrierten aus Spanien, ist die geringe kulturelle Distanz zwischen den „neuen Gastarbeitern" und den Deutschen.

„‚Das Hin- und Herspringen zwischen zwei unterschiedlichen Kulturen fällt ihr jetzt nicht schwer. Deutschland ist ein interessanter Graubereich zwischen den beiden Extremen Spanien und Großbritannien – sowohl kulturell als auch bezüglich des Arbeitsmarktes', so Woodnutt. Sie ist optimistisch, dass ihre Zukunft in Hamburg liegt – zumindest in den kommenden Jahren. Hier hat sie auch andere Spanier getroffen, die aus den gleichen Gründen ihr Land verließen. Und einen deutschen Freund hat sie auch schon." (Welt 09.11.2011)

Im Allgemeinen wird über die Beschreibung des Bildungsniveaus, der Qualifikationen und dem Beruf der „neuen Gastarbeiter" der Unterschied zu den ersten Gastarbeitern konstruiert. Gleichzeitig werden darüber positive Integrationserwartungen abgeleitet.

b) Die Gastarbeiter im Kontext der Integrationsdebatten

Ein weiterer medialer Diskursstrang im Gastarbeiterdiskurs ist neben der Beschreibung der erwünschten Zuwanderung durch die „neuen Gastarbeiter" die Integration der ersten GastarbeiterInne und Gastarbeiterinnen n und ihrer Nachkommen in die deutsche Gesellschaft. Die Darstellung der Storyline für diesen Diskursstrang ist zielführend, um zu verstehen, vor welchem Hintergrund die „neuen Gastarbeiter" im Diskurs sozial konstruiert werden, denn an dieser Stelle sind die Erfahrung der deutschen Bevölkerung mit den Gastarbeiter und Gastarbeiterinnen der ersten und zweiten Generation, die sich im Untersuchungszeitraum insbesondere durch die medialen Debatten zu Thilo Sarrazin und den Festivitäten zum 50-jährigen Jubiläum des deutsch-türkischen Gastarbeiterabkommens zeigen, von entscheidender Bedeutung.

Die Migrantenschelte-Debatte

Im Untersuchungszeitraum von 2008 bis 2014 wird die erste Thematisierung der Gastarbeiter und Gastarbeiterinnen im Kontext „Integration" durch die „Thesen zur Integration" von Thilo Sarrazin im September und Oktober 2009 medial relevant. Sarrazin äußerte sich in einem Interview in der Zeitschrift Lettre International mit dem Titel „Klasse statt Masse" (Lettre International 2009) zu den Problemen der Stadt Berlin und problematisiert dabei insbesondere die türkischen und arabischen Immigranten und Immigrantinnen. Seitdem beschäftigt „Thilo Sarrazins Migranten-Schelte die Medien" (Spiegel 27.10.2009) und „Ganz Deutschland diskutiert" (Bild 08.10.2009). Die ausgelöste Debatte über Sarrazins Thesen wird forthin als Ausländerschelte oder als Migrantenschelte im Diskurs bezeichnet, was einen ersten Hinweis auf die Normativität des Diskurses gibt.

Sarrazin wirft den genannten Immigranten und Immigrantinnen vor, dass sie weder integrationsfähig noch integrationswillig seien. Dementsprechend hätten sie ihr Gastrecht verwirkt. Aus dem Interview wurden zwei Passagen in den Medien besonders diskutiert: „Ich muss niemanden anerkennen, der vom Staat lebt, diesen Staat ablehnt, für die Ausbildung seiner Kinder nicht vernünftig sorgt und ständig neue kleine Kopftuchmädchen produziert" (Lettre International 2009). Und: „Die Türken erobern Deutschland genauso, wie die Kosovaren das Kosovo erobert haben: durch eine höhere Geburtenrate." (Ebd.) Die Zitate verdeutlichen, dass Sarrazin das Kriterium der Leistung im Zusammenhang mit der Reproduktion der Bevölkerung zur Be- und Abwertung der Immigranten und Immigrantinnen heranzieht. Die Argumentation läuft dabei nach folgendem Schema ab: Erst wird über die Leistungsfähigkeit definiert, wer willkommen ist: „Jeder, der bei uns etwas kann und anstrebt, ist willkommen; der Rest sollte woanders hingehen." (Spiegel 30.09.2009) Diejenigen, denen Sarrazin die Leistungsfähigkeit abspricht, werden anschließend durch den Verweis auf die Reproduktionsfähigkeit abgewertet, welche dazu führt, dass Deutschland diese Menschen mit Sozialleistungen unterstützen muss und diese sich im Weiteren darüber finanzieren.

Hauptproblemgruppen sind Türken und Araber, die dann eine Überfremdungsgefahr durch das Merkmal Religion erzeugen. Die folgende Passage im Spiegel verdeutlicht das Argumentationsschema:

> „Das Interview hatte aufgrund von Sarrazins Aussagen über Migranten in Berlin, die ‚keine produktive Funktion außer für den Obst- und Gemüsehandel' hätten und ‚ständig neue kleine Kopftuchmädchen' produzierten, für Aufsehen gesorgt." (Spiegel 27.10.2009)

Wer keine produktive Funktion in der Gesellschaft übernimmt, gilt als nicht integriert. Die Nicht-Integrierten werden dann in einem zweiten Schritt abwertend kulturalisiert, wie das Kopftuch-Beispiel zeigt. Als Lösung des Integrationsproblems schlägt Sarrazin eine Zuwanderungspolitik vor, die kein Zuzug mehr zulässt, außer für Hochqualifizierte und „Wer heiraten wolle, müsse dies im Ausland tun" (Stern 13.10.2009).

Die Äußerungen von Thilo Sarrazin, der in seiner Funktion als Bundesbank-Vorstand adressiert wird, werden in den Medien kontrovers diskutiert: „Sarrazins türkenfeindliche Tiraden lösen Entsetzen aus." (Spiegel 01.10.2009) Die politischen Parteien, die Sarrazin als ‚geschmacklos',‚unerhört', ‚durchgeknallt' kritisieren, greifen auf verschiedene Argumentationsstrukturen zurück, um die Position zurückzuweisen und zu kritisieren. Zum einen argumentieren sie ähnlich wie Sarrazin aus einer ökonomischen Wissensordnung heraus, indem sie die produktive Funktion der türkischen Unternehmen in Berlin thematisieren. Eine Form der korrektiven Kritik. Eine andere Argumentation verfolgt die Strategie, den Klassenstatus der ersten Gastarbeiter und Gastarbeiterinnen zu thematisieren. Dieser führt folglich aufgrund des geringen Bildungsniveaus zu Integrationsproblemen. Dazu kommentiert der „Integrationsexperte" Armin Lachet (CDU) im Stern: „Es ist unfair, die Probleme an einzelnen Ethnien festzumachen. Wir haben zum Beispiel aus der Türkei jahrelang die bildungsfernen Schichten als Gastarbeiter angeworben." (Stern 13.10.2009) Die Ethnisierung der Migration wird mit einem Klassismus argumentativ bekämpft, dem zugleich bildungspolitisch entschieden entgegentreten werden muss. Die Diskriminierung im Zugang zu Bildung ist demnach ein wesentliches Argument, das gegen Sarrazin angeführt wird, um seine Behauptungen zu entkräften. Die Thematisierung der Ursachen der „defizitären", aber nachzuholenden Integration von türkischen Gastarbeite und Gastarbeiterinnen und ihren Nachkommen ist eine Argumentationsstrategie, um Sarrazin zu kritisieren.

Eine andere Strategie ist der Vorwurf des Rassismus. Die Kritik der türkischen Gemeinde in Deutschland und des Zentralrat der Juden thematisieren und kritisieren entschieden den Rassismus von Sarrazin und vergleichen die These mit der Nazi-Rhetorik. In einer gemeinsamen Pressekonferenz erklären die Vorsitzenden, dass Sarrazins Äußerung „perfide, infam und volksverhetzend" sowie „stigmatisierend und menschenverachtend" sind. Generalsekretär Stephan Kramer kommentiert: „Ich habe den Eindruck, dass Herr Sarrazin mit seinen Äußerungen, mit seinem Gedankengut Göring, Goebbels und Hitler wirklich eine große Ehre macht." (Focus 09.10.2009) Der Kritik an Sarrazin schließen sich Verdi und der BDI an. Auch der Verband der Sinti und Roma kommt in der Debatte zu Wort und fordert die politischen Parteien dazu auf, sich mit dem Rassismus von Sarrazin auseinanderzusetzen. Der Rassismusvorwurf signalisiert, dass es sich bei diesen Äußerung um eine klare Überschreitung der Norm des Sagbaren im Diskurs handelt bzw. um einen nicht legitimen Bereich von diskursiven Aussagen, die die Akteure um Sarrazin abwertet und als Gegner verbindlicher Normen kennzeichnet. Der Vergleich der Rhetorik Sarrazins mit Göring, Goebbels und Hitler erfüllt ihn diesem Rahmen der Auseinandersetzung zwei wesentliche Funktionen: Zum einem wird durch den Vergleich mit den Nazis eine unstrittige Aussage hervorgebracht. Der Nazivergleich gewinnt an Überzeugungskraft, weil der Zusammenhang zwischen einzelnen Äußerungen von Sarrazin und den Nazis nicht weiter expliziert werden muss. Der Vergleich konstruiert einen Raum von nicht expliziten Assoziationen, die der Rezipient im Diskurs selbst interpretativ hervorbringen muss. Es kann angenommen werden, dass diese so negativ sind, weil selbst die Akteure um Sarrazin den Rassismusvorwurf entschieden zurückweisen, da sie sich ansonsten im diskursiven Raum des Nichtsagbaren befinden und aus dem Diskurs ausgeschlossen werden. Zum anderen erzeugt der Nazi-Vergleich einen enormen Legitimitätsdruck, indem Akteure, die mit dem Vorwurf konfrontiert werden, aufgefordert sind, sich im Detail zu rechtfertigen. Darin ist zugleich die symbolische Macht des Nazi-Vergleichs zu erkennen. Akteure, die den Vergleich im Diskurs hervorbringen, besitzen einen leeren, jedoch mächtigen Signifikanten, der durch die politischen Gegner ausgefüllt werden muss. Dementsprechend ist es auch nicht verwunderlich, dass die Gegner aus diesem Rahmen aussteigen und Kritik aus anderen Wissensordnungen üben. Empirisch zu beobachten ist, dass Sarrazin und Co. sich auf die Realitätsordnung beziehen und alle Akteure, die dieser Auffassung von Realität nicht teilen, eine gewisse Blindheit für die objektiven Tatsachen unterstellen. Henryk Broder und Ralph Giordano sind prominente Unterstützer der Aussagen von Thilo Sarrazin und zeigen anschaulich welche Realität sie meinen. Sie verweisen auf die Parallelgesellschaften, die durch die muslimischen Immigranten und Immigrantinnen in Deutschland entstehen. „Der 86-jährige Giordano forderte von den in Deutschland lebenden Muslimen verstärkte Integrationsbemühungen: ‚Migranten haben nicht nur Probleme. Sie machen auch Probleme'." (Focus 06.10.2009)

Den Gegnern, die diese Probleme nicht erkennen, wird „Gutmenschentum" vorgeworfen. Sie verschließen gleichzeitig die Augen vor den Parallelgesellschaften und vollziehen mit ihrer politischen Korrektheit eine Art Bevormundung des *nicht aussprechen dürfen* von Problemen. Die Funktion der Bezeichnung „Gutmenschen" hat eine Normalisierung der eigenen Position im Diskurs zur Folge bzw. die gleichzeitige Zurückweisung der gelabelten Gutmenschen als Übertreibungen und Abweichungen von der Norm. Es ist sozusagen diskursive

Gegenstrategie zum Nazi-Vergleich, indem diskriminierende Äußerungen wieder sagbar gemacht werden, ohne erhebliche Ausschlüsse aus dem Diskurs zu befürchten. Dies ist ein typisches Beispiel, um den Kampf der Konstruktion von legitimen Sprecherpositionen im Diskurs.

Weitere medienrelevante Sarrazin-Unterstützer in der Ausländerschelte-Debatte sind Necla Kelek und Hans-Olaf Henkel. Neben der typischen Perspektive auf die Integrationsfähigkeit und -willigkeit von türkischen und arabischen Immigranten und Immigrantinnen sowie dem Verkennen dieser Problem durch die sogenannten „Gutmenschen", definiert Kelek vor allem, was eine erfolgreiche Integration ausmacht: „Die Gemüsehändler jedenfalls waren nicht beleidigt, denn sie gehören zu den Gewinnern der Migration, sie versorgen sich und ihre Familien selbst und sind nicht auf staatliche Leistungen angewiesen." (SZ online 22.10.2009) Wer sich selbst versorgen kann und nicht von staatlichen Leistungen abhängig ist, gilt bei den Kritikern der deutschen Integrationspolitik als ein gelungenes Beispiel für Integration.

Die Migrantenschelte-Debatte wird insofern weitergeführt, als dass über die Mitgliedschaftsbedingungen von Thilo Sarrazin in der SPD und der Bundesbank gestritten wird. Sarrazin wurde aus dem Vorstand der Bundesbank abberufen. Ein Parteiordnungsverfahren der SPD-Kreise wurde vom SPD-Schiedsgericht abgelehnt und „Sarrazin darf in der SPD bleiben" (Spiegel 15.03.2010). Die FAZ reflektiert über die Debatte und kommentiert:

> „So weit sind wir also jetzt: Es wird nicht mehr verdrängt, verkleistert und schöngeredet, sondern munter gestritten – und alle mischen mit. Kritik an der Entwicklung von Parallelgesellschaften in unseren Großstädten kann nicht mehr ganz so leicht als ‚ausländerfeindlich' mundtot gemacht werden. Andererseits haben auch die Einwanderer gelernt, sich organisiert Gehör zu verschaffen, wo über sie, statt mit ihnen gesprochen wird." (FAZ 13.09.2009)

Die Frage danach, was gelungene Integration in Deutschland bedeutet, wird im Fall Sarrazin ein Jahr später wieder aufgegriffen, als sein Buch „Deutschland schafft sich ab" enormes mediales Interesse erzeugt.

Integrationsdebatte „Deutschland schafft sich ab"

In Bezug auf das Thema „Gastarbeiter" werden in der Sarrazin-Debatte ab August 2010 die Folgen der Zuwanderungspolitik diskutiert. Ausgangspunkt der Debatte sind dessen Thesen, dass die „Arbeitsmigration der sechziger Jahre eine neue europäische Völkerwanderung in Gang gesetzt [hat], an deren Folgen wir laborieren" (Spiegel 23.10.2010). Um die Argumentation von Sarrazin zu verstehen, ist der Essay „Was tun?" im Spiegel (23.08.2010) von zentraler Bedeutung.

Die Argumentation von Sarrazin und seinen Befürwortern ist wie folgt aufgebaut: Die Ursache der heutigen Integrationsprobleme mit Türken und Arabern sieht Sarrazin in der verfehlten Gastarbeiterpolitik: „Aus heutiger Sicht war die Gastarbeitereinwanderung in den sechziger und siebziger Jahren ein gigantischer Irrtum: Großenteils wurden die Arbeiter eingesetzt in Industrien, die sterbende Industrien waren." (Ebd.) Dass die Arbeitsmigration nach Ansicht von Sarrazin den nötigen Strukturwandel der deutschen Industrie verzögerte, ist eine grundsätzlich volkswirtschaftliche Überlegung. Die Zuwanderung von Gastarbeiter und Gastarbeiterinnen war demnach ein falscher ökonomischer Anreiz, der den Status Quo von Industrien sicherte. Fraglich ist für Sarrazin auch, ob die Gastarbeiter und Gastarbeiterinnen ihre Funktion erfüllten, sprich, ob sie denn überhaupt einen Beitrag zum Wohlstand leisteten. Empirisch-belastbare Daten gibt es für Sarrazin nicht und er führt aus:

> „Für Italiener, Spanier und Portugiesen wird man diese Frage wohl bejahen können, weil ihr Familiennachzug geringer war und die meisten wieder in ihr Heimatland zurückgekehrt sind. Für Türken und Marokkaner wird man sie sicher verneinen können. Zu groß ist das Missverhältnis zwischen der Zahl der ursprünglichen Gastarbeiter und dem dadurch ausgelösten Nachzug großer Familienverbände." (Ebd.)

Die Erbringung eines Beitrags zum deutschen Wohlstand spricht Sarrazin den türkischen Gastarbeitern ab. Seine These lautet, dass diese „sicher keinen Beitrag zu unserem Wohlstand erbracht haben" (FAZ 05.09.2010). Die Grenzziehung bzw. das Kriterium zu Bewertung der türkischen Gastarbeiter und Gastarbeiterinnen entstammt wiederum einer volkswirtschaftlichen Gesamtrechnung. Durch den Familiennachzug sind die volkswirtschaftlichen Kosten der Gastarbeiterpolitik höher als der Gewinn. Der Familiennachzug ist demnach auch ein Kriterium, um verschiedene Gastarbeiter-Nationalitäten zu bewerten. Zugleich dient es als Grundlage, um die Fehler der Gastarbeiterpolitik zu benennen. Der Familiennachzug der türkischen Gastarbeiter und Gastarbeiterinnen, die Sarrazin als Muslime adressiert, führt zu Integrationsproblemen. Die Beschreibung der Probleme basiert auf dem gleichen Muster wie bei der Migrantenschelte-Debatte: Wird den Immigranten und Immigrantinnen die Leistungsfähigkeit abgesprochen, so kommt es zu einer abwertenden Kulturalisierung der Immigrierten. Die Form der Unterscheidung „Deutschland als christliche Gemeinschaft" ist der Unterscheidung „Deutschland als Wirtschaftsnation" nachrangig:

„In jedem Land Europas kosten die muslimischen Migranten aufgrund ihrer niedrigen Erwerbsbeteiligung und hohen Inanspruchnahme von Sozialleistungen die Staatskasse mehr, als sie an wirtschaftlichem Mehrwert einbringen. Kulturell und zivilisatorisch bedeuten die Gesellschaftsbilder und Wertvorstellungen, die sie vertreten, einen Rückschritt. Demografisch stellt die enorme Fruchtbarkeit der muslimischen Migranten eine Bedrohung für das kulturelle und zivilisatorische Gleichgewicht im alternden Europa dar." (Spiegel 23.08.2010)

Die Bedrohung wird erstens über die hohe Fertilitätsrate der muslimischen Bevölkerung in Deutschland konstruiert und zweites führt die hohe Anzahl zu einer Unterwanderung der christlich geprägten Kultur in Europa. Dieses Szenario ist problematisch, denn die muslimische Kultur steht für Sarrazin nicht für Säkularität, Demokratie und Menschenrechte und dementsprechend ist die Forderung an die Muslime gerichtet, sich an diese Werte anzupassen. Den Integrationsprozess versteht Sarrazin als eine lineare Stufenabfolge. Am Anfang steht die strukturelle und kognitive Assimilation, die am Ende zu einer Identifikation mit der deutschen Mehrheitsgesellschaft führen soll:

„Der Tenor muss sein: Wer da ist und einen legalen Aufenthaltsstatus hat, ist willkommen. Aber wir erwarten von euch, dass ihr die Sprache lernt, dass ihr euren Lebensunterhalt mit Arbeit verdient, dass ihr Bildungsehrgeiz für eure Kinder habt, dass ihr euch an die Sitten und Gebräuche Deutschlands anpasst und dass ihr mit der Zeit Deutsche werdet – wenn nicht ihr, dann spätestens eure Kinder." (Ebd.)

Die Erörterung der Gründe der geringen Leistungsfähigkeit muslimischer Immigranten und Immigrantinnen, die dann zu einer Abhängigkeit vom Wohlfahrtsstaat führt, sieht Sarrazin nicht in der Diskriminierung sowie in der Abwesenheit von Vorurteile gegenüber den Immigranten und Immigrantinnen. Zudem akzeptiert Sarrazin den Klassenstatus der ersten Gastarbeiter und Gastarbeiterinnen als Ursache für die defizitäre Integration im Bildungsbereich nicht. Vielmehr sieht er die Religiosität im Zusammenhang mit traditionellen Lebensformen als entscheidend an:

„Diese Mischung erschwert die ökonomische und kulturelle Integration und sorgt über die damit verbundene mangelhafte Emanzipation der Frauen für den besonderen Kinderreichtum der muslimischen Migranten, der durch die Segnungen des Sozialstaats noch gefördert wird." (Ebd.)

Die Kritik von diversen Akteuren und die Rechtfertigung von Sarrazin und seinen Befürwortern ist in den Massenmedien ähnlich strukturiert wie in der Migrantenschelte-Debatte. Die Kritik fokussiert sich auf die Darstellung der Leistung der türkischen Gastarbeiter und Gastarbeiterinnen und sie kritisiert die Kulturalisierung der Immigranten und Immigrantinnen. Die Rechtfertigung kritisiert wiederum die Kritiker als „die Gutmenschen", die die Augen vor den „wahren" Problemen verschließen.

Weiterhin ist auffällig, dass die Debatte sich vermehrt mit der Zuwanderungspolitik auseinandersetzt und die politischen Parteien die Sarrazin-Debatte nutzen, um ihr Klientel anzusprechen. In dieser Auseinandersetzung werden wiederum die Gründe für und gegen die Zuwanderung nach Deutschland besprochen. Alle Parteien verurteilen die Thesen aufgrund des Rassismus, der in den Äußerungen von Sarrazin steckt. Darauf aufbauend reagieren sowohl die CDU als auch die SPD auf die Thesen mit dem Slogan „fördern und fordern" und sprechen sich für Integrationsmaßnahmen aus. Zudem befürchten die Parteien, dass die Sarrazin-Debatte Einfluss auf die Attraktivität Deutschlands für ausländische Fachkräfte haben könnte. Die CSU zieht den Schluss, dass Deutschland keine zusätzliche Immigration aus anderen Kulturkreisen braucht, insbesondere nicht aus der Türkei und den arabischen Ländern. Außerdem sollte man Integrationsverweigerer „härter anpacken". Die Grünen und die Linke vollziehen keine eindeutigen Bewertungen von Immigranten und Immigrantinnen und kritisieren entschieden den Rassismus und Sozialdarwinismus von Sarrazin. Die FDP fordert keine verstärkten Integrationsmaßnahmen und weist auf die bestehenden Gesetze hin.

In der politischen Debatte über die Sarrazin-Thesen werden die Ursachen der heutigen Integrationsprobleme diskutiert. Retrospektiv wird beurteilt, welche Fehler die damalige und heutige Bundesregierung bei der Integrationspolitik gemacht hat. Insbesondere wird die Gastarbeiterpolitik als eine verfehlte Politik diskutiert, aus der die heutige Politik lernen muss. Neu an der Kritik der Gastarbeiterpolitik ist im Fall Sarrazin die kritische Einschätzung zur gesamten Gastarbeiterpolitik. Wurde diese in der Migrantenschelte-Debatte noch zwischen „Anwerbung der Gastarbeiter als Konjunkturmotor" und „Familiennachzug der Gastarbeiter" differenziert, ist jetzt selbst die Phase der Anwerbung der Gastarbeiter und Gastarbeiterinnen ökonomisch nicht zu rechtfertigen. Im Grunde genommen wird das kritische Argument des Modernisierungsdefizits seit der Rezession von 1967 im aktuellen Diskurs wieder reanimiert. Durch die Anwerbung billiger Arbeitskräfte können eigentlich unrentable Unternehmungen aufrechterhalten werden.

Auf diese Kritik von Sarrazin wird in der Rechtfertigung der Bundesregierung nicht eingegangen. Vielmehr fokussiert sich die Debatte auf den Familiennachzug der Gastarbeiter und Gastarbeiterinnen und welche Konsequenzen sich daraus für die Integrationspolitik ergeben. Das Argumentationsmuster, das sich als konsonant abzeichnet, lautet, dass mit Neuzuwanderern Integrationsvereinbarungen getroffen werden müssen, die über die Sanktionierbarkeit eine Verbindlichkeit erlangen. Bundeskanzlerin Angela Merkel kündigt individuelle Vereinbarungen mit Immigranten und Immigrantinnen an: „Wir arbeiten daran, mit allen Neuzuwanderern Integrationsvereinbarungen zu schließen." (Welt 05.09.2011) Nur so lässt sich sicherstellen, dass eine sozialstrukturelle Angleichung der Immigranten und Immigrantinnen an die Mehrheitsbevölkerung erfolgt. Beispielsweise soll so eine Wiederholung des Falls verhindert werden, dass Kinder aus den Gastarbeiterfamilien bis heute im Schulsystem schlechter abschneiden. Diese Argumentation widerspricht zum einen deutlich der dichotomen Klassifikation, die Sarrazin zwischen einer generalisierten Minderheit (in diesem Fall die Muslime) und einer deutschen Mehrheit vornimmt. Zum anderen widerspricht die Argumentation der Forderung nach einer identifikativen Assimilation der Minderheit an die dominierende Mehrheitskultur des christlichen Abendlands. Es geht also in dieser Argumentation nicht um eine Klassifikation in Parallelgesellschaft vs. Leitkultur, stattdessen bedeutet Integration in die deutsche Gesellschaft, dass jeder Immigrant/jede Immigrantin die Chance bekommen soll, sich durch persönliche Bildungsanstrengungen auf dem Arbeitsmarkt zu integrieren. Erstens wird in diesem Argumentationsmuster keine Identifikation mit den abendländischen Werten erwartet, die als eine Assimilation verstanden wird. Dazu verkündet Angela Merkel: „Assimilation stünde gar nicht zur Debatte, es gehe um Integration." (Stern 09.10.2010) Im Diskurs ist Integration in Abgrenzung zur Assimilation sozialstrukturell definiert, wohingegen der Begriff Assimilation eine identifikatorische Assimilation suggeriert. Zweites gibt die Kritik und Rechtfertigung in der Debatte Aufschluss über die Zuschreibung der Ursachen der „verfehlten Integration".

Typisch in der Auseinandersetzung zwischen Sarrazin und Gegnern ist der Fokus entweder auf die Immigranten und Immigrantinnen oder auf die Mehrheitsgesellschaft. Je nach Position im Diskurs wird der Blick auf das eine oder andere gerichtet. Wobei letzteres eine deutlichere Minderheitsposition ist. Aber auch hier ist einschränkend anzumerken, dass hauptsächlich Integrationserwartungen an die Immigranten und Immigrantinnen formuliert werden bzw. die bisherige mangelnde Formulierung von Integrationserwartungen thematisiert wird. Somit ist es auffällig, dass die Diskussion über die Abwesenheit von Diskriminierungen und Vorurteilen gegenüber Immigranten und Immigrantinnen als wesentlicher Grund für die „verfehlte Integration" der Gastarbeiter und Gastarbeiterinnen praktisch nicht stattfindet. Die taz ist hier eine Ausnahme im Diskurs, indem sie die Ursache der „verfehlten Integration" an der institutionellen Diskriminierung im Bildungssystem festmacht. Insbesondere wird von der taz die Zuschreibung von Nicht-Leistung auf bestimmte kulturellen Gruppen kritisiert:

„Neu ist, dass der Bundesbanker seine Klassentheorie jetzt zur Rassentheorie weiterentwickelt hat: Es liegt nicht am deutschen Bildungssystem und mangelnden Chancen, dass so viele türkische und arabische Einwanderer selbst der dritten Generation beim Bildungsaufstieg scheitern – es liegt an der Kultur und den Genen!" (taz 12.10.2009)

Richtet sich der Fokus der Zuschreibung der Ursachen der „verfehlten Integration" auf die Immigranten und Immigrantinnen, und das ist die eindeutig dominantere Perspektive im Diskurs, dann ist eine differenzierte Perspektive auf das Phänomen hilfreich. Hier sind zwei Argumentationsmuster zu unterscheiden, die auf die Bewertung der Immigranten und Immigrantinnen als Individuum und der Bewertungen der gruppenbezogenen Merkmale der Individuen abstellt. Letztere wurde bereits im Fall Sarrazin beschrieben und die Argumentation wird bemüht, wenn Faktoren diskutiert werden, die die Integration gefährden:

„Irgendwann sind ihre Eltern oder Großeltern nach Deutschland gekommen; den Sprung auf den Arbeitsmarkt haben viele allerdings nicht geschafft. Auf irgendeiner Stufe des deutschen Bildungssystems sind sie gescheitert. Die Gefahr des Scheiterns ist für Menschen mit Migrationshintergrund wesentlich größer als für Menschen mit deutschen Wurzeln, wie Untersuchungen zu Bildungs- und Ausbildungsabschlüssen zeigen. Die Gründe dafür sind vielfältig: mangelnde Sprachkenntnisse, die nie behoben wurden, eine unzureichende kulturelle Integration und andere Wertvorstellungen wie diejenige, dass Bildung für Frauen weniger wichtig sei." (FAZ 19.08.2010)

Gruppenbezogene Merkmale der Immigranten und Immigrantinnen als Ursache der „verfehlten Integration" zu deklarieren, ist in der Debatte kritisiert worden, unter anderem von Bundeskanzlerin Angela Merkel, die in einem in den Medien breit rezitierten Interview mit der Bild folgende Position vertritt:

„Wir sollten auch gar nicht so viel über Herrn Sarrazin sprechen, sondern über das große Thema Integration. Zur Lösung der Probleme trägt er gar nichts bei, er erschwert sie im Gegenteil. Er fällt Pauschalurteile, und macht eine ganze Bevölkerungsgruppe verächtlich." (Bild 05.09.2010)

Dies ist typisch dafür, dass Sprecherpositionen mit einer hohen symbolischen Macht, wie die Bundesregierung, Vorsitzende von Arbeitgebern/ Arbeitgeberinnen und Arbeitnehmern/Arbeitnehmerinnen etc. die Ethnisierung entschieden ablehnen und kritisieren. Die Position „Pauschalurteile zurückweisen" und gleichzeitig den Fokus auf die individuellen Anstrengungen der Immigranten und Immigrantinnen auf dem Bildungs- bzw. Ausbildungsmarkt (kontrolliert durch Integrationsverträge) zu legen, wird sich im weiteren Verlauf der Debatte durchsetzen. Bereits in der Migrantenschelte-Debatte war absehbar, dass eine Ethnisierung der Migration einem Legitimitätsverlust gleichkommt. Anzeichen ließen sich deutlich erkennen, wenn Sprecher im Diskurs die Ethnisierung kritisieren, die vormals die Migration problematisiert haben, wie beispielsweise Heinz Buschkowsky:

> „[...] und er verstehe nicht, warum Sarrazin die Problemstellungen unbedingt hätte ‚ethnisieren' müssen. ‚Von ›türkischen Wärmestuben‹ zu reden, ist doch völlig unnötig. ›Wärmestuben‹ hätte doch gereicht. Da sind die Pferde mit Thilo durchgegangen.' Es sei sehr schade, dass eine sachliche Debatte über die vielen zutreffenden Überlegungen von Sarrazin jetzt nicht mehr möglich sei, weil der mit einigen Formulierungen sein gesamtes Anliegen und seine Analyse unzitierbar gemacht habe." (Welt 05.10.09)

Eine Argumentation, die auf gruppenbezogene Merkmale der Immigranten und Immigrantinnen abhebt, wird durch den Rassismusvorwurf von Menschenrechtsaktivisten, diversen etablierten Parteien und Migrantenorganisationen und den Medien kritisch begutachtet. Ein symbolischer Höhepunkt der Rassismuskritik ist die Rüge des UN-Anti-Rassismusausschusses gegenüber Deutschland:

> „Grund sind die umstrittenen Äußerungen von Thilo Sarrazin zu Türken und Arabern, die von der Staatsanwaltschaft als Ausdruck freier Meinungsäußerung gewertet worden waren. Durch die Einstellung des Ermittlungsverfahrens gegen Sarrazin habe die Bundesrepublik laut des Anti-Rassismusausschusses (Cerd) gegen das Uno-Übereinkommen zur Beseitigung jeder Form von Rassendiskriminierung verstoßen." (Spiegel 18.04.2013)

Die Rassismuskritik und die Bewahrung der Menschenrechte führt in den Debatten dazu, dass die betroffenen Akteure den Vorwurf explizit aufgreifen und ihn zurückweisen müssen: „Ich bin kein Rassist." (Sarrazin, zitiert nach: Welt 29.08.2010) Um dennoch die Migration problematisieren zu können, wird in der Rechtfertigung hinsichtlich der Kritik zwischen Ethnisierung und Religion unterschieden: „Die Ursachen für die schlechte Integration von Muslimen seien nicht ethnisch, sondern lägen offenbar in der Kultur des Islams." (Spiegel 28.08.2010) Die Thematisierung der muslimischen Religion ist dann eine Strategie, um nicht von Türken bzw. Araber sprechen zu müssen, wie es in der Migrantenschelte-Debatte noch der Fall war, als selbige mittels der Argumente aus der Realitätsordnung kritisiert wurden.

Eine andere Strategie der Problematisierung der Migration ist eine Hierarchisierung der Immigranten und Immigrantinnen nach dem Merkmal Qualifikation. Die Ablehnung von muslimischen Immigranten und Immigrantinnen wird dann nachrangig, wenn diese das entsprechende Qualifikationsniveau besitzen: „Wer über die Qualifikationsvoraussetzungen verfügt, die in Deutschland unter dem Stichwort ‚Green Card' diskutiert werden, kann selbstverständlich auch aus einem muslimischen Land kommen." (Sarrazin, zitiert nach: Spiegel 23.08.2010) Die Bedeutung des ökonomischen Wertes der Immigranten und Immigrantinnen wird nicht nur in der Rechtfertigung von Thilo Sarrazin sichtbar. Dieser Wert wird konkretisiert, als eine Bilanz zum 50. Jahrestag des Anwerbeabkommens für türkische Gastarbeiter im Oktober 2011 gezogen wird.

50 Jahre Gastarbeiterabkommen mit der Türkei – Aufstieg als Auftrag

„Am 30. Oktober 1961 wurde in Bonn-Bad Godesberg das Anwerbeabkommen zwischen der Bundesrepublik Deutschland und der Türkei unterschrieben. Es markiert den Beginn der türkischen Einwanderung nach Deutschland." (Welt 30.11.2011) 50 Jahre später, am 2. November 2011 erinnert ein Festakt im Auswärtigen Amt in Berlin zusammen mit Bundeskanzlerin Angela Merkel und dem türkischen Ministerpräsident Recep Tayyip Erdoğan an die erste Generation der Gastarbeiter und Gastarbeiterinnen. Die mediale Berichterstattung über das 50-jährige Abkommen zwischen Deutschland und Türkei fokussiert sich unter anderem auf die verfehlte Integrationspolitik für die ersten Gastarbeiter und Gastarbeiterinnen sowie deren Folgen für die heutige deutsche Gesellschaft. Dazu kommentiert die FAZ, die beispielhaft für die Kommentare im Mediensample ist:

> „Bei der Einwanderung sollte nicht nach Nationalitäten, Herkunftsländern oder Religionszugehörigkeit getrennt werden. In dieser Frage kann es nicht mehr um Herkunft, sondern nur noch um Zukunft gehen, also um Qualifikationen und Kompetenzen." (FAZ 28.09.2011)

Die Annahme besteht, dass eine höhere Qualifikation gleichzeitig mit positiven Integrationserwartungen einhergeht, und dass sich so die Erfahrungen mit den ersten Gastarbeiter und Gastarbeiterinnen nicht wiederholen. Außerdem wird die Anerkennung der geleisteten wirtschaftlichen Arbeit der Gastarbeiter und Gastarbeiterinnen zum Wiederaufbau Deutschlands hervorgehoben, die in den vorherigen Debatten unter anderem von Thilo Sarrazin bezweifelt worden ist. Vor allem aber dient der Rückblick als Anlass, über die Integration der Gastarbeiter und Gastarbeiterinnen in die deutsche Gesellschaft zu berichten.

Die Bilanz zum 50-jährigen Abkommen lautet dementsprechend, dass ohne deutsche Sprachkenntnisse keine Chancen auf Integration bestehen. Der Schlüssel zur Integration ist die Beherrschung der deutschen Sprache. Integration bedeutet dann, dass die Zuwanderer sich vor allem mit ihren Sprachkenntnissen erfolgreich auf dem deutschen Arbeitsmarkt bewähren. Für die ersten Gastarbeiter und Gastarbeiterinnen und ihre Nachkommen ist somit die Erwartung klar formuliert: „50 Jahre TürkInnen in Deutschland: Aufstieg als Auftrag“, denn „Wer was werden will in diesem Land, muss das eigene Milieu verlassen“ (taz 02.09.2011). Von den Nachkommen der ersten Gastarbeitergeneration wird erwartet, dass sie die „dirty, dangerours and dreadful“ Jobs aufgeben und nach Höherem streben.

Die Erwartungsformulierung „Aufstieg als Auftrag“ führt im Endergebnis zu zwei Arten der Grenzziehung. Insbesondere die taz und die FAZ zeigen, wie durch die Erfüllung dieser Erwartung die erste Gastarbeitergeneration und ihre Nachkommen den Gastarbeiter-Status ablegen und zu Deutschen werden. Dementsprechend erfolgt eine Grenzauflösung, indem die Gastarbeiter und Gastarbeiterinnen durch den Aufstieg zu anerkannten Mitgliedern der Gesellschaft werden. Die zweite Art der Grenzziehung enthält auch die Erwartung, dass die Gastarbeiter und Gastarbeiterinnen aufsteigen sollen, jedoch wird die dichotome Klassifikation zwischen türkischen Gastarbeitern und Gastarbeiterinnen und Deutschen aufrechterhalten. Eindrucksvoll zeigt dies die Bild-Reportage „50 Jahre türkische Gastarbeiter“, in der 50 Beispiele zur „gelungenen Integration“ beschrieben werden.

Die Erwartung besteht, dass sich die türkischen Gastarbeiter und Gastarbeiterinnen durch einen wirtschaftlichen Aufstieg in die deutsche Gesellschaft integrieren und sich somit von der sozialen Herkunft der Eltern lösen. Erfolgreiche Integration bedeutet hier in erster Linie einen Aufstieg durch wirtschaftlichen Erfolg. Gleichzeitig bleibt die dichotome Klassifikation zwischen türkischen Gastarbeitern und Deutschen bestehen. Bereits die Betitelung „50 Jahre türkische Gastarbeiter“ suggeriert, dass die Einwanderer weiterhin als Gäste betrachten werden, die sich aber nun integrieren. Dazu beispielhaft in der Bild:

> „Er hat sich vollständig in die deutsche Gesellschaft integriert. Als ich ihn aber frage, was er für die Rente plant, gibt er die gleiche Antwort wie die meisten Türken, die ich auf meiner Reise treffe: ‚Ich werde mir bei Balikesir in der Türkei ein Haus kaufen und mitten in der Natur leben‘.“ (Bild 28.10.2011)

In der Reportage kristallisiert sich die „Problematik" mit den türkischen Gastarbeitern heraus. Sie werden weiterhin aus einem wirtschaftlichen Nutzen heraus interpretiert, indem der Imperativ an sie gestellt wird: Ohne wirtschaftlichen Aufstieg *keine* gelungene Integration! Zugleich werden sie weiterhin anhand ihrer Rückkehrorientierung als Türken identifiziert. In den 50 Fallbeispielen lassen sich weitere Formen der Unterscheidung finden, die beispielsweise auf die Essentialisierung der deutschen und türkischen Kultur beruhen: „Ich bin fleißig und pünktlich wie ein Preuße und temperamentvoll und großzügig wie die Türken." (Bild 08.09.2011)

Zusammengefasst ist der Diskursstrang „Integration der Gastarbeiter in die deutsche Gesellschaft" wichtig, um zu verstehen, vor welchem Hintergrund die erwünschten Gastarbeiter und Gastarbeiterinnen sozial konstruiert werden. Im Wesentlichen leitet sich die Erwünschtheit aus den negativen Erfahrungen, mit den ersten Gastarbeiter und Gastarbeiterinnen ab, die auf den sozialen Problemen des Familiennachzugs beruhen. Wie diese Erwünschtheit genau sozial konstruiert wird, wird in der Phänomenstruktur der „neuen Gastarbeiter" ausführlicher erklärt.

c) Gastarbeiter im Ausland

Die Thematisierung der Gastarbeiter und Gastarbeiterinnen im Ausland ist der letzte Diskursstrang, der im gesamten Gastarbeiterdiskurs analysiert wird. Die Untersuchung ist deswegen zielführend, da sie hilft, einen kontextuellen Kontrast in der Beschreibung der Gastarbeiter und Gastarbeiterinnen zu erhalten, indem die Beschreibung der ausländischen Gastarbeiter und Gastarbeiterinnen in Deutschland im Vergleich zu der Beschreibung jener im Ausland scharfe Konturen gewinnt. Der Unterschied ist bedeutsam. In Deutschland ist die Diskriminierung, die Anwesenheit von Vorurteilen und die Ausbeutung der ersten Gastarbeiter und Gastarbeiterinnen in den „dirty, dangerous and dreadful" Jobs in der Retrospektive eine marginalisierte Perspektive. Umso erstaunlicher ist die Berichterstattung über die Ausbeutung und Diskriminierung der Gastarbeiter und Gastarbeiterinnen in anderen Ländern.

Im Wesentlichen existieren Berichte über „deutsche Gastarbeiter" (Focus 13.07.2009) und Länderberichte, in denen die Situation ausländischer Gastarbeiter und Gastarbeiterinnen beschrieben wird. In den Artikeln zu deutschen Gastarbeiter und Gastarbeiterinnen im Ausland werden die Vorteile für die Individuen und die Nachteile für Deutschland geschildert. Aufgrund von Lohnunterschieden und der mangelnden Wertschätzung ihrer Arbeitskraft verlassen qualifizierte Fachkräfte Deutschland. Die Beschreibung der Vorzüge für deutsche Gastarbeiter und Gastarbeiterinnen im Ausland geschieht vor der negativen Kontrastfolie zu Deutschland. Aus deutscher Perspektive ist dies eine typische Brain-Drain-Situation. In der Konkurrenz mit anderen Nationalstaaten wird die Forderung formuliert, dass Deutschland sich reformieren muss. „Die Botschaft ist kaum zu missverstehen: Wenn Deutschland nichts tut, laufen die anderen uns den Rang ab.“ (Bild 17.10.2010)

Im Vergleich zu den Länderberichten, in denen die Situation ausländischer Gastarbeiter und Gastarbeiterinnen beschrieben wird, ist die Berichterstattung über die deutschen Gastarbeiter und Gastarbeiterinnen wenig anlassorientiert. Anlass für eine kritische Berichterstattung ihrer Situation im Ausland liefern insbesondere die Austragung der Olympiade in Soschi (Russland), die Organisation der Fußball-WM 2022 in Katar sowie Berichte zur Wirtschaftskrise in verschiedensten Ländern wie beispielsweise Russland, Spanien, Schweden, Griechenland und Rumänien. Die Berichte haben alle ein ähnliches Argumentationsmuster: Die Arbeitsbedingungen und die Fremdenfeindlichkeit werden kritisch begutachtet. Die Dramatisierung in diesen Berichten ist ein auffälliges Stilmittel: „Gastarbeiter in Schweden – Sklavenarbeit im Beerenwald.“ (taz 09.08.2010) Zudem nehmen Medien wie Welt, Focus und Bild, die im Sample am wenigsten über die Diskriminierung und Ausbeutung der Gastarbeiter und Gastarbeiterinnen in Deutschland berichteten, nun eine Opferperspektive ein und kehren somit die Deutung der Gastarbeiter und Gastarbeiterinnen um. Beispielhaft dafür sind die Artikel: „Rassistische Attacken: Rumänen verlassen Belfast“ (Focus 23.06.2009), „Der Mord an dem jungen Jegor Schtscherbakow (25) wühlt Russland auf! Fremdenfeindliche Ausschreitungen, Großrazzien, Haftbefehle – was ist los in Moskau?“ (Bild 15.10 2013) und „Russland den Russen – Migranten in Moskau fürchten um ihr Leben“ (Focus 14.10.2013). Tagesschau.de berichtet im Vergleich zu anderen Gastarbeiter-Themen sehr ausführlich über die menschenunwürdigen Arbeitsbedingungen auf den WM-Baustellen in Katar: „Nepalesische Migranten in Katar – Verraten, verkauft, entrechtet.“ (26.03.2013) In der Berichterstattung zu den Gastarbeitern im Ausland bedient sich der Diskurs der narrativen Strukturen der zivilisatorischen Errungenschaften eines modernen Staates, die in den angesprochenen Ländern bereits verloren gegangen sind oder verloren gehen. Der ausländische Nationalstaat wird als eine Entität beschrieben, der die Rechte von Minderheit aushebelt und Menschenrechte nicht ausreichend schützt. Dementsprechend beobachten deutsche Medien, inwiefern soziale Standards im Ausland eingehalten werden. Ist in der medialen Berichterstattung zur Situation der Gastarbeiter und Gastarbeiterinnen in Deutschland die Position der Diskriminierung selbiger nur eine Minderheitsposition, so verschiebt sich diese Position bzgl. der (deutschen) Gastarbeiter und Gastarbeiterinnen im Ausland zu einer Mehrheitsposition.

Die Phänomenstruktur der neuen Gastarbeiter

Die Analyse der Phänomenstruktur erklärt, inwiefern die erwünschten Immigranten und Immigrantinnen als die „neuen Gastarbeiter" im Diskurs sozial konstruiert werden. Dabei gilt gemäß den Annahmen der WDA, dass erst im Prozess der Thematisierung der „neuen Gastarbeiter" das Phänomen Gestalt annimmt. Grundsätzlich ist der Terminus der „neuen Gastarbeiter" ein machtvoller Begriff, weil nur eine geringe Bedeutungsvarianz im Diskurs vorhanden ist. Die Auswahl von Sinneinheiten zur Konstruktion des Phänomens beschränkt sich auf wenige Bedeutungen. Mit anderen Worten: Die Wissensordnungen, die in die Konstruktion von diskursiven Aussagen über die „neuen Gastarbeiter" einfließen, sind nicht konfliktträchtig. Die entwickelte Phänomenstruktur der „neuen Gastarbeiter" deutet darauf hin, dass diese als (hoch-)qualifizierte Fachkräfte definiert und als mobile Gäste in Deutschland wahrgenommen werden. Die Analysen zeigen weiterhin, dass die „neuen Gastarbeiter" darüber bestimmt werden, dass sie in einem spezifischen Verhältnis zur ersten Arbeitsmigration nach Westdeutschland gesetzt werden. Deutlich ist eine Parallele zu der Beschreibung der Gastarbeiter und Gastarbeiterinnen in den 1950er/1960er Jahren zu erkennen. Es kann davon ausgegangen werden, dass der Diskurs erst durch diese Relationierung das Phänomen der „neuen Gastarbeiter" als qualifizierte Fachkräfte kategorisieren und legitimieren kann. Wenig überraschend ist dann, dass das Hauptkonzept zur Evaluierung der Immigranten und Immigrantinnen der ökonomische Nutzen ist. Die „neuen Gastarbeiter" erhöhen durch ihr Humankapital die ökonomische Wettbewerbsfähigkeit der deutschen Wirtschaft. In der Relationierung der „neuen Gastarbeitern" zu den alten wird eine Problematisierung erzeugt, die nach dem Grad der Qualifikation und Kompetenz bestimmt wird. Die neuen sind die qualifizierteren Arbeitsmigranten und -migrantinnen. Gleichzeitig gilt es einschränkend anzumerken, dass der ökonomische Nutzen zwar der dominante Wert zu Evaluierung ist, jedoch ist es nicht der einzige. Aber auch hier sind die Bedeutungsvarianzen gering. Grundsätzlich ist in der Relationierung der „neuen Gastarbeiter" zu den alten die Erwartung präsent, dass mit einer erhöhten Qualifikation die Integration in *die* Gesellschaft unproblematischer verläuft, als dies bei den ersten Gastarbeiter und Gastarbeiterinnen der Fall war. In dieser Erwartung kommt gleichzeitig die Widersprüchlichkeit des Phänomens der „neuen Gastarbeiter" zum Ausdruck. Die Arbeitsmigranten und -migratinnen werden weiterhin als Gäste und nicht als Einwanderer adressiert, aber falls eine permanente Migration wahrscheinlich wird, ist das Szenario der Integration erfolgversprechender als bei den ersten Gastarbeiter und Gastarbeiterinnen. Die einzelnen Dimensionen der Phänomenstruktur werden im Folgenden ausführlicher besprochen.

Ursachen und Konsequenzen

„Eine neue Generation von Migranten kommt nach Deutschland: die europäischen Krisenflüchtlinge" (Spiegel 25.02.2013)

Die „neuen Gastarbeiter" sind Krisenflüchtlinge aus Süd- und Osteuropa. Sie flüchten aus einer wirtschaftlichen Notsituation nach Deutschland. Die Adressierung als Krisen- und nicht als Wirtschaftsflüchtling setzt den Glauben einer Temporalität der Notsituation voraus. Dieser Glaube konstruiert zugleich eine Erwartung der Rückkehr, wenn die Krise vorbei ist: „Merkel begrüßt die aktuelle Zuwanderung von Fachkräften aus den Krisenstaaten der EU. Wenn sich die Situation in den Heimatländern wieder verbessere, könnten diese Menschen aber auch wieder zurückkehren, sagte sie." (taz 29.05.2013) Zugleich impliziert der Raum Europa eine gemeinsame Identität, in der sich Deutschland solidarisch gegenüber den Mitgliedern des gemeinsamen EU-Raumes zeigt. Dementsprechend werden zum einen die Ursachen in den Herkunftsländern als Push-Faktoren thematisiert: „Fachkräfte – Job-Krise! Junge Spanier stürmen Deutschland" (Bild 23.06.2011) Zum anderen wird die deutsche Wirtschaftskraft in Zeiten der Krise als ein Pullfaktor dargestellt: „Deutsche Wirtschaftskraft lockt immer mehr Zuwanderer." (Focus 21.11.2013) Somit werden die Ankunfts- und Zielländern ursächlich mit der Migration in Verbindung gebracht. Durch die Schuldenkrise in den südeuropäischen Staaten, die zu einer hohen Arbeitslosigkeit geführt hat, suchen die „neuen Gastarbeiter" ihr Glück in Deutschland und nehmen sich „ihre Großeltern zum Vorbild" (SZ 20.11.2011). In ihren Heimatländern sind sie die „Generation Null" (Welt 02.12.2010), die trotz ihrer hohen fachlichen Qualifikation von Arbeitslosigkeit betroffen oder bedroht ist. Die Migration der „neuen Gastarbeiter" wird wiederum dadurch begünstigt, dass Deutschland in der europäischen Wirtschaftskrise einen robusten Arbeitsmarkt hat, der die Zuwanderer aufgrund des Fachkräftemangels und des demografischen Wandels gut gebrauchen kann. Die Konsequenzen werden positiv gerahmt. Es ist eine dreifache Win-win-Situation. Deutschland profitiert von den qualifizierten Arbeitskräften, die „neuen Gastarbeiter" erhalten einen berufliche Chance in Deutschland und das Heimatland profitiert von den Rücküberweisungen bzw. von der in der Zukunft erhofften Rückkehr von erfahrenen Fachkräften, die sich im Ausland bewährt haben.

Verantwortlichkeit

„Und im globalen Standortwettbewerb geht es längst nicht mehr um die Schichtarbeiter, sondern um Hoch- und Höchstqualifizierte. Die aber sind rar."
(FAZ 20.11.2010)

Die Adressierung der Verantwortlichkeit resultiert zum einen aus der Diagnose eines Fachkräftemangels, der in Verbindung mit einem demografischen Wandel steht. Die Kategorie der Bevölkerung und der Steuerung selbiger wird als eine staatliche Verantwortung konstruiert und infolgedessen werden die Repräsentanten des Staates in ihrer Verantwortung wahrgenommen, den Fachkräftemangel über eine gesteuerte Zuwanderung zu reduzieren. Dementsprechend wird die Bundesregierung von der politischen Opposition, von Unternehmensverbänden und wissenschaftlichen Organisationen dazu aufgefordert, die Anwerbung zu vereinfachen und die Diskriminierung von Fachkräften durch die Förderung einer Willkommenskultur abzubauen. Das Subjekt der diskursiven Aussagen spricht aus einer Position, die den Wohlstand von Deutschland im Blick hat und diesen zugleich gefährdet sieht. Das Gemeinwohl ist vor allem ein wirtschaftliches Wohl. Gerade im Standortwettbewerb mit anderen Nationalstaaten wird die formale Erleichterung der Einwanderung von Hoch- und Höchstqualifizierten dem politischen System zugerechnet. Die Anwerbung der Hochqualifizierten obliegt den Unternehmen. Deutlich erkennbar wird die Zuschreibung der Verantwortung an die Unternehmen anhand der sich nicht zu wiederholenden Erfahrung aus der letzten EU-Osterwertung von 2004, als die Fachkräfte einen Bogen um den deutschen Arbeitsmarkt gemacht haben: „Deutsche Firmen müssen die neuen Gastarbeiter heftig umwerben.“ (FAZ 17.04.2011) Wenn Unternehmen die Fachkräfte nach Deutschland „locken“ wollen, so müssen sie selbst einen Beitrag zur Anwerbung sowie die Integration der Arbeitsmigranten und -migrantinnen leisten. Insbesondere dann, wenn es sich um Unternehmen in einem ländlichen Raum handelt.

Auch die Verantwortung Deutschlands zur Zeit der Wirtschaftskrise in Europa wird thematisiert. Dementsprechend wird das Verhältnis der „neuen Gastarbeiter“ zum Thema Integration ähnlich beschrieben wie in den 1950/1960er Jahren. Der Austausch von Gastarbeiter und Gastarbeiterinnen zwischen verschiedenen europäischen Ländern verstärkt die europäische Integration, die im Wesentlichen dazu bestimmt ist, eine wirtschaftliche Integration zu sein.[24] Auch heute unterstützt Deutschland wieder junge Europäer dabei, einen Job zu finden und betreibt damit erfolgreich „Entwicklungshilfe“ für die wirtschaftlich weniger erfolgreichen Länder in Europa.

24 Valentin Rauer betont, dass überraschenderweise der millionste Gastarbeiter in den 1960er Jahren weniger als Zeichen erfolgreicher Integration, sondern vielmehr als Zeichen der erfolgreichen Entwicklungspolitik in Europa gedeutet wurde (Rauer 2013).

Auffällig in der Adressierung der Verantwortung ist die Homogenisierung von gesellschaftlichen Akteuren bzw. auch Teilsystemen der Gesellschaft. *Die* Wirtschaft und *die* Politik verlieren *den* Wohlstand *der* deutschen Gesellschaft aus dem Blick. Die Funktion dieser Homogenisierung lässt sich anhand der Empirie nicht eindeutig bestimmen. Es kann jedoch begründet angenommen werden, dass darüber eine gesamtgesellschaftliche nationale Einheit konstruiert wird, in dem jedes nationale Teilsystem, sei es die deutsche Politik, die deutsche Wirtschaft, das deutsche Bildungssystem die Anwerbung von Hochqualifizierten im Interesse der prosperierenden Einheit fördern soll. Da diese prosperierende Einheilt letztendlich unbestimmt bleibt, ist es ein nicht hinterfragbarer Bezugspunkt im Diskurs, anhand dessen das Kollektiv imaginiert wird.

Eigenschaften

„Im Unterschied zur ‚Gastarbeiter-Welle' vor einigen Jahrzehnten haben hiesige Firmen heute großes Interesse an Fachkräften." (taz 22.12.2011)

Die Beschreibung der „neuen Gastarbeiter" bezieht sich vor allem auf die Darstellung ihrer Qualifikation und deren Nutzen für den deutschen Arbeitsmarkt. Deutschlands erwünschte Zuwanderer sind „kluge Köpfe". Sie sind Fachärzte, Ingenieure und Informatiker. Sie werden in den biografischen Darstellungen als anpassungswillig, erfolgsorientiert und modern beschrieben. In ihren Heimatländern sind sie Opfer der Wirtschaftskrise. Mit der Entscheidung zur Migration wollen sie sich persönlich aus der Krise befreien. In Deutschland werden sie händeringend gesucht und wenn sie beschäftigt sind, tragen sie zum Wohlstand Deutschlands bei. Die Frage, die bei der Beschreibung der Eigenschaften der „neuen Gastarbeiter" in der Analyse aufkam, lautet: Warum werden diese nicht als arbeitslose Südeuropäer dargestellt, die nun in Konkurrenz zum deutschen Arbeitsangebot treten? Was sind somit die Bedingungen, die die „neuen Gastarbeiter" als Synonym für qualifizierte und erwünschte Arbeitskräfte darstellen lässt? In der Tat existieren Artikel, die die Arbeitsmigranten als arbeitslose Europäer beschreiben, die zur Zeit der Schuldenkrise nach Deutschland kommen: „Arbeitslose Griechen und Spanier – Südeuropäer strömen auf den deutschen Arbeitsmarkt." (Focus 31.03.2013) Allerdings treten die „neuen Gastarbeiter" im Zusammenhang mit Arbeitslosigkeit nicht auf. Sie gehören nicht zu der „globalen Gastarbeiterklasse" (FAZ 06.03.2011). In den genannten Beiträgen gibt es keinen Bezug zur Bezeichnung der „neuen Gastarbeiter", was die These erhärtet, dass sich „neue Gastarbeiter" als ein feststehender Ausdruck zur Bezeichnung von qualifizierten Arbeitsmigranten etabliert hat.

Die Beschreibung der Eigenschaft der „neuen Gastarbeiter“ erfolgt vor dem Hintergrund der Erfahrung mit den alten Gastarbeitern und Gastarbeiterinnen: „Wir sind die neuen Gastarbeiter, nur bringen wir Laptop und Diplom mit und keinen Karton mehr mit Wurst und Sardinenkonserven wie die Auswanderer der 60er Jahre.“ (SZ 20.11.2011) Die heutigen qualifizierten Arbeitsmigranten und -migrantinnen werden mit den damaligen unqualifizierten in Beziehung gesetzt. Das Äquivalenzprinzip für den Vergleich im Diskurs ist die meritokratische Triade von Bildung und Beruf und zum geringen Teil das Einkommen. Der Begriff alleine legt schon die Vermutung nahe, dass sich das Phänomen die „neuen Gastarbeiter“ über die Differenzbildung zu den ersten, also den alten Gastarbeitern konstruiert. Mit der Problematisierung und der gezielten Abwertung der alten Gastarbeiter und Gastarbeiterinnen wird der zentrale Unterschied herausgearbeitet. Beispielsweise wird das Neue im Unterschied zum Alten wie folgt im Diskurs beschrieben:

> „In Spanien boomt das Interesse am deutschen Arbeitsmarkt. Anders als die niedrig qualifizierten Gastarbeiter in den 60er-Jahren planen jetzt vor allem junge Akademiker die Emigration und stürmen Sprachschulen, die Deutschkurse anbieten.“ (Focus 06.06.2011)

> „Allein im vergangenen Jahr sind fast doppelt so viele Griechen nach Deutschland ausgewandert wie 2010, und nach Essen kommen nicht mehr Gastarbeiter für die Stahlwerke, sondern die Qualifizierten, die Hochschulabsolventen, Einser-Studenten […].“ (FAZ 17.06.2012)

Im Diskurs lässt sich immer wieder die Aussage über das eigenverantwortliche Individuum antreffen, welches sich durch seine persönlichen Leistungen des deutschen Spracherwerbs in den Arbeitsmarkt integriert. Das persönliche Ziel der „neuen Gastarbeiter“ ist es „[...] so gut Deutsch zu lernen, dass ich es perfekt beherrsche“ (Welt 09.11.2011). In einer Reportage über die „neuen Gastarbeiter“ auf dem online Portal karriere.de von Handelsblatt und Wirtschaftswoche ist die Bildungsaspiration zentral:

> „Beatriz Millán aus dem spanischen Saragossa dagegen hat für ihren Geschmack zu viel Freizeit. Zwar verbringt die IT-Ingenieurin einen Großteil des Tages damit, ihr Deutsch zu verbessern: Täglich drei Stunden büffelt sie in der Sprachschule.“ (Tagesspiegel 22.01.2012)

Im Kontext der Qualifikation wird die Mobilität der „neuen Gastarbeiter“ hervorgehoben: „[...] denen, die wirklich nach Deutschland gehen wollen, planen die wenigsten eine Auswanderung für immer. Die Generation junger Italiener steht für Mobilität, nicht unbedingt für dauerhafte Migration." (Bild 03.11.2012) Hinzu kommt die Betonung, dass die „neuen Gastarbeiter" nicht für Sesshaftigkeit stehen, sondern eher zwischen verschiedenen Standorten und Kulturen pendeln. Indem die wünschenswerten Immigrierten als Gastarbeiter und Gastarbeiterinnen bezeichnet werden, wird gleichzeitig eine Nicht-Sesshaftigkeit angenommen. Sie kommen wegen der Arbeit und verlassen Deutschland wieder. Sie sind Arbeitsnormaden, wie die Untersuchung der Phänomenstruktur gezeigt hat:

„Doch diesmal ist vieles anders, sagen Wissenschaftler. Wurde für das Wirtschaftswunder der sechziger Jahre vor allem um geringqualifizierte Kräfte geworben, sind die heutigen Arbeitsnomaden ‚in der Regel sehr gut qualifiziert, teilweise besser als die meisten Deutschen', wie der Ökonom Herbert Brücker vom Institut für Arbeitsmarkt- und Berufsforschung sagt." (FAZ 15.02.2013)

Buchstäblich bedeutet „Gast sein" im Sinne von Georg Simmel heute zu kommen und morgen wieder zu gehen. Die „neuen Gastarbeiter" verkörpern den Typus einer Migrationsform, dessen Vorteile für die taz auf der Hand liegen:

„Die neue Zauberformel heißt: ‚Zirkuläre Migration'. Ein Konzept, das allen Seiten zu Gute kommen soll. Migranten profitieren, indem sie im Ausland Arbeit finden und dort Kapital und Wissen anhäufen, mit dem sie sich in ihrer Heimat ein besseres Leben aufbauen können. Die Herkunftsländer profitieren von Rücküberweisungen aus dem Ausland sowie dem Knowhow der Rückkehrer." (taz 22.09.2011)

Allerdings ist die Beschreibung der Mobilität nicht durchgängig im Kontext der „neuen Gastarbeiter" anzutreffen. Wird aus der Perspektive der deutschen Wirtschaft gesprochen, dann besteht ein grundsätzliches Interesse an der Sesshaftigkeit der qualifizierten Arbeitskraft. Wird aus der Perspektive der „neuen Gastarbeiter" gesprochen, so ist die deutsche Gesellschaft in der Pflicht, die Integration durch eine Willkommenskultur zu erleichtern: „‚Sie wollen hier leben!', sagt Cardiello. ‚Sie wollen integriert sein und auf Augenhöhe mit den Deutschen stehen.' Wenn das misslingt, können sie ganz schnell wieder weg sein." (FAZ 01.06.2013) Die Beurteilung der Kultur dreht sich in diesem Fall um. Nicht die migrantische Kultur wird auf ihre Anpassungsfähigkeit bewertet, sondern die deutsche Kultur muss sich bei der Anwerbung von qualifizierten Fachkräften bewähren.

Insbesondere die „neuen Gastarbeiten" aus Spanien werden in den Medien positiv beschrieben. Als Arbeitskräfte seien Spanier „anständig und zuverlässig".

Sie lernen schnell und „arbeiten phantastisch“ (SZ 20.11.2011). In Hessen werden die Spanier sogar mit einem eigens für sie eingerichtet virtuellen „Welcome Center“ begrüßt. Auffällig ist, dass keine Aussagen über türkische Immigranten und Immigrantinnen im Kontext der „neuen Gastarbeiter“ anzutreffen sind. Die „neuen Gastarbeiter“ stammen aus den Ländern Spanien, Italien und Griechenland und sie sind im Vergleich zu der medialen Repräsentation der ersten Gastarbeiter und Gastarbeiterinnen vor allem auch weiblich. Mit anderen Worten wird in diesem aktuellen Einwanderungsdiskurs nicht mehr nach Geschlecht unterschieden.

Die Abgrenzung zu den alten Gastarbeiter und Gastarbeiterinnen geschieht vor der dem Hintergrund einer Integrationserwartung an die Neuen, weil die Integration bei den jenen ein „brisantes Thema“ im Diskurs ist. Schließlich sind die Folgen „fehlgeschlagener Integration aus der Anwerbewelle im vergangenen Jahrhundert noch heute spürbar“ (FAZ 09.02. 2013).

Als die „neuen Gastarbeiter“ in Deutschland ankommen, gerät nicht nur ihre Qualifikation in den Fokus, sondern auch die kulturelle Ähnlichkeit der Gastarbeiter und Gastarbeiterinnen mit den Deutschen. Diese Ähnlichkeit wird durch die Betonung einer gemeinsamen europäischen Kultur konstruiert. Im Zentrum dieser Kultur steht die Erwartung eines selbstbestimmten Lebens. Dieser Wert wird auf der einen Seite bei der Emanzipation der (weiblichen) Nachkommen von der ersten Generation beschrieben: „Sie wollen sich nicht den tradierten Werten ihrer Herkunftsregionen anpassen, sie wollen so leben wie Frauen in westlichen Gesellschaften: frei, selbstbestimmt, emanzipiert.“ (Spiegel 07.04.2012) Auf der anderen Seite ist die Autonomie bei der Beschreibung der Eigenschaften der „neuen Gastarbeiter“ zentral, um die kulturelle Ähnlichkeit zu thematisieren. Es sind liberale Werte wie beispielsweise die positive Einstellung bezüglich der Gestaltung ihrer eigenen Zukunft, wenn sie sich aus der Krisenheimat auf den Weg machen, um ihre beruflichen Chancen zu nutzen. Die persönlichen Folgen dieser Charaktereinstellung bringt die folgende diskursive Aussage auf den Punkt: „Sie ist optimistisch, dass ihre Zukunft in Hamburg liegt – zumindest in den kommenden Jahren. Hier hat sie auch andere Spanier getroffen, die aus den gleichen Gründen ihr Land verließen. Und einen deutschen Freund hat sie auch schon.“ (Welt 09.11.2011) Die ähnlichen Werte führen zu einer unproblematischen Akkulturation. Die soziokulturelle Differenz, die sich automatisch aus der Migration ergibt, führt bei den „neuen Gastarbeiter“ nicht zur Diskriminierung. Die Eigenschaften sind grundsätzlich nicht konfliktträchtig und werden nicht aus einer defizitären Anpassungsordnung heraus betrachtet.

In diesem Teil in der Analyse wurde versucht, die Kategorie der kulturellen Ähnlichkeit durch einen maximalen Kontrast der Bedeutungen zu ergänzen bzw.

auch zu widerlegen. Ein gutes Beispiel für die maximale Kontrastierung der Bedeutung ist der Artikel „Integration – Einmarsch der Italiener“ (Spiegel 27.09.2010). In dem Artikel wird beschrieben, wie rund tausend italienische Gastarbeiter eine Gaspipeline entlang der Oder errichten. Die Frage lautet hier im Text: „Wie uckermärkisch müssen Italiener sein, selbst wenn sie nur kurz bleiben?“ (Ebd.) Die Antwort erfolgt in der „wanted but not welcome“-Logik:

„Einerseits sind sie froh über den Aufschwung durch die vielen Gastarbeiter, fast alle Ferienunterkünfte sind ausgebucht. ‚Für die Region ist es ein kleiner Hauptgewinn‘, sagt Ramona Fischer von der Kreisverwaltung. Andererseits wollen die Fremden nicht so recht zur uckermärkischen Leitkultur passen, die zu nahezu 100 Prozent von deutschen Einwohnern geprägt ist.“ (Ebd.)

Die kulturelle Ähnlichkeit zwischen den italienischen Gastarbeiter und der deutschen Kultur in der Uckermark könnte nicht größer sein und eine Anpassung erfolgt aufgrund der geschlossenen, zum Teil rückständigen Gesellschaft in der Uckermark nicht. Inwiefern die Gastarbeiter hier als ein Symbol funktionieren, um die Rückständigkeit bestimmter Region in Deutschland zu thematisieren, wird in der diskurstheoretischen Interpretation wieder aufgegriffen.

Problemstärke

„Deutscher Arbeitsmarkt – Gastarbeiter dringend gesucht“
(FAZ 17.04.2011)

Der Diskursanalytiker Teun van Dijk argumentiert, dass Diskurse über Migration sich auf Probleme fokussieren. Entweder verursachen Migranten und Migrantinnen Probleme oder sie haben Probleme im Ankunftsland (van Dijk 1992). Im Falle der „neuen Gastarbeiter“ kann demonstriert werden, dass diese Einwanderer keine Probleme verursachen. Stattdessen gelten sie für viele Probleme als die Lösung, so zum Beispiel für den demografischen Wandel und den Fachkräftemangel. Durch die Verknüpfung des diskursiven Feldes der Einwanderung mit anderen Feldern, wie mit dem Wirtschaftswachstum und Arbeitsmarkt, ist das Problem der mangelnden Anwerbung hochqualifizierter Immigranten und Immigrantinnen nicht zu leugnen, sondern es wird erweitert und legitimiert. Deutlich ist dies daran zu erkennen, dass der Mangel an Fachkräften und hochqualifizierten Spezialisten insbesondere von Unternehmensverbänden beklagt wird, die dann maßgeschneiderte Zulassungsprogramme von der Regierung fordern, um die Wirtschaftskraft zu fördern. Zudem wird durch die Verbindung mit medial alltäglichen Themen das grundsätzliche Problem der Förderung qualifizierter Zuwanderung verständlicher gemacht.

Wer spricht über wen?

„‚Ich lebe den deutschen Traum', sagt sie."
(Spiegel 25.02.2013)

Im Diskurs zu den „neuen Gastarbeitern" kommen die Immigranten und Immigrantinnen selbst zu Wort. Der Diskurs spricht anstatt über sie, mit ihnen über die Migration. Die Migranten und Migrantinnen schildern die Perspektivlosigkeit in ihrer Heimat, der Entscheidung zur Migration und die Ankunft in der deutschen Gesellschaft. Eine oft wiederholte Erfahrung ist die Integration in den Betrieb und in die städtische Gesellschaft. Diese Eingliederung wird als eine Eingewöhnungsphase beschrieben, in der die noch vorhandenen Sprachprobleme reduziert werden. Die Eingewöhnungsphase in den großen deutschen Städten ist weitgehend unproblematisch, denn die Zuwanderer berichten von einer europäischen Gemeinsamkeit.

„‚Ich wusste so gut wie nichts von Hamburg, als ich hier ankam', sagte Pierluigi Serlio aus Pescara: ‚Mir war es aber auch ziemlich egal, in welcher Stadt ich arbeite. Es sollte nur in Europa sein.' Auch wenn er von der Hansestadt noch nicht allzu viel gesehen hat, bezeichnet er sie als ‚das Barcelona des Nordens'. Sein Kollege Valerio Villani pflichtet ihm bei: ‚Ich mag Hamburg, weil es so wenig deutsch ist und mich manchmal sogar an Italien erinnert'." (Welt 24.08.2008)

Dieses Szenario wird damit beschrieben, dass sich die Immigranten und Immigrantinnen richtig wohl fühlen. Anders sieht der Fall für deutsche Kleinstädte aus: „Seine Arbeit gefällt ihm, die Bezahlung ist gut, aber an die baden-württembergische Provinz muss er sich gewöhnen." (Spiegel 25.02.2013) Alleine dass die Zuwanderer in den Medien häufig zu Wort kommen und sich über ihr Schicksal in der Heimat und nun in Deutschland äußern können, ist, verglichen mit der ersten Arbeitsmigration in den 1950er und 1960er Jahren, einer der größten Unterschiede in der Darstellung der erwünschten Migration. Manuel J. Delgado erklärte die positive wie negative Stereotypisierung der Arbeitsmigranten damit, dass Journalisten keinen Kontakt zu den Immigranten und Immigrantinnen pflegten (1972, 11).

Durch die schwierige Eingewöhnung der „neuen Gastarbeiter" in den ländlichen Gebieten ist „erstmal viel Standortmarketing" (FAZ 09.02.2013) der Firmen und Kommunen gefragt. Diese Akteure berichten über ihre Anstrengungen, nach entsprechend qualifizierten Fachkräften zu suchen. Erstere aufgrund des Fachkräftemangel und letztere aus dem Wunsch heraus, den demografischen Wandel zu bekämpfen. Das Betrachten der oben genannten Akteure offenbart eine diskursive Verschiebung der Argumentationsmuster der Problematisierung von Migration. Nicht die migrantische Kultur der „neuen Gastarbeiter" ist das Problem, sondern die deutsche Kultur, die sich durch Anpassung an erwünschte Werte verändern muss. Insbesondere ist hier die Herstellung einer Willkommenskultur zu nennen. Die Willkommenskultur ist bei allen politischen Parteien zentraler Bestandteil der Argumentation, um qualifizierte Fachkräfte nach Deutschland zu holen. Von dieser Willkommenskultur profitieren alle Akteure, wie es Ursula von der Leyen typisch zusammenfasst: „Sie hilft unserem Land, macht es jünger, kreativer und internationaler. Jeder gewinnt. Die jungen Leute, weil sie im Beruf durchstarten können, unsere Wirtschaft, weil Fachkräfte auf offenen Stellen nachströmen." (Spiegel 25.02.2013) Die Beschreibung der Anwerbungspolitik vollzieht sich allerdings nur auf der symbolischen Ebene und es wird nicht über einen administrativen-politischen Vorgang des Staates zur Rekrutierung von Arbeitsmigranten berichtet. Die Anwerbungspolitik wird genutzt, um eine gewünschte Identität zu konstruieren und die Frage danach zu beantworten, wie unserer Land sein soll.

Von Wirtschaftsverbänden, Forschungsinstituten und einzelnen Migrationsforschern kommen dahingehend klare Beschreibungen der aktuellen Ist-Situation und der gewünschten Soll-Situation. Diesen Akteuren – unter anderem dem IT-Verband Bitkom, dem Sachverständigenrat deutscher Stiftungen für Integration und Migration (SVR), dem Institut für Arbeitsmarkt- und Berufsforschung (IAB) und der Bundesagentur für Arbeit – obliegt im Diskurs auf der einen Seite die Funktion, den Fachkräftemangel und demografischen Wandeln exakt mit Zahlen zu quantifizieren. Auf der anderen Seite leiten sie aus den Zahlen klare Forderungen an eine neue Zuwanderungspolitik ab. Erwartbar ist, dass sich diese nach den jeweiligen medialen Positionen der Akteure im Diskurs unterscheiden. Allerdings ist eine Gemeinsamkeit in den Positionen der unterschiedlichen Akteure, dass die Zuwanderung primär anhand der Qualifikation gesteuert werden soll. Dies ist vor allem eine an den ökonomischen Interessen Deutschlands ausgerichtete Zuwanderungspolitik. „Der einzige Weg aus der Pannensituation" ist für Klaus Bade und den SVR die Einführung eines Modells, „das auf drei Säulen steht: ein Punktesystem für Qualifikationen ausländischer Interessenten, eine Engpass-Diagnose und eine sogenannte Akutsteuerung in besonders vom Mangel betroffenen Berufsfeldern" (09.08.2010). Auf die Frage „Welche Zuwanderer brauchen wir?" gibt Professor Klaus F. Zimmermann, Direktor des Bonner Forschungsinstituts IZA, *die* typische Antwort zur erwünschten Migration: „Wir brauchen dringend mehr qualifizierte Zuwanderer." (Bild 23.10.2013) Im Interesse der Wirtschaft müssten Zuwanderer nach einem transparenten Punktesystem ausschließlich danach ausgewählt werden, „welchen ökonomischen Vorteil sie uns bringen" (ebd.).

Die Forderung einer ökonomischen Ausrichtung der Zuwanderungspolitik wird in einen Zusammenhang mit dem Versagen der bisherigen Integrationspolitik gestellt, die schon längst auf eine gezielte Auswahl von Zuwanderern hätte umgestellt werden müssen, damit sich keine Probleme bei der Integration ergeben. Die Annahme im Diskurs lautet somit: Je höher das Qualifizierungsniveau der Arbeitsmigranten, desto größer die Bereitschaft, sich durch das Erlernen der Sprache in den Arbeitsmarkt zu integrieren.

Wertbezug

„Früher fehlte der Mann am Band, heute der Spezialist."
(Bild 31.07.2010)

Im öffentlichen Diskurs gilt es als selbstverständlich, dass der Wohlstand Deutschlands vom Wirtschaftswachstum abhängt. Die qualifizierten Fachkräfte tragen zum wachsenden ökonomischen Wohlstand bei und erinnern so an die alten Gastarbeiter und Gastarbeiterinnen, die damals „noch" keine Probleme verursachten. Diese Verbindung mit einem gut etablierten und konventionellen Bestand an Wissen (Einwanderung von Gastarbeiter und Gastarbeiterinnen bedeutet wirtschaftlicher Wohlstand) legitimiert die heutige Zuwanderung von Südeuropäern. Mit der Kopplung an das alte positiv wahrgenommene Gastarbeiter-Narrativ erhalten die qualifizierten Immigranten und Immigrantinnen eine große Plausibilität. Sie werden sozusagen nationalisiert, indem sie vor dem Hintergrund der deutschen Migrationserfahrungen bewertet werden. Auffällig beim Gastarbeiter-Narrativ ist allerdings bislang, dass diese nicht mehr undifferenziert wie früher als eine anonyme südländische Gruppe dargestellt werden (Schönwälder 2004), sondern als einzelne Individuen, die ihr Glück in Deutschland suchen. Der Fokus auf das einzelne Individuum bestimmt die mediale Darstellung der positiven Eigenschaften der erwünschten Zuwanderer.

Im Diskurs repräsentieren die „neuen Gastarbeiter" eine Norm, anhand derer Vergleiche zu anderen Migrantengruppen angestellt werden. Obwohl Gastarbeiter und Gastarbeiterinnen eine zahlenmäßige Ausnahme innerhalb des Gesamtphänomens weltweiter Arbeitsmigration darstellen, tendiert der öffentliche Diskurs dazu, die Arbeitsmigration – verkörpert durch die „neuen Gastarbeiter" – nach dem Bedarf und den Zugangsmöglichkeiten von hochqualifizierten Fachkräften zu normalisieren und entsprechend zu reduzieren. Im Vergleich wird die

Wirkungsmacht der „neuen Gastarbeiter" deutlich. Andere Formen der Migration, die aus dieser Kategorie herausfallen, werden mehr oder weniger aufgefordert, sich mit den Gastarbeiter und Gastarbeiterinnen zu vergleichen und den (ökonomischen) Nutzen für *die* deutsche Gesellschaft darzustellen.

Zusammenfassung

Die Analyse hat gezeigt, dass Gary P. Freeman in seiner Aussage zuzustimmen ist, dass sich die wahrgenommenen Fehler bei der Immigrationspolitik der Gastarbeiter und Gastarbeiterinnen in das öffentliche Gedächtnis fest eingeschrieben haben: „[T]he politics of immigration in these states is haunted by the mistakes, failures, and unforeseen consequences of the guestworker era [...] This message is so deeply seared into the public's consiousness [...]." (Freeman 1995, 890) Die „Langzeitkosten" der Integration der Gastarbeiter und Gastarbeiterinnen in die deutsche Gesellschaft sind der entscheidende Hintergrund, vor dem die Repräsentation der erwünschten Immigranten und Immigrantinnen im Diskurs konstruiert wird. Die Konstruktion der Kategorien „die neuen Gastarbeiter" ergibt sich aus der Strategie der Akteure, die Vergangenheit retrospektiv so zu konstruieren, dass sie der Gegenwart nutzt. Die Erwünschtheit konstruiert sich anhand der Merkmale der Qualifikationen und Kompetenzen sowie der damit einhergehenden ökonomischen gesteigerten Wettbewerbsfähigkeit Deutschlands. Gleichzeitig werden die erwünschten Zuwanderer als Gäste bezeichnet, denen eine grundsätzliche Mobilität zugeschrieben wird. Sie verkörpern somit den idealen Migranten: qualifiziert, liberal, weltoffen und anpassungsfähig. Inwiefern der Einwanderungsdiskurs dadurch die Illusion erzeugt, dass es sich erneut um eine temporäre statt um eine permanente Migration handelt, ist eine interessante Frage, die in der diskurstheoretischen Interpretation aufgegriffen werden soll. Zumal 2013 80 % der Personen mit Migrationshintergrund in Deutschland den Wunsch äußerten, für immer in Deutschland bleiben zu wollen (Destatis 2016, 44). Schließlich besteht auch die Erwartung, dass sich die „neuen Gastarbeiter" durch ihr erhöhtes kulturelles Kapital besser in die deutsche Gesellschaft integrieren können, als es bei den ersten Gastarbeiter und Gastarbeiterinnen der Fall war. Eine empirische, das heißt sozialstrukturelle Überprüfung dieser These scheint deswegen gewinnbringend zu sein. Die Analyse hat jedoch auch gezeigt, dass es sich bei der öffentlichen Auseinandersetzung nicht um einen Elitendiskurs handelt, sondern um eine breite massenmediale Rezeption der neuen und alten Gastarbeiter und Gastarbeiterinnen. Diese Auseinandersetzung ist durch starke Anti-Diskriminierungspositionen gekennzeichnet, die rassistische Äußerungen kritisch begleiten und de-legitimieren. Inwiefern dann Aussagen über ein primäres Differenzierungsmerkmal getroffen werden können, anhand dessen Immigranten und Immigrantinnen kategorisiert werden, ist ebenfalls Gegenstand der Interpretation im Kapitel „Diskurstheoretische Interpretation der Fälle".

DIE ARMUTSZUWANDERER ALS DIE „NOT WANTED AND NOT WELCOME"

Der zweite konstruierte Fall ist der Diskurs um die „Armutszuwanderung" in Deutschland. Auf den ersten Blick ist es offensichtlich, dass es sich hier – nicht wie bei den „neuen Gastarbeitern" – um eine Beschreibung der Einwanderung am unteren Ende der Sozialstruktur handelt. Der Begriff beschreibt als zu allererst eine Klassenlage. Bemerkenswert ist aber auch, dass die „Armutszuwanderung" im Diskurs kulturalisiert wird, insbesondere äußert sich dies durch die Beschreibung des Verhältnisses von Armut und Roma.

Die Darstellung des ersten Falls der „neuen Gastarbeiter" hat gezeigt, dass eine Kulturalisierung der Migration im Kontext der Menschenrechtsordnung höchst rechtfertigungswürdig ist. Die Norm der Anti-Diskriminierung ist im Diskurs aktiv. Die Frage hier ist also, wie die „Armutsmigranten und -migrantinnen" im Diskurs beschrieben werden, das heißt, welche Eigenschaften ihnen zugeschrieben und welche Verantwortlichkeiten adressiert werden sowie mit welchen Konsequenzen die Zuwanderung verhandelt wird. Die Ausgangsbeobachtung, dass die Immigranten und Immigrantinnen aus Osteuropa primär als „Armutszuwanderer" beschrieben werden und dementsprechend *Klasse* das primäre Merkmal zur Bezeichnung der Immigranten und Immigrantinnen ist, kann ein erster Hinweis auf die Grenzziehung sein. Inwiefern eine kulturelle Bezeichnung der Migration aus Osteuropa wie beispielsweise „Zigeuner" damit nicht mehr sagbar geworden ist, ist gleichzeitig Gegenstand der Diskursanalyse. Zusammengefasst soll mit diesem Fall die Frage beantwortet werden, wie die nicht erwünschten Immigranten und Immigrantinnen im Einwanderungsdiskurs sozial konstruiert werden.

Die Bezeichnung von Einwanderern als „Armutsmigranten" ist nicht neu, obwohl in der Historie des Einwanderungsdiskurses eher die Herkunftsländer als arm bezeichnet wurden als die Migranten und Migrantinnen selbst. Mit der Rekrutierung der ersten Gastarbeiter und Gastarbeiterinnen wurden die Herkunftsländer als Armenhäuser Europas charakterisiert: „Aus Europas Armenhäusern [...] eine Völkerwanderung zu deutschen Lohntüten." (Spiegel, zitiert nach: Böke 1997, 174)

Karin Böke interpretiert die Funktion der Gebäude-Metapher im Einwanderungsdiskurs, um die Zuwanderung von außen nach innen beschreiben zu können und den Ausgangs- und Zielort der Zuwanderung kontrastreich zu charakterisieren. Ersteres impliziert eine Tür- und Tor-Metapher, die die Zuwanderung symbolisch beschränken soll. Der „Armutszuwanderung" wird dann ein Riegel vorgeschoben. Letzteres kontrastiert die Armenhäuser mit der Bundesrepublik als „goldener Westen [...] Paradies, gelobtes Land, Schlaraffenland, Wirtschaftswunderland etc." (Böke 1997, 174). Die Kontrastierung hat die Funktion, die Motivation der Immigranten und Immigrantinnen zu beschreiben. Außerdem soll dadurch die „trügerische Illusion" zwischen dem Wunschbild und der alltäglichen Situation, die die Immigranten und Immigrantinnen in Deutschland erwartet, aufgezeigt werden.

Die Betitelung der Immigranten und Immigrantinnen als „Armutszuwanderer und -zuwanderinnen" erinnert auch an Debatten über ausländische Flüchtlinge. Insbesondere dann, wenn die Asylbewerber jenseits der verrechtlichten Terminologie (politisch Verfolgte, Illegale) diskutiert werden. Im Zuge dessen findet eine Moralisierung der Flüchtlinge statt, die die Motive der Asylsuchenden infrage stellt. Zu nennen sind hier diffamierende Vokabeln wie „Scheinasylanten, Wirtschaftsflüchtlinge, Asylbetrüger, -touristen etc." (Jung, Wengeler und Böke 2000, 28). Daraus wird im Einwanderungsdiskurs eine dichotome Gegenüberstellung der Kategorien der politischen Flüchtlinge und der Wirtschaftsflüchtlinge konstruiert. Bereits in den 1980er Jahren war die Umdeutung der politisch Verfolgten als Wirtschaftsflüchtlinge im Diskurs aktiv. Der humanitären Wissensordnung wurde die Wissensordnung der Belastung gegenübergestellt. Als Deutschland 1992 den vorläufigen Höchststand von 428.191 Asylsuchenden zu verzeichnen hatte, war diese dichotome Gegenüberstellung zentraler Bestandteil des Asylbewerberdiskurses.

Mathias Jung et al. betonen, dass die Alternativbezeichnung „Armutsflüchtling" nicht pejorativ gefärbt ist, weil mit diesem Begriff „weniger die erstrebten wirtschaftlichen Vorteile als vielmehr deren Armut als Fluchtgrund betont" wird (2000, 28). Zudem stellen die Autoren fest, dass die Begriffe Ein- und Zuwanderer besonders neutrale Begriffe sind, die im Zeitverlauf häufiger geworden sind. Dementsprechend hebt sich die Zusammensetzung des Wortes „Armutszuwanderung" im Einwanderungsdiskurs von den meist negativ konnotierten Begriffen zur Beschreibung der Immigration ab.

Diese kurzen Ausführungen haben verdeutlicht, dass die Zuwanderung aus Rumänien und Bulgarien nach Deutschland kein neues Phänomen ist, auch wenn der Begriff der „Armutszuwanderung" im Kontext der EU-Erweiterung dies suggerieren mag.

Obwohl die meisten Rumänen und Rumäninnen nach Spanien und Italien migrieren, ist auch die Zuwanderung von rumänischen Staatsangehörigen nach Deutschland von 2003 bis 2013 um 265 % gestiegen. Die Anzahl der bulgarischen Staatsangehörigen hat sich im selben Zeitraum fast vervierfacht (siehe Abbildung 13).

Abbildung 12: Zuwanderung aus Bulgarien und Rumänien nach Deutschland von 2003-2013

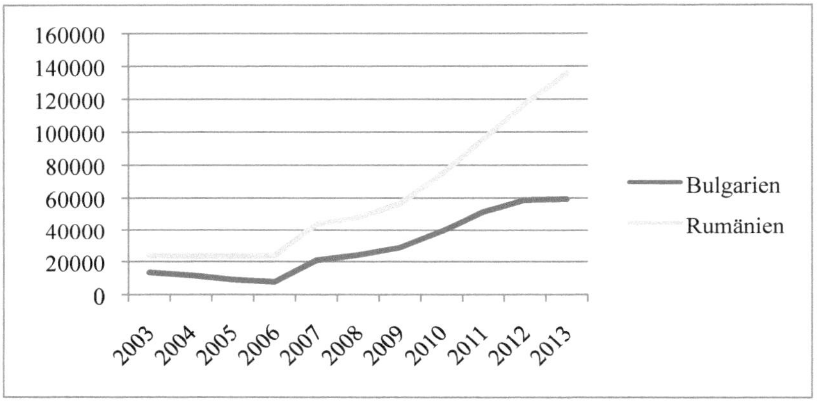

Quelle: Eigene Berechnung nach Destatis

Seit dem Beitritt Bulgariens und Rumäniens zur Europäischen Union am 01.01.2007 stieg die Zuwanderung nach Deutschland kontinuierlich an. Die Zuwanderer, die nach Deutschland kamen, wiesen ein mittleres bis hohes Bildungsniveau auf:

> „So waren unter den in Deutschland beschäftigten Bulgaren 43 % mit mittlerem und 34 % mit hohem Bildungsstand vertreten. Bei 50 % der rumänischen Arbeitskräfte wurde von einem mittleren und bei 20 % von einem hohen Bildungsniveau berichtet." (Hangenau, Humpert und Kohls 2014, 84)

Zudem sind die Immigranten und Immigrantinnen in ihrer Altersstruktur jünger als die Gesamtbevölkerung Deutschlands. Das Durchschnittsalter bei bulgarischen Männern liegt bei 33,3 Jahren (Frauen: 32,4 Jahren) und bei rumänischen Männern bei 32,8 Jahren (Frauen 32,4 Jahren). Zum Vergleich sind die Immigranten und Immigrantinnen aus den 27 EU-Ländern im Durchschnitt etwa sieben Jahre älter.

Die Arbeitsmarkt- und Beschäftigungssituation ist gekennzeichnet durch einen deutlichen Anstieg sozialversicherungspflichtiger Jobs (insgesamt um 160 % von 2011 bis 2014), aber auch durch einen deutlichen Anstieg der Arbeitslosigkeit (insgesamt um 183 % von 2011 bis 2014) unter den EU-2-Immigranten und -Immigrantinnen. Im selben Zeitraum ist die Anzahl von SGB-II-Empfängern ebenfalls stark angewachsen (insgesamt um 227 %). Die Abbildungen 14 und 15 geben einen Überblick über die Entwicklungen in diesen Bereichen.

Abbildung 13: Sozialversicherungspflichtig Beschäftigte in Deutschland mit Staatsangehörigkeit aus den EU-2-Ländern von 2000 bis 2014

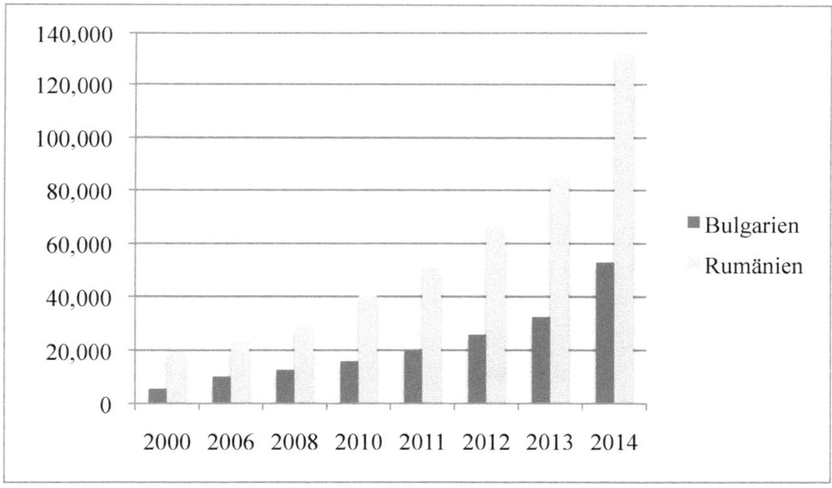

Quelle: Hagenau, Humpert und Kohls 2014, 91

Abbildung 14: Leistungsempfänger im SGB II in Deutschland mit der Staatsangehörigkeit aus den EU-2-Ländern von 2010 bis 2014 (Stichtag jeweils 30.01.)

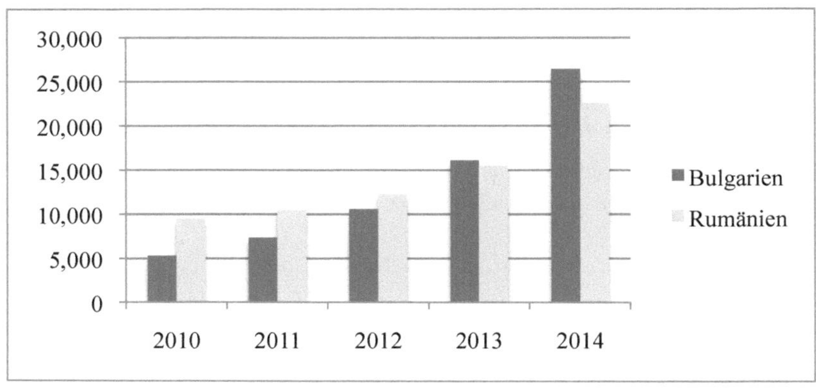

Quelle: BAMF 2014, 15

Insgesamt sind zwei deutliche Entwicklungen zu beobachten. Die Anzahl der sozialversicherungspflichtigen Beschäftigen, aber auch die Anzahl der SGB–II-Empfänger nimmt deutlich zu. Das BAMF weist daraufhin, dass seit der vollständigen Freizügigkeit für bulgarische und rumänische Staatsbürger und -bürgerinnen zum 01.01.2014 die sozialversicherungspflichtige Beschäftigung in den ersten vier Monaten mit rund 52.000 Personen stärker gewachsen ist, als sich die Bevölkerung aus Bulgarien und Rumänien in Deutschland erhöht hat (+40.000) (BAMF 2014). Das heißt also, dass Neu-Immigranten und -Immigrantinnen und jene bereits in Deutschland anwesende nach dem 01.01.2014 verstärkt eine reguläre Erwerbstätigkeit aufgenommen haben.

Laut Umfrageergebnissen in den beiden Herkunftsländern zieht es besonders gut Ausgebildete nach Deutschland, „wohingegen für Geringqualifizierte weiterhin die südeuropäischen Länder von größerem Interesse sind“ (Hangenau, Humpert und Kohls 2014, 6). Umfragen vom März und April 2013 in Bulgarien zeigen, dass Personen, die dort aktuell auf Stellensuche waren, Deutschland (25 %) Großbritannien (18 %), Spanien (9 %) und Italien (5 %) vorziehen. Rumänische Staatsbürger und Staatsbürgerinnen präferieren in Umfragen Italien (33 %) vor Deutschland (20 %) sowie anschließend Spanien und Großbritannien (jeweils 15 %) (ebd., 143). Zum Abschluss sei noch zu erwähnen, dass das BAMF zu der Einschätzung kommt, dass der starke Anstieg der Immigration aus den EU-2-Staaten sich nicht verstetigen wird. „Einerseits, weil viele der Wanderungswilligen bereits migriert sind, andererseits weil auch die diskutierte krisenbedingte Umlenkung aus Südeuropa nur temporär sein dürfte." (Ebd., 150)

Die mediale Präsenz der Armutszuwanderung

Absolute Nennung der Armutszuwanderung in den Massenmedien

In dem Zeitraum von 01.01.2008 bis zum 31.07.2014 fanden sich in der Bild und bei der Tagesschau, im Stern, Spiegel und Focus sowie in der taz, der Welt und FAZ sowie ihren jeweiligen Webangeboten insgesamt 668 Artikel, in denen das Wort *Armutszuwanderung* genannt wurde. Die Zahl liegt somit deutlich unter der Nennung von *Gastarbeiter* mit insgesamt 2758 Artikeln. Des Weiteren ist im Vergleich auffällig, dass *Armutszuwanderung* nur in den Jahren 2013 und 2014 ein mediales Ereignis war. 2013 erschienen 170 und im Jahr 2014 497 Artikel (siehe Abbildung 16). In den Jahren zuvor jedoch ist der Begriff – bis auf einen Artikel in der taz im Jahr 2011 – praktisch nicht existent. Generell ist das Wort „Armutszuwanderung" im Einwanderungsdiskurs sehr selten. Das erste Mal wurde der Begriff „im Spiegel am 03.12.1990 genannt. Unter der Überschrift „Massenansturm aus dem Osten verhindern" wurde die „ungesteuerte „Armutszuwanderung""" thematisiert. Insgesamt tritt der Begriff im Spiegelarchiv von 1947 bis 2007 nur sechsmal auf. Im Vergleich dazu sind die insgesamt 45 Artikel im Jahr 2013 und 2014 im Spiegel ein deutliches Zeichen dafür, dass der Begriff stark an Relevanz gewonnen hat. Daraus lässt sich schlussfolgern, dass das Phänomen der Migration aus Osteuropa selbstredend nicht neu ist, aber der Begriff zur Beschreibung dieser Migration plötzlich stark an Bedeutung gewinnt.

Abbildung 15: Nennung der Armutszuwanderung insgesamt im Zeitraum von 2008 bis 2014

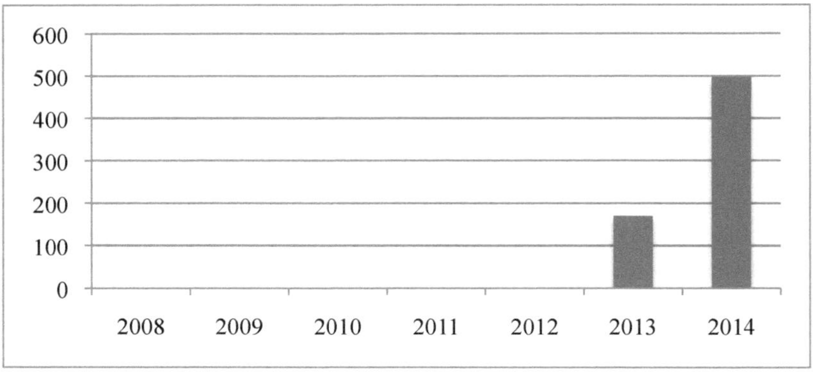

Quelle: Eigene Berechnung

Der Blick auf die Verteilung der Artikel pro Medium über den gesamten Zeitraum, verdeutlicht, dass der Focus ein besonderes Interesse an dem Thema „Armutszuwanderung“ hat. Auf diesen entfallen ca. 36 % der 668 Artikel. Verglichen mit den ebenfalls wöchentlichen erscheinenden Magazinen Spiegel und der Stern mit jeweils 45 und 53 Beiträgen, zeugt dies von einem erstaunlich großen Interesse am Thema. Die FAZ und die Welt folgen mit 123 und 93 Artikeln auf den Plätzen zwei und drei. Die anderen Medien berichten im Vergleich zum Focus auf einem konstant niedrigen Niveau.

Abbildung 16: Verteilung der Artikelanzahl in den jeweiligen Medien pro Jahr (absolute Nennung)

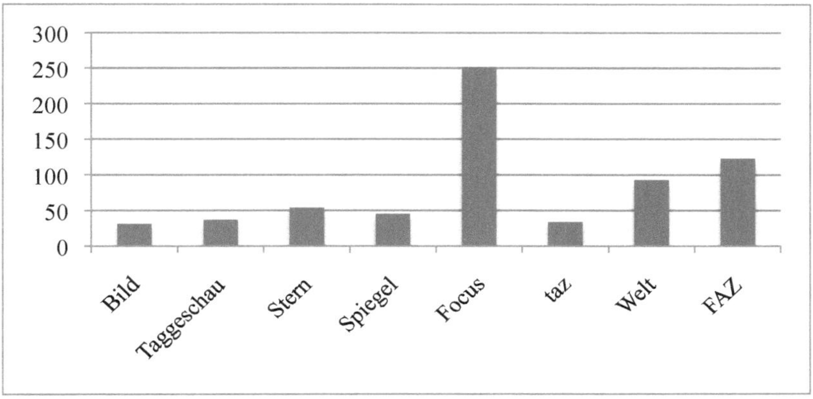

Quelle: Eigene Berechnung

Die Verteilung der absoluten Artikelanzahl pro Jahr zeigt deutlich, dass die „Armutszuwanderung“ erst 2013 zu einem massenmedial relevanten Thema wird. Der Grund für diesen Bedeutungszuwachs muss an dieser Stelle noch offen bleiben. Allerdings wird deutlich, dass alle Medien gleichsam die „Armutszuwanderung“ als relevantes Thema wahrnehmen. Von 2012 zu 2013 und von 2013 zu 2014 berichten alle Medien in einen positiven Anstieg von Artikeln über dieses Thema, das demnach medienübergreifend ein relevantes Thema im Einwanderungsdiskurs darstellt. In beiden Jahren berichtet der Fokus mit jeweils 72 Artikel im Jahr 2013 und 179 Artikel im Jahr 2014 am häufigsten über „Armutszuwanderung“. Die FAZ nimmt mit 35 Beiträgen in 2013 und 88 in 2014 den zweiten Rang ein; sie berichtet sowohl hinsichtlich „Gastarbeiter“ als auch hinsichtlich „Armutszuwanderung“ im quantitativen Vergleich zu den anderen Medien viel über Einwanderungsthemen. Auf Platz drei folgt die Welt mit 14 Artikeln in 2013 und 79 in 2014. Bis auf den Stern, der seine Berichterstattung mit 46 Artikeln geradezu versechsfacht, verzeichnen Bild, Tagesschau, Spiegel und taz ein doppeltes bis dreifaches Wachstum.

Abbildung 17: *Verteilung der Artikelanzahl in den jeweiligen Medien pro Jahr (absolute Nennung)*

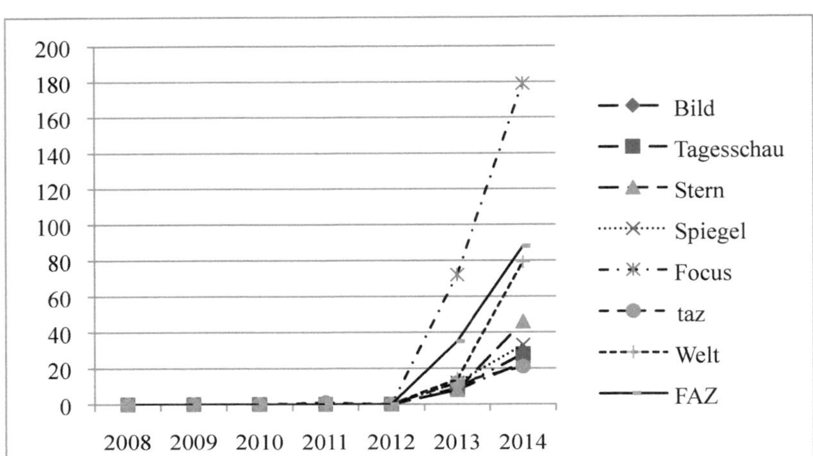

Quelle: Eigene Berechnung

Auch in der relativen Verteilung der Artikel zeigt sich, dass der Focus im Jahr 2013 einen ca. 42-%igen Anteil an der gesamten Berichterstattung zum Thema „Armutszuwanderung" hat. Dieser Anteil nimmt genau wie bei der FAZ im Jahr 2014 leicht ab auf ca. 36 %, bzw. auf 17 % bei der FAZ, was gleichzeitig bedeutet, dass die anderen Medien verstärkt über das Thema berichten. Insbesondere die Welt und der Stern verdoppeln ihre Berichterstattung zum Thema von 2013 zu 2014 – und das obwohl der Untersuchungszeitraum nur die ersten sieben Monate des Jahres 2014 mit einbezieht. Die taz ist das einzige Medium, in dem 2011 ein Artikel zur „Armutszuwanderung" erscheint; damit weist sie für dieses Jahr einen 100-%igen Anteil an der Berichterstattung auf. Insgesamt hat die taz allerdings einen sehr geringen Anteil an der Berichterstattung. Im Jahr 2014 sogar mit nur ca. 4 % den geringsten im gesamten Sample.

Abbildung 18: Verteilung der Artikelanzahl in den jeweiligen Medien pro Jahr (Angaben in Prozent)

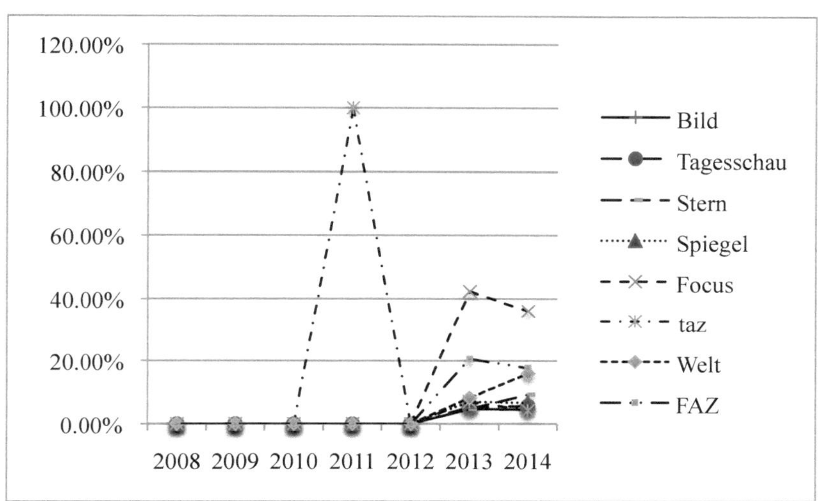

Quelle: Eigene Berechnung

Bild und Tagesschau haben einen konstant geringen Anteil, der im Jahr 2013 bei ca. 4 % und im Jahr 2015 bei ca. 5 % liegt, ähnlich auch der Spiegel. Insgesamt zeigt die quantitative Betrachtung der Medien, dass der Focus ein außerordentliches Interesse an der „Armutszuwanderung" hat.

Korpuslinguistische Analyse der Armutszuwanderung

Im Vergleich zur Darstellung der Keyness-Werte im Gastarbeiterdiskurs ist die Tabelle zur „Armutszuwanderung" deutlich übersichtlicher. Überraschenderweise ist der Begriff *Roma* im Teilkorpus von 2013 im Vergleich zum Gesamtkorpus das einzige Wort, das statistisch überrepräsentiert ist (siehe Tabelle 5). Das Ergebnis legt die Frage nahe: Warum wird im Jahr 2013 die „Armutszuwanderung" verstärkt mit Roma in Verbindung gebracht und welche Bedingungen sind ursächlich dafür, dass im Jahr 2014 diese Verknüpfung wiederum nachlässt, obwohl hier die Debatte Fahrt aufnimmt?

Tabelle 5: Teilkorpus differenziert nach Jahren mit Keyness-Begriffen im Armutszuwanderungsdiskurs

2013		2014	
Begriffe	Keyness	Begriffe	Keyness
Roma	36,82	Keine besonderen Begriffe	

Die Analyse der Charakteristika der einzelnen Medien als Teilkorpora im Vergleich zum Gesamtkorpus über den gesamten Zeitraum zeigt Tabelle 6. Auf der einen Seite geben die Keyness-Werte aller Medien – ohne vorab die Texte gelesen zu haben – einen ersten Einblick in den Kontext der Berichterstattung zur „Armutszuwanderung". Es wird deutlich, dass die „Armutszuwanderung" ein politisches Thema ist. Begriffe wie *Europawahl, CSU-Papier, Koalition, SPD, Debatte, Gauck, CSU* und *Seehofer* legen dies zunächst nahe. Auf der anderen Seite werden die spezifischen Berichterstattungen der einzelnen Medien offensichtlich. Die taz und die FAZ berichten anders als die restlichen Medien verstärkt über *Roma* und weniger über *Debatte*, *CSU* und *Seehofer*. Tagesschau und Stern berichten wiederum verstärkt über den politischen Kontext der „Armutszuwanderung". Der Focus hat bis auf den Begriff *Diskussion* keine über- bzw. unterrepräsentieren Schlüsselwörter im Korpus. Dies kann darauf zurückgeführt werden, dass der Focus mit 36 % der gesamten Artikel den Referenzkorpus ausmacht, anhand dessen die Abweichung anderer Korpora gemessen werden kann.

Tabelle 6: Die Medien als Teilkorpus differenziert nach Keyness-Begriffen im Vergleich zum Gesamtkorpus des Armutszuwanderungsdiskurs

Teilkorpus/ Gesamt	Schlüssel-wörter	Häufigkeit	Keyness
Bild	Ruhrgebiet	21	73,19
	Mieten	21	62,03
	Bild-APO	15	54,09
	Stadtteil	17	53,93
	Keine besonderen negativen Schlüsselwörter		
Tagesschau	Freizügigkeit	67	46,88
	Missbrauch	38	39,88

	Kreuth	23	33,84
	Koalition	27	33,60
	CSU-Papier	15	29,33
	Keine besonderen negativen Schlüsselwörter		
Stern	Europawahl	42	72,61
	Scheuer	44	69,37
	EU-Recht	24	36,44
	Januar	52	31,54
	SPD	60	28,66
	Deutschland	187	28,59
	Keine besonderen negativen Schlüsselwörter		
Spiegel	Bayern	106	45,44
	Arbeiten	105	34,72
	Deutschland	612	31,77
	Sinti	62	29,04
	Gauck	42	28,59
	Keine besonderen negativen Schlüsselwörter		
Focus	Diskussion	285	84,42
	Keine besonderen negativen Schlüsselwörter		
taz	Roma	147	65,36
	Rassismus	34	42,45
	BRD	26	35,78
	Armutszuwanderung	43	-99,07
	Debatte	21	-54,65
	Diskussion	10	-51,99
	Bulgaren	55	-30,15
Welt	Lindner	48	48,93
	Roma	18	-44,07
FAZ	Roma	151	95,45
	Stadt	55	30,06
	Bund	47	29,49
	Zigeuner	23	29.17
	CSU	74	-74, 34
	Seehofer	12	-28,55

Rückschlüsse auf bestimmte Ereignisse lassen sich durch die Betrachtung der Begriffe *Januar, Kreuth* und *CSU-Papier* erschließen. Die CSU veranstaltet alljährlich im Januar in Wildbad Kreuth ihre Klausurtagung. Dies scheint für den Armutszuwanderungsdiskurs ein wichtiges Ereignis zu sein, welches im qualitativen Sampling berücksichtigt werden muss.

Der zweite Analyseschritt zeigt die Konkordanzen und somit den Kontext von ausgewählten Schlüsselworten. Für die politische Debatte über die „Armutszuwanderung" ist es hilfreich zu verstehen, welcher Konflikt zwischen den Parteien auftritt. Dazu wurden die Konkordanzen des Schlüsselwortes *Missbrauch* im Tagesschau-Korpus ermittelt. Abbildung 20 zeigt die Wordcloud. *Missbrauch von Sozialleistungen* und *europäische Freizügigkeit* können als hilfreiche Begriffe für die Einordnung des politischen Konflikts verwendet werden. Die qualitative Interpretation des Kontextes dieser Wörter muss dann zeigen, inwiefern sich die Parteien in Bezug zur europäischen Freizügigkeit und den Missbrauch von Sozialleistungen äußern.

Abbildung 19: Konkordanz Missbrauch im Tagesschau-Korpus

GEGEN DEN MISSBRAUCH
REGELN GEGEN DEN
AN IN DIESEM
EINEN MÖGLICHEN MISSBRAUCH
VON MISSBRAUCH AN
DEN MISSBRAUCH DER
ZUR VERHINDERUNG VON
MÖGLICHEN MISSBRAUCH VON
MISSBRAUCH VON SOZIALLEISTUNGEN
DER FORTGESETZTE MISSBRAUCH
AB DER FORTGESETZTE
FORTGESETZTE MISSBRAUCH DER
VERHINDERUNG VON MISSBRAUCH
MISSBRAUCH AN IN
VON SOZIALLEISTUNGEN DURCH
GEGEN EINEN MÖGLICHEN

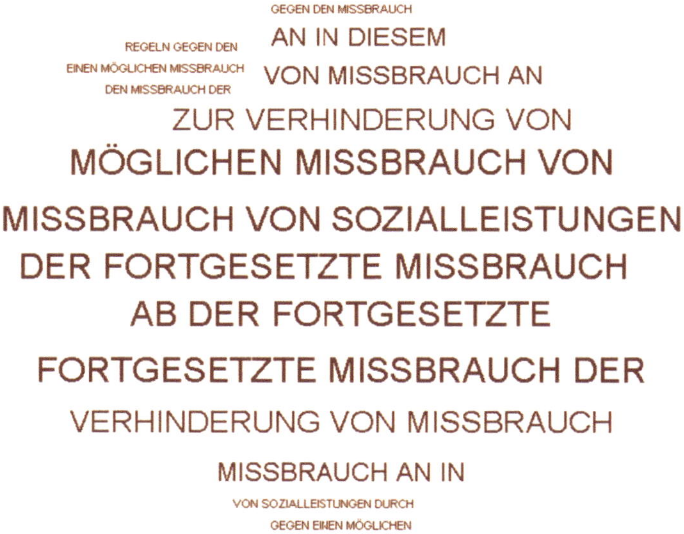

Die Konkordanzen des Wortes *Roma* im taz-Korpus geben Aufschluss darüber, welche Personen, Gruppen bzw. Nationalitäten im Diskurs adressiert werden. Die Zuwanderung aus *Bulgarien* und *Rumänien* sowie die *Roma aus Südosteu-*

ropa und die *Zuwanderung der Sinti und Roma* sind wichtige Begriffe im Diskurs. Zudem thematisiert die taz die *Verfolgung der Roma*.

Abbildung 20: Konkordanz Roma im taz-Korpus

GEGEN SINTI UND
ROMA AUS SÜDOSTEUROPA
BULGARIEN UND RUMÄNIEN
DER SINTI UND
ROMA UND SINTI
SINTI UND ROMA
VON ROMA AUS
AUS BULGARIEN UND
UND ROMA IN
DER ROMA IN
ROMA DIE IN
ACHTUNG ROMA DEUTSCHLAND

Insgesamt zeigen die korpuslinguistischen Analysebeispiele, dass der Diskurs um die „Armutszuwanderung" sich zum einen in den Jahren 2013 und 2014 konstituiert und zum anderen, dass eine inhaltliche politische Auseinandersetzung um den Missbrauch von Sozialleistungen und der europäischen Freizügigkeit existiert. Außerdem ist eine Kulturalisierung der „Armutszuwanderung" durch die Sinti und Roma zu erwarten, die im Jahr 2013 besonders stark ausgeprägt ist. Diese Ergebnisse liefern einen ersten Einstieg in die inhaltliche Bestimmung des Armutszuwanderungsdiskurses.

Inhaltliche Bestimmung des Armutszuwanderungsdiskurses

Die Storyline der Armutszuwanderung

Die Debatte zur „Armutszuwanderung" wurde Anfang 2013 mit einem Positionspapier des Deutschen Städtetags eingeleitet. Die Herstellung von Kausalzusammenhängen und die Beschreibung von Verantwortlichkeiten und Konsequenzen der „Armutswanderung" sind zentraler Bestandteil des Positionspapiers und werden in den nachfolgenden Auseinandersetzungen um die Bestimmung des Phänomens der „Armutszuwanderung" wieder aufgegriffen. Demzufolge strukturiert das Positionspapier den Diskurs über die „Armutszuwanderung".

Im Folgenden wird die Storyline (der rote Faden) des Diskurses anhand der wichtigsten medialen Ereignisse dargestellt. Der Diskurs erfährt keine konstante inhaltliche Auseinandersetzung, sondern aktualisiert und schreibt sich an wichtigen medialen Ereignissen fort. Dazu gehören unter anderem das „Positionspapier des Deutschen Städtetags zu den Fragen der Zuwanderung aus Rumänien und Bulgarien" und das CSU-Papier „Keine Armutsmigration in die Kommunen begünstigen". Diese Diskursfragmente sind dann Anlass für die Bestimmung des Phänomens der „Armutszuwanderung". Der Diskurs konstruiert sich durch zwei Hauptphasen der Aussageproduktion, die im Folgenden die Frühjahrs- und Neujahrsdebatte genannt werden.

Die Frühjahrsdebatte – Armutszuwanderung und Roma

Am 22.01.2013 forderte der Deutsche Städtetag die Bundesregierung dazu auf, das Problem der „Armutswanderung" anzuerkennen und dementsprechend die Städte und Kommunen finanziell und inhaltlich in der Integrationsarbeit zu unterstützen. Die Erläuterung des Problems der Armutswanderung basiert auf der Einschätzung, dass seit 2007 eine deutliche Wanderung aus den Ländern Rumänien und Bulgarien zu verzeichnen ist. 2007 wanderten aus beiden Ländern bereits 64.158 Personen nach Deutschland ein und 2011 stieg die Einwanderung schon auf 147.091 Personen an. Laut dem Städtetag ist der Anlass dieser Migration – vor allem in die deutschen Städte – die Chance, sich aus den teilweise prekären Bedingungen, den ethnischen Diskriminierungen, der teilweise offenen rassistischen Gewalt und dem Ausschluss von weiten Teilen gesellschaftlicher Teilhabe zu befreien und die Lebenssituation nachhaltig zu verbessern.

Die Problemursache für den dringenden Handlungsbedarf sehen die Städte und Kommunen darin, dass die Migration von EU-Bürgern und -Bürgerinnen aus derartigen prekären Situationen in der Konzeption der EU schlicht nicht vorgesehen ist, weil sich die Personenfreiheit in der EU hauptsächlich durch den Status des Arbeitnehmers definiert. Nur bei Nichterwerbstätigen ist der Nachweis von Krankenversicherung sowie ausreichenden Existenzmitteln notwendig. Bei Arbeitnehmern und Selbstständigen entfällt der Nachweis. Die Städte beklagen, dass diese zum „Reparaturbetrieb für die Regelungsdefizite" (Deutsche Städtetag) der Bundesregierung werden.

Die Konsequenzen liegen für die Städte auf der Hand. Einerseits werden die „Armutszuwanderer" aus Rumänien und Bulgarien in ihrer misslichen Lage von Schleppern ausgebeutet, beispielsweise durch hohe Entgelte zur Vorbereitung von Kindergeldanträgen und Gewerbezulassungsverfahren, sowie bei der Vermittlung von verwahrlostem Wohnraum zu Wuchermietpreisen. Laut dem Positionspapier kann dies dazu führen, dass die Armutszuwanderer sich illegal Einkommen verschaffen, zu Dumpinglöhnen arbeiten oder der Prostitution sowie der Bettelei nachgehen.

Anderseits führt die „Armutszuwanderung" in die Städte und Kommunen zu erheblichen Kosten in den Bereichen des Bildungs-, Sozial- und Gesundheitssystems sowie auf dem Arbeits- und Wohnungsmarkt. Außerdem gefährdet die „Armutszuwanderung" die Organisation und den Erhalt des sozialen Friedens in der Stadtgesellschaft. Der Städtetag warnt davor, dass bereits rechte fremdenfeindliche Kräfte die Situation zu ihren Gunsten ausnutzen und die Integration der Armutszuwanderer letztendlich erschweren.

Diese Position wird von der Bundesregierung als adressierter Verantwortlicher im Februar aufgegriffen. Bundesinnenminister Hans-Peter Friedrich (CSU) kündigt an, die „Armutszuwanderung" aus Rumänien und Bulgarien durch ein Veto gegen den Schengen-Beitritt dieser Länder zu stoppen. Die Initiative zur Einschränkung der Freizügigkeit von Rumänen und Bulgaren ist seitdem zentraler Bestandteil des Diskurses und die Debatte wird somit nicht als erstes mit der problematischen Situation der „Armutszuwanderung" in den deutschen Städten fortgeschrieben. Vielmehr sollen die vermeintlichen Ursachen der Migration bekämpft werden. Begründet wird dieses Vorgehen zu Beginn der Debatte mit den weiterhin bestehenden Problemen der Korruption und Kriminalität in den genannten Ländern, die dazu führen, dass EU-Standards nicht eingehalten werden. Insbesondere wird der Verkauf der rumänischen Staatsbürgerschaft an moldawische Bürger und Bürgerinnen vom Bundesminister kritisiert, die dann uneingeschränkten Zugang zur EU hätten. Eine weitere Begründung zur Einschränkung der vollständigen Arbeitnehmerfreizügigkeit für die EU-Bürger und -Bürgerinnen aus Rumänien und Bulgarien erfolgt mit dem Argument des unberechtigten Anspruchs auf Sozialleistungen. Der Innenminister Friedrich kündigte Maßnahmen gegen Armutseinwanderung an: „Wer komme, um Sozialleistungen zu kassieren, müsse wirksam davon abgehalten werden, sagte Friedrich." (Welt 03.03.2013) Wer dabei erwischt wird, Sozialleistungen in Deutschland ohne Anspruch zu erschleichen, soll rückgeführt und ein Verbot der Wiedereinreise erhalten. Friedrich greift damit auf die Wissensordnung der sozialen Belastung zurück, um gegen die europäische Freizügigkeit für rumänische und bulgarische Bürger und Bürgerinnen zu argumentieren. Zudem fordert Friedrich, dass Rumänien und Bulgarien dafür sorgen sollen, dass sich die Lebensbedingungen in ihren Ländern verbessern. Bedeutsam für die soziale Konstruktion der „Armutszuwanderung" ist in diesem Fall die Sprecherposition von Friedrich als Innenminister, der die Debatte über die „Armutszuwanderung" auf die Beschränkung der Migration aus Rumänien und Bulgarien reduziert. Diese Sprecherposition ist insofern mächtig, da die Diskussion über die Armutswanderung fortan als ein Pro und Contra der europäischen Freizügigkeit geführt wird. Die Form der Unterscheidung ist die EU als ein grenzfreier Raum für Arbeitnehmer. Die Diskussion orientiert sich an der Metapher der zweiten Seiten der Medaille der Europäischen Freizügigkeit, welche explizit und offen im Text aufgegriffen wird: „Freizügigkeit hat auch eine andere Seite der Medaille." (Focus 21.02.2013) Als erstes soll die „Kehrseite" der Medaille – die sozialen Belastung – ausführlich rekonstruiert werden.

„Die Kehrseite der Freizügigkeit und eines offenen Europas" (Spiegel 25.02.2013) wird im Frühjahr 2014 mit folgenden Argumenten angestoßen. Im Diskurs über die „Armutszuwanderung" – und das verdeutlicht der Begriff im wahrsten Sinne des Wortes am besten – geht es um die Wanderung der ökonomisch armen EU-Bürger und -Bürgerinnen nach Deutschland.

„Wir schätzen alle die Freizügigkeit innerhalb der EU, sind froh, ohne Pass reisen zu können, begrüßen, wenn Hochqualifizierte kommen. Allerdings hat Freizügigkeit auch eine andere Seite der Medaille. Sie bedeutet zugleich, dass arme Menschen kommen, die eine Belastung für Deutschland bedeuten können. Doch auch sie profitieren von dem Recht, frei reisen zu dürfen. Daher hätte man verstärkt auf eine schnelle Angleichung der Lebensverhältnisse in diesen Ländern an den EU-Durchschnitt setzen müssen." (Focus 21.02.2103)

Die Belastung für Deutschland wird vor allem als eine Belastung für den deutschen Wohlfahrtsstaat verstanden. Der Zustrom von „Armutszuwanderern" führt zu steigenden Wohnungskosten für Langzeitarbeitslose, Erziehungshilfen für zerrüttete migrantische Familien oder zur generell verstärkten Grundsicherung für Arme.

Für die Beschränkung spricht sich unter anderem Ifo-Präsident Hans-Werner Sinn, 1999 bis 2016 Präsident des ifo Instituts (Leibniz-Institut für Wirtschaftsforschung an der Universität München e.V.), aus, der das typische Argument zuspitzt, dass der Zuwanderung ein Riegel vorgeschoben werden müsse, damit es durch die Armutseinwanderer zu keiner Erosion des deutschen Sozialstaats kommt. Dementsprechend wird das Recht auf Freizügigkeit missbraucht, wenn die EU-Bürger und -Bürgerinnen nur nach Deutschland kommen, um Sozialleistungen zu kassieren. Die Konditionierung des Rechts der Freizügigkeit an ökonomische Kriterien ist hier besonders auffällig, wenn man sich den Vergleich zu den „neuen Gastarbeitern" in Erinnerung ruft. Die Freizügigkeit wurde im Kontext einer ökonomischen Krise als Lösung für ein Problem definiert. Hier allerdings sieht Bundesinnenmister Friedrich eine Gefahr für Deutschland: „Es kann doch nicht sein, dass sich irgendwann einmal aus ganz Europa die Leute auf den

Weg machen nach dem Motto: In Deutschland gibt es die höchsten Sozialleistungen." (Spiegel 03.03.2013)

Eine weitere Kehrseite der Freizügigkeit sind neben der Armut die Korruption und Kriminalität in Rumänien und Bulgarien. Die Freizügigkeit wird nur dann „von unseren Bürgern" vollkommen akzeptiert, wenn grundlegenden Voraussetzungen in der Justiz sichergestellt sind. Damit ist vor allem gemeint, dass die Behörden in den Ländern Visa und Staatsbürgerschaften durch Bestechung vergeben, so dass die Menschen ohne Kontrollen nach Deutschland reisen können.

Ist die „Armutszuwanderung" bereits in Deutschland angekommen, so lautet ein weiteres Argument gegen die Freizügigkeit, dass ein Verdrängungswettkampf am unteren Ende der Sozialstruktur existiert. Die „Armutszuwanderer" konkurrieren mit den deutschen Obdachlosen um Sozialleistungen, wie zum Beispiel Schlafplätze in Notunterkünften. Zudem wird sich das Problem mit der „Armutszuwanderung" weiter verschärfen. Besonders kritisch haben die Städte und Kommunen auf den 01.01.2014 geblickt – jenen Tag, an dem die volle Arbeitnehmerfreizügigkeit für Bulgaren und Rumänen in Kraft getreten ist. So warnte Nordrhein-Westfalens Sozial- und Integrationsminister Guntram Schneider (SPD) vor „unglaublichen Folgen" für die Städte (Focus 11.03.2013).

Die Pro-Argumente, die im Zusammenhang mit der „Armutszuwanderung" und Freizügigkeit geäußert werden, betreffen vor allem die Arbeitsmarktsituation und die Jobchancen der „Armutszuwanderer". Anstatt von einem Sozialtourismus durch die armen EU-Bürger und -Bürgerinnen zu sprechen, werden die Vorteile des europäischen Arbeitsmarkts hervorgehoben. Die Pro-Argumente in der Debatte werden mit dem Rückgriff auf Experten, Sachverständige und Wissenschaftler begründet, die dann Statistiken ins Feld führen, um die explizite Stimmungsmache und Angst gegen die Armutszuwanderer als unbegründet zu belegen. „Es ist zu erwarten, dass dann vor allem die sozialversicherungspflichtige Beschäftigung zunimmt und nicht die Arbeitslosigkeit" sagt der Forscher Herbert Brücker." (taz 03.03.2012) Die taz berichtet zusammen mit dem Stern als einzige im Sample über das Jahresgutachten des Sachverständigenrates für Integration und Migration, dass deutlich Stellung in der Debatte zur „Armutsmigration" bezieht: „Deutschland profitiert von Freizügigkeit" (taz 12.04.13) und „jung, gebildet – Deutschland zieht qualifizierte Zuwanderer an" (Stern 13.04.13) sind die Headlines der Beiträge, in denen auf das Gutachten verwiesen wird.

Die positive Darstellung der „Armutszuwanderung" beruht auf einer ökonomischen, mit Zahlen begründeten Widerlegung der Thesen zur „Armutszuwanderung", wonach die Sozialkassen belastet werden. Ökonomisch auf die Spitze getrieben, wird von einer „Freizügigkeitsdividende" für Deutschland gesprochen. Mit der qualifizierten Zuwanderung kann dem Fachkräftemangel und dem demografischen Wandel entgegengewirkt werden.

Ein erster Vergleich zwischen der Pro- und Contra-Argumentation offenbart eine wesentliche Strukturierung des Diskurses. Die Argumentation der Pro-Freizügigkeit unterscheidet sich deutlich von der Contra-Seite hinsichtlich der Begründung und Rechtfertigung der Positionen. Zunächst ist bemerkenswert, dass die Contra-Koalition mit den Ansichten von Politikern unterschiedlicher Parteien argumentiert. Es wird mit mehrdeutigen Begriffen, diffusen Beschreibungen und Gefühlen argumentiert. Die Contra-Meinung dahingegen beruht auf der Darlegung von „objektiven Zahlen", die widerlegen, dass Armutszuwanderer die Sozialkassen belasten. Deutlich wird dies, wenn Wissenschaftler wie Hans-Werner Sinn für die Contra-Seite in den Medien zu Wort kommen. In diesen Fällen fehlt die empirische Beschreibung des Sachverhaltes. Äußern sich allerdings Wissenschaftler der Pro-Seite, werden diese Beschreibungen regelmäßig mitgeliefert. Demzufolge findet hier eine Art Aufklärungskampagne statt. Die Vorteile der europäischen Freizügigkeit sollen der Öffentlichkeit wissenschaftlich erklärt werden.

In der Auseinandersetzung um die zwei Seiten der Medaille der Freizügigkeit werden die „Armutszuwanderer" entweder als Belastung oder als Bereicherung ökonomisch definiert. Die unterschiedlichen Positionen verstehen sich als eine korrektive Kritik, innerhalb einer ökonomischen Sichtweise. Das Subjekt der Aussagen richtet den Blick auf die „Armutszuwanderer", die als ökonomische Belastung oder Bereicherung definiert werden. Die taz ist das einzige Medium im Sample, welches sich dieser dominanten Interpretation entzieht und auf die Schwierigkeiten im deutschen Kontext hinweist. Das Argument lautet, dass die „Armutszuwanderung" nur die bereits bestehenden sozialen Probleme der Städte hervorhebt und verstärkt. Sie ist demnach nicht die eigentliche Ursache für die aktuellen Probleme der Städte. Damit schreibt die taz die Lesart des Deutschen Städtetags fort, die im breiteren Diskurs nicht anschlussfähig ist.

Das Pro und Contra der in der Debatte um „Armutszuwanderung" und Freizügigkeit wird im April 2013 noch einmal aufgegriffen, als der Bundesinnenminister Friedrich zusammen mit seinen Innenminister-Kollegen aus Österreich, den Niederlanden und Großbritannien einen Brief an den EU-Ratspräsidenten verfasst. Anhand dieses medialen Ereignisses wird die Auseinandersetzung zwischen den Nationalstaaten und der EU hinsichtlich der „Armutszuwanderung" deutlich erkennbar und die Debatte erhält eine neue Zurechnung der Verantwortlichkeit, nämlich die der EU. Mit der Begründung, dass die Einwanderung in den Wohlfahrtsstaat gegen den gesunden Menschenverstand verstößt:

„Arrangements at national or EU level that allow those who have only recently arrived in a Member State and have never been employed or paid taxes there to claim the same social security benefits as that Member State's own citizens are an affront to common sense and ought to be reviewed urgently." (Auszug aus dem Brief an den EU-Ratspräsidenten vom 26.04.2013)

In dem Brief fordern die Minister die EU auf, Druck auf die Mitgliedsstaaten auszuüben, um die Lebensbedingungen in den Herkunftsländern zu verbessern, damit die Menschen keinen Anreiz mehr haben, ihr Land zu verlassen. Die EU-Kommission ließ allerdings schon im März 2013 verkünden, dass sie die Debatte um den „Sozialleistungstourismus" für „ein Wahrnehmungsproblem in manchen Mitgliedstaaten" halte (Welt 25.04.2013).

Ein weiterer wichtiger Diskursstrang neben den zwei Seiten der Medaille der Freizügigkeit ist die „Armutszuwanderung" im Zusammenhang mit der Einwanderung der Roma. Diese Debatte kennzeichnet zu Beginn und im Frühjahr 2013 eine deutliche Verschränkung der Themen von „Armutszuwanderung" und „Roma": „Einwanderung von Bulgaren und Roma – Noch ärmer als Hartz IV" (taz 03.03.2013) oder „Städte und Gemeinden klagen bereits über die Überforderung durch die vielen Zuwanderer. Im Mittelpunkt der Debatte stehen Sinti und Roma" (Spiegel 03.03.2013).

Die Darstellung der Roma ist nicht einheitlich. Auf der einen Seite werden sie diskriminiert, indem ihre Eigenschaften als Gruppe als negativ für die Integration beschrieben werden. Offenkundig ist dies in einem Beitrag der Bild, welche jedoch nie selbst eine Bewertung der Roma verfasst, sondern die Stigmatisierung mithilfe von Kommentaren ausdrückt:

„‚No Angels' Sängerin Lucy Diakovska (36) haut in die Kerbe: ‚Roma können sich nicht in normale Wohnverhältnisse integrieren!' Sie kenne die Situation aus ihrer Heimat Bulgarien. Roma hätten dort innerhalb weniger Wochen renovierte Wohnungen komplett ‚verwüstet' und sogar Pferde und Ziegen in den Wohnungen gehalten." (Bild 27.03.2013)

Die Problemperspektive richtet sich unter anderem auf die Familiensituation und die Integration in die Stadt: „Roma und Sinti sind anders zu betrachten, weil sie in großen Familienverbänden leben. Integrationsmaßnahmen werden dadurch automatisch schwieriger." (Focus 21.02.2013) Weiterhin werden die Roma als wenig gebildet beschrieben, die auf dem Arbeitsmarkt schlecht zu vermitteln sind: „Die Sorge ist groß, dass genau diese Menschen in Deutschland Zuflucht suchen, um die Sozialleistungen in Anspruch zu nehmen." (Bild 27.02.2013)

Diese Äußerungen veranschaulichen die Formationsregeln der diskursiven Aussageproduktion über unerwünschte Immigranten und Immigrantinnen in

Deutschland. Folgendes Beispiel aus einem Bild-Artikel „MIGRATIONS-EXPERTIN AUS BERLIN-NEUKÖLLN: „Die Welle kommt, wir können sie nicht aufhalten" (13.10.2013 Hervorherbung im Original) soll dies konkret erläutern. Die Sequenzen der Aussagen lesen sich folgendermaßen:

> „Neukölln ist ein beliebtes Ziel osteuropäischer Einwanderer. Allein 5400 Menschen aus und Bulgarien sind hier gemeldet. Wie viele tatsächlich dort leben, lässt sich nur schätzen. Giffey glaubt, es seien rund 10 000.
> **‚Im Gegensatz zu anderen tun wir nicht so, als gäbe es kein Problem. Denn dieses Problem wird sich nicht von selbst erledigen', sagt die Sozialdemokratin**.
> Schon jetzt stammen 66 Prozent der Neuköllner Jugendlichen aus Migrantenfamilien. Und es werden immer mehr: Jeden Monat wandere eine ganze Schulklasse osteuropäischer Kinder ein, meint Giffey. ‚Die Welle kommt, wir können sie nicht aufhalten'." (Ebd.; Hervorhebung im Original)

In dem Artikel wird bereits mit der Überschrift eine diffuse Bedrohungsangst konstruiert, wobei allerdings in den ersten Sequenzen weiterhin offen bleibt, wie genau diese Bedrohung zu verstehen ist. Das Problem wird angedeutet, indem die Anzahl der Osteuropäer in Neukölln problematisch zu sein scheint. Weiterhin erfolgt auf die Problematisierung eine allgemeine Assoziation mit den Jugendlichen aus Migrantenfamilien, die im Anschluss wieder an die Bedrohung durch die Einwanderung von osteuropäischen Kindern anknüpft. Nach eingehender Analyse der Problematisierung von Immigranten und Immigrantinnen im Vergleich zu den anderen Medien im Sample fällt auf, dass bei der Bild zwischen den Sätzen eine hohe Bedeutungsvarianz in der Sequentialität besteht. Die sinnhafte Verknüpfung der Sätze muss erst durch eine Interpretationsarbeit des Rezipienten gewährleistet werden. Die hohe Bedeutungsvarianz in der Sequentialität ermöglicht dann eine gewisse Ambivalenz, die aber dadurch reduziert wird, dass auf einem festen Wissensstock im Diskurs über unerwünschte Immigranten und Immigrantinnen zurückgegriffen werden kann. Die zugeschriebene hohe Geburtenrate bei Migranten und Migrantinnen von 66 % wird so mit einem Problem der Überflutung verbunden. Vergleicht man die Sequentialität der Aussagen der Bild mit Tagesschau und FAZ dann zeigt sich, dass bei der Problematisierung der Immigration die Sequentialität der Sätze eine geringere Bedeutungsvarianz aufweist, das heißt, dass die Sinnhaftigkeit des Anschlusses vorstrukturierter und kleinschrittiger ist.

In der ersten Phase der Armutszuwanderungs-Debatte ist die Beschränkung der „Armutszuwanderung" auch eine Beschränkung der Zuwanderung der Roma: „Seit Wochen beschwört Bundesinnenminister Hans-Peter Friedrich die Notwendigkeit, ‚Armutszuwanderung' von Roma nach Deutschland zu verhindern." (taz 13.03.2013) Die Anreize für Sinti und Roma, nach Deutschland zu kommen, müssen dadurch gemindert werden, dass die Situation in den Herkunftsländern deutlich verbessert wird. Die Zuschreibung der Verantwortung erfolgt auf Rumänien und Bulgarien.

Auf der anderen Seite ist das Thema „Armutszuwanderung" und Roma auch ein „heikles Thema" (Welt 05.03.2013), weil der Rassismusverdacht gegenüber einer Minderheit offenkundig ist. Insbesondere die taz und die FAZ berichten detailliert über die Hintergründe der Migration der Roma nach Deutschland. Nicht die Eigenschaften der Roma sind das Problem, sondern die katastrophalen Lebensbedingungen treiben die Roma in eine Stigmatisierung, sowohl in ihrem Heimatland als auch in Deutschland. Berichte über die Wohnsituation in den Slums und die Diskriminierung in den Herkunftsländern beschreiben die Situation der Sinti und Roma anschaulich und legen Gründe nahe, warum die Menschen ihr Land verlassen.

Der Vorsitzende des Zentralrats der Sinti und Roma in Deutschland bescheinigt den medialen Debatten in Deutschland einen verantwortungsvollen Umgang mit dem Thema „Armutszuwanderung" und Roma: „Im Großen und Ganzen wird die Debatte verantwortungsvoll geführt." (FAZ 24.02.2013) An anderer Stelle warnt der Zentralrat aber auch vor den Vorurteilen gegenüber den Sinti und Roma: „Immer wenn über uns im Zusammenhang mit Armut, Kriminalität oder Prostitution geredet wird, sieht man uns als einheitliche Gruppe." (Focus 02.03.2013) Der Zentralrat weist auch auf die Verantwortung der Bundesregierung hin, der Diskriminierung entgegenzuwirken und gleichzeitig die Folgen für die deutschen Städte, die mit der „Armutszuwanderung" überfordert sind, ernst zu nehmen. Demzufolge schließt sich der Zentralrat der Position des Deutschen Städtetags an. Ähnliche Argumente werden unter anderem von Klaus Bade geäußert, der vermehrt als Migrationsexperte in den Medien zu Wort kommt und vor der „Panikmache" des Innenministers warnt:

„‚Sie schürt in der Bevölkerung fahrlässig eine Abwehrhaltung gegen Zuwanderung, die man aber nicht einfach verbieten kann.' Zudem werde nicht berücksichtigt, dass rund 80 Prozent der zwischen 2007 und 2010 zugewanderten Bulgaren und Rumänen sozialversicherungspflichtig auf dem ersten Arbeitsmarkt beschäftigt seien, sagte der Experte'." (Spiegel 03.03.2013)

Eine weitere diskursive Aussage bezieht sich auf das Verhältnis von Europa zu den Roma. Erstens in materieller Hinsicht, indem anhand der Sinti und Roma das problematische Wohlstandsgefälle in der EU beschrieben werden kann. Zweitens wird die Identitätsbildung von Europa durch eine Alter-Ego-Relationen mit den Roma angesprochen: „Europa erfindet die Zigeuner, um sie zu verachten." (FAZ 13.03.2013) Europa nutzt die Roma, um sich selbst positiv abgrenzen und definieren zu können. Dementsprechend finden sich in der „Armutszuwanderung" verschiedenste Positionen, die dieser einen Sinn geben: Von der diffusen Bedrohungskonstellation bis hin zur Reflexion über die Identitätskonstruktion Europas durch die Roma.

Zusammenfassend lässt sich festhalten, dass zu Beginn der Debatte zwei Themen konstruiert werden. Erstens werden die Forderungen des Deutschen Städtetags als eine Diskussion über die zwei Seiten der Freizügigkeitsmedaille geführt. Auf der einen Seite werden die Vorzüge der Freizügigkeit mit dem europäischen Arbeitsmarkt begründet, der mehr Wohlstand anstatt Sozialtourismus bringt. Deutschland profitiert von der „Armutszuwanderung". Auf der anderen Seite, der Kehrseite der Freizügigkeit, werden die Kosten der „Armutszuwanderung" für den Wohlfahrtsstaat thematisiert.

Das zweite zentrale Thema ist sind „Armutszuwanderung" und Roma. Die Diskriminierung wird forciert, aber auch kritisch reflektiert. An dieser Stelle lässt sich noch fragen, welche Auffälligkeiten zu Beginn der Debatte zu verzeichnen sind. Zum einen ist ein gleichmäßiger einheitlicher Aufbau in den Artikeln, die die „Armutszuwanderung" kritisch kommentieren und auf die Gefahren hinweisen, zu beobachten. Dazu gehören im Sample Bild, Welt und Focus. Die Headlines der Artikel dramatisieren die Zuwanderung der Roma und suggerieren eine Massenwanderung aus Osteuropa, die Deutschland bedroht. Dazu beispielsweise:

- Bild vom 27.03.2013: „Droht Deutschland eine Roma-Welle?" und vom 16.07.2013: „Armuts-Einwanderung gefährdet ‚sozialen Frieden'"
- Welt vom 05.03.2013: „Einwanderung in den Sozialstaat verhindern" oder „Innenminister will Armutsflüchtlinge stoppen"
- Focus vom 21.02.2013: „Wanderungsanreize für Sinti und Roma vermindern" und vom 04.03.2013: „Die Armut kommt"

Im Hauptteil der Artikel erfolgt eine Problematisierung der Armutszuwanderer aus deutscher Perspektive. Es wird beschrieben, vor welchen Problemen die Städte und Kommunen stehen, wenn zu viele „Armutsmigranten" nach Deutschland kommen. Die Problematisierung unterscheidet sich allerdings in den genannten Medien: Die Welt thematisiert vor allem die politische Dimension, das heißt, sie berichtet über Kriminalität, Korruption und Armut in Bulgarien und Rumänien. Die Bild berichtet verstärkt über die sozialen Probleme in deutschen Städten, die mit der „Armutszuwanderung" entstehen. Dabei kehrt die Bild die

Ursache-Wirkung-Argumentation des Positionspapiers des Deutschen Städtetags um. Nicht die soziale Notlage der Menschen durch Ausbeutung und Diskriminierung führt selbige in Bettelei, Prostitution und Kriminalität, sondern letzteres ist ursächlich für die Probleme im Zusammenhang mit der „Armutszuwanderung" in Städten und Kommunen. Der Focus, der am häufigsten zu Beginn der Debatte über die „Armutszuwanderung" berichtet, dramatisiert in den Headlines die Zuwanderung, um sie im Hauptteil kritisch zu reflektieren. Vollzogen wird dies mittels Interviews mit Experten und Statistiken der Bundesagentur für Arbeit. Die Problematisierung im Fokus bezieht sich hauptsächlich auf die wirtschaftlichen Kosten, die durch die „Armutszuwanderung" entstehen.

Die Medien taz, FAZ, Spiegel und Stern dramatisieren die „Armutszuwanderung" nicht. Sie beschreiben auf der einen Seite die hohen Kosten, die auf die deutschen Kommunen zukommen. Auf der anderen Seite besprechen sie, wie Deutschland von der Zuwanderung auf dem Arbeitsmarkt profitiert. Dementsprechend formuliert das Subjekt der Aussage aus einer deutschen Perspektive heraus. Bemerkenswert ist jedoch, dass die „Armutszuwanderung" auch aus der Roma-Perspektive geschildert wird. Damit beschreiben die Medien die Hintergründe der Migration aus Rumänien und Bulgarien. Eine weitere Auffälligkeit ist die kaum vorhandene Berichterstattung über die Auseinandersetzung zwischen den politischen Parteien. Der Bundesinnenminister greift die Forderung des Städtetags auf und die Medien diskutieren im Zusammenhang mit Experten und Laien die Situation, die Gründe und die Folgen der „Armutszuwanderung". Dies sollte sich im Laufe der Debatte noch deutlich ändern.

Die Neujahrsdebatte – Wer betrügt, der fliegt

Im Sommer 2013 ist die „Armutszuwanderung" ein *No Issue*. Erst ab Herbst nimmt die Debatte medienübergreifend wieder Fahrt auf, als der Stichtag der offenen Grenzen (01.01.2014) näher rückt. Im Oktober werden zwei mediale Ereignisse in Bezug auf die „Armutszuwanderung" diskutiert. Zum einen das „Hartz IV-Urteil" und die Studie der EU-Kommission zur „Armutszuwanderung". Ersteres bezieht sich auf das Urteil des Landessozialgerichts NRW. Das Gericht entschied, dass ein genereller Ausschluss vom Recht auf Arbeitslosengeld II für arbeitsuchende EU-Bürger und -Bürgerinnen europarechtswidrig ist. Der Stern ist das einzige Medium, dass auf die Hintergründe des Urteils eingeht bzw. die Gründe der „Armutszuwanderung" aus der Perspektive der Migranten und Migrantinnen reflektiert: „Keine Aussicht auf Arbeit – das war letztlich der Grund, warum auch Iancu M. vom nordrhein-westfälischen Landesgericht der Anspruch auf Hartz IV zugesprochen wurde." (Stern 16.10.2013) Das Urteil ging in die Revision. Die Konsequenzen des Urteils werden in den Medien dahingegen beschrieben, dass den Städten hohe Kosten durch die „Armutszuwanderung" drohen. Das Kostenargument für den Wohlfahrtstaat ist auch hier zentral in der Auseinandersetzung. Mal mit mehr, mal mit weniger drastisch formulieren Headlines: „Die Welle kommt, wir können sie nicht aufhalten" (Bild 13.10.2013) oder „Städten drohen hohe Kosten durch arme Zuwanderer" (Welt 11.10.2013).

Das zweite mediale Ereignis bezieht sich auf einen Bericht der EU-Kommission, die zu der Einschätzung kommt, dass die Einwanderung aus Bulgarien und Rumänien nicht den deutschen Wohlfahrtsstaat belastet, sondern im Gegenteil dem deutschen Wohlfahrtsstaat nützt. Die EU-Kommission argumentiert, dass kein empirischer Beweis für eine „Armutszuwanderung" existiert.

Der Konflikt zwischen EU-Kommission und deutschen Parteien setzt sich somit im Anschluss an die Frühjahrsdebatte fort. In diesem Kontext kritisieren neben der CDU/CSU, auch die SPD und der Deutsche Städtetag den Bericht der EU-Kommission. Dieser Bericht entspräche nicht der Realität. Wie sieht also ihre Realität aus?

Im Vergleich zur Frühjahrsdebatte wird einschränkend angemerkt, dass es sich in der Tat um kein Massenphänomen handelt. Der nordrhein-westfälische Arbeits- und Integrationsminister Schneider (SPD) kommentiert dazu in der FAZ: „‚Von der Gesamtzahl her ist die Einwanderung zu beherrschen', sagte der Minister. Er erinnerte auch daran, dass die Hälfte der Einwanderer aus Rumänien und Bulgarien hochqualifiziert sei. ‚Aber die anderen 50 Prozent sind wenig bis gar nicht qualifiziert, viele dieser Leute sind Analphabeten'." (FAZ 08.10.2013) Die Debatte wird an diesem Punkt differenzierter geführt, das heißt, es wird zwischen Qualifikationen unterschieden.

Bis zur Neujahrdebatte, die mit einem Positionspapier der CSU eingeleitet wird, werden vereinzelt Artikel publiziert, die die Situation der „Armutszuwanderer" in den deutschen Städten beschreiben. Ähnlich zu der Bild-Argumentation wird die Ursache-Wirkung der „Armutszuwanderungs"-Problematisierung umgekehrt. Zudem wird verstärkt mit der Metapher der Welle argumentiert, die deutsche Städte überschwemmt: „Rassismus und Gewalt – Wie die Flüchtlingswelle ganze Städte einknicken lässt." (Focus 30.10.2013) Die Problematisierung der „Armutszuwanderer" erhält zunehmend einen neuen Argumentationsstrang. Die Sicherheitsproblematik im Zusammenhang mit der Armutsmigration wird in den Diskurs eingeführt, beispielsweise indem deutsche Polizisten mithilfe rumänischer Polizisten auf Streife durch die Städte gehen, um die Kriminalität zu bekämpfen. Die Gefahren-Ordnung bleibt jedoch marginal in diesem Diskurs.

Am 28.12.2013 veröffentlicht die CSU über den Bayrischen Rundfunk eine Beschlussvorlage für ihre CSU-Klausurtagung in Wildbad Kreuth. Das CSU-Papier „Keine Armutsmigration in die Kommunen begünstigen“[25] ist Ausgangspunkt der Neujahrsdebatte. Die CSU lehnt die „Armutszuwanderung“ in „unsere sozialen Sicherungssysteme“ ab und will unter dem Motto „wer betrügt, der fliegt“ gegen den Missbrauch der europäischen Freizügigkeit vorgehen. Die CSU fordert eine generelle Aussetzung des Bezuges von Sozialleistungen für die ersten drei Monate des Aufenthaltes in Deutschland und eine Wiedereinreise-Sperre bei Sozialbetrug. Begründet wird die Position mit dem Kostenargument für den deutschen Sozialstaat. Zudem führt die CSU eine neue Strategie in den Diskurs ein. Neben den zweiten Seiten der Medaille der Freizügigkeit wird jetzt die gefährdete Akzeptanz der Freizügigkeit durch den Missbrauch selbiger ins Zentrum gestellt. Die CSU befürchtet, dass die deutschen Bürger und Bürgerinnen durch die massenhafte „Armutszuwanderung“ die europäische Freizügigkeit gänzlich infrage stellen. Die CSU präsentiert sich somit als Verteidiger der europäischen Freizügigkeit. Ob diese Umkehrung der Argumentation eine Reaktion auf die Kritik in der Frühjahrsdebatte war, konnte empirisch nicht geklärt werden.

Bis auf Stern berichten alle Medien noch am selben Tag bzw. zeitnah über das Positionspapier der CSU.[26] Die „CSU löst neue Debatte aus – Wer betrügt,

25 Das CSU-Papier im Wortlaut: „Wir stehen zur Freizügigkeit in der EU. Eine Zuwanderung in unsere sozialen Sicherungssysteme lehnen wir jedoch ab. Der fortgesetzte Missbrauch der europäischen Freizügigkeit durch Armutszuwanderung gefährdet nicht nur die Akzeptanz der Freizügigkeit bei den Bürgern, sondern bringt auch Kommunen an die Grenzen ihrer finanziellen Leistungsfähigkeit. Wir werden falsche Anreize zur Zuwanderung verringern und streben nationale und europäische Lösungen zur Verhinderung von Missbrauch an. In diesem Zusammenhang prüfen wir eine generelle Aussetzung des Bezuges von Sozialleistungen für die ersten drei Monate des Aufenthaltes in Deutschland. Darüber hinaus werden wir die Kommunen dabei unterstützen, Scheinselbstständigkeit und Schwarzarbeit zu bekämpfen sowie die Verhängung von Wiedereinreisesperren ermöglichen. Wenn beispielsweise Dokumente gefälscht wurden oder Sozialleistungsbetrug nachgewiesen wurde, muss es eine Möglichkeit geben, die betroffenen Personen nicht nur auszuweisen, sondern auch an der Wiedereinreise zu hindern. Hier muss gelten: ‚Wer betrügt, der fliegt.‘ Gleichzeitig sind die Kommunen aber auch selbst gefordert, ihren Verwaltungsvollzug und die Zusammenarbeit mit dem Zoll zu verbessern.“ (Tagesschau 30.12.2013).

26 Die Schlagzeilen der Medien lauten wie folgt: Tagesschau 28.12.2013: „Freizügigkeit für Rumänien und Bulgarien – CSU zielt auf ‚Armutsmigranten‘“; Bild 28.12.2013:

der fliegt“ (Bild 28.12.2013). Alle Parteien im Deutschen Bundestag kritisieren das Positionspapier der CSU scharf. Es bildet sich eine Diskurskoalition gegen die CSU. Die Gegen-Positionen der Parteien artikulieren sich wie folgt: Die Bundesregierung distanziert sich von den CSU-Forderungen: „Die CSU verlangt schärfere Regeln für Migranten aus Osteuropa. Doch die Bundesregierung ist skeptisch: Die Kanzlerin verweist auf die Vorzüge der Freizügigkeit. Das Arbeitsministerium empfiehlt den Bayern einen ‚nüchternen Blick auf die Zahlen‘.“ (Spiegel 30.12.2013)

Die stellvertretende Parteivorsitzende der SPD und Integrationsbeauftragte der Bundesregierung, Aydan Özoguz, wirft der CSU, vor Stammtischressentiments zu wecken und die Arbeitnehmerfreizügigkeit als „Schreckgespenst an die Wand zu malen“. Die Kritik wird mit dem Verweis auf eine differenzierte Betrachtung der Zuwanderer aus Rumänien und Bulgarien gerechtfertigt, insbesondere durch den Verweis auf die Hochqualifizierten: „Wer so tut, als seien alle Menschen aus Bulgarien und Rumänien arm und würden bei uns nur um Sozialleistungen anstehen, der verkennt die vielen Hochqualifizierten [...].“ (Tagesschau 28.12.2013) Parteichef der Linken, Bern Riexinger, konstatiert, dass die CSU den „antirassistischen Konsens der Demokraten“ verlässt (FAZ 29.12.2013). Die CSU betreibe mit ihren Positionen eine Hetze, die nur den Rechtsradikalen nützt.

Auch die Grünen warnen davor, fremdenfeindliche Positionen zu bedienen. Der stellvertretende Vorsitzende der Grünen-Bundestagsfraktion, Konstantin von Notz, vergleicht die Position der CSU mit der NPD: Mit dem Satz „Wer betrügt, der fliegt“ begebe sich die CSU „in Fahrwasser, die weder christlich noch sozial sind, sondern eher an NPD-Wahlplakate wie ‚Gute Heimreise’ erinnern“ (Focus 29.12.2013).

Noch am selben Tag meldet sich die Bundesvereinigung deutscher Arbeitgeber zu Wort und kritisiert ebenfalls die CSU mit dem Verweis auf den demografischen Wandel und die verpassten Chancen der damaligen EU-Erweiterungen: „Übertriebene Befürchtungen über massenhafte Zuwanderung in die deutschen Sozialsysteme hat es bereits bei der ersten Freizügigkeitsregelung für die acht mittel- und osteuropäische Mitgliedstaaten gegeben. Nichts davon hat sich be-

---

„Am 1. Januar fallen die Schranken – Stürmen Rumänen und Bulgaren unseren Job-Markt? CSU will härtere Strafen für Armuts-Zuwanderer“; Welt 28.12.2013: „CSU will Armuts-Einwanderung verhindern“; FAZ 28.12.2013: „CSU will härter gegen ‚Armutszuwanderung‘ vorgehen“; Focus 28.12.2013: „CSU will härteren Kurs gegen Armutsmigranten“; Spiegel 28.12.2013: „Bulgarien und Rumänien: CSU will Migranten aus Osteuropa abschrecken“; taz 30.12. 2013: „CSU holzt gegen ‚Betrüger‘.“

wahrheitet.“ (Tagesschau 28.12.2013) Qualifizierte und dringend benötigte Fachkräfte hätten damals einen Bogen um Deutschland gemacht: „Wir haben damals eine Chance vertan, das darf sich nicht wiederholen, teilte der BDA mit.“ (Ebd.) Auch der Bundesverband der Deutschen Industrie (BDI) und der Deutsche Industrie- und Handelskammertag sieht die Attraktivität Deutschlands mit solchen Positionen gefährdet. Zu diesem Zeitpunkt sorgen sich die Gewerkschaften darum, dass mit der neuen Freizügigkeit der Druck auf die Arbeitsbedingungen und Löhne zunimmt. Diese Position wird sich im Verlauf der Debatte ändern und die Gewerkschaften unterstützen in einem gemeinsamen Papier mit den Arbeitgebern die europäische Freizügigkeit.

Die Kritik an der CSU ist deutlich und einheitlich. Die Freizügigkeit wird einerseits mit dem Argument der ökonomischen Notwendigkeit verteidigt und zum anderen mit dem moralischen Argument, dass solche Positionen offen rassistisch und fremdenfeindlich sind.

Die Rechtfertigung der CDU durch den Parteivorsitzenden Horst Seehofer bezieht sich auf den Koalitionsvertrag zwischen CDU/CSU und SPD. Die Zuwanderung in die Sozialsysteme muss begrenzt werden, lautet es im Koalitionsvertrag. Der CSU gehe es nicht darum, Menschen abzuweisen, die Schutz suchen aber: „Wenn sich Menschen bewegen aus ihrer Heimat in ein anderes Land, um nicht Schutz zu bekommen, sondern Sozialleistungen zu erhalten – das ist ein völlig anderer Sachverhalt.“ (Tagesschau 30.12.2013)

Daraufhin wird die CSU erneut kritisiert und diverse Akteure beteiligen sich an der Debatte um die zwei Seite der Medaille der Freizügigkeit. Die Frage lautet: „Armutsmigranten oder Bereicherung?“ (Welt 31.12.2013) Neben den politischen Parteien, die ihre Aussagen wiederholen, äußern sich Akteure aus der Forschung, unter anderem das das Institut für Arbeitsmarktforschung (IAB), die die Position mit arbeitsmarktrelevanten Daten widerlegen:

> „‚Etwa zehn Prozent der Bulgaren und Rumänen beziehen Leistungen wie Hartz IV. Wir haben eine geringere Arbeitslosenquote als beim Bevölkerungsdurchschnitt.‘ Im Gegenteil, so der Experte, man müsse die Arbeitnehmerfreizügigkeit für die beiden jungen EU-Mitglieder positiv sehen. ‚Wir haben in der ersten Osterweiterungsrunde gesehen, dass die Arbeitslosigkeit bei den Polen und anderen Bevölkerungsgruppen um mehr als fünf Prozentpunkte gesunken ist. Insofern ist die Arbeitnehmerfreizügigkeit eine Chance für den Arbeitsmarkt‘.“ (Tagesschau 28.12.2013)

Die „Experten“ halten es daher nicht für gerechtfertigt, pauschal von „Armutszuwanderung“ aus Bulgarien und Rumänien zu reden. Der katholische Caritas-Verband kritisiert die CSU: „Mit ihren Positionen zur Zuwanderung verärgert die CSU ausgerechnet die ihr so wichtige katholische Kirche: Der Caritas-Präsident erklärt den Satz ‚Wer betrügt, der fliegt' gar für inakzeptabel." (Welt 07.01.2014)

Unter dem Dach des Paritätischen Wohlfahrtsverbands protestieren mehr als 150 Migrantenorganisationen gegen die CSU: „Ein fortgesetzter Missbrauch der Freizügigkeit in Europa durch ‚Armutszuwanderung' existiert nicht." (Spiegel 15.01.2014) An die Vorsitzende der CSU-Landesgruppe Hasselfeldt appellieren sie: „Bitte verhindern Sie, dass auf Kosten der Migrantinnen und Migranten Wahlkampf betrieben und hier mit den Ängsten der Bürgerinnen und Bürger gespielt wird." (Ebd.)

Auch der Deutsche Städte- und Gemeindebund kritisiert die CSU, indem auf die bereits bestehenden rechtlichen Regelungen hingewiesen wird, die vollkommen ausreichend sind. Allerdings wird auch betont, dass man die Menschen nicht verhungern lassen könne und dementsprechend müssten sich die Städte um die Migranten und Migrantinnen kümmern. Die Akzeptanz der Freizügigkeit sieht der Hauptgeschäftsführer des Deutschen Städte- und Gemeindebundes nicht gefährdet, weil grundsätzlich kein Zusammenhang zwischen der seit Jahresbeginn geltenden EU-Arbeitnehmerfreizügigkeit für Rumänen und Bulgaren und dem Problem der „Armutszuwanderung" besteht. „Wer nach Deutschland kommen will, konnte dies auch zuvor schon." (Focus 03.01.2014) Der Deutsche Städtetag kritisiert die CSU dafür, das Problem als ein Phänomen der Massenzuwanderung zu dramatisieren. „Wir haben es nicht mit einer flächendeckenden Herausforderung zu tun", betont Verbandspräsident Ulrich Maly (FAZ 09.01.2014). Die Kritik der Kommunen und Städte ist allerdings weitaus brisanter für die CSU, weil unter anderem in der Welt, der Tagesschau und in der FAZ die Hintergründe der CSU-Kampagne beleuchtet werden. Die CSU, so wird kommentiert, ziele mit der Kampagne „Wer betrügt, der fliegt" auf die anstehenden Kommunalwahlen im März 2014 ab. In den Städten und Gemeinden verliere die CSU seit Jahren Stimmen an die Freien Wähler oder andere Wählervereinigungen. Die CSU versuche deshalb gezielt, die kommunalen Wähler mit dieser Politik anzusprechen und dies anscheinend auch erfolgreich. Die CSU punktet in Umfragen mit dem Anti-Zuwanderungskurs „Wer betrügt, der fliegt". Laut einer Umfrage des Meinungsforschungsinstituts Infratest dimap im Auftrag des Bayrischen Rundfunks begrüßt eine große Mehrheit der Bayern den Kurs der Christsozialen.

„Wenn am kommenden Sonntag der Landtag in Bayern gewählt würde, käme die Partei von Chef Horst Seehofer auf 49 Prozent. Im Vergleich zur Landtagswahl im September vergangenen Jahres wäre das ein Plus von 1,3 Prozentpunkten." (Spiegel 15.01.2014)

Eine andere Umfrage der ARD zu dieser Debatte zeigt, dass die Mehrheit der Deutschen Zuwanderung befürwortet. Mehr als zwei Drittel der Bundesbürger und -bürgerinnen sind der Ansicht, dass Deutschland Arbeitskräfte aus anderen Ländern braucht, so das Ergebnis einer ARD-Umfrage. „Die Einwanderer sind willkommen, solange sie arbeiten!" (Spiegel 10.01.2014)

Der politische Streit, ob die Armutsmigration eine Bereicherung oder Belastung ist, soll durch den Einsatz eines Staatssekretärsausschusses beigelegt werden. Bundeskanzlerin Angela Merkel hat in Absprache mit Vizekanzler Sigmar Gabriel den Ausschuss eingeleitet mit dem Ziel, dass die Staatssekretäre prüfen sollen, ob und welche „operativen Maßnahmen" die zuständigen Ressorts ergreifen sollten, um den möglichen Missbrauch von Sozialleistungen zu unterbinden (Focus 03.01.2014). Damit ist der Streit zwischen den Parteien vorerst beendet.

Die CSU und die CDU kommen sich in ihren Positionen wieder näher als der gemeinsame politische Feind der EU ausgemacht wird. Armin Laschet (CDU), der zuvor noch auf Distanz zu den Forderungen der CSU gegangen war, verdeutlicht in einem Interview: „Wir haben bewusst keine Sozialunion. Es sei ein europäisches Grundprinzip, dass nur derjenige Leistungen erhalte, der auch etwas eingezahlt habe. Dieses Prinzip muss man aufrechterhalten, sonst kann sich jeder das Sozialsystem aussuchen, das für ihn am günstigsten ist." (Tagesschau 11.01.2014) Die CDU reagiert damit auf die aktualisierte Position der EU-Kommission zur „Armutsmigration".

Die EU-Kommission hat in einer Stellungnahme für den Europäischen Gerichtshof (EuGH) erklärt, dass der grundsätzliche Ausschluss von EU-Zuwanderern von Hartz-IV-Leistungen mit europäischem Recht nicht vereinbar sei (Stern 10.01.2014). Die Kommission hat allerdings klargestellt, dass Deutschland durch das EU-Recht nicht verpflichtet wird, an „wirtschaftlich inaktive EU-Bürger Sozialleistungen während der ersten drei Monate ihres Aufenthalts im Land zu zahlen" (Tagesschau 11.01.2014). Dafür allerdings hat die EU-Kommission Einzelfallprüfungen gefordert.

Die Einigkeit von CSU und CDU ergibt sich dementsprechend aus einer gemeinsamen Kritik an der EU-Kommission. Die Argumentation schließt an die bereits im Frühjahr geführte Zurechnung der Verantwortung an die EU an. Allerdings wird jetzt deutlich hervorgehoben, dass Deutschland selbst entscheidet, wie es mit Armutsmigranten umgehen soll. Würde sich die Ansicht der EU-Kommission durchsetzen, so Volker Kauder (CDU), würde es vermutlich einen erheblichen Zustrom von Menschen geben, die allein wegen der Hartz-IV-Zahlungen nach Deutschland kommen würden (Bild 10.01.2014). Kauder schließt damit wieder an die Debatten an, die vor dem Jahreswechsel geführt worden sind. Das Contra der „Armutszuwanderung" wird wieder aktualisiert oder, wie es Thilo Sarrazin typisch in einem Satz zusammengefasst hat: „Hartz IV wird zum Mindestlohn für ganz Europa." (Focus 08.12.2013)

Die Äußerungen von Volker Kauder sind jetzt allerdings in einen anderen normativen Konsens eingebettet. Spätestens mit der Wahl des Begriffs „Sozialtourismus" als das Unwort des Jahres (14.01.2014) ist die Debatte normativ eindeutig: „Armutszuwanderung" findet nicht statt und das Wort ist generell höchst problematisch und nicht mehr sagbar. Die Generalisierung aller Zuwanderer aus Rumänien und Bulgarien als „Armutszuwanderung" wird stark problematisiert.

Vor der Wahl des Unwortes sind einige bemerkenswerte Verschiebungen der Positionen im Diskurs zu beobachten. Die vormals stark dramatisierenden Medien wie beispielsweise Bild, Focus und Welt sprechen sich eindeutig für die Einwanderung der Menschen aus Rumänien und Bulgarien aus bzw. kritisieren die Angst vor der „Armutszuwanderung", die sie allerdings vorher mit geschürt haben. Dazu die Bild in der Headline: „Armutszuwanderung klingt pervers" und weiter im Artikel:

> „Seit wann wertet unsere Gesellschaft es als negativ, wenn ein Mensch sich nach oben arbeiten will? Seit wann ist es schlecht, wenn man den Mut hat, schlechte Lebensbedingungen zu verlassen und woanders in Freiheit neu anzufangen? Dann hätte man auch die Flüchtlinge aus der ehemaligen DDR als ‚Armutsflüchtlinge' denunzieren können." (Bild 04.01.2014)

Dass die mediale Stimmung gegen den Begriff „Armutszuwanderung" gekippt ist, verdeutlichen auch die Artikel „Die realitätsferne Angst vor Armutszuwanderung" (Welt 14.01.2014), „Zuwanderung nicht als Massenphänomen dramatisieren" (Focus 09.01.2014) oder „Die aufgeblasene Armutseinwanderung" (Spiegel 26.03.2014). Erstens wird der Grund zur Einwanderung – sich durch Leistung auf dem deutschen Arbeitsmarkt ein besseres Leben zu ermöglichen – als legitim anerkannt. Zweitens wird anhand von Statistiken und Expertenmeinungen argumentiert, dass Armutseinwanderung nur sehr eingeschränkt in bestimmten Städten stattfindet und die massenhafte Einwanderung in den deutschen Wohlfahrtstaat nicht mit Zahlen zu belegen ist.

Am 21.01.2014 wird in den Medien über einen gemeinsamen Appell vom Deutschen Gewerkschaftsbund (DGB) und Arbeitgebern berichtet. In „einer ungewöhnlichen Allianz" (FAZ 21.01.2014) werben Arbeitgeberpräsident Ingo Kramer und der Vorsitzende des DGB, Michael Sommer gemeinsam für Offenheit gegenüber Zuwanderern. Sie warnen in ihrer Erklärung die CSU davor, „dass ihre undifferenzierte politische Debatten über die ‚Armutszuwanderung' antieuropäische Stimmungen verstärkt und dringend erwünschte ausländische

Fachkräfte abschrecken könnten" (Stern 20.01.2014). Ende Januar hat sich eine dominante Interpretation zur „Armutszuwanderung" im öffentlichen Diskurs durchgesetzt, die Bundespräsident Gauck anschaulich typisch zusammenfasst:

> „,Es ist falsch und gefährlich für den inneren Frieden, wenn man suggeriert, Zuwanderer schadeten diesem Land, nähmen uns Arbeit weg oder gefährdeten unser Sozialsystem', sagte Gauck der ,Frankfurter Allgemeinen Zeitung'. Richtig sei das Gegenteil: ,Einwanderung tut diesem Land sehr gut'." (Tagesschau 24.01.2014)

Einwanderung tut diesem Land sehr gut und dies ist im Armutszuwanderungsdiskurs primär aus einem ökonomischen Nutzen heraus zu verstehen. Im März am 26.03.2014 werden die Ergebnisse des Staatssekretärsausschusses in den Medien diskutiert und die Medien verdeutlichen, wie unbedeutend das Problem der „Armutszuwanderung" ist: „Pläne gegen Sozialmissbrauch – Die aufgeblasene Armutseinwanderung" (Spiegel 26.03.2014). Begründet wird dies mit dem Nachweis des Bezugs von Sozialleistungen. Im November 2013 bezogen 44.000 Rumänen und Bulgaren Arbeitslosengeld II. Das entspricht 0,7 % von allen ALG-II-Empfängern. Zahlen zum Kindergeldmissbrauch liegen laut der Bundesregierung nicht vor. „So viel zum Thema Sozialmissbrauch." (Spiegel 26.03. 2014)

An dieser Stelle lässt sich wieder fragen, was in der Debatte „Wer betrügt, der fliegt" auffällt? Die Thematisierung der Roma, welche in der Frühjahrdebatte eng an die Armutsmigration gekoppelt war, ist in der Neujahrsdebatte ein *No Issue*. Eine Kulturalisierung der Armutszuwanderer findet nicht statt. Die Einwanderer werden ausschließlich anhand von ökonomischen Kategorien wahrgenommen und bewertet und zwar vor dem Hintergrund der sozialen Sicherungssysteme. Das pragmatische Kostenargument wird im Verlaufe der Debatte das dominante Argument. Die Armutszuwanderer werden als Leistungsbringer definiert und das kulturelle Argument der Bedrohung der deutschen Lebenswelt verliert an Bedeutung. Um die Armutsmigration als Bereicherung oder Bedrohung zu definieren, wird der ökonomische Nutzen der Zuwanderung ins Zentrum der Aufklärungskampagne gestellt. Das Argument wird von vielen Akteuren aus Wissenschaft, Politik und Wirtschaft vertreten. Sie bilden die Diskurskoalition des ökonomischen Arguments, um gegen die negative ökonomische Darstellung der „Armutszuwanderung" vorzugehen. Im Folgenden soll durch die Erarbeitung der Phänomenstruktur die diskursive Verschiebung der Bedeutung von „Armutszuwanderung" gesondert berücksichtigt werden.

Die Phänomenstruktur der Armutszuwanderung

Ursachen und Konsequenzen

„Besondere soziale Probleme entstehen, wenn ungelernte, unqualifizierte, ungebildete Arbeitskräfte aus Rumänien und Bulgarien nach Deutschland kommen.“
(FAZ 15.01.2014)

Die „Armutszuwanderung“ hat eine differenzierte Kausalwahrnehmung in der Konstitution des Phänomens, die aber grundsätzlich auf einer einzigen Ausgangsüberlegung basiert. Ausgangspunkt der Ursache zur Bestimmung der Armutsmigration ist die Überforderung der Städte mit der Zuwanderung von Menschen aus Bulgarien und Rumänien. An dieser Stelle vollzieht sich die Problematisierung der Immigration. Anhand der Integrationsfähigkeit der Zuwanderer, die aus ihrer Sozialisation, Bildung und Ausbildung sowie Wohnsituation abgeleitet wird, wird die „Armutszuwanderung“ problematisiert. Erst durch diese Bestimmung erfolgt eine weitere Erörterung der Ursachen der Migration, die dann aber kontrovers diskutiert werden. Auf der einen Seite wird die EU-Freizügigkeit als Ursache thematisiert, nachdem die Armutszuwanderer ohne Restriktionen nach Deutschland kommen können. Die Immigranten und Immigrantinnen verursachen Probleme. Die Folge ist ein „Missbrauch der deutschen Sozialleistungen“, die schließlich zu der Frage führt, wie viel Freizügigkeit sich Deutschland leisten kann. Auf der anderen Seite wird die Diskriminierung und Unterdrückung der Armutszuwanderer als Ursache der Migration angesehen. Die Immigranten und Immigrantinnen haben Probleme. Die Konsequenz ist dann, dass die Lebenssituation der Armutszuwanderer in ihrem Heimatland verbessert werden muss. Eine weitere Konsequenz ist die Problematisierung der Attraktivität Deutschlands für hochqualifizierte Arbeitskräfte, die durch die Debatte über „Armutszuwanderung“ eventuell abgeschreckt werden können. Das Subjekt derartiger Aussagen hat das deutsche Gemeinwohl im Blick, welches sich primär durch eine ökonomische Prosperität auszeichnet.

Verantwortlichkeit

„Für Zuwanderer aus Südosteuropa gibt es kein politisches Konzept.“
(Spiegel 12.03.2013)

Die Zuschreibung der Verantwortung erfolgt im Wesentlichen dadurch, dass die Städte die Bundesregierung in der Pflicht sehen, das Problem der „Armutszuwanderung“ anzuerkennen und für finanzielle Unterstützung zu sorgen. Die adressierte Bundesregierung gibt die Verantwortung durch den Bundesinnminister Friedrich unter anderem an die EU weiter. Diese müsste Maßnahmen gegen den Missbrauch von Sozialleistungen definieren. Die EU wiederum hält die Debatte in Deutschland für eine Scheindebatte, die der Realität nicht entspricht. Zudem werden von Friedrich die Regierungen von Rumänien und Bulgarien in ihrer Verantwortung adressiert. Sie sollen Wanderungsanreize verhindern, indem sie die Lebenssituation der Armutszuwanderer, insbesondere der Sinti und Roma verbessern. Der bulgarische Botschafter verteidigt die europäische Freizügigkeit, in der die gleichen Rechten und Pflichten für alle EU-Bürger und -Bürgerinnen gelten. Zugleich warnt er vor dem Populismus und der Angstmache der CSU, die der Realität nicht entspräche.

Die unklare Zuordnung der politischen Verantwortung wird durch den Einsatz des Staatssekretärsausschusses behoben, der aufgrund des Streits innerhalb der Bundesregierung zu Stande kommt. Mit anderen Worten: Die Verantwortungszuschreibung wird aufgehoben, indem das Problem als nicht existierend definiert wird.

Eigenschaften

„25 Prozent haben nach einer Studie des Instituts für Arbeitsmarkt- und Berufsforschung (IAB) einen Hochschulabschluss, 40 Prozent eine Berufsausbildung, 35 Prozent keine Qualifikation."
(Bild 28.12.2013)

Zu Beginn der Debatte sind die Armutszuwanderer Menschen ohne Anspruch auf Sozialleistungen, weil sie dem Prinzip der Reziprozität zwischen Rechten und Pflichten nicht entsprechen. Das Prinzip besagt im Diskurs, dass der Anspruch auf bestimmte Ressourcen der erbrachten Leistung der Mitglieder der Gemeinschaft entsprechen soll.[27] Da sie am Anfang der Debatte von vornherein als die Chancenlosen aus Europa bezeichnet werden, ist die Skepsis groß, ob sie sich überhaupt in den deutschen Arbeitsmarkt integrieren können, der zugleich eine Abhängigkeit von Sozialleistungen ausschließt. Die Armutsmigranten sind deswegen zunächst Wirtschaftsflüchtlinge und sollen in ihr Land zurückkehren.

„‚Deutschland, wir kommen! Aber welche Flüchtlinge sollen bleiben?', lautete dann das Thema, doch auch bei Plasberg ging es nicht wirklich um Flüchtlinge, jedenfalls nicht um die, die in Lampedusa anlanden, wenn sie nicht vorher im Mittelmeer ertrinken. Im Einspieler zu Beginn sammelt ein Fernsehteam Vox populi in der Fußgängerzone. Erst be-

27 Dieser Wertbezug der Verteilungsgerechtigkeit wird später noch ausführlicher besprochen.

kommen die Passanten ein Foto von afrikanischen Flüchtlingen in einem überfüllten Boot gezeigt. Die Reaktion, grob zusammengefasst: Arme Menschen, denen müssen wir beistehen. Dann folgt ein Foto von Männern, die am Straßenrand stehen: ‚Das sind Tagelöhner aus Osteuropa, müssen wir denen nicht auch helfen?' Der Tenor hier: Die sollen dahin zurück, wo sie herkommen." (Spiegel 22.10.2013)

Dennoch erhalten die „Armutszuwanderer" ein Mindestmaß an sozialer Sicherung[28], da ansonsten der soziale Frieden in den Städten gefährdet wird und weil das Gebot der Menschlichkeit gegenüber diesen als notwendig angesehen wird. Diese Interpretation ist allerdings nur dann aktiv, wenn konkret und alltagsweltlich über die Armutszuwanderung in den Städten gesprochen wird. „Dann schuf sie auch dort eine besondere Lösung für Menschen ‚ohne Anspruch auf Unterbringung', sprich: Zuwanderer." (Spiegel 25.02.2013)

Durch die Bezeichnung der Einwanderer als Armutszuwanderer wird der Eindruck geweckt, dass diese eine Bedrohung und Gefahr für die Bundesrepublik darstellen: Sie belasten den deutschen Wohlfahrtsstaat. Die Bezeichnung suggeriert auch, dass die Zuwanderer selbst bedroht sind; durch Betrug und Ausbeutung und vor allem durch die Armut in ihren Herkunftsländern.

Am Ende der Neujahrsdebatte, als die Bestimmung der Frage, ob die „Armutszuwanderung" nun eine Bereicherung oder Belastung ist, geklärt wurde, wurde der Begriff als diffamierend eingeschätzt. Beispielsweise kommentiert die Welt:

„ARMUTSZUWANDERUNG: Die CSU beschreibt mit dem Begriff Armutszuwanderer gering qualifizierte Migranten, die nach Einschätzung der Partei in Deutschland vor allem Sozialleistungen in Anspruch nehmen wollen, aber kaum Chancen auf dem Arbeitsmarkt haben. Experten halten es für ungerechtfertigt, pauschal von Armutszuwanderung aus Bulgarien und Rumänien zu sprechen. Obwohl die Zuwanderer aus diesen Ländern im Schnitt geringer qualifiziert sind, lag die Arbeitslosenquote für beide Nationalitäten Mitte 2013 unter dem Schnitt der Gesamtbevölkerung und deutlich unter der anderer Migrantengruppen." (Welt 14.01.2016; Hervorhebung im Original)

Diese Selbstbeobachtung des Diskurses steht am Ende der Debatte. Der Eindruck entsteht, dass diese Definition des Phänomens schon immer eindeutig war. Dem Ergebnis geht allerdings ein Prozess des Organisierens voraus, der die Mehrdeutigkeit des Phänomens „Armutszuwanderung" auf diese eine Definition reduziert hat. Beispielsweise fehlt in der Definition das kulturelle Interpretati-

28 Soziale Sicherung bezeichnet hier die gesellschaftliche Absicherung individueller Risiken.

onsschema, welches im Laufe der Debatte an Bedeutung verloren hat. Die zentrale Frage lautet somit, wie es zu dieser Sinngebung gekommen ist.

Im Folgenden wird argumentiert, dass sich die Interpretation des ökonomischen Wachstums im Verbund mit dem Bewusstsein der Antidiskriminierung von askriptiven Merkmalen im Diskurs stabilisiert und gegenüber der kulturellen Diskriminierung durchgesetzt hat. Die Anwendung des Deutungsmusters „Vor- und Nachteile der europäischen Freizügigkeit" ist eine ökonomische Interpretation der Migration in Europa. Demzufolge hat sich das Argumentationsmuster in der ersten EU-Osterweiterungsdebatte im Vergleich zu 2000/2001 nicht grundlegend verändert. Der Beitritt wurde auch hier als Kosten-Nutzen-Analyse in den öffentlichen Massenmedien debattiert (Ghirmazion 2013). Zudem wird in der Aufklärungskampagne über die Armutszuwanderer retrospektiv auf die Erfahrungen mit der ersten Ost-Erweiterung zurückgegriffen, die die Interpretation nahelegt, dass eine Zuwanderung in die deutschen Sozialsysteme durch den Wegfall der Beschränkungen am 01.01.2014 nicht sehr wahrscheinlich ist. Erstens, weil sich ähnliche Befürchtungen 2011 nicht bestätigt haben. Zweitens muss Deutschland vielmehr die Immigranten und Immigrantinnen für sich gewinnen, anstatt dass diese wieder einen Bogen um Deutschland machen. Drittens sind die meisten Armutszuwanderer gut qualifiziert und sozialversicherungspflichtig beschäftigt. „Das Gespenst der Masseneinwanderung" (Stern 02.01. 2014), das die CSU propagiert, wird als Mythos entlarvt, indem gezeigt wird, dass Deutschland von dieser „Armutszuwanderung" ökonomisch profitiert. Die Zuwanderer aus Rumänien und Bulgarien sind im Durchschnitt zwar geringer qualifiziert als andere Immigranten und Immigrantinnen, aber die Arbeitslosenquoten und die Anteile der Bezieher von Transferleistungen sind deutlich geringer als bei anderen Migrantengruppen, so die dominante Position im Diskurs.

Anhand dieser Aufklärungskampagne kann gezeigt werden, wie die ökonomische Interpretation der Migration zugleich eine Kulturalisierung der Migration verdrängt. Die Form der Unterscheidung des ökonomischen Topos kennt keine Kultur. Die Armutszuwanderer werden somit im zeitlichen Verlauf graduell kategorisiert. Die hierarchische Logik der graduellen Kategorisierung der ökonomischen Ordnung bewertet die Immigranten und Immigrantinnen anhand ihrer Qualifikation, Bildung und Ausbildung. Zusätzlich wird die Kulturalisierung der „Armutszuwanderung" durch Anti-Diskriminierungs- und Anti-Rassismuspositionen de-legitimiert. Diese dominante Wahrnehmung der Armutszuwanderer wird offensichtlich, als die CSU-Positionen in der Neujahrsdebatte kritisiert werden und Opponenten auf Ordnungsvorstellungen zurückgreifen müssen, um ihre Position zu stärken und ihr Anerkennung verleihen. Bis dahin war die Deutung von Roma im Zusammenhang mit der „Armutszuwanderung" aktiv:

> „Ein Flüchtlingstreck hat sich gen Westen aufgemacht. Seit die Europäische Union (EU) bis ans Schwarze Meer reicht, sind Millionen Roma EU-Bürger. Sie haben das Recht, sich überall innerhalb der Union niederzulassen. Die Mär vom goldenen Westen lockt Menschen wie Placuta Moise zu Zehntausenden aus den Elendsvierteln Bulgariens oder Rumäniens nach Berlin, Frankfurt, Mannheim oder eben in die Städte an Rhein und Ruhr." (Focus 04.03.2013)

Diese Beschränkung der Zuwanderung wird dann auch explizit mit den Roma in Verbindung gebracht: „Wanderungsanreize für Sinti und Roma vermindern." (Focus 21.02.2013) Diese Beschränkung wird dadurch begründet, dass Sinti und Roma schlecht gebildet seien, keine Ausbildung hätten und deswegen arbeitslos seien. Hier ist im Diskurs noch eine kategoriale Unterscheidung aktiv. Infolgedessen sind die kulturalisierten Armutszuwanderer kulturell und ökonomisch nicht gewollt und gewünscht. Sie sind die „not wanted and not welcome":

> „Deutsche Kommunen schlagen Alarm! DENN: Roma sind wenig gebildet und auf dem Arbeitsmarkt kaum vermittelbar, erklärt das Berlin-Institut für Bevölkerung und Entwicklung. Die Sorge ist groß, dass genau diese Menschen in Deutschland Zuflucht suchen, um die Sozialleistungen in Anspruch zu nehmen." (Bild 27.03.2013 Hervorhebung im Original)

Dadurch, dass der negative Status der Roma mit Bildung und Ausbildung begründet wird, unterliegt die folgende Auseinandersetzung mit der kulturalisierten „Armutszuwanderung" einer argumentativen Pfadabhängigkeit. Es wird anhand von Statistiken und Expertenmeinungen in den Debatten aufwendig nachgewiesen, dass die „Armutszuwanderer" im Allgemeinen nicht schlecht ausgebildet sind. Im Gegenteil: 25 % besitzen sogar einen Hochschulabschluss. In dieser positiven Umkehrung der Argumentation fehlt dann jedoch die Auseinandersetzung mit der Kulturalisierung der Roma. Es wird nicht fortgeschrieben, dass die Roma gut ausgebildet sind und eine angemessene Qualifikation besitzen, sondern die „Armutszuwanderer" im Allgemeinen. Dies deutet daraufhin, dass eine Entkopplung zwischen der kulturellen Anpassungsordnung, die die Roma als nicht erwünschte Fremde definiert, und der ökonomischen Nutzenordnung stattfindet, wenn die positiven Eigenschaften für den Arbeitsmarkt hervorgehoben bzw. nachgewiesen werden. Mit anderen Worten wird hier der Fremde vom Feind zum Freund, indem er als ein Leistungsbringer auf dem Arbeitsmarkt definiert wird. Die Leistungsbringer werden nicht kulturalisiert. Offensichtlich wird dies in der Kritik und Rechtfertigungsphase der Neujahrsdebatte. Erstens ist es politisch nicht sagbar, dass nicht die „Armutszuwanderung" eingeschränkt werden soll, sondern die Roma-Zuwanderung. In dem umstrittenen CSU-Papier heißt es in der Überschrift „Keine Armutsmigration in die Kommunen begünstigen" und nicht „Keine Romamigration in die Kommunen begünstigen". Schon vor der Neujahrsdebatte stand die Kulturalisierung der „Armutszuwanderung" unter dem Rassismusverdacht. „Es ist schon heikel, die in diesem Winter erfahrene ‚Armutszuwanderung' bestimmter Roma-Gruppen zu thematisieren, denn schnell wird man des Rassismus bezichtigt." (Welt 05.03.2013)

Zudem funktioniert der Rassismusvorwurf als Gegenstrategie zur Problematisierung der Roma, indem die Kulturalisierung von der Problembeschreibung der „Armutszuwanderung" entkoppelt werden muss: „Wenn ich watt sach, bin ich'n Rassist." (Spiegel 22.10.2013) Der Rassismusvorwurf bei der Benennung der „Armutszuwanderung" ist somit sehr aktiv, obwohl die CSU hier von einer Belastung des Wohlfahrtstaates spricht und die Zuwanderung in die Sozialsysteme einschränken will. Ein weiterer, nicht zu vernachlässigender Grund der Nicht-Thematisierung der Roma bei der positiven Wendung des Begriffs „Armutszuwanderung" ist die fehlende statistische Erfassung der Sinti und Roma durch die deutschen Behörden.

Die letzte Beobachtung bezüglich der Eigenschaften der Armutszuwanderer soll die Forschungsthese beleuchten, ob die Armutszuwanderer als Mobile oder Migranten beschrieben werden können. Armutszuwanderer werden als „EU-Migranten" angesehen (Welt 04.12.2013), jedoch ist diese Beobachtung alleine nicht aussagekräftig. Interessant wird es erst, wenn die EU-Migranten bzgl. der Integration besprochen werden. Migration ist im deutschen Einwanderungsdiskurs eng mit dem Begriff der Integration verknüpft, der wiederum ein Anpassungsdefizit suggeriert. Der Begriff „Armutszuwanderer" tritt in diesem Integrationskontext auf, genauer gesagt im Hinblick auf ein ökonomisches Anpassungsdefizit. In der Pro- und Contra-Freizügigkeitsdebatte wird dies deutlich, als die CSU davor warnt, „dass gering qualifizierte Migranten in die Bundesrepublik kommen, die kaum Chancen auf dem Arbeitsmarkt hätten, aber Sozialleistungen in Anspruch nehmen wollten" (Focus 07.01.2014). Die „Armutsmigranten" sind der Anpassungserwartung ausgesetzt, dass sie sich durch eine erhöhte Qualifikation in den Arbeitsmarkt integrieren müssen. Werden die Vorzüge der Freizügigkeit diskutiert, dann sind diese ebenfalls Migranten und Migrantinnen, die zwar den Fachkräftemangel beseitigen, sich aber auch anpassen müssen. Auch hier bedeutet Anpassung die Integration in den Arbeitsmarkt. Die Kategorie „Armutsmigration und Integration" ist durch den ständigen Vergleich zwischen Pro- und Contra-Argumentation in der Freizügigkeitsdebatte theoretisch gesättigt. Dies führt zu keiner Modifikation der diskursiven Bedingungen, unter denen die „Armutszuwanderung“ im Kontext von Integration besprochen wird.

Um diese wichtige Interpretation zu variieren, wurde in dem Gesamtsample explizit nach Artikel gesucht, die den Dualismus aus Mobilität und Migration aufgreifen und problematisieren. Die weitere Frage für die Selektion von Artikeln lautete: Wie wird die Begrifflichkeit der Armutsmigration problematisiert? Das heißt nicht, dass wie bisher bestimmt werden soll, ob die „Armutsmigranten“ nun wirkliche arme Menschen sind, die keinen Beitrag für den deutschen Wohlstand leisten, sondern es gilt zu ergründen, inwiefern „Armutszuwanderung“ im Kontext weiterer Wissensordnungen von Migration eingeordnet wird.

Im gesamten Sample der hermeneutisch-qualitativen Auswertung problematisiert ein Artikel die „Armutsmigration“, in dem ironisch davon ausgegangen wird, dass es, wenn es denn eine Armutsmigration gäbe, auch eine Reichtumsmigration existieren müsse. Der FAZ-Artikel „Nackte Wahrheiten – Zuwanderung“ (05.01.2014) karikiert mit denselben Begrifflichkeiten, die zur Beschreibung der „Armutszuwanderung“ benutzt werden, die „Migrantenströme“ der Reichen in die deutschen Städte. Brennpunkte der Migration sind in Berlin Stadtviertel wie beispielsweise Prenzlauer Berg, Kreuzberg, Neukölln. Dem Gentrifizierungsprozess wird ein Riegel vorgeschoben, indem die „migrantenfeindliche Bezirksverwaltung“ des Prenzlauer Bergs alles, was nach Luxussanierung aussehen könnte, verboten hat. Im Gegensatz zur „Armutsmigration“ ist die „Reichtumsmigration“ aus Norwegen, Spanien oder Italien allerdings nicht von Dauer. Sie dauert vielmehr nur für ein verlängertes Wochenende:

> „Dazwischen aber lassen sie es krachen, machen Lärm in den Wohnungen, trinken tagsüber den Autochthonen den ganzen Latte macchiato weg und nachts das ganze Bier, verstopfen, weil sie so lange Schlangen bilden, die Straßen rund ums Berghain, und im Sommer sitzen sie, darin jenen Roma ähnlich, welche die CSU so nerven, auf den Brücken über dem Landwehrkanal, trinken Alkohol, rauchen womöglich illegales Gras, spielen Gitarre und stören damit die Ruhe all derer, die schon vor dreißig Jahren aus Schwaben oder Franken zugewandert sind.“ (FAZ 05.01.2014)

Diese Karikatur ist eine Verfremdung der „Armutszuwanderung“, indem der Kontext der Beschreibung dieses empirischen Sachverhaltes variiert wird. Erst durch diese Kontextvariation, die die Armuts- in eine Reichtumsmigration überführt, wird die Armutsmigration nicht normalisiert, sondern als erklärungsbedürftig dargestellt. Diese Darstellung ermöglicht es, die spezifischen Selektionsprozesse zur Interpretation des Phänomens bzw. die Formationsregeln von diskursiven Aussagen im Armutszuwanderungsdiskurs zu exemplifizieren.

Im Einwanderungsdiskurs stellt die Migration ein Problem dar. Die Zuwanderer verursachen Probleme und sie haben Probleme. Die Problematisierung erfolgt in der Unterscheidung der Belastung bzw. Bereicherung. Die Form der Unterscheidung bestimmt Deutschland als eine Wirtschaftsnation. Im Falle der „Armutsmigration" sind es die hohen Sozialleistungen, die die Zuwanderung der Armen begünstigen. Im Falle der „Reichtumsmigration" sind es die geringen Steuern, die Anreize zur Migration stiften. Die gleiche Logik des Vergleichs gilt bei der Konkurrenz um knappe Ressourcen in den Städten. In Berliner Szenevierteln, „wo der Reichtum nicht ganz so groß ist", ist die Zuwanderung von noch Reicheren problematisch, weil die Konkurrenz um Luxuswohnungen offensichtlich ist. In Duisburger und Dortmunder Vierteln, wo die Armut sich noch gerade so in Grenzen hält, ist die Zuwanderung von noch ärmeren Menschen problematisch, weil sonst die Städte im endgültigen Chaos versinken. Die Vergleiche ließen sich beliebig fortführend.

Die Wiederholung der diskursiven Aussagen zur „Armutszuwanderung" in einem verschobenen Verwendungszusammenhang ist zwar eine Strategie der subversiven Wiederholung. Eine Wiederholung (Iteration) in kritischer Absicht. Doch die Resignifizierung der „Armutszuwanderung" im Kontext der Reichtumsmigration führt gerade nicht dazu, das damit verbundene Wissen infrage zu stellen. Im Gegenteil, hier ist eine Übereinstimmung der Karikatur mit der Norm bei der Deutung der „Armutszuwanderung" zu beobachten. Das Merkmal der Klasse mittels der Ausprägungen von Beruf, Bildung und Einkommen gewinnt den Status des Ontologischen bei der sozialen Konstruktion von erwünschter und nicht erwünschter Migration. Darin liegt auch gleichzeitig die Macht der Ontologisierung der „Armutszuwanderung" begründet, welche die Sinngebung von Migration auf Klasse reduziert. Mit den Worten Foucaults kann in diesem Kontext von einem Verknappungsmechanismus gesprochen werden.

Jedoch ist ein Unterschied bemerkenswert, der den Grad der Problematisierung betrifft. „Armutszuwanderer" sind sesshaft und „Reichtumsmigranten" mobil. In dem FAZ-Beitrag heißt es, dass die Reichtumsmigranten nach dem „Partywochenende" in ihre Länder zurückkehren. Die Annahme der Rückkehrbereitschaft der Migranten und Migrantinnen ist ein zentrales Motiv in der Konstruktion von erwünschter Zuwanderung. Diese Rückkehrbereitschaft ist abhängig von einer Temporalität der Ursachendefinition in den Herkunftsländern. Ist die Ursache eine Krise wie beispielsweise die Euro- und Fiskalkrise in den südeuropäischen Staaten, so wird vermutet, dass die Immigranten und Immigrantinnen nach der Überwindung der Krise zurückkehren in ihr Heimatland. Es sind zum Beispiel „Spaniens Krisenopfer auf Jobsuche" (Focus 21.11.2013). Die Zuwanderer aus den Euro-Krisenländern Spanien, Italien, Portugal und Griechenland werden dann explizit abgegrenzt von jenen aus südosteuropäischen EU-Ländern wie Rumänien, die aufgrund von Armut dauerhaft nach Deutschland migrieren.

Die Konstruktion von erwünschten und unerwünschten Immigranten und Immigrantinnen über die Temporalität ist eine mögliche Differenzierungsform, bei der allerdings beachtet werden muss, dass sich hier diverse Diskurse der Zugehörigkeit verschränken. Gunilla Funke hat in ihrer Dissertation die Wahrnehmung von Ähnlichkeit bei der Dominanzbevölkerung gegenüber Migranten und Migrantinnen analysiert. Aus den Daten der Allgemeinen Bevölkerungsumfrage der Sozialwissenschaften (ALLBUS) von 1996 bis 2006 zeigt sich eine generelle Zunahme der Ähnlichkeitswahrnehmung der nicht migrantischen Bevölkerung. „Diese äußert sich unter anderem in abnehmender Zustimmung zum Endogamie-Gebot, der verringerten Wahrnehmung von Unterschieden im Lebensstil und zunehmender Zubilligung von gleichen Rechten für einige Herkunftsgruppen." (Fincke 2008, 201) Unter den migrantischen Vergleichsgruppen sind die Italiener der deutschen Bevölkerung am zugehörigsten. Das Schlusslicht bilden die Asylsuchenden.[29]

29 Dazu Gunilla Finckes ausführliche Schilderung: „Auf die Frage, wie ähnlich oder unähnlich Angehörige verschiedener Gruppen ihnen seien, antworteten 1996 56% der westdeutschen BundesbürgerInnen, zwischen ihnen und den in Deutschland lebenden ItalienerInnen bestünden nur geringe Unterschiede; 22% sahen mittlere, weitere 22% starke Unterschiede. Zu den AussiedlerInnen in Deutschland sahen 34% geringe, 24% mittlere und 42% starke Unterschiede. Die Werte zu den in Deutschland lebenden TürkInnen deuten auf eine geringere Ähnlichkeitswahrnehmung hin: Hier sahen 15% der westdeutschen BundesbürgerInnen geringe, 18% mittlere und 67% starke Unterschiede. Die geringste Ähnlichkeit wurde bei AsylbewerberInnen in Deutschland wahrgenommen: Hier gaben 8% geringe und 9% mittlere Unterschiede an, 83% jedoch starke Unterschiede. Als letzte Gruppe wurde nach den Juden und Jüdinnen in Deutschland gefragt. Die wahrgenommene Ähnlichkeit fiel bei dieser Gruppe am größten aus. Zehn Jahre später hat sich die in diesen Zahlen zum Ausdruck gebrachte Fremdheitswahrnehmung gegenüber ItalienerInnen in Deutschland stark verringert. Die Zahlen bei AsylbewerberInnen und Juden/Jüdinnen in Deutschland sind leicht zurückgegangen, wohingegen die Wahrnehmung von Fremdheit gegenüber TürkInnen und gegenüber AussiedlerInnen geringfügig zugenommen hat. Die Entwicklung der Ähnlichkeitswahrnehmung von verschiedenen Herkunftsgruppen unterscheidet sich also signifikant." (Fincke 2008,193ff)

Problemstärke

„Das Gespenst der Masseneinwanderung" (Stern 02.01.2014)

Das Problem gewinnt an Wichtigkeit und Dringlichkeit, weil der Stichtag der offenen Grenzen am 01.01.2014 näher rückt und die Frage im Raum steht, ob die „Armutsmigration" nun eine Bereicherung oder Belastung für den deutschen Wohlfahrtstaat ist. Dies erhöht den Handlungsdruck auf die politischen Akteure, die die Frage genau bestimmen müssen. Die Belastung wird vor allem durch die Erfindung diffuser Bedrohungsängste konstruiert, die durch Begriffe wie „Welle" veranschaulicht wird. Die öffentlichen massenmedialen Diskurse über Migranten und Migrantinnen greifen häufig auf eine Metaphorik zurück, die Kollektivsymbole darstellt (Jung, Wengeler und Böke 2000). Im Fall der „Armutszuwanderung" wird der Problemdruck durch die Wasser-Metaphern der Welle und der Flut aufgebaut, die am 01.01.2014 über Deutschland hineinzubrechen droht.

Die symbolischen Konstellationen der Fluten und Überschwemmungen, die auch zur Bezeichnung der Armutsflüchtlinge aus Osteuropa genutzt wurden, weisen eine historische Konstanz auf, die seit der Weimarer Republik gut dokumentiert ist (Gerhard 1997) und immer wieder im Einwanderungsdiskurs aktualisiert wird. Anfang der neunziger Jahre war die Katastrophenmetaphorik der Naturgewalten zur Beschreibung der Asylantenflut in den Massenmedien häufig anzutreffen.

Laut Karen Böke wird der Prozess der Migration im Einwanderungsdiskurs durch folgende metaphorische Räume visualisiert: Ausgangspunkt; Weg; Zugang/Hindernis; Ziel. Die Wassermetaphorik der Welle bezeichnet den Weg und den Zugang bzw. das Hindernis von dem Ausgangspunkt der „Armenhäuser" Rumänien und Bulgarien ins gelobte Paradies Deutschland. Die Welle hat hier die Funktion, den Strom der „Armutszuwanderung" durch einen temporären Anstieg zu symbolisieren. Diese kreative Erweiterung der Strom-Metapher findet sich Karin Böke im DDR-Flüchtlingsdiskurs als Fluchtwelle, im Vertriebenendiskurs als Vertreibungswelle und im Gastarbeiter- und Asylbewerberdiskurs als Türkenwelle, Fremdenwelle, Ausländerwelle, Flüchtlingswelle, Asylantenwelle etc. (Böke 1997). Zur Bezeichnung des temporären Anstiegs der „Armutszuwanderung" wird die Welle im Zusammenhang mit der kulturalisierten Roma-Zuwanderung benutzt: „Droht Deutschland eine Roma-Welle?" (Bild 27.02.2013) Aber auch im Zusammenhang mit der Belastung des Wohlfahrtsstaates wird die Wellen-Metapher verwendet: „Droht eine neue Welle von Sozialtouristen?" (Spiegel 13.01.2014) Durch die Naturalisierung von sozialen Problemen, wie es im wahrsten Sinne des Wortes durch die Wellen-Darstellung geschieht, wird eine Naturkatastrophe suggeriert, gegen die sich Deutschland schützen muss. In der Assoziation, dass die Welle anschwillt, sich bricht und alles unter sich begräbt, befindet sich eine diffuse Verantwortungszurechnung, die gleichzeitig vom politischen Handeln entlastet. Gegen Naturgewalten, die abrupt auftreten, ist der Schutz schwierig. Die sinnbildlichen Dämme würden im härtesten Fall die Schließung der Grenzen bedeuten.

Im Armutszuwanderungsdiskurs trägt das Kollektivsymbol der Welle zwar dazu bei, dass das deutsche Haus bzw. das deutsche Boot als eine homogene nationale Gemeinschaft imaginiert wird, jedoch in einer deutlich abgeschwächteren Form.

Wie die Beispiele verdeutlichen, ist die Wellen-Metapher meist fragend formuliert. Im Haupttext der Artikel wird die Frage kritisch begutachtet. Damit unterscheiden sich diese Darstellungen von bisherigen Strom-Metaphern im Einwanderungsdiskurs. Eine stark dramatisierende Symbolik, wie zu Zeiten der Flüchtlingszuwanderung Anfang der 1990er Jahre findet in diesem Untersuchungszeitraum nicht mehr statt. Gut vergleichbar ist dies mit der Titelstory „Flüchtlinge. Aussiedler. Asylanten – Ansturm der Armen“ (Spiegel 09.09.1991). Hier wird ein volles Boot gezeigt, das wegen Überladung nicht mehr seetauglich ist bzw. auseinanderzubrechen droht. Der Untergang des Bootes symbolisiert die Gefahr des Untergangs der nationalen Identität Deutschlands. Diese Symbolik ist im Armutszuwanderungsdiskurs nicht anzutreffen, was auf eine Veränderung des Sagbaren im deutschen Einwanderungsdiskurs schließt.

Diese These wurde anhand der genauen Beschreibung der „am negativsten konnotierten Metapher von allen bisher genannten Zuwanderungsbezeichnungen aus dem Bereich Wasser“ überprüft (Böke 1997, 180). Die Verwendung der Flut-Metapher ist zum einen mit zu viel und gefährlich und zum anderen als Negativ-Metapher für bestimmte Menschengruppen konnotiert (ebd.). Die Flut-Metapher bezieht sich in den 1970er bis weit in die 1980er Jahre undistanziert auf Asylsuchende. Bezüglich der heutigen „Armutszuwanderung“ ist die Flut-Metapher sehr selten. Verwendet wird sie im gesamten qualitativen Sample nur einmal. Am Ende der Neujahrsdebatte wird sich im Zuge der Wahl des Unwortes des Jahres 2013 von dem Begriff der „Flut von Sozialtouristen“ allgemein kritisch distanziert. Die Ursache der distanzierenden und vorsichtigen Verwendung der Wellen-Metapher lässt sich aus der Grounded Theory nicht umfassend bestimmen und muss letztendlich offen bleiben. Allerdings lässt sich – ohne in Spekulationen abzudriften – die These formulieren, dass insbesondere in der Neujahrsdebatte die genaue Bestimmung und Beantwortung der Frage, ob die „Armutszuwanderung“ jetzt eine Belastung oder Bereicherung ist, die Wellen-

Metapher als Symbolik nicht mehr aufrechterhalten. Durch die Macht der Zahlen und Statistiken, die eine objektive Realität widerspiegeln sollen, wird die symbolische Politik der Wasser-Metaphorik eingeschränkt. Es wird gerade nicht erreicht, die komplexe Wirklichkeit durch kollektive Symbole zu vereinfachen und zu plausibilisieren. Damit unterscheidet sich dieses Ergebnis von der Analyse der Migration aus Südosteuropa in der Zeit vom 01.01.2014 bis zum 31.05.2014 in dem öffentlichen Massenmedium der Westdeutschen Allgemein Zeitung (WAZ) (Rahmani 2015). Hier suggerieren die Zahlen einen Handlungsdruck auf lokaler Ebene in der Stadt Duisburg, wobei in dieser Studie die Zahlen den Handlungsdruck auf Bundesebene entlasten.

Nachdem die Armutszuwanderer zu Beginn des Jahres 2014 als unproblematisch definiert worden sind, lässt die Thematisierung im Diskurs nach und das Thema „Armutszuwanderung“ wird unerheblich. Dies ist neu im Einwanderungsdiskurs der Bundesrepublik. Ein diffuses Symbol der Angst wird durch Statistiken als unbegründet abgewiesen. Die Mehrdeutigkeit der Behauptungen der drohenden „Armutszuwanderung“ wird eindeutig reduziert, indem verschiedene (politische) Parteien im öffentlichen Diskurs deren Bedeutung bestimmen und zu dem Ergebnis kommen, dass keine umfassende „Armutszuwanderung“ existiert und wenn doch, diese nur punktuell in einigen Stadtteilen auftritt und im Rahmen der europäischen Freizügigkeit zu tolerieren ist.

Wer spricht wie über wen?

„Das Heil Osteuropas liegt nicht in Deutschland.“
(FAZ 24.02.2013)

Die Frage, welche Akteure in der medialen Berichterstattung über die Armutsmigration zu Wort kommen, ist abhängig von der Problematisierungsstärke, die im Zeitverlauf zunimmt. Zu Beginn der Debatte im Frühjahr sind politisch-administrative Akteure von zentraler Bedeutung. Der Zugang des Deutschen Städtetags zu den Massenmedien ist unproblematisch und die Positionierung der Städte trifft auf eine medienübergreifende Berichterstattung. Offenkundig ist die Resonanz von Bundesinnenminister Hans-Peter Friedrich, der allein durch sein Amt die Aufmerksamkeit der Medien erlangt. Die Diskussion der Vorschläge der Bundesregierung erfolgt durch die Medien selbst. Einen Schlagabtausch zwischen verschiedenen politischen Parteien oder anderen politischen Akteuren findet nur eingeschränkt statt. Stattdessen bestimmen die Journalisten der Fachressorts, inwiefern die Vorschläge des Bundesinnenministers zutreffend sind. Im Verlauf der medialen Debatte wird zunehmend externes Fachwissen durch Interviews mit Migrationsforscher und Experten in die Debatte eingeführt.

Der Verband der Sinti und Roma hat die Funktion, die Debatte zu kommentieren und vor der Ausgrenzung und Diskriminierung zu warnen. Der Verband kann aber nicht als ursächlich dafür angesehen werden, dass es zu einer Entkulturalisierung der „Armutszuwanderung“ kommt, da dieser nur zu Beginn der Debatte in den Medien auftaucht und die Medienresonanz der Aussagen des Verbandes beim Spiegel, Focus und der FAZ begrenzt ist. Zudem vermengt selbst der Verband die „Armutszuwanderung“ mit der Zuwanderung der Sinti und Roma, aber paradoxerweise warnt er zugleich vor einer Ethnisierung der Arbeitsmigration. Dies ist typisch für die Frühjahrsdebatte. Implizit werden die Migration der Roma und die „Armutszuwanderung“ in den Medien als ein gleiches Phänomen dargestellt. Wird allerdings konkret über die Diskriminierungserfahrungen der Sinti und Roma berichtet, wird differenzierter über das Verhältnis von „Armutszuwanderung“ und Sinti und Roma informiert. Exemplarisch steht dafür das Interview mit dem Vorsitzenden des Zentralrates der Sinti und Roma in der FAZ mit dem Titel „Das Heil Osteuropas liegt nicht in Deutschland“ (24.02.2013), das den Zusammenhang zwischen Sinti und Roma und der „Armutszuwanderung“ anschaulich verdeutlicht.

Die Adressierung und Subjektpositionierung einer kulturalisierten „Armutszuwanderung“ wird vom Verband implizit angenommen. Offensichtlich wird dies, als der Vorsitzende des Sinti und Roma-Verbandes von der FAZ mit folgender Frage konfrontiert wird:

„Herr Rose, halten Sie die gegenwärtige Debatte über die Armutszuwanderung insbesondere von Roma für angemessen?
Im Großen und Ganzen wird die Debatte verantwortungsvoll geführt und sie ist dringend notwendig, aus einem einfachen Grund: Viele deutsche Städte sind überfordert, auch wenn sie sich noch so sehr bemühen, wie etwa Mannheim, Duisburg oder Berlin.“ (FAZ 24.02.2013)

Im späteren Verlauf ist der Vorsitzende mit einer sehr direkten Frage konfrontiert, die das Verhältnis von Sinti und Roma und der Armutszuwanderung genauer adressiert:

„Der Städtetag ist in seinem jüngsten Papier über die Armutszuwanderung um die Nennung der Roma herumgetänzelt. Sollte man aus Ihrer Sicht klar benennen, um wen es geht? Ich wünsche mir, dass die Politik ehrlich, aber auch unvoreingenommen mit dem Thema umgeht. Das Problem der Armutsmigration darf nicht ethnisiert werden, weil das die gesamte Minderheit erneut ausgrenzt und stigmatisiert.“ (Ebd.)

Interessant ist insbesondere, dass die Ethnisierung durch den Rückgriff auf das Heterogenitätsmerkmal *Klasse* verhindert werden soll, was im folgenden Zitat deutlich wird:

„Nehmen wir das Beispiel Neukölln, Harzer Straße. Da gab es zahlreiche Berichte über Müll, Dreck, Ungeziefer. Das hat man alles den dort lebenden Roma zugeordnet. Das waren Arbeitsmigranten aus Rumänien und Bulgarien, die hier zu Dumpinglöhnen gearbeitet haben und horrende Preise für Wohnraum in Abbruchhäusern zahlen mussten." (Ebd.)

Erstens verdeutlicht das Zitat die dichotome Unterscheidung zwischen Roma und „Armutsmigranten", die im Diskurs aktiv ist und gegen deren Gleichsetzung sich der Vorsitzende wehrt. Zweitens ist das Merkmal der *Klasse* für den Vorsitzenden ein Ausweg aus der Ethnisierung der Zuwanderung aus Rumänien und Bulgarien. Es sind die „Arbeitsmigranten" und nicht die Roma, die unter den schlechten hygienischen Bedingungen leben mussten. Drittens zeigt die Interviewpassage das Dilemma, dass Akteure grundsätzlich auf kollektive Wissensstrukturen zurückgreifen müssen, um ihre Position zu rechtfertigen. Die Frage ist dann, ob diese kollektiven Wissensvorräte weniger problematisch sind, also diejenigen, die als diskriminierend erachtet werden.

Besonders deutlich wird dies bei der Frage, ob der Vorsitzende jede Identitätszuschreibung für die Roma ablehnt. Um die Diskriminierung, also die Verknüpfung von negativen Eigenschaften mit Gruppen zurückzuweisen, bedient er sich selbst Vorurteilen, in diesem Fall der preußischen Tugend der Pünktlichkeit, die aber in seinen Augen unproblematisch erscheint. Es ist ein treffendes Beispiel dafür, dass es, um überhaupt im Diskurs sprechen zu können, unvermeidlich ist, nicht zu wiederholen.

„Sie lehnen für die Roma also jede Identitätszuschreibung ab?
Wenn etwa gesagt wird, wir seien alle hervorragende Musiker, dann mag das aus Sicht dessen, der es sagt, positiv sein, aus meiner Sicht werden wir dadurch romantisiert und wieder in ein Klischee gesteckt. Wir sind einfach normal. Es gibt gute Charaktere, es gibt schlechte. Selbst Menschen, die pünktlich sind, was viele Deutsche ganz unglaublich finden mögen. Mein Vater war Preuße, und meine Familie hat sich immer als preußische Familie verstanden mit preußischen Tugenden." (FAZ 24.02.2013)

Warum das Heterogenitätsmerkmal *Klasse* in diesem Diskurs als weniger problematisch bzw. als Instrument genutzt wird, um gegen die Ethnisierung vorzugehen, wird ausführlich im Kapitel „Diskurstheoretische Interpretation der Fälle" diskutiert.

Vereinzelt kommen in der Frühjahrsdebatte auch Armutszuwanderer zu Wort – und zwar als die Gründe für die „Armutszuwanderung" thematisiert werden: „‚Zurückgehen ist keine Möglichkeit', sagt Nello. ‚Zu Hause ist nichts, nur Armut'." (Spiegel 25.02.2013) Auf der gleichen sozialstrukturellen Ebene werden die deutschen Obdachlosen befragt, die die Konkurrenzsituation mit den „Armutszuwanderern" problematisieren: „‚Weil die da sind, kriegen wir beim Schnorren weniger Geld', sagt Dirk, ‚und wir finden weniger Pfandflaschen, weil die auch welche suchen'." (Ebd.) Der soziale Vergleich zeigt, mit welcher Einwanderung bzw. mit welcher Positionierung der Immigranten und Immigrantinnen in der deutschen Sozialstruktur zu rechnen ist.

Diese Darstellung der „Armutszuwanderer" als Opfer ihrer Lebensverhältnisse und die Darstellung als Problemverursacher in Deutschland ist ubiquitär. Die Opferperspektive existiert, wenn über die „Profiteure der ‚Armutszuwanderung'" gesprochen wird. Es sind unter anderem deutsche Unternehmer, die die Armutszuwanderer auf dem Arbeits-und Wohnungsmarkt ausbeuten. Sie werden als die bösen Kapitalisten beschrieben, die skrupellos die Informationsasymmetrien zwischen den Immigranten und Immigrantinnen und der sozialen Welt in den deutschen Städten ausnutzen. Ebenso werden Hartz-IV-Empfänger als skrupellos dargestellt, die ihre Wohnungen an noch ärmere Menschen, wie es die „Armutszuwanderer" sind, vermieten. Die Problemkonstruktion ist offensichtlich. Roma werden in den Kontext der unteren Sozialstruktur eingebettet, indem sie in Konkurrenz zu den Obdachlosen treten oder unterhalb von Hartz-IV-Empfängern stehen, die ihre Wohnungen an sie vermieten.

Die Roma können aber auch zugleich Opfer und Täter im Diskurs sein. Dies ist der Fall, wenn über Roma-Clans berichtet wird. Hier werden „clevere" Roma „dummen" Roma gegenübergestellt:

> „Menschen wie Gabi gehören auch innerhalb der Roma-Gemeinde zu den Verlorenen – benutzt von anderen, die cleverer sind. So reihen sich im Ersten Bezirk von Temeschwar, dem Zentrum des Banat, prächtige Villen, alle mindestens eine Million Euro wert. Am sogenannten Rosenpark gehören die Paläste Roma-Clans, die Geschäfte in Deutschland gemacht haben." (Focus 02.01.2014)

Wie eingangs zum Punkt *Wer spricht Wie über wen* erläutert, nimmt die Diversität der Akteure in der medialen Berichterstattung mit dem Grad der Problematisierung zu. In der Neujahrsdebatte scheint es gerade so zu sein, dass man sich nicht zu dem Thema „Armutszuwanderung" äußern kann. Wie bereits in der Beschreibung der Storyline ausgeführt, entsteht eine Diskurskoalition in der Neujahrsdebatte, die die „Gezielte Stimmung gegen unerwünschte Zuwanderer" (Tagesschau 14.01.2014) kritisiert. Ausnahmslos alle Parteien im Deutschen

Bundestag kritisieren die CSU für ihr Strategiepapier aufgrund der Tatsache, dass Minderheiten diskriminiert werden und die „Armutszuwanderung" eine Erfindung ist, um Wählerstimmen zu gewinnen. Die Argumentation der Pro-Parteien stützt sich auf die Kraft der Zahlen, die mit wissenschaftlicher Expertise eingeführt wird. Die Warnung vor einer „verzerrten Zuwanderungsdebatte" (FAZ 21.01.2014) wird unterstützt vom DGB und Arbeitgeberverbänden. Die Rationalität für das „Werben für Offenheit gegenüber Zuwanderern" (Focus 21.01.2014) in einer gemeinsamen Erklärung von Arbeitgeber- und Arbeitnehmervereinigung wird in den Medien damit begründet, dass mit den „übertriebenen Befürchtungen über massenhafte Zuwanderung in die Sozialsysteme" die Chance verpasst wird, ausländischen Fachkräften zu zeigen, „dass sie in Deutschland willkommen sind und dringend benötigt werden" (Stern 20.01.2014). Die gemeinsame Position der Gewerkschaften zusammen mit den Arbeitgeberverbänden ist durchaus bemerkenswert, denn die Gewerkschaften hatten in den ersten EU-Osterweiterungsdebatten von 2000 noch einen bestimmenden Einfluss auf die Anti-Freizügigkeits-Haltung in der deutschen Öffentlichkeit und auf die Position der Bundesregierung (Ghirmazion 2013). Die Gewerkschaften sprachen sich damals für eine aktive, staatlich flankierte Übergangspolitik mit Übergangfristen aus, damit kein Verdrängungswettbewerb stattfinden kann. Zudem hat Fessum Ghirmazion für die damalige Debatte festgestellt, dass die deutschen Wirtschaftsverbände im Vergleich zu den Gewerkschaften in der öffentlichen Debatte nur sehr schwach vertreten waren. Dies führt der Autor darauf zurück, dass „die Wirtschaft die Übergangsfristen zwar einerseits nicht wollte, anderseits aber schnell realisierte, dass sie mit dieser Position dem gesellschaftlichen und politischen Druck in Deutschland nicht würde standhalten können" (ebd., 247). In der Debatte um die Armutszuwanderung sind die Arbeitergeberverbände mit ihren Positionen aktiv am Meinungsbildungsprozess beteiligt, was dementsprechend darauf hinweist, dass der gesellschaftliche und politische Druck pro Freizügigkeit hoch ist. Von einer allgemein anerkannten Anti-Freizügigkeits-Stimmung kann nicht gesprochen werden.

Wohlfahrtsverbände, religiöse Verbände und Migrantenorganisationen kritisieren die CSU für ihre Verallgemeinerungen, dass Zuwanderer aus Rumänien und Bulgarien Armutszuwanderer sind, als populistisch. Ein medialer Konsens etabliert sich, dass „Armutszuwanderung" ein Begriff ist, der nicht die „reale" Situation der Zuwanderung nach Deutschland abbildet. Auch die Medien selbst distanzieren sich von der Berichterstattung über die „Armutszuwanderung", indem der Begriff in Anführungszeichen gesetzt wird bzw. normative Urteile wie „angebliche" oder „vermeintliche" dem Begriff vorangestellt werden.

Wertbezug

„Wichtig ist, dass die Leute, die zu uns kommen, auch willens und fähig sind, etwas für ihren Lebensunterhalt zu tun.“ (Spiegel 17.01.2014)

Die Koalition aus Arbeitnehmer und Arbeitgeber ist ein Phänomen, dass man durchaus als „strange bedfellows“ bezeichnen kann (Zolberg 2006, 363). Nur, dass sich die Positionen der Akteure im Vergleich zu der historischen Konstellation, die Zolberg in den 1950er Jahren in den USA beschrieben hat, geändert haben. Laut Zolberg favorisieren Akteure, die die Immigration als ökonomisch und kulturell positiv wahrnehmen, eine offene Politik gegenüber Immigration. So besitzen beispielsweise Arbeitgeber und Immigrantenorganisationen eine positive Einstellung gegenüber Immigration. Im Kontrast dazu werden die Akteure, die die Immigranten und Immigrantinnen als kulturelle Gefahr und als Konkurrenz um knappe Güter wahrnehmen, eine restriktive Politik befürworten, wie beispielsweise Gewerkschaften und Nationalisten. Diese Fronten haben sich in der „Armutszuwanderung“ eindeutig verschoben. Arbeitnehmer, Arbeitgeber, Migrantenorganisationen und diverse andere politische und zivilgesellschaftliche Parteien und Organisationen sitzen in einem Boot, mit Ausnahme der CSU. Die Werte, die sie vereinen, bestehen aus einem ökonomischen Pragmatismus und einer Willkommenskultur. Die „Gemeinsame Erklärung von DGB und BDA zur Freizügigkeit in Europa“, die in den Medien auf breite Resonanz gestoßen ist, beschreibt dies eindrücklich:

„Das Recht, sich in einem anderen Land niederzulassen und eine Beschäftigung aufzunehmen, gehört zu den Grundwerten der Europäischen Union. Es leistet einen wichtigen Beitrag zur Fachkräftesicherung, zur Wettbewerbsfähigkeit der Wirtschaft in Deutschland und Europa und zur kulturellen Vielfalt. In der Charta der Grundrechte und den Europäischen Verträgen ist das Verbot der Diskriminierung von EU-Bürger verankert.“ (BDA und DGB 2014)

Der Grundwert der europäischen Freizügigkeit wird mit dem Argument der Fachkräftesicherung und der Wettbewerbsfähigkeit sowie der kulturellen Vielfalt begründet. Letzteres wird mit dem Verweis auf das Gebot der Nicht-Diskriminierung nochmals ausdrücklich hervorgehoben. Die Nicht-Diskriminierung soll die Gleichheit alle EU-Bürger und -Bürgerinnen schützen. Im Hinblick auf die Willkommenskultur wird deutlich, dass BDA und DGB eine instrumentelle Perspektive auf die Vergemeinschaftung haben. Die Förderung einer Willkommenskultur für qualifizierte Fachkräfte aus aller Welt ist eng an den ökonomischen Wettbewerbsvorteil gekoppelt. Die Erklärung spricht im

Kontext der Willkommenskultur von gut qualifizierten Fachkräften und nicht von Immigranten und Immigranten, von Zuwanderern oder von Migranten und Migrantinnen im Allgemeinen. Zudem ist die Willkommenskultur für die deutsche Wirtschaft gefährdet, wenn weiterhin mit Begriffen wie „Armutszuwanderung“ Ängste geschürt werden:

> „Mit übertriebenen Befürchtungen über massenhafte Zuwanderung in die Sozialsysteme verpassen wir jedoch die Chance, gut qualifizierte Fachkräften das notwendige Signal zu senden, dass sie in Deutschland willkommen sind und dringend benötigt werden.“ (21.01.2014 BDA und DGB)

Der instrumentelle Wert der Willkommenskultur ist im Diskurs bei den politischen Parteien allgegenwärtig. Allerdings unterscheiden sich die Erklärungen der Parteien von jenen des BDA und DGB darin, dass sie die Nicht-Diskriminierung und die Gleichheit aller EU-Bürger und -Bürgerinnen mit der Ablehnung von Rassismus, Rechtsextremismus und extremem Nationalismus begründen. Die kulturelle Vielfalt als Wert wird also nicht nur mit dem Verweis auf einen anderen Wert der Nicht-Diskriminierung begründet, sondern die Parteien explizieren offen, warum die kulturelle Vielfalt ein wünschenswerter Wert ist, der abgegrenzt wird zu den Erfahrungen des Nationalsozialismus.

Die Kategorie der „instrumentellen Willkommenskultur“ wurde auch hier in der Analyse versucht zu widerlegen. Insbesondere ist in diesem Zusammenhang die Kritik von Migrantenorganisationen an der CSU hervorzuheben, die in den Medien auf ähnlich breite Resonanz gestoßen ist wie die gemeinsame Erklärung von BDA und DGB. Die Berichterstattung über den offenen Brief zur EU-Freizügigkeit für Rumänen und Bulgaren an die Landesvorsitzende der CSU im Deutschen Bundestag Gerda Hasselfeldt, ist in den Medien oft im gleichen Wortlaut wiedergegeben:

> „Migranten zeigten sich über die von der CSU angestoßene Debatte empört. ‚Entsprechende Behauptungen stellen eine Gruppe von Menschen unter Generalverdacht‘, heißt es in einem am Mittwoch veröffentlichten offenen Brief an die Vorsitzende der CSU-Bundestagsgruppe, Gerda Hasselfeldt. Geschrieben wurde der Brief von einem Forum aus mehr als 150 Migrantenorganisationen unter dem Dach des Paritätischen Wohlfahrtsverbandes. Die Absender zeigen sich ‚empört und verärgert‘ und schreiben: ‚Ein fortgesetzter Missbrauch der Freizügigkeit in Europa durch Armutszuwanderung existiert nicht.‘ An Hasselfeldt appellieren sie: ‚Bitte verhindern Sie, dass auf Kosten der Migrantinnen und Migranten Wahlkampf betrieben und hier mit den Ängsten der Bürgerinnen und Bürger gespielt wird‘.“ (Spiegel 15.01.2014)

Die Argumentation der CSU wird zurückgewiesen, indem erklärt wird, dass ein fortgesetzter Missbrauch der Freizügigkeit in Europa durch „Armutszuwanderung" nicht existiert. Es ist müßig, darüber zu streiten, ob die Migrantenorganisationen den Missbrauch oder die „Armutszuwanderung" als nicht existent ansehen. Die Rechtfertigung dieser Argumentation geschieht allerdings ähnlich zu der im Diskurs etablierten Widerlegung durch arbeitsmarktrelevante Zahlen: „Bulgarische und rumänische Staatsangehörige sind in Deutschland unterdurchschnittlich von Arbeitslosigkeit betroffen – lediglich 7,4 % von ihnen sind ohne Arbeit. Dagegen sind 14,7 % der Ausländer insgesamt arbeitslos [...]." (offener Brief der Migrantenorganisationen 2014). Die Willkommenskultur wird in einem breiteren Kontext, der nicht nur die gut qualifizierten Fachkräften thematisiert, sondern auch allgemeine Themen der Migration und Integration, besprochen. Die „Etablierung einer Willkommens- und Anerkennungskultur" (ebd.) wird als ein Bereich der Integrationspolitik verstanden, dessen Ziel darin besteht, die zugewanderten Personen nicht zu sanktionieren, sondern aktiv mit „Maßnahmen der frühkindlichen Bildung, Sprachbildung in Schulen, Aufbau von Programmen zur assistierten Ausbildung und Verbesserung der Wohnungssituation" (ebd.) zu unterstützen. Diese Maßnahmen stellen „langfristige Investitionen Deutschlands in die Zukunft" (ebd.) da, „von welcher die Gesamtgesellschaft profitieren würde". Diese Rhetorik von Investition und Profitieren suggeriert wiederum eine Wirtschaftslogik, die als angemessen gilt, um die Integrationspolitik zu rechtfertigen.

Nachdem die Werte der Koalition für die Zuwanderung herausgearbeitet wurden, werden nun noch die Werte der CSU erörtert. In dem betreffenden CSU-Papier heißt es:

> „Wir stehen zur Freizügigkeit in der EU. Eine Zuwanderung in unsere sozialen Sicherungssysteme lehnen wir jedoch ab. Der fortgesetzte Missbrauch der europäischen Freizügigkeit durch Armutszuwanderung gefährdet nicht nur die Akzeptanz der Freizügigkeit bei den Bürgern, sondern bringt auch Kommunen an die Grenzen ihrer finanziellen Leistungsfähigkeit." (CSU-Papier)

Immigranten und Immigrantinnen, denen der Missbrauch nachgewiesen wurde, sollen ausgewiesen und mit einer Wiedereinereisesperre belegt werden, so die zentralen Forderungen der CSU in ihrer Kampagne „Wer betrügt, der fliegt". Nachdem die CSU für diese Positionen kritisiert worden ist, bestehen die zentrale Rechtfertigung aus drei Argumenten. Erstens der Verweis auf die nach der CSU zufolge legitimen Gründe der Zuwanderung; zweitens die Entkräftung des Vorwurfes „man fische am rechten Rand" durch den Hinweis auf den Koalitionsvertrag und drittens die Gefährdung der Akzeptanz der Freizügigkeit durch fehlende Gerechtigkeit. Die drei Argumente lauten:

„Im ARD-Morgenmagazin bemühte sich Hans-Peter Uhl, der Innenexperte der CSU im Bundestag, erkennbar um Sachlichkeit: Nein, es gehe nicht darum, Bulgaren und Rumänen unter Generalverdacht zu stellen, ganz und gar nicht: ‚Selbstverständlich nicht, das wäre töricht', sagt Uhl. ‚Menschen, die eine Berufsausbildung haben, zum Beispiel Ingenieure oder Facharbeiter, sind bei uns herzlich willkommen, und wir hoffen, dass viele kommen.' Aber Menschen, die mit Sicherheit keinerlei Chancen hätten, auf dem deutschen Arbeitsmarkt einen Arbeitsplatz zu bekommen, sollten auch nicht nach Deutschland kommen und von Sozialhilfe leben." (Tagesschau 30.12.2013)

„‚Warum sollte Deutschland die soziale Reparaturwerkstatt Europas werden? Weshalb sollten wir uns die Probleme anderer Länder nach Deutschland holen?', fragte Scheuer. ‚Es darf keine Freizügigkeit in die sozialen Sicherungssysteme geben. Das ist eine Frage der Gerechtigkeit gegenüber den Beitragszahlern'." (Focus 05.01.2014)

„CSU-Chef Horst Seehofer verteidigte hingegen den Kurs seiner Partei. Seehofer wies in der ‚Bild'-Zeitung' den Vorwurf als ‚absurd' zurück, die CSU fische am rechten Rand. Zugleich betonte er, dass Maßnahmen gegen EU-Bürger, die zu Unrecht Sozialleistungen in Anspruch nähmen, Bestandteil des Koalitionsvertrags seien." (Stern 02.01.2014)

Die drei Argumente finden sich in abgewandelter Form in verschieden diskursiven Aussagen wieder. Sie weisen unter anderem auf die legitime Konstruktion von Immigration hin. Herzlich willkommen sind der CSU zufolge die, die eine entsprechende Qualifikation nachweisen und diese auf dem Arbeitsmarkt anbieten können. Nicht willkommen sind jene, die auf dem Arbeitsmarkt keine Chancen haben und sozialstaatliche Leistungen in Anspruch nehmen. Wer willkommen ist und wer nicht, ist eine Frage der Gerechtigkeit. Der Wert der Gerechtigkeit ist in diesem Fall eine Leistungsgerechtigkeit, die die Verteilung von kollektiven Gütern regeln soll. Die gesellschaftliche Absicherung individueller Risiken wie zum Beispiel Arbeitslosigkeit ist laut CSU bei dem Eintritt in die gemeinschaftliche Gesellschaft durch Immigration strikt nach dem Wert der Leistungsgerechtigkeit zu organisieren. Die Inanspruchnahme von sozialer Sicherung soll der erbrachten (Vor-)Leistung der Mitglieder entsprechen, indem sie an der Herstellung/Produktion des kollektiven Gutes „soziale Sicherung" entsprechend ihren Beitrag leisten. Ist dies der Fall, so die Argumentation der CSU, werden die Bürger und Bürgerinnen die EU-Freizügigkeit akzeptieren. Die Mindestbedarfssicherung von SGB II, die nach dem Prinzip der Bedarfsgerechtigkeit organisiert ist und für deutsche Staatsbürger und -bürgerinnen gilt, soll dementsprechend nicht auf Immigranten und Immigrantinnen angewendet werden.

Das letzte der drei Zitate erklärt, wie die CSU dem Vorwurf des Populismus und des Rechtsextremismus entgegentritt. Es ist zugleich eine klassische Strategie der politischen Kommunikation. Indem die CSU auf den Koalitionsvertrag verweist, will sie darauf aufzeigen, dass ihre Position den Mehrheitsverhältnissen entspricht, die sowohl von CDU und SPD mitgetragen werden. Die CSU rückt damit in die Mitte der Gesellschaft und stellt so ihre Ansichten als Ausdruck der Mehrheit dar.

Zusammenfassung

Der Fall der „Armutszuwanderung" demonstriert, wie wandelbar ein Diskurs zur Migration sein kann. Anfänglich als ein gefährliches und kulturalisiertes Massenphänomen beschrieben, welches die sozialen Sicherungssysteme bedroht, wird im Verlauf der Bestimmung des Phänomens „Armutszuwanderung" in einem bemerkenswerten Konsens das Problem für nicht existierend deklariert. Zugleich verschwindet der Begriff *Armutszuwanderung* ebenso schnell, wie er im Diskurs auftauchte. Die symbolische Wirkmächtigkeit zur Durchsetzung von Kategorien hängt demnach vom Grad ab, wie sehr die Kategorien mit der proklamierten Realität (Realitätsordnung) korrespondieren. Auch dann, wenn die Kategorie „Armutszuwanderung" von einem staatlichen Akteur mit hoher symbolischer Macht (Bundesinnenminster) konstruiert wird.

Von der Verwendung des Begriffs *Armutszuwanderung* wird sich allgemein distanziert. Währenddessen wird im Verlauf aus einer kategorialen Unterscheidung eine graduelle Kategorisierung der Armutszuwanderer. Zu Beginn unterliegt die „Armutszuwanderung" einer Kulturalisierung. „Armutszuwanderung" bedeutet gleichzeitig die Zuwanderung von Roma, die kategorial nicht erwünscht ist. Im Verlauf des Diskurses nimmt die Kulturalisierung ab, insbesondere unter dem Einfluss der Menschrechtsordnung, die eine Diskriminierung der askriptiven Merkmale de-legitimiert und durch die dominanter werdende ökonomische Definition der Armutszuwanderer als nützliche Immigranten und Immigrantinnen. Allerdings wird in diesem Prozess die ökonomische Leistung der Roma für die deutsche Gesellschaft nicht herausgehoben. Dem Zusammenhang zwischen der Wissensordnung der ökonomischen Nützlichkeit und der Anpassungsordnung sowie der Menschenrechtsordnung wird sich in der diskurstheoretischen Interpretation der Fälle (Kapitel 4.3) gesondert gewidmet.

Grundsätzlich zeigt sich in der Konstruktion der Eigenschaften von „Armutszuwanderung", dass sich im Verlauf des Diskurses eine ökonomische Interpretation durchgesetzt hat. Hier erfolgt die Konstruktion von erwünschten bzw.

nicht erwünschten Immigranten und Immigrantinnen mithilfe des Merkmals der *Klasse*, welches differenziert betrachtet Immigranten und Immigrantinnen entlang der meritokratischen Triade (Bildung, Beruf, Einkommen) unterscheidet. Das Wir-Gefühl, das gegen die Zugewanderten mobilisiert wird, entstammt einem ökonomischen Wert.

DISKURSTHEORETISCHE INTERPRETATION DER FÄLLE – EIN VERGLEICH

In der diskurstheoretischen Interpretation der Fälle soll im ersten Schritt analysiert werden, inwiefern sich in den untersuchten Diskursen über die „Gastarbeiter“ und die „Armutszuwanderer“ ein primäres Differenzierungsmerkmal identifizieren lässt, mithilfe dessen die unerwünschte von der erwünschten Migration unterschieden wird. Die Frage lautet also: Existiert eine Hierarchisierung der Wissensordnungen? Offenkundig ist, dass in beiden Diskursen ein Primat des Ökonomischen vorhanden ist. Dieses operiert im Diskurs durch eine enge Verknüpfung der Erwünschtheit von Migration mit dem Heterogenitätsmerkmal der Klasse der Migranten und Migrantinnen. Die Erwartung im Diskurs lautet: Je höher der Klassenstatus, desto autonomer sind die Immigranten und Immigrantinnen und umso unabhängiger sind sie vom deutschen Sozialstaat. Inwiefern diese Konstruktion von Erwünschtheit die Ausprägung einer liberalen Grenzziehung ist, wird Gegenstand der Erörterung sein, die im weiteren Verlauf der Arbeit konkretisiert wird.

Der zweite Schritt widmet sich der Frage, inwiefern der Klassenstatus – und damit das Signal der Leistungsproduktion – bestimmten Gruppen zugeschrieben wird und so einen Zusammenhang zwischen Klasse und anderen Heterogenitätsmerkmalen herstellt. Nachdem die Erörterung des primären Differenzierungsmerkmals erfolgt ist, kann herausgearbeitet werden, wie sich damit eine distinkte nationale Grenze konstruieren lässt.

Das primäre Differenzierungsmerkmal in den Diskursen

In der Armutszuwanderungsdebatte wird grundsätzlich die Frage aufgeworfen, wie das liberale Paradox gemanagt werden soll. Die Welt formuliert es in der Debatte um die „Armutszuwanderung“ beispielsweise wie folgt:

„Es ist schon heikel, die in diesem Winter erfahrene Armutszuwanderung bestimmter Roma-Gruppen zu thematisieren, denn schnell wird man des Rassismus bezichtigt. Doch selbst der deutsche Städtetag fühlt sich bedrängt und sucht Orientierung. Auf keinen Fall will die Gesellschaft eine Einwanderung in den Sozialstaat dulden." (Welt 05.03.2013)

Die Aussage der Welt beschreibt anschaulich, nach welchem Merkmal eine legitime Konstruktion von erwünschter und unerwünschter Migration erfolgt. Eine Selektion nach rassistischen Merkmalen ist im Armutszuwanderungsdiskurs illegitim. Zugleich verweist die Welt auch darauf, in welcher Situation eine Duldung der Migration wahrscheinlich ist. Diese Konstruktion der erwünschten und unerwünschten Migration ist im Diskurs genau an dem Zeitpunkt zu beobachten, zu dem die Neujahrsdebatte ihren Höhepunkt erreicht und die Frage konkretisiert werden muss, welche Konsequenzen die Öffnung der Grenzen für Deutschland haben würde.

Die Kritik an der CSU und die nachfolgende Rechtfertigung derselben offenbart in dieser Debatte die soziale Ordnung der akzeptierten Einwanderung. Die Herstellung der sozialen Ordnung erfolgt hier in einem Prozess des Kritisierens und Rechtfertigens. Indem die Akteure ihre Positionen artikulieren und rechtfertigen, greifen sie auf moralische Ordnungsmodelle zurück. Die Ordnung ist dann legitim, wenn ein Einverständnis über ein übergeordnetes Prinzip herrscht, auf das sich alle Parteien beziehen. Wie die Analyse der Storyline und der Phänomenstruktur der „Armutszuwanderung" gezeigt hat, orientiert dieses Prinzip sich am Ende der Debatte strikt an der Wissensordnung des ökonomischen Nutzens. Die Bildung und Ausbildung sowie das zu erwartende Einkommen der Zuwanderer auf dem Arbeitsmarkt ist entscheidend für die Erwünschtheit. Die Qualifikationen und Kompetenzen sind deshalb so bedeutsam in der Konstruktion von erwünschten/unerwünschten Immigranten und Immigrantinnen, weil dadurch gewährleistet ist, dass diese sich autonom versorgen können und nicht den Wohlfahrtsstaat belasten. Dieses Deutungsmuster unterliegt den Akteuren, die sich direkt in der Armutszuwanderungsdebatte rechtfertigen müssen, wenn es um die Frage geht, wie das Phänomen der „Armutszuwanderung" genau zu bestimmen ist.

Doch die Analyse hat auch gezeigt, dass zu Anfang der Debatte eine Kulturalisierung stattfand. Die „Armutszuwanderung" war eng mit der Problematisierung der Kultur der Sinti und Roma verknüpft. Diese Kopplung wurde jedoch zunehmend illegitim in der Auseinandersetzung. Die Diskurskoalition gegen die CSU kritisierte den Rassismus in deren Positionen. Insbesondere die Rückweisung der Kulturalisierung der „Armutszuwanderung" durch den Verband der Sinti und Roma und den gleichzeitigen Rückgriff auf das Klassenmerkmal, um legitim über erwünschte und unerwünschte Migration sprechen zu können, ist bezeichnend für den Diskurs.

Die extremste Position dieser Ein- und Ausgrenzung nimmt in den untersuchten Diskursen die FDP ein, die auf der einen Seite eine Kulturalisierung der Migration kritisiert und auf der anderen Seite eine individualistische Selektion der Migrant und Migrantinnen nach Humankapitalkriterien fordert.

> „Prompt hagelte es Kritik an Seehofer. Lasse Becker, Chef der jungen Liberalen, nannte die Äußerungen des bayerischen Ministerpräsidenten ‚vollkommen unsinnig'. Er leide unter einer ‚latenten Xenophobie'. Aufgrund des Fachkräftemangels sei die Qualifikation eines Zuwanderers bedeutsamer als dessen kulturelle Prägung." (Stern 09.10.2010)

Die Qualifikation ist entscheidender als die kulturelle Prägung. Diese liberale Position hat überraschende Ähnlichkeit mit der Position von Thilo Sarrazin im Gastarbeiterdiskurs, für den das hohe Qualifikationsniveau der Immigranten und Immigrantinnen bedeutsamer ist als ihre kulturelle Prägung, sogar wenn diese Muslime sind. Der wirtschaftliche Topos überlagert hier den Anpassungstopos. Mit anderen Worten bildet sich hier eine Hierarchie der Wissensordnungen heraus. Betrachtet man zusätzlich die Abwehrreaktion des Vorsitzenden der Roma, um eine Kulturalisierung zurückzuweisen, indem auf das Klassenmerkmal der Immigranten und Immigrantinnen rekurriert wurde, dann bestärkt dies die These, dass der ökonomische Wert ein diskursübergreifendes dominantes Prinzip ist, um erwünschte und unerwünschte Immigranten und Immigrantinnen differenzieren zu können. Demzufolge erweist sich die „Generalisierung des ökonomisch-rationalistischen Codes" (Eder 2004, 286) als empirische Option zur Ein- und Ausgrenzung von Immigranten und Immigrantinnen in der symbolischen Dimension. An dieser Stelle ist es angebracht, das Verhältnis der Wissensordnungen genauer zu betrachten, insbesondere zwischen denen im Diskurs aktiven ökonomischen Nützlichkeits/Belastungs-, der Menschenrechts- sowie der Anpassungsordnung. Im Gastarbeiterdiskurs konnte gezeigt werden, dass Immigranten und Immigrantinnen, denen keine Leistungsfähigkeit auf dem Arbeitsmarkt zugeschrieben worden ist, abwertend kulturalisiert worden sind. Die Kulturalisierung wird als eine Rechtfertigung für die mangelnde Integration auf dem Arbeitsmarkt angeführt. Diese Kulturalisierung mit der Menschenrechtsordnung wurde im Zuge der Debatte wiederum heftig kritisiert. Im Armutszuwanderungsdiskurs konnte hingegen gezeigt werden, dass der positive Nachweis der „Armutszuwanderung" als Leistungsbringer gleichbedeutend mit einer Abnahme der Kulturalisierung ist. Allerdings wurde über die Roma in dieser positiven Umdeutung nicht berichtet. Inwiefern auch hier der Menschenrechtsdiskurs eine positive Kulturalisierung unterbindet, musste leider offen bleiben. Aus dieser Beobachtung heraus kann folgende These aufgestellt werden, die sich auf das

Phänomen der „strange bed-fellows" von Zolberg beruft: Die Menschenrechtsordnung forciert mit der Anti-Diskriminierung die ökonomische Grenzziehung, indem sie die kulturellen Anpassungsordnungen de-legitimiert und so die ökonomische Grenzziehung als einzig wahrnehmbare Option der nationalen Grenzziehung bestärkt.

An dieser Stelle muss eine gehaltvolle Analyse jedoch nicht stehenbleiben. Die strikte Differenzierung zwischen ökonomischer Wissensordnung und kultureller Anpassungsordnung kann hinterfragt werden. Vor allem dann, wenn man die Ergebnisse der Studie von Klaus Eder, Valentin Rauer und Oliver Schmidtke zu Rate zieht, die begründet annehmen, dass sich die sozialstrukturelle Dimension der Assimilation mit der identitären Assimilation vermengt (Eder, Rauer und Schmidtke 2004: 272). Es lässt sich also kritisch hinterfragen, inwiefern ein Zusammenspiel zwischen der kulturellen Anpassungs- und Wirtschaftsordnung beobachtet werden kann, die die Immigranten und Immigrantinnen graduell kategorisiert. Beinhaltet nicht das Zurückweisen einer kulturellen Prägung, so wie es die FDP formuliert, gleichzeitig eine Perspektive auf eine bestimmte „andere" kulturelle Prägung? Um diese Frage zu klären, hilft ein Blick auf die Bedeutung der Integrationsfähigkeit im Diskurs. Integrationsfähig ist derjenige Immigrant, der sich auf dem Arbeitsmarkt autonom Einkommen erwirtschaftet und nicht vom deutschen Sozialstaat abhängig ist. Dazu kommentiert Innenminister Hans-Peter Friedrich: „Jeder EU-Bürger, der diese Voraussetzungen erfüllt, ist bei uns willkommen." (04.03.2013) Wie die Analyse der Phänomenstruktur gezeigt hat, ist die Willkommenskultur Deutschlands instrumentell ökonomisch definiert. Das Wir-Gefühl bzw. das Gemeinwohl konstruiert sich aus einer ökonomischen Prosperität heraus und die Immigranten und Immigrantinnen müssen nachweisen, dass sie zu selbiger beitragen. Demzufolge wird die Integrationsfähigkeit im Diskurs für die Immigranten und Immigrantinnen als Problem deklariert, die diese autonomen Fähigkeiten (noch) nicht besitzen. Mittels der Symbolik der Integrationsverträge, durch die Deutschland mit jedem Immigranten/jeder Immigrantin individuell einen Vertrag schließt, soll das Erlernen der Fähigkeit demonstriert werden. Die Kategorisierung in integrationsfähige Immigranten und Immigrantinnen impliziert dann eine kulturelle Stratifizierung zwischen den sich im Kern der erwünschten Kultur befindlichen Personen bzw. Immigranten und Immigrantinnen, wie beispielsweise die „neuen Gastarbeiter"; und den Immigranten und Immigrantinnen am Rande, die durch eine Übernahme der erwünschten Kultur ihre Rückständigkeit ablegen können, wie beispielsweise die Armutszuwanderer.

Diese Übernahme der richtigen Kultur wird im Diskurs wiederum am stärksten durch die Positionen der FDP vertreten. Wird gewissen Immigranten und

Immigrantinnen wie beispielsweise den Armutszuwanderern die Integrationsfähigkeit komplett abgesprochen, so müssten diese sogar das Land verlassen. Damit geht die FDP über die Positionen der anderen Parteien hinaus, eine Integration für diejenigen der Migranten und Migrantinnen befürworten, die nicht mit liberalen Werten übereinstimmen.

„Anders als SPD, Grüne und die CDU unter ihrem Landesvorsitzenden Armin Laschet fordert FDP-Chef Christian Lindner allerdings, man müsse ergänzend zur Integration diejenigen abschieben, die weder integrationswillig noch -fähig seien. Damit knüpft er an eine Forderung des früheren CDU-Fraktionschefs Karl-Josef Laumann an, die in der NRW-CDU neuerdings nicht mehr hoch im Kurs steht. Lindner argumentiert, das EU-Recht gestatte ‚Zurückweisungen', wenn jemand offenkundig nicht in den Arbeitsmarkt, sondern ins Sozialsystem einwandere (zum Beispiel ein Analphabet, der Sozialleistungen erschleicht und nichts unternimmt, um sich zu qualifizieren)." (Welt 12.01.2014)

Armutszuwanderer, die die Leistung nicht erbringen, müssen in ihre Länder zurückkehren. Damit spricht der FDP-Parteivorsitzende Christian Linder den Zustand an, der bei vielen Akteuren im Diskurs bisweilen nur angedeutet bleibt.

Der Armutszuwanderungsdiskurs ist in erster Linie ein Diskurs über die nicht erwünschten Immigranten und Immigrantinnen. Hier wird in einem politisch korrekten Ton beschrieben, was Immigranten und Immigrantinnen nicht sein sollen. Der Diskurs um die „neuen Gastarbeiter" wiederum behandelt genau das Gegenteil, nämlich wie Immigranten und Immigrantinnen sein sollen.

Auch hier stellt sich die Frage, inwiefern man von einem primären Differenzierungsmerkmal sprechen kann; denn bis auf die Beschreibung der Gastarbeiter und Gastarbeiterinnen im Ausland ist der Menschenrechtsdiskurs, der eine zentrale Rolle in der Konstruktion von Erwünschtheit bei der „Armutszuwanderung" eingenommen hat, hier weniger aktiv.

Im Folgenden wird argumentiert, dass die Differenzierung nach Leistung ein Merkmal ist, das durch zwei wesentliche Argumentationsmuster als dominant beschrieben werden kann. Zum einen durch die sogenannte Spiegelfunktion und zum anderen durch das In-Beziehung-Setzen zu den alten Gastarbeitern.

Die „neuen Gastarbeiter" erfüllen die Anforderung der Leistung. Anhand der Phänomenstruktur konnte gezeigt werden, dass sie die wünschenswerten Merkmale von Beruf, Bildung und Einkommen verkörpern. Aus dieser Leistungsbeschreibung entsteht die Erwartung, dass sie sich besser integrieren. Die Darstellung der „neuen Gastarbeiter" übernimmt zudem die Funktion eines Spiegels für die deutsche Gesellschaft, wie die Autoren Sebastian Friedrich und Marika Pierdicca in Rückgriff auf Ademalek Sayad behaupten: „Migration spiegelt die verschleierten Prinzipien und Vorgehensweisen wider, auf die sich eine Gesellschaft stützt, und bringt diese ans Tageslicht.“ (Sayad, zitiert nach: Friedrich und Pierdicca 2014, 136)

Diese These hat eine gewisse Plausibilität, wenn die Eigenschaften der „neuen Gastarbeiter“ als modern, jung, qualifiziert und arbeitshungrig sowie als wünschenswert für die deutsche Gesellschaft beschrieben werden. Dementsprechend sah die damalige Bundesarbeitsministerin Ursula von der Leyen „die neue Qualität der Zuwanderung als einen Glücksfall“ an und erklärt: „Sie [die Zuwanderung] hilft unserem Land, macht es jünger, kreativer und internationaler.“ (Spiegel 23.02.2013) Die Sozialisation der Neu-Mitglieder offenbart in diesem Fall, welche Eigenschaften für die deutsche Gesellschaft wünschenswert sind. Die Analyse der Phänomenstruktur hat aber auch gezeigt, inwiefern die Rückständigkeit bestimmter Regionen mithilfe der qualifizierten Gastarbeiter beschrieben werden kann; hier zeigt sich die Spiegelfunktion der Immigranten und Immigrantinnen für die deutsche Gesellschaft.

Die modernen Großstädte sind attraktiv, die kulturell „gewöhnungsbedürftigen“ ländlichen Gebiete jedoch eher nicht. Das im Diskurs extremste Beispiel zur Beschreibung der Rückständigkeit ländlicher Gebiete sind die italienischen Gastarbeiter in der Uckermark, die einen starken Kontrast zu den qualifizierten Arbeitsmigranten und -migrantinnen bilden. Die Uckermark wird als geschlossene Gesellschaft beschrieben, in der die Gastarbeiter kaum Möglichkeiten haben, mit der einheimischen Bevölkerung in Kontakt zu treten. Vielmehr entsteht der Eindruck, als müsste sich die Uckermark in Bezug auf Sprachkenntnisse, Arbeitsmoral und Lebensqualität integrieren:

„‚Wie kann man in einem Ort leben, wo die Menschen nur zu Hause hocken und selbst im Sommer abends um sieben niemand mehr auf der Straße ist?‘, fragt er und gestikuliert wild mit seinen Händen. Auch Kontakt zu Einheimischen zu finden sei schwierig. Sie seien freundlich, aber distanziert, dazu komme die Sprachbarriere. ‚Hat hier eigentlich keiner, auch von den Jüngeren, richtig Englisch gelernt?‘, fragt sich Disanto. Und was ist mit der Arbeitsmoral der Landbevölkerung? Wieso reden hier alle so oft von ‚Artze Vvvierrr‘? Ist dieses Hartz IV wirklich besser als ein Job?“ (Spiegel 27.09.2010)

Durch die fremden Gastarbeiter und Gastarbeiterinnen kann der deutschen Gesellschaft gezeigt werden, wo in Deutschland wirtschaftlicher und kultureller Nachholbedarf besteht.

Die Differenzierung der Immigranten und Immigrantinnen nach der Leistung und dem Nutzen, den sie für die Gesellschaften bringen, ist auch deswegen ein primäres Merkmal, weil es im Gastarbeiterdiskurs ein Benchmark ist, aufgrund dessen Immigranten und Immigrantinnen gerankt und somit zwischen erwünschten und unerwünschten Immigranten und Immigrantinnen unterschieden werden kann. Die „neuen Gastarbeiter“, die erstmals im Sample am 24.05.2008 in der Welt angesprochen werden, verbinden die Diskursstränge Wirtschaft und Kultur miteinander – und zwar dadurch, dass sie vergleichend zu den alten Gastarbeitern und Gastarbeiterinnen thematisiert werden. Im Diskurs repräsentieren die „neuen Gastarbeiter“ eine Norm, anhand derer Vergleiche zu anderen Migrantengruppen angestellt werden, insbesondere zu den sesshaft gewordenen Gastarbeitern und Gastarbeiterinnen. Obwohl Gastarbeiter eine atypische Unterkategorie innerhalb des Gesamtphänomens weltweiter Arbeitsmigration darstellen, tendiert der öffentliche Diskurs dazu, die Arbeitsmigration – verkörpert durch die „neuen Gastarbeiter“ – nach dem Bedarf und den Zugangsmöglichkeiten von hochqualifizierten Fachkräften zu normalisieren und entsprechend zu reduzieren. Im Vergleich wird die Wirkungsmacht der „neuen Gastarbeiter“ deutlich. Andere Formen der Migration, die aus dieser Kategorie herausfallen, werden mehr oder weniger aufgefordert, sich mit den „neuen Gastarbeitern“ zu vergleichen und den Nutzen für die Gesellschaft darzustellen. Die FAZ, die im Sample am meisten über die „Gastarbeiter“ berichtet, konstruiert am häufigsten den Vergleich zwischen alten und „neuen Gastarbeitern“: „Zuwanderer von heute sind keine Gastarbeiter mehr. Drei Viertel der Osteuropäer haben eine Berufsausbildung.“ (FAZ 13.11.2008) Vor allem wird die Individualität der „neuen Gastarbeiter“ hervorgehoben, die ihrer Karriere folgen und nicht mehr ihrer ethnischen Gemeinschaft wie die alten Gastarbeiter und Gastarbeiterinnen:

> „Wenn sich Frankfurts Spanier heute begegnen, dann nicht in einer abgeschotteten Schicksalsgemeinschaft wie damals zu Gastarbeiterzeiten. Viel zu unterschiedlich leben Banker, Studenten, Künstler, Anwälte, Sportler, Sozialarbeiter, Verkäufer, als dass allein ihre Wurzeln sie zusammenbrächten. Sie sind nicht länger aufeinander angewiesen.“ (FAZ 22.09.2009)

Vor dem Hintergrund der Eigenschaften der „alten“ Gastarbeiter und Gastarbeiterinnen werden die wünschenswerten Eigenschaften der Immigranten und Immigrantinnen, der „neuen“ Gastarbeiter und Gastarbeiterinnen konstruiert. Auch in der intensiven Integrationsdebatte über die umstrittenen Thesen von Thilo Sarrazin konnte deutlich gezeigt werden, wie die Immigranten und Immigrantinnen nach diesen utilitaristischen Gesichtspunkten bewertet werden.

Aus der Betrachtung dieser Ergebnisse kann ein erster Definitionsversuch für die liberale Ein- und Ausgrenzung unternommen werden. Askriptive und gruppenbezogene Merkmale zur Bewertung der Migration sind durch den aktiven

Menschenrechtsdiskurs illegitim geworden. Das legitime Äquivalenzprinzip für die Kategorisierung und Evaluierung ist die meritokratische Triade Bildung, Beruf und Einkommen. Im Zentrum steht das Individuum mit seinen Fertigkeiten und Fähigkeiten, durch die es sich autonom Einkommen erwirtschaften kann. Die liberale Ein- und Ausgrenzung ist sozusagen eine „merit-based selection" der Immigranten und Immigrantinnen.

Im Vergleich der Fälle bzgl. des primären Differenzierungsmerkmals lassen sich zudem in Bezug auf den Dualismus von Migration und Mobilität folgende Erkenntnisse gewinnen: Die erwünschten Immigranten und Immigrantinnen die mobilen Personen sind die Personen, die gerade nicht sesshaft sind und durch Integrationserfordernisse als Migrant und Migrantinnen konstruiert werden.

Folgendes Zitat gilt als Ausgangspunkt zur Verdeutlichung des Argumentes:

„Es gibt drei verschiedene Zuwanderer-Gruppen:
- Gut ausgebildete Jobmigranten, z. B. aus Polen, Schweden oder Spanien.
- Armutsmigranten, z. B. aus Bulgarien und Rumänien.
- Kriegsflüchtlinge und Asylsuchende, z. B. aus Syrien, Tschetschenien, Nordafrika."

(Bild 13.10.2013)

Die ersten beiden Kategorien der Migration nach der Bild wurden umfangreich im öffentlichen massenmedialen Diskurs analysiert und dabei zeigt sich, dass die von verschiedenen Autoren angemerkte These der Normalisierung der geografischen Mobilität von EU-Bürger und -Bürgerinnen kritisch eingeordnet werden muss. Die These postuliert eine klare Grenze zwischen Bürgern/Bürgerinnen und Nicht-Bürgern/-Bürgerinnen der EU. Innerhalb der EU sind Menschen die Mobilen, die die Freizügigkeit der EU in Anspruch nehmen. Außerhalb sind die Menschen Migranten und Migrantinnen, die in Bezug auf die dominanten Erwartungen hinsichtlich eines angemessenen Verhaltens sozial konstruiert werden. Die Analyse hat jedoch gezeigt, dass die soziale Konstruktion von Migration und Mobilität durch die vermeintlich klare Grenze zwischen innerhalb/außerhalb der EU prekär ist. Vielmehr hat man es mit einer abgestuften Differenz der Mobilen und der Migranten und Migrantinnen innerhalb der EU zu tun. Die „neuen Gastarbeiter" und die „Armutszuwanderung", beides Migrationsphänomene innerhalb der EU, verdeutlichen die abgestufte Differenz anschaulich. Erstere werden im öffentlichen massenmedialen Diskurs eher als die Mobilen konstruiert und letztere eher als Migranten und Migrantinnen. Das Unterscheidungsmerkmal, das die Differenz hervorbringt und dafür verantwortlich ist, dass die eine Form der Migration solidarisch und die andere skandalisierend wahrgenommen wird, folgt der beschriebenen liberalen Logik. Das primäre Differenzierungsmerkmal konstruiert eine Unterscheidung in mobile Personen und Migranten und Migrantinnen, die durch Integrationserfordernisse in Bezug auf Bildung, Beruf und Einkommen erst hervorgebracht werden. Die Kategorie der Arbeit ist wichtig, um die Unterscheidung zwischen Mobilität und Migration vornehmen zu können. Deutlich wird dies durch folgende typisch diskursive Aussagen:

„,Wichtig ist, dass die Leute, die zu uns kommen, auch willens und fähig sind, etwas für ihren Lebensunterhalt zu tun', sagt auch Hans Rampf, Oberbürgermeister in Landshut in der Metropolregion München. Tausend neue Einwohner verzeichne Landshut pro Jahr. Darunter etwa 13 Prozent ausländische Arbeiter und weitere 20 Prozent mit Migrationshintergrund." (Spiegel 17.01.2014)

Es sind ausländische Arbeiter und keine Migranten und Migrantinnen. Die Kategorie der Arbeit bestimmt weitestgehend die Einordnung in die Kategorien der Mobilität und Migration. Man könnte argumentieren, dass der mediale Diskurs erst dann die Freizügigkeit als Einwanderung wahrnimmt, wenn die Immigranten und Immigrantinnen als „wirtschaftlich inaktive EU-Bürger" (Spiegel 10.01.2014) den deutschen Wohlfahrtsstaat belasten. Anzeichen dafür lassen sich in diversen Aussagen über die europäische Freizügigkeit finden: „Es gibt ein Recht auf Freizügigkeit, aber kein Recht auf Einwanderung in die nationalen Sozialsysteme." (Welt 31.12.2013)

Allerdings lässt sich kritisch einwenden, dass die Bild im obigen Zitat die gut ausgebildeten Immigranten und Immigrantinnen aus beispielsweise Spanien auch als „Job-Migranten" bezeichnet und der Dualismus aus Migration und Mobilität deswegen nicht so dominant ist, wie die bisherige Analyse suggeriert. In der Tat muss diese Einschränkung zur Kenntnis genommen werden. Eine monokausale Zurechnung auf Kategorien wie beispielsweise Arbeit, Qualifikation, Bildung, Einkommen, Leistungsfähigkeit, die man im Allgemeinen unter der Kategorie *Klasse* subsumieren kann, beansprucht nicht die alleinige Erklärungskraft. Wie die Phänomenstruktur der „Armutszuwanderung" gezeigt hat, ist die Erwartung der Rückkehrbereitschaft eine weitere wichtige Determinante zur Kategorisierung in Mobile und Migranten und Migrantinnen, die zudem mit diversen anderen Diskursen der Zugehörigkeit verschränkt ist. Allerdings ist auch bekannt, dass eine Bewertung nach askriptiven Zugehörigkeitsmerkmalen im öffentlichen massenmedialen Diskurs delegitimiert wird. Deswegen kann auf der Grundlage der bisherigen Analyse geschlussfolgert werden, dass die Definition einer grenzübergeifenden Bewegung von Menschen nicht der nominalen Unterscheidung von einem Innen/Außen und der nach der Größe des Containers (EU, Nation) folgt, sondern einer ordinalen Skala, die sich anhand des Klassenstatus der Immigranten und Immigrantinnen konstruiert. Mit anderen Worten: Es ist nicht entscheidend woher die Immigranten und Immigrantinnen stammen, sondern welche Qualifikation sie mitbringen. Dieser Befund entspricht im Wesentlichen der vorangestellten These in der theoretischen Besprechung des Dualismus aus Mobilität vs. Migration, dass eine grenzüberschreitende Bewegung nicht ausschlaggebend für das Verständnis von Migration ist, sondern eher der Status der Immigranten und Immigrantinnen.

In der weiteren diskurstheoretischen Interpretation der Fälle wird nun versucht, diese These zu relativieren, denn erstens ist die Zuschreibung des hohen Status auf bestimmte Migranten und Migrantinnen im Diskurs aktiv und zweitens wird die Vergemeinschaftung der erwünschten Immigranten und Immigrantinnen diskutiert.

Die Zuschreibung von Leistung

Bisher wurde herausgearbeitet, welches das primäre Differenzierungsmerkmal von Immigranten und Immigrantinnen ist, das zu der Unterscheidung von erwünschter und unerwünschter Migration führt. Die Ein- und Ausgrenzung folgt im öffentlichen Diskurs einer liberalen Logik. Erwünscht sind diejenigen, die eine autonome Lebensführung, insbesondere durch die Teilnahme auf dem Arbeitsmarkt, nachweisen können. Die Meritokratie ist hier ein allgemein anerkanntes Äquivalenzprinzip zur Beurteilung der Immigration. Die Qualifikation soll zu einer entsprechenden Position auf dem Arbeitsmarkt führen. Nun soll gezeigt werden, dass die Funktion der individualistischen Selektion darin besteht, nicht gewünschte kulturelle Gruppen auszuschließen.

Zur Verdeutlichung soll zum Einstieg eine Frage aus dem Guardian aufgegriffen werden: „Why are white people expats when the rest of us are Immigrants?“[30] Die provozierende Frage spricht einen Normbruch an, der auch als solcher kommuniziert worden ist, denn nach der bisherigen Argumentation hat die Konstruktion von (Un-)Erwünschtheit aufgrund askriptiver Merkmale keine normative Basis mehr und ist prinzipiell begründungspflichtig. Deswegen ist die Beobachtung des Guardians dahingehend erklärungsbedürftig, warum rassistische Kategorien weiterhin aktiv sind. Warum sind weiße expatriate Manager keine Migranten?

Die Funktion in dieser Zurechnung von Leistung (in diesem Fall der Expats) auf ethnisch-nationale Kategorien ist in der Soziologie allgemein bekannt. Sie dient der Konstruktion stabiler Erwartungsstrukturen durch die Reduktion von

30 http://www.theguardian.com/global-development-professionalsnetwork/2015/mar/13/white-people-expats-immigrants-migration (zuletzt abgerufen am 26.08.2015).

Komplexität und zur Legitimation von Entscheidungen. In diesem Fall Entscheidungen über eine legitime Ein- und Ausgrenzung von Immigranten und Immigrantinnen. Die entscheidende Frage ist allerdings, mit welchem Mechanismus zu erklären sind, dass das Leistungsprinzip eine solch dominante Bedeutung in der Konstruktion von erwünschten Zuwanderern hat, aber trotzdem weiterhin rassistische Kategorien wirkmächtig sein können.

Die Analysen der Gastarbeiter und Gastarbeiterinnen im heutigen und damaligen Diskurs geben eine Antwort auf diese Frage. Wie Karen Schönwälder herausgearbeitet hat, wurden mit den ersten Gastarbeiterabkommen explizit keine „Afro-Asiaten" selektiert (Schönwälder 2004), und denen, die bereits im Land waren, wurde von den Behörden die Einbürgerung verweigert und erhöhter Druck ausgeübt, um Sie zur Ausreise bzw. Rückkehr zu bewegen. Beispielsweise wurde den Algeriern eine „andersartige und eine dem Deutschen im allgemeinen fremde Mentalität" zugeschrieben (Schönwälder 2001, 267). Dies geschah aufgrund der Befürchtung, dass bei nicht-europäischen Immigranten und Immigrantinnen die Bleibewahrscheinlichkeit hoch ist, aber vor allem wurde die Kultur der „Asiaten" und „Afrikaner" mit der deutschen Kultur als nicht kompatibel angesehen. Im Grunde genommen wurde angenommen, dass sich die Migration europäischer Gastarbeiter nach Deutschland besser managen lasse. Die Effekte und Konsequenzen dieser Gastarbeiterpolitik sind bis in die Gegenwart spürbar. Heute sind Deutschlands legitime Zuwanderer die „neuen Gastarbeiter", die entsprechend der liberalen Ein- und Ausgrenzung bewertet werden. Die Zuwanderung aus Spanien, Italien und Griechenland, die in der Krise zugenommen hat, wird etikettiert mit dem Gastarbeiternarrativ, obwohl Deutschland offiziell kein Gastarbeiterabkommen mit diesen Staaten abgeschlossen hat. Es zeigt aber, dass die gegenwärtige Situation an Idealen gemessen wird, die sich in der Vergangenheit bewährt haben. Dieses Ideal hat Valentin Rauer (2013) anschaulich beschrieben. Der Austausch von Gastarbeitern zwischen verschiedenen europäischen Ländern verstärkt die europäische Integration, die im Wesentlichen dazu bestimmt ist, eine wirtschaftliche Integration zu sein. Rauer betont, dass der Millionste Gastarbeiter in den 1960er Jahren weniger als Zeichen erfolgreicher Integration, sondern vielmehr als Zeichen der erfolgreichen Entwicklungspolitik in Europa gesehen wurde. Auch heute unterstützt Deutschland wieder europäische Jugendliche dabei, einen Job zu finden, und betreibt damit erfolgreich Entwicklungshilfe für die wirtschaftlich weniger starken Länder in Europa. Die außerordentliche Bedeutung der Gastarbeiter und Gastarbeiterinnen leitet sich nicht aus der Integration der Gastarbeiter und Gastarbeiterinnen in Deutschland ab, sondern aus der Integration Europas.

Die Etikettierung der qualifizierten Zuwanderung aus Südeuropa mit dem Gastarbeiternarrativ und insbesondere mit dem Präfix der „neuen Gastarbeiter" zeigt allerdings auch, dass die erwünschten Zuwanderer gerade vor dem Hintergrund mit den Erfahrungen der alten Gastarbeiter und Gastarbeiterinnen konstruiert werden. An dieser Stelle können zwei Lesarten an die Verknüpfung mit dem Gastarbeiternarrativ durchgeführt werden. Erstens verweist das Präfix „neu" darauf, dass die Erwartungshaltung von einer weniger problematischen Integration der heutigen qualifizierten Zuwanderung konstruiert wird. Gerade weil die „neuen Gastarbeiter" das normative Leitbild der Leistung verkörpern, das geradezu in allen Bereichen der Gesellschaft aktiv ist (Lessenich 2008), wird erwartet, dass sich diese besser integrieren. Dies konnte deutlich durch die Beschreibung der Kompatibilität der Kulturen gezeigt werden. Zudem, und dies ist die eindeutig kritische Lesart der „neuen Gastarbeiter", zeigt die Kopplung an das Gastarbeiternarrativ, dass sogar die erwünschten Immigranten und Immigrantinnen Gäste auf Zeit bleiben sollen. Michael Walzer nennt als Grund, weshalb Gastarbeiter und Gastarbeiterinnen als Gäste bezeichnet werden, das Bestreben, „deutlich zu machen, dass sie nicht (wirklich) dort hingehören, wo sie arbeiten" (2006, 101). Dementsprechend liegt eine Erörterung des Selbstverständnisses Deutschlands als Immigrationsland nahe, die an dieser Stelle allerdings nicht geleistet werden kann.

Die Auseinandersetzung mit dem Thema der qualifizierten Zuwanderung nach Deutschland zeigt, dass die Medien ihre Aufmerksamkeit in solch einer Weise auf das Thema lenken und es so auswählen, dass sie es mit den Gastarbeitern in Verbindung bringen können. In diesem Sinne ergibt sich eine Pfadabhängigkeit der Konstruktion von erwünschten Immigranten und Immigrantinnen, die grundsätzlich auf ethnischen Kategorien beruht, die sich heute aber als liberal präsentiert. In diesem Fall ist es kein Zufall, dass beispielsweise in der bildlichen Darstellung der „neuen Gastarbeiter" ausschließlich weiße Europäer aus Spanien, Italien und Griechenland gezeigt werden. Trotz der Dominanz des Leistungsmerkmals bei der Konstruktion von erwünschten Zuwanderern, spielt die ethnische in der Form der nationalen Zugehörigkeit eine zentrale Rolle. Auffällig ist, dass die „neuen Gastarbeiter" keine türkischen Gastarbeiter und Gastarbeiterinnen sind. Schließlich waren es die Spanier und Spanierinnen, Italiener und Italienerinnen sowie Griechen und Griechinnen, die größtenteils Deutschland wieder verlassen haben, so jedenfalls die diskursiven Aussagen.

Dass die Leistung eine Zurechnung auf bestimmte Gruppen ist, wird auch im Armutszuwanderungsdiskurs deutlich. Als Ausgangsbeispiel wird wieder die typische Logik der liberalen Ein- und Ausgrenzung im Diskurs verwendet. Der FDP-Parteivorsitzende Christian Linder forderte in der Debatte um die „Armutszuwanderung“ einen Gemeinschaftsfond für die Kommunen, damit sie Probleme, die durch die „Armutszuwanderung“ entstehen, handhaben können: „Sie dürften mit den Problemen von ‚Armutszuwanderung‘ nicht alleingelassen werden – etwa steigende Kriminalität, verwahrloster Wohnraum und Vernachlässigung der Schulpflicht. Als Beispiel nannte Lindner die Situation in Duisburg.“ (Focus 07.01.2014)

Das Beispiel zeigt, dass die Sichtbarkeit des Fremden erst anhand der Leistungsfähigkeit konstruiert wird. Es sind Armutszuwanderer. Die kategoriale Unterscheidung von Leistung/Nicht-Leistung folgt anschließend einer Kulturalisierung der Migration. Es ist damit ein Kaskadenmodell bzw. eine Abstufung der Migranten und Migrantinnen nach dem Klassenmerkmal: Je geringer der soziale Status der Immigranten und Immigrantinnen, desto wahrscheinlicher ist eine Problematisierung von Gender, Ethnizitäts- oder Religionsmerkmalen im Diskurs. Eine ähnliche Verkettung der Argumentation findet sich in der Integrationsdebatte bei Thilo Sarrazin.

Rumänen und Bulgaren sind erst einmal nicht leistungsfähig und werden als unerwünschte Fremde beschrieben. Der Spiegel überträgt die Klassenkategorie der Armutszuwanderer auf die gesamte Nationalität von Rumänen und Bulgaren:

> „Seit die CSU ihren stammtischseligen Feldzug gegen Armutseinwanderer und Sozialtouristen gestartet hat, diskutiert die Republik über neue Abwehrinstrumente gegen unerwünschte Fremde. Von vermehrten Abschiebungen ist die Rede oder von der Möglichkeit, eingereisten Bulgaren oder Rumänen Fingerabdrücke abzunehmen.“ (Spiegel 13.01.2014)

Dies ist eine beispielslose Generalisierung von Nicht-Leistung bzw. Armut hinsichtlich Bulgaren und Rumänen, die im Verlaufe des Diskurses als illegitim deklariert worden ist, indem genau diese Leistungsfähigkeit der Armutszuwanderer aus Bulgarien und Rumänien in den Debatten bestimmt worden ist. Wie bereits bekannt, ist im Prozess der Bestimmung der Frage „Belastung oder Bereicherung?“ die Nicht-Thematisierung der Leistungsfähigkeit der Roma im Diskurs auffällig. Dies führt zu der Funktionsweise der liberalen Ein- und Ausgrenzung im Fall der „neuen Gastarbeiter“ und der „Armutszuwanderung“.

Auf der einen Seite ist im Fall der „neuen Gastarbeiter“ offensichtlich, dass die Bestimmung einer legitimen Art der Ein- und Ausgrenzung folgt. Allerdings verbirgt sich hinter der liberalen Logik eine ethnische Selektion. Der Diskurs der erwünschten Migration verschleiert somit die Grenzziehungen in Bezug auf Rasse, Geschlecht oder Religion. Wenn die Leistungsfähigkeit nicht vorhanden ist, dann werden die Migrationsphänomene kulturalisiert bzw. umgekehrt, lässt die Kulturalisierung der Migration im Verlauf der Debatte nach, als die Leistungsfähigkeit bestimmt wird.

Aus dieser Beobachtung kann folgende These geschlussfolgert werden: Es ist eine legitime Strategie, Personen auszuschließen, denen es an ökonomischer Aktivität mangelt, ohne sich grundsätzlich in Ethnizitäts-, Geschlechts- oder Religionsfragen positionieren zu müssen, weil jeder auf Grundlage des Humankapitals gleich bewertet wird. Erst als die Leistungsfähigkeit abgesprochen worden ist, werden die Armutszuwanderer kulturalisiert bzw. andersherum als die Leistungsfähigkeit bestimmt worden ist, lässt die Kulturalisierung nach. Dies hat Konsequenzen für die Roma, die weiterhin als marginalisierte Gruppe wahrgenommen wird, denn im Kontext der Leistungsermittlung tauchen die Roma nicht auf. Es kann damit angenommen werden, dass die „merit-based"-Selektion im Kontext der Menschenrechte sehr funktional ist. Damit wird die nicht gewollte Migration in einer legitimen Art – in der Übereinstimmung mit liberalen Normen – kategorisiert. Die bisherige Argumentation ermöglicht die Schlussfolgerung, dass der individualistische Diskurs um das Humankapital ein Weg ist, um kulturell nicht gewünschte Gruppen wie die Roma auszuschließen.

Zusammenfassend kann festgehalten werden, dass es sich damit nicht um eine tatsächliche Auflösung der ethnischen Grenzen im öffentlichen Einwanderungsdiskurs handelt, wie die Konstruktion der Migration als eine ökonomische Frage durch die Fälle von den „neuen Gastarbeitern" und „Armutszuwanderung" auf den ersten Blick nahelegt.

Die Partikularisierung des Universellen

Die Frage, die jetzt noch offen ist, ist eine grundsätzlich abstrakte und behandelt den Zusammenhang von Universalismus und Partikularismus. Michael Walzer hat in seinem klassischen Werk „Sphären der Gerechtigkeit" (2006) den Staat als eine Mischung zwischen Nachbarschaft, Verein und Familie bezeichnet. Diese Analogie soll zunächst dienen, um das Gesagte kurz zusammenzufassen und auf die Problemstellung der Partikularisierung des Universellen hinzuweisen.

Die Metapher der Nachbarschaften ist für Walzer wichtig, um zu verdeutlichen, dass Nationalstaaten potenziell geschlossen sein müssen, um ihren Mitgliedern Sicherheit und Wohlfahrt zu gewährleisten. Typisch für Nachbarschaften ist der Umstand, dass Neumitglieder freundlich oder feindlich aufgenommen werden können, aber sie können prinzipiell nicht zugelassen oder ausgeschlossen werden. Die Neumitglieder entscheiden aus individuellen Motiven heraus, die in einem marktwirtschaftlichen Prinzip organisiert werden, in welche Nachbarschaft sie ziehen und in welche nicht. Die Nachbarschaften können aber nur dann ein indifferenter öffentlicher Raum sein, der keine Selektionskriterien hat, wenn die Länder, in denen die Nachbarschaften angesiedelt sind, potenziell geschlossen sind. Ansonsten würden die staatlichen in lokale Grenzen transformiert. Oder mit den Worten von Michael Walzer: „Die Mauern des Staates niederreißen heißt nicht [...] eine Welt ohne Mauern zu schaffen, sondern viel mehr tausend kleine Festungen zu errichten." (2006, 75)

Nationalstaaten sind wie Vereine, weil sie allgemeine Qualifikationskriterien bzw. Aufnahme- und Ausschlusskategorien formulieren, die zwischen erwünschten und unerwünschten Immigranten und Immigrantinnen differenzieren. Diese Unterscheidungslogik wurde bereits ausführlich theoretisch und empirisch besprochen. Der Liberalismus erklärt die Politik der Öffnung der Nationalstaaten, die die Selektion von Immigranten und Immigrantinnen von askriptiven Merkmalen entkoppeln müssen. Der Einfluss der Menschenrechte ist hier zentral. Die Arbeit hat aber auch zeigen wollen, wie mit dem Liberalismus einen Politik der Schließung vollzogen wird und wer in der Logik der liberalen Ein- und Ausgrenzung „wanted but not welcome" und wer „not wanted and not welcome" ist. Die Konstruktion der erwünschten und unerwünschten Immigranten und Immigrantinnen wurde an den empirischen Beispielen der „neuen Gastarbeiter" und der Armutszuwanderer nachvollzogen. Das Heterogenitätsmerkmal der *Klasse* ist das entscheidende Merkmal zur Konstruktion einer legitimen Grenze, jedoch wird der Klassenstatus gewissen Immigranten und Immigrantinnen zugeschrieben. Bleibt noch die Frage zu klären, wie aus einer legitimen Grenze eine distinkte legitime Grenze wird. Genau darauf verweist Walzer: Die Türen des Nationalstaates stehen insbesondere Verwandten auf, „denn es ist ein Charakteristikum von Familien, daß ihre Mitglieder sich moralisch mit Menschen verbunden fühlen, die sie nicht ausgesucht haben und die außerhalb des eigenen Haushaltes leben (ebd., 78). Empirisch offen ist, wie diese nationalen politischen Gemeinschaften mit universellen Normen, die eine offene diskriminierende Inklusion und Exklusion in die Bürgerschaft delegitimieren, eine distinktive Grenze konstruieren können. Im Speziellen war die Frage: Wie stellt Deutschland sicher, dass Immigranten und Immigrantinnen sich nicht in irgendeine Gesellschaft, sondern in die deutsche Gesellschaft integrieren?

In den öffentlichen massenmedialen Diskursen bleibt die explizite Vorstellung vage, an welche deutschen Werte sich die Immigranten und Immigrantinnen anzupassen hätten. Aussagen wie die des Focus lassen sich im Diskurs wiederholt antreffen:

„Die Deutschen befürworten nach einer FOCUS-Online-Umfrage Zuwanderung. Jeder Zweite hält sie angesichts des drohenden Fachkräftemangels sogar für notwendig. Die meisten erwarten allerdings, dass sich die Migranten den deutschen Gepflogenheiten anpassen.“ (Focus 17.01.2014)

Bis auf die Hinweise an die westlichen Werten und der Zustimmung zum deutschen Grundgesetz bleiben die Aussagen im Diskurs offen, was deutsche Gepflogenheiten eigentlich genau bedeuten. Mit dieser empirischen Forschung konnte gezeigt werden, dass die Gemeinschaftskonstruktion vor allem eine ökonomische Gemeinschaftskonstruktion ist, die die Grenze anhand der Autonomie/Abhängigkeit der Immigranten und Immigrantinnen vom deutschen Wohlfahrtsstaat zieht.

Allerdings bleibt weiterhin die Frage offen, wie der eigentliche universelle Wert der persönlichen wirtschaftlichen Autonomie nationalisiert wird. Wie wird damit eine destinkte Identität im Einwanderungsdiskurs konstruiert, denn letztendlich gilt weiterhin, dass „nation states still need to demonstrate that immigrants do not integrate into any but into their society“ (Faist, Schmidt-Verkerk und Ulbricht 2016, 5). Im Folgenden wird argumentiert, dass der universelle Wert der Autonomie bei der symbolischen Grenzziehung durch das Label der „neuen Gastarbeiter“ nationalisiert wird. Immigranten und Immigrantinnen müssen ihr Engagement, ihr Wissen und ihre Verantwortung nicht gegenüber irgendeiner nationalen Gemeinschaft beweisen, sondern gegenüber der Aufnahmegesellschaft, in die sie migrieren. Für den deutschen Fall müssen die erwünschten Immigranten und Immigrantinnen nachweisen, dass sie weniger problematisch sind als die erste Generation von Gastarbeiter und Gastarbeiterinnen, die durch ihre Sesshaftigkeit die Rückkehrerwartung enttäuscht haben. Indem hier die Vergangenheit in den Dienst der Zukunft gestellt wird, wird der Diskurs um die (hoch-)qualifizierten Immigrant/innen in Deutschland nationalisiert und eine legitime nationale Differenzierung in gewünschte und nicht gewünschte Zuwanderung ermöglicht bzw. die Grenzziehung noch verstärkt. Die Bewertung der gewünschten Zuwanderer gibt einen Einblick in die Bedingungen, wie das liberale Paradox im nationalen Einwanderungsdiskurs gehandhabt wird. Die Partikularisierung des Universalismus wird durch die Repräsentation der „neuen Gastarbeiter“ konstruiert. Hier erweist sich das sogenannte Scheitern des „Rotationssystems“ der Gastarbeiter und Gastarbeiterinnen als sehr funktional, weil wieder auf die ökonomische Grenzziehung angeschlossen werden kann, ohne die Immigranten und Immigrantinnen auf den ersten Blick nach askriptiven Merkmalen diskriminieren zu müssen. Zudem entsteht der Eindruck, dass es sich bei den Gästen nicht um dauerhafte Einwanderer handelt.

Dies hat zur Konsequenz, dass die These des Unmaking der Differenzierung Migrant/Nicht-Migrant bei hochqualifizierten Immigranten und Immigrantinnen relativiert wird. Hochqualifizierte Immigranten und Immigrantinnen werden sehr wohl im nationalen Einwanderungsdiskurs vergemeinschaftet. Sie werden im Diskurs zwar als die mobilen Gäste konstruiert, die wünschenswert sind, aber sie werden nicht fernab des Integrationsdiskurses behandelt. Im Zusammenhang mit der Integration sind sie keine Problemkategorie, sondern eine Beschreibungskategorie, anhand derer die Modernität Deutschlands repräsentiert werden kann. Die Armutszuwanderer sind hingegen eine Problemkategorie, anhand derer es allerdings schwer fällt, eine distinkte deutsche Grenze zu ziehen. Dies kann zu einem Identitätsproblem führen, bzw. mit anderen Worten gefragt: Was weiß man über die nationale Identität, wenn sie vornehmend durch das Primat des Ökonomischen konstruiert wird?

In dieser Frage helfen die theoretischen Überlegungen von Armin Nassehi (1995; 1997) weiter. Wenn Nassehis These angemessen ist, dass gerade die Universalisierung und Individualisierung im Zugang zu beispielsweise Arbeitsmärkten dazu führt, dass eine Ethnisierung des Fremden wahrscheinlicher wird, um die Konkurrenz, um knappe Güter sichtbar zu machen, dann entsteht ein fundamentales Paradox. Der Menschenrechtsdiskurs delegitimiert und unterbindet eine Ethnisierung des Fremden, aber gleichzeitig wächst der Druck, durch die Universalisierung eine Ethnisierung des Fremden trotzdem vorzunehmen. Diese sinnstiftende Praxis führt unweigerlich zu Konflikten zwischen dem partikulär gedachten Ethnos und den universellen Menschenrechten. Ein Konflikt, den Jeffrey Alexander in dem Diskurs der Bürgergesellschaft als „the dark side of modernity“ beschreibt (Alexander 2013, 111). Weiterhin schreibt Alexander, dass der Diskurs über die Natur der Bürger und Bürgerinnen ähnliche Eigenschaften bzw. Repräsentationen erzeugt, die als die zentrale Ergebnisse festgehalten werden können: „Because Democracy allows self-motivated action, the people who compose it must be described as being capable of activism and autonomy rather than being passive and dependent.“ (Ebd.,112) Diese Eigenschaften verfassen den liberalen Diskurs über die symbolische Grenzziehung, die am Beispiel der „neuen Gastarbeiter“ deutlich wurden. Der liberale Diskurs bietet jedoch auch Kategorien für Immigranten und Immigrantinnen an, die nicht aktiv und autonom sind und für die der Zutritt zum Territorium und zur politischen Gemeinschaft (symbolisch) begrenzt wird, wie das Beispiel der „Armutszuwanderung“ gezeigt hat. Die Grenze zwischen der binären Unterscheidung von erwünschten/unerwünschten Immigranten und Immigrantinnen ist keine endgültige und sie kennzeichnet sich hauptsächlich durch eine Inferiorität der Nicht-Mitglieder aus, die aber durch den Nachweis einer liberalen Lebensweise überwunden werden kann. Hier hat man es dementsprechend also nicht mit einer „Unaufhebbarkeit kultureller Differenzen“ zu tun (Balibar und Wallerstein 1990: 28). Dennoch zeigt sich eine kulturelle Stratifizierung zwischen den erwünschten und unerwünschten Immigranten und Immigrantinnen, in deren Zentrum die „neuen Gastarbeiter" stehen.

Zusammenfassung

Wie werden im deutschen Einwanderungsdiskurs die erwünschten und nicht erwünschten Immigranten und Immigrantinnen legitim sozial konstruiert? Diese Frage wurde beantwortet, indem die Prozesse der Aushandlungen von Kategorisierungen und Legitimierungen in den Mittelpunkt der Interpretation der Ergebnisse gestellt wurde. Die These der Dualität von Migration und Mobilität wurde kritisch begutachtet und die Analyse hat nachfolgende Ergebnisse ans Licht gebracht, die wie folgt interpretiert worden sind.

a) Die Annahmen über den liberalen Nationalstaat, der unterschiedliche kompetitive Logiken der Kategorisierung von Immigranten und Immigrantinnen kennt, zeigen sich in der näheren Analyse nur bedingt als widersprüchlich. Es herrscht ein diskursübergreifendes primäres Differenzierungsmerkmal, welches die Immigranten und Immigrantinnen in erwünschte und unerwünschte unterscheidet. Die Rhetorik der individuellen Verantwortung und Leistung als eine Bedingung zur Konstruktion von erwünschten Immigranten und Immigrantinnen lässt sich deutlich in den untersuchten Diskursen beobachten. Es ist das Äquivalenzprinzip zur legitimen Evaluierung und Kategorisierung der Immigranten und Immigrantinnen. Dass dieses Prinzip vor allem von hochqualifizierten Einwanderern repräsentiert wird, verdeutlichen unter anderem die „neuen Gastarbeiter", die die erwünschten Immigranten und Immigrantinnen sind. Erwünschte Immigranten und Immigrantinnen zeichnen sich durch eine autonome Lebensführung aus, die eine Abhängigkeit vom deutschen Wohlfahrtsstaat ausschließt. Die Autonomität wird durch den Bezug auf einen hohen sozialen Status (Bildung, Beruf, Einkommen) konstruiert. Diese Immigranten und Immigrantinnen werden als mobile Arbeitsmigranten bezeichnet, die fernab der defizitären Anpassungsordnung medial verhandelt werden. Solche, die nicht fähig oder willens sind, die Autonomitätserwartung zu erfüllen, werden kulturalisiert und symbolisch hierarchisiert, indem sie die erwünschten Fähigkeiten noch erlernen müssen. Je niedriger der soziale Status der Immigranten und Immigrantinnen und je höher damit die Wahrscheinlichkeit der sozialen Abhängigkeit von Wohlfahrtsstaat, desto mehr werden die Immigranten und Immigrantinnen als Migranten und Migrantinnen und Nicht-Mobile adressiert. Damit wird deutlich, dass solche sozialen Prozesse der Klassifikation und der Kategorisierung als strategisches Ungleichheitsinstrument angesehen werden können und Einfluss auf Ressourcen, Status und politische Entscheidungskraft haben, weil Migranten und Migrantinnen sich rechtfertig müssen, inwiefern sie sich in die deutsche Gesellschaft integrieren.

Prinzipiell jedoch ist damit die Grenze grundsätzlich offen für Immigranten und Immigrantinnen. Sie kann überwunden werden, indem der Nachweis erbracht wird, dass diese Norm in einem Lernprozess (Integrationsvertrag) erworben wird. Diese graduelle Kategorisierung ist legitimer als die dichotome Kategorisierung, die die Immigranten und Immigrantinnen durch Kategorien wie beispielsweise Ethnizität oder Religion kategorial ausschließt. Solche Kategorisierungen sind stark rechtfertigungswürdig und werden entschieden durch die Anti-Diskriminierung kritisiert. Gleichzeitig ermöglicht die Anti-Diskriminierung die Differenzierung nach Humankapitalgesichtspunkten, indem erstens derartige Grenzziehungen nur punktuell kritisiert werden und zweitens die Antidiskriminierungen einen Möglichkeitsraum für die Grenzziehung nach dem sozialen Status der Immigranten und Immigrantinnen eröffnen, weil die ethno-nationale Grenzziehung delegitimiert wird und weil die Anti-Diskriminierung sich auf die Gleichheitsnorm bezieht und dementsprechend selbst keine Unterschiede konstruieren kann. Die Frage für eine Anschlussforschung würde dann lauten, welchen Unterschied die Unterscheidungsmerkmale *individuelle Verantwortung* und *Leistung* im Vergleich zu anderen Formen der Diskriminierung machen. Es kann vermutet werden, dass die leistungsabhängige Auswahl von Zuwanderern ein funktionales Äquivalent für die Konstruktion von erwünschten Immigranten und Immigrantinnen im öffentlichen Diskurs ist. Es ist, wie bereits angeführt, ein legitimer Ansatz, Menschen auszuschließen, die keinen individuellen Beitrag zum Wohlstand leisten, ohne sich zu Religions-, Geschlechts- und Ethnizitätsfragen positionieren zu müssen, denn auf der Grundlage von Leistung werden alle Zuwanderer gleich behandelt.

b) Die bisherigen Ausführungen haben gezeigt, dass die Erwünschtheit anhand eines individuumsbezogenen Integrationsverständnisses konstruiert wird, das insbesondere auf das Humankapital rekurriert. Es erscheint als eine legitime Strategie, Personen auszuschließen, denen es an einer ökonomischen Aktivität mangelt, ohne sich in Ethnizitäts-, Geschlechts- oder Religionsfragen positionieren zu müssen, weil jeder auf Grundlage des Humankapitals gleich bewertet wird. Die meritokratische Konstruktion ist somit funktional im Einwanderungsdiskurs und die bisherige Argumentation ermöglicht die Schlussfolgerung, dass der individualistische Diskurs um das Humankapital ein Weg ist, um kulturell nicht gewünschte Gruppen auszuschließen. Die Funktion des Diskurses besteht folglich darin, Grenzziehungen in Bezug auf Ethnizität, Geschlecht oder Religion unsichtbar zu machen. Damit wird die nicht gewollte Migration in einer legitimen Art – in der Übereinstimmung mit liberalen Normen – kategorisiert. Heute sind Deutschlands legitime Zuwanderer die „neuen Gastarbeiter“, die entsprechend der liberalen Ein- und Ausgrenzung bewertet werden. In diesem Sinne ergibt sich eine Pfadabhängigkeit der Konstruktion von erwünschten Immigranten und Immigrantinnen, die grundsätzlich auf ethnischen Kategorien beruht, sich heute aber als liberal präsentiert.

c) Die Partikularisierung des Universellen vollzieht sich in der Debatte durch die Verknüpfung der aktuellen Immigration mit dem Gastarbeiternarrativ. Obwohl die typischen Assoziationen mit dem Gastarbeitersystem in der Forschung kritisch begutachtet worden sind, sind diese bisweilen im Diskurs weiter aktiv. Die Gastarbeiter und Gastarbeiterinnen waren solange erwünscht, wie das Rotationsprinzip noch funktionierte. Sie leisteten einen wertvollen Beitrag für die deutsche Wirtschaft. Als die Gastarbeiter und Gastarbeiterinnen sich niederließen, insbesondere die türkischen Gastarbeiter und Gastarbeiterinnen galt die Gastarbeiterpolitik als gescheitert. Die Erwünschtheit konstruiert sich demzufolge anhand der positiven und negativen medialen Erfahrungen mit den ersten Gastarbeitern und Gastarbeiterinnen. Das Scheitern des sogenannten „Rotationssystems“ der Zuwanderung erweist sich als funktional, um eine legitime Grenzziehung zwischen erwünscht und unerwünscht zu konstruieren. Diese Grenzziehung ist grundsätzlich liberal. Ausdruck dieser Liberalität sind die „neuen Gastarbeiter“ als mobile, junge und qualifizierte Arbeitsmigrant und -migrantinnen.

Analyse der symbolischen und sozialen Grenzziehung

Die soziale Grenzziehung der Staatsbürgerschafts- und Immigrationspolitik

Vor dem Hintergrund der bisherigen Analyse soll im Folgenden untersucht werden, wie sich die symbolische Grenzziehung zur institutionalisierten sozialen Grenzziehung verhält. Dieses Verhältnis ist sowohl in den theoretischen Diskussionen (Lamont 1992; Lamont und Molnár 2002, Wimmer 2013), als auch bei der empirischen Beschreibung der Grenzziehung gegenüber Immigranten und Immigrantinnen in Deutschland von Bedeutung (Faist 1994). Es soll geklärt werden, inwiefern von einem kohärenten, nationalen Integrationsmodell gesprochen werden kann, bei dem sich die symbolische Grenzziehung mit der sozialen Grenzziehung überlagert. In diesem Fall würde es bedeuten, dass sowohl in der symbolischen als auch in der sozialen Grenzziehung die individuelle Autonomie der Immigranten und Immigrantinnen das dominante Merkmal ist, anhand dessen zwischen erwünschten und unerwünschten Immigranten und Immigrantinnen differenziert wird.

Dazu wird zunächst die soziale Grenzziehung am Beispiel der Debatten zur Staatsbürgerschaftsreform und zum Zuwanderungsgesetz erörtert, unter anderem weil diese Gesetze bis heute gültig sind und weil bei der Reformierung des Staatsbürgerschaftsgesetzes durch die damalige rot-grüne Bundesregierung von einem Paradigmenwandel gesprochen werden kann, denn durch die Reformen „wird die gesellschaftliche Integration in Deutschland und die politische Integration in die Bürgerschaft auf ein qualitativ neues Fundament gestellt“ (Stein 2008, 49). Die erste Frage lautet dementsprechend: Welches Wissen über Migration wurde bei der sozialen Grenzziehung verhandelt? Anschließend wird die soziale Grenzziehung soziologisch interpretiert und im Hinblick auf ein kohärentes nationales Integrationsmodell am Beispiel der „State Identity" und des „neoliberalen Kommunitarismus" diskutiert.

Die Debatten zur Staatsbürgerschaftsreform

Nach vielen Jahren der politischen Untätigkeit auf dem Gebiet der Staatsbürgerschafts- und Immigrationspolitik initiierte die rot-grüne Regierung ab 1998 einige Reformen: Ein neues Staatsbürgerschaftsgesetz und die Einführung einer Green-Card für IT-Hochqualifizierte sowie die Umsetzung der europäischen Anti-Diskriminierungsrichtlinie. Zudem setzte sie eine unabhängige Kommission zur Reform der Zuwanderung ein, die Vorschläge für ein neues Immigrationsgesetz erarbeiten sollte (Kruse, Orren und Angenendt 2003; Stein 2008).

Vor der Reform der deutschen Staatsbürgerschaft im Jahr 2000 wurde die Immigrationspolitik gerade mit dem Verweis, dass Deutschland kein Einwanderungsland ist, als restriktiv beschrieben, obwohl Deutschland de facto ein Immigrationsland ist (Goodman 2011). Dies geschah sicherlich mit einer gewissen Plausibilität. Thomas Faist argumentierte, dass die ethno-kulturelle Konzeption von Staatsbürgerschaft der symbolischen Konstruktion von Grenzen in politischen Debatten Vorschub leistete. Sozusagen basierte die Symbolik auf einer legalen Ausgrenzung von Immigranten und Immigrantinnen: „The ethno-cultural understanding of membership could be used to reinforce a discourse that portrayed certain groups of guestworkers and asylum seekers as causes of unemployment during economic recession and as welfare cheater. These exclusionary efforts appealed to the ethnic solidarity of the native population." (Faist 1994, 125) Diese Grundlage der symbolischen Politik hatte sich im Zuge der Staatsbürgerschaftsreform verändert.

Eingehende Analysen der Bürgerschaftsreform von 2000 konstatieren im Wesentlichen eine Verabschiedung des ethno-nationalen Verständnisses, das den Zugang zur Staatsbürgerschaft nach ethnischer Abstammung und kultureller Ähnlichkeit reguliert. Es wurde bei der Reform nicht darüber gestritten, ob Immigranten und Immigrantinnen durch den Erwerb der deutschen Staatsbürgerschaft integriert werden, sondern unter welchen Bedingungen dies geschehen soll (Palmowski 2008).

Die Studie von Thomas Faist und Jürgen Gerdes steht kulturellen Erklärungen für die Staatsbürgerschaftsreform skeptisch gegenüber. Die Autoren argumentieren, dass sich gerade in den politischen Debatten zur Reform des Staatsbürgerschaftsgesetzes ein ethno-kulturelles Nationsverständnis in Deutschland artikulieren müsste, ähnlich wie dies auch in historischen Debatten zum deutschen Staatsangehörigkeitsrecht am Ende des 19. und zu Beginn des 20. Jahrhunderts der Fall war (Gerdes und Faist 2006). Die Bedingungen und Faktoren für die Einführung des Ius Soli Prinzips und die Tolerierung der doppelten Staatsbürgerschaft von 2000 leiten die Autoren aus dem nationalen und souveränen Interesse der BRD ab, Immigranten und Immigrantinnen in die politische Gemeinschaft zu integrieren. Damit grenzen sie sich bewusst von der Erklärung ab, die restriktiven Einbürgerungsbedingungen gegenüber den Arbeitsmigranten und ihren Nachkommen ergeben sich aus der Kontinuität eines ethno-kulturellen deutschen Nationenverständnisses (Brubaker 1992).

Wie Gerdes und Faist empirisch bei der Analyse von Parlamentsdebatten herausgearbeitet haben, beziehen sich die Befürworter und Gegner der doppelten Staatsbürgerschaft auf republikanische Argumente. Der Kern dieser Argumente besteht aus der Ansicht, dass Immigranten und Immigrantinnen sich aus eigenem Willen zur Nation bekennen müssen. Die Zugehörigkeit und Identifizierung wird also nicht durch die Übernahme kulturell-traditionellen Gemeinschaftsglaubens definiert, sondern vom Individuum hergedacht, welches seine Bereitschaft signalisiert, ein Mitglied der Gesellschaft zu werden. Alle Parteien jeglicher politischer Couleur im damaligen Bundestag bevorzugen das Bekenntnis zur Nation, wenn es um die Einbürgerung von Immigranten und Immigrantinnen geht.

Pro und Contra der Einführung einer doppelten Staatsbürgerschaft wurden unter dem Begriff Integration thematisiert. Ausgehend von einem republikanischen Grundkonsens unterscheidet sich aber das Integrationsverständnis der Parteien im Bundestag. „Einer Akzentuierung bürgerschaftlicher Tugenden steht die institutionelle Auffassung von Staatsbürgerschaft als Rechtsstatus gegenüber" (Gerdes und Faist 2006, 327). Für die SPD und Bündnis 90/Die Grünen heißt Integration die Herstellung politischer und gesellschaftlicher Gleichheit mittels der Erleichterung der Naturalisierung. Der Erwerb der deutschen Staatsbürgerschaft ist eine Frage des gleichen Rechtsstatus der Immigranten und Immigrantinnen. Zudem wurde argumentiert, dass die Erleichterung der Einbürgerungsbedingungen die Kongruenz aus Wohnbevölkerung und wahlberechtigtem Staatsvolk herstellt.

Die Auffassung der CDU/CSU von Integration entspricht der Vorstellung von Loyalität der Immigranten und Immigrantinnen gegenüber der Nation. Diese muss zunächst durch die aktive Bereitschaft der Immigranten und Immigrantinnen, sich zu integrieren, bewiesen werden. Erst am Ende des Integrationsprozesses kann die Staatsbürgerschaft erworben werden. Der Erwerb ist die Krönung der Integrationsleistung: „crowning of a completed integration process." (Bauböck et al. 2006, 24) Anwerber für die deutsche Staatsbürgerschaft haben dann bereits die Fähigkeiten des eigenverantwortlichen Bürgers/ der eigenverantwortlichen Bürgerin entwickelt,

„der über ausreichend schulische und berufliche Qualifikationen verfügt oder die individuelle Motivation und Kompetenz ihrer Aneignung besitzt und außerdem genügend gesellschaftlich eingebunden ist, sodass er auf staatliche Hilfe nur unter außergewöhnlichen Umständen angewiesen ist." (Gerdes und Faist 2006, 325)

Zu einem ähnlichen Ergebnis der Analyse der Integrationsvorstellungen der Parteien kommt Ulrike Davy. Integration bedeutet für die CDU/CSU: „Naturalization was (and is) a final and formal step at the end of the process of integration: Integrate first, then apply for naturalization". Wohingegen die sozialdemokratische und liberale Position folgendermaßen lautet: „Naturalization should not be withheld until immigrants prove worthy of it; naturalization might considerably facilitate integration: naturalize, then integrate." (2005, 141)

Zusammenfassend lässt sich für die Staatsbürgerschaftsreform festhalten, dass die Selektionskriterien nicht (mehr) in erster Linie nach ethnischen oder rassischen Merkmalen diskriminieren, sondern nach individuell erbrachten (Vor)Leistungen und erwarteten Tugenden sowie sozialen und kognitiven Kompetenzen des eigenverantwortlichen Bürgers. Tine Stein fasst die gesetzlichen Regelungen der Staatsbürgerschaft mit den jüngsten Änderungen vom 19.08.2007 wie folgt zusammen:

„Nach dem neuen Staatsangehörigkeitsgesetz ist für hier lebende Ausländer ein Rechtsanspruch auf Einbürgerung gegeben, wenn folgende Bedingungen vorliegen:

- es liegt eine rechtmäßige Aufenthaltsdauer von mindestens acht Jahren vor[31],
- keine Straffälligkeit,
- eigenständige Existenzsicherung (das umfasst auch Empfänger von staatlichen Transferleistungen, insofern sie die Aufgabe der eigenständigen Existenzsicherung nicht selbst verschuldet haben),
- Aufgabe der Herkunftsstaatsbürgerschaft, eine Mehrstaatlichkeit ist nur ausnahmsweise erlaubt,
- ausreichende Deutschkenntnisse,
- Kenntnisse der Rechts- und Gesellschaftsordnung und der Lebensverhältnisse in Deutschland,
- Verfassungstreue: Wer die deutsche Staatsangehörigkeit erwerben möchte, muss erklären, dass er oder sie sich zur freiheitlich-demokratischen Grundordnung bekennt

31 Die Frist verkürzt sich auf sechs Jahre, wenn erfolgreich am Integrationstest teilgenommen wurde. Bei Vorliegen besonderer Integrationsleistungen, insbesondere hervorragender Sprachkenntnisse, ebensfalls auf sechs Jahre.

und keine verfassungsfeindlichen Bestrebungen unterstützt (was durch eine Regelanfrage beim Verfassungsschutz überprüft wird).“ (Stein 2008, 46).

Demzufolge hat Deutschland den Weg einer liberaleren Citizenship-Politik eingeschlagen und sich von dem vermuteten ethnischen Verständnis entfernt (Green 2012; 2013; Howard 2009). Eine Analyse der öffentlichen Debatten vor bzw. in Anbahnung der Staatsbürgerschaftsreform (Untersuchungszeitraum 1996/97) lieferten die Autoren Oliver Schmidtke und Valentin Rauer (2001). Sie untersuchten die praktische Verwendung des Integrationsbegriffs im massenmedialen Einwanderungsdiskurs und hier zeigen sich durchaus Parallelen zu den im Parlament geführten Debatten. Integration, so die Autoren, bedeutet in erster Linie eine strukturelle Assimilation, die über das Thema Arbeit bzw. Arbeitslosigkeit im Diskurs vermittelt wird. Dem entsprechen ca. 76 % aller Artikel, die das Thema Integration behandeln. Danach folgen die Themen Staatsbürgerschaft (47 %), Sprache (33 %), Kultur (31 %) und Bildung (24 %). Eine identifikatorische Assimilation ist überraschenderweise ein No-Issue. Lediglich 3 % der Artikel thematisieren Integration im Zusammenhang mit Identität (2001, 281). Dies entspricht ganz dem Assimilationsmodell von Milton Gordon, der die strukturelle Assimilation als Schlüsselvariable zur Integration in die Mehrheitsgesellschaft ansah: „Once structural assimilation has occured, either simultaneously with or subsequent to acculturation, all of the other types of assimilation will follow.“ (Gordon 1964, 81). Strukturelle Assimilation zieht nach Gordon in den meisten Fällen auch eine Akkulturation nach sich. Die Kausalfolgen dieser genannten Integrationsthemen werden in den Medien allerdings wie folgt auf den Punkt gebracht: „Ohne gute Sprachkenntnisse keine Arbeit – ohne Arbeit keine soziale Integration“ (Schmidtke und Rauer 2004, 260), das heißt, die kulturelle Assimilation führt zur strukturellen Assimilation. Dem würde Milton Gordon nicht unbedingt widersprechen, denn Versuche, die Immigranten und Immigrantinnen zur strukturellen Assimilation zu zwingen, sind kontraproduktiv und führen nur zu vermehrten Problemen und Spannungen. Assimilationsbemühungen sollten vielmehr auf die kulturelle Assimilation (Sprache) von Immigranten und Immigrantinnen gerichtet sein.

Diese Ergebnisse widerlegen zunächst die These, dass der Integrationsdiskurs eine dominante kulturalistisch-ethnisierende Sprache zur Differenzierung von Immigranten und Immigrantinnen und Mehrheitsbevölkerung an den Tag legt. Schon gar nicht ist eine ethno-kulturelle Vergemeinschaftung der Immigranten und Immigrantinnen ein Thema im Diskurs. Allerdings wird die strukturelle (Arbeit, Staatsbürgerschaft, Bildung) und kognitive (Sprache) Assimilation in den Medien als „defizitär und problematisch diskursiviert“ (ebd., 269) und dabei wird eine implizite symbolische Grenze zwischen den Immigranten und Immigrantinnen und der Mehrheitsgesellschaft gezogen: „Ihr seid nicht so wie wir“ und „Werdet so wie wir“ (ebd., 271). Der Integrationsdiskurs wirkt dementsprechend exkludierend auf die Immigranten und Immigrantinnen, indem ihre Kapitalien als defizitär beschrieben und gleichzeitig mit einem Imperativ belegt werden.

Überraschend sind in der Studie von Schmidtke und Rauer die Ergebnisse aus den Interviews und Gruppendiskussionen mit Immigranten und Immigrantinnen, die konträr zu den Ergebnissen aus der Medienanalyse verlaufen: „Die identifikatorische Assimilation wird nicht nur explizit, vielmehr wird sie als imperativer Zwang der Mehrheitsgruppe bzw. als Problemursache schlechthin gerahmt.“ (Ebd., 269). Die Differenz der Bedeutung von Integration in den Medien und bei den Interview-Teilnehmern lässt Raum für Spekulationen, die generell eine weitere Erörterung benötigen.

Schmidtkte und Rauer regen folgende Argumente zur Diskussion an, die darauf hindeuten, inwiefern die identifikatorische Assimilation als ein „Nicht-Gesagtes“ im Diskurs operiert. Einerseits kann die identifikatorische Assimilation als taken-for-granted operieren und deswegen kann Assimilation nur als ein Defizit wahrgenommen werden. Anderseits kann angenommen werden, dass sich die sozialstrukturelle Assimilation mit der identifikatorischen Assimilation vermengt. Allgemein gesprochen würde dies bedeuten: Deutsch ist, wer produktiv am Arbeitsleben teilnimmt. Da sich diese Hypothese mit den eigenen empirischen Ergebnissen dieser Studien und den Ergebnissen zur Analyse der parlamentarischen Debatten zur Staatsbürgerschaftsreform deckt, ist eine Erörterung dieser Hypothese im weiteren Verlauf der Arbeit gewinnbringend.

Die Debatten vor und nach dem Zuwanderungsgesetz

Schon während, aber insbesondere nach der Staatsbürgerschaftsreform wurde das Thema Integration zentral für die Debatten um die Einwanderungspolitik der Parteien im Bundestag. Das dominante Thema ist nicht mehr die Prävention von Einwanderung, sondern die Integration der ankommenden und bestehenden ausländischen Bevölkerung.

Um einen breiten Konsens zwischen den Parteien zu erzielen, wie Integration von Zuwanderern ermöglicht werden soll, wurde im Jahr 2000 durch den SPD Bundesinnenminister Otto Schily die „unabhängige Kommission Zuwanderung“ gegründet. Unter dem Vorsitz der CDU-Politikerin Rita Süssmuth legte die Kommission im Juli 2001 einen Report unter dem Motto „Deutschland braucht Immigration“ vor. Die Ziele der Kommission waren es, den humanitären Verpflichtungen Deutschlands nachzukommen, den Wohlstand zu sichern und das Zusammenleben zwischen Deutschen und Immigranten und Immigrantinnen durch eine bessere Integration zu fördern (Kruse, Orren und Angenendt 2003), unter anderem indem die Einführung von Integrationsmaßnahmen wie zum Beispiel Sprachunterricht und Integrationskursen empfohlen wurde. Tine Stein argumentiert, die Bundesregierung verspreche sich durch solche Maßnahmen, dass „wer solchermaßen gesellschaftlich integriert sei, werde sich auch als zugehörig zu der die Gesellschaft tragenden Gemeinschaft empfinden und die daraus erwachsenden Pflichten erbringen." (Stein 2008, 34)

Gleichzeitig wurde in Deutschland durch den CDU Politiker Friedrich Merz die Leitkultur-Debatte angestoßen. Sie ist ein Ausdruck der Idee, dass erst eine vollständige Integration eine Voraussetzung für eine vollständige Zugehörigkeit ist, inklusive des Gefühls, zur Gemeinschaft dazuzugehören. In einem Artikel in der Zeitung die Welt vom 25.10.2000 versucht Merz die Anforderungen an Immigranten und Immigrantinnen in Deutschland zu (er-)klären:

„‚Das Aufnahmeland muss tolerant und offen sein, Zuwanderer, die auf Zeit und Dauer bei uns leben wollen, müssen ihrerseits bereit sein, die Regeln des Zusammenlebens in Deutschland zu respektieren [...] Ich habe diese Regel als freiheitliche deutsche Leitkultur bezeichnet.' Das heißt: ‚Zur freiheitlichen Kultur unseres Landes gehört ganz wesentlich die Verfassungstradition unseres Grundgesetzes'."[32] (Merz, zitiert nach: Göktürk et al. 2011, 468)

Hartwig Pautz interpretiert die Leitkulturdebatte als parteistrategisches Manöver, um die SPD in Sachen Kompetenz in Integrationsfragen und nationaler Identität zu schwächen:

„Whereas the Süssmuth Commission's intention was to provide practical guidelines for immigration and integration, such as a detailed programme concentrating on language acquisition, the CDU and CSU managed to shift the focus of the debate on to questions of

32 Ähnliche Aussagen sind zahlreich in öffentlichen Debatten zu finden. Zu einem ähnlichen Zeitpunkt äußerte sich der bayerische Innenminister: „Das Erlernen der deutschen Sprache ist ein erster entscheidender Schritt. Hinzu kommt, dass sich die ausländischen Mitbürger ohne Wenn und Aber zu unserem Staat mit seiner Gesellschafts-, Verfassungs- und Werteordnung bekennen müssen. Das Respektieren unserer politischen, sozialen und kulturellen Bedingungen ist unerlässlich." (Günter Beckstein, zitiert nach: Göktürk et al. 2011, 457)

national identity and to query the loyalty of non-European immigrants in particular.“ (Pautz 2005, 45)

Welche Werte in dieser Leitkulturdebatte jedoch vertreten werden, bleibt kryptisch. Außer einigen Referenzen auf die Wichtigkeit der Loyalität zu Verfassung und Gesetz und somit der Verletzung von Bürgerrechten und Menschenrechten, können in dieser Debatte keine eindeutigen Definitionen dieser Leitkultur gefunden werden.[33] Was diese Debatte aber zeigt, ist die Auseinandersetzung damit, wie viel Diversität Deutschland tolerieren kann (Green 2013).

Bezüglich der Erarbeitung eines neuen Zuwanderungsgesetzes hat sich durch die Landtagswahl in Hessen 2003, in der die CDU mit 48,8 % die absolute Mehrheit erreichte, die Situation der Mehrheitsverhältnisse im Bundesrat zur Abstimmung des Zuwanderungsgesetzes nach den Vorschlägen der Süssmuth-Kommission geändert. Am 20. Juni 2003 lehnte der Bundesrat das Gesetz ab. Ein gemeinsamer Vermittlungsausschuss von Bundestag und Bundesrat erarbeitete nun das Zuwanderungsgesetz, dass am 01.01.2005 in Kraft trat.

Die politischen und öffentlichen Debatten über das Zustandekommen des Zuwanderungsgesetzes hat Imke Kruse genauer in den Blick genommen (2008). Sie argumentiert, dass sich die Differenz zwischen der damaligen Opposition der CDU/CSU und der Regierung von SPD und Bündnis 90/Grünen anhand der Frage der Begrenzung von Einwanderung herauskristallisiert. Die CDU/CSU-Fraktion sprach sich für eine Einwanderungsbegrenzung von Nicht-EU-Angehörigen aus. Die Immigration sollte generell nicht weiter ausgeweitet werden. Die Regierung antwortete damit, dass das neue Zuwanderungsgesetz nicht automatisch zu mehr Einwanderung führt, sondern vielmehr zu einer geregelten Gestaltung von Zuwanderung in Deutschland.

Im Folgenden wird die Auseinandersetzung der Parteien und der Medien mithilfe der Arbeit von Imke Kruse detaillierter betrachtet, denn die Autorin argumentiert, dass das neue Zuwanderungsgesetz eine Antwort auf das liberale Paradox

33 Dazu kommentiert der Journalist Gustav Seibt: „Die CDU [...] hat als neue Antwort auf diese Sachlage den Begriff einer deutschen Leitkultur entwickelt, der sich die Zuwanderer, wenn man schon nicht ganz auf sie verzichten kann, anzubequemen hätten. Der Inhalt ist diffus, er reicht vom Grundgesetz und von der Beherrschung der deutschen Sprache bis zu abendländischen Werten. [...] Doch so unklar der Inhalt des Begriffs Leitkultur ist, so klar ist seine Funktion. Das Wort Leitkultur bezeichnet eine Leerstelle: jene assimilatorische Anziehungskraft, die es Einwanderungsgesellschaften ermöglicht, Fremde aufzunehmen und doch ihre eigene Identität zu bewahren.“ (Seibt, zitiert nach: Göktürk et al. 2011, 470)

ist. Es ist ein Kompromiss zwischen der Offenheit und Geschlossenheit nationaler Grenzen.

Die politischen und öffentlichen Debatten fokussierten sich hauptsächlich auf die Arbeitsmarktzuwanderung, die insbesondere (a) die Einwanderung von Hochqualifizierten, (b) den Zusammenhang von Arbeitslosigkeit und Zuwanderung, (c) den Zusammenhang von Arbeitskraftangebot und demografischem Wandel sowie (d) die mangelnde Integration von Immigranten und Immigrantinnen in den Arbeitsmarkt diskutierten.

Die politische Debatte über die Arbeitsmarktzuwanderung konzentrierte sich generell auf die Frage, ob der Anwerbestopp aufgehoben werden sollte. In einem ersten Entwurf des Gesetzes befürworteten alle Parteien die Einführung eines Punktesystems. Die CDU/CSU und die SPD favorisierten ein restriktives Punktesystem, das niedrigqualifizierte Immigranten und Immigrantinnen generell ausschließt und die Immigration von Hochqualifizierten strikt nach der nationalen Arbeitsmarktnachfrage reglementiert. Interessanterweise verschwand nach der Kritik von Arbeitgeberverbänden und Liberalen im Laufe des Gesetzgebungsprozesses die Idee des Punktesystems. In der Debatte wird deutlich, dass das deutsche Arbeitsangebot weiterhin den Vorrang vor der ausländischen Arbeitskraft bekommen sollte. Dies spiegelt sich auch in den Vorschlägen für die Regulierung der hochqualifizierten Zuwanderung wieder. Nur wenn drei Bundesministerien einen Engpass auf dem Arbeitsmarkt identifizieren, wird der Arbeitsmarkt für Nicht-EU-Angehörige geöffnet. Zudem existiert eine maximale Obergrenze für die Anzahl von hochqualifizierten Zuwanderern. Immigranten und Immigrantinnen mit dem Ziel der Selbstständigkeit in Deutschland können ihr Unternehmen gründen, wenn sie mindestens eine Investitionssumme von einer Millionen Euro und die Schaffung von zehn Arbeitsplätzen nachweisen können.[34]

---

34 Weitere politische Debatten neben der Arbeitsmarktzuwanderung bezogen sich auf die Familienzusammenführung und das Asyl. Bezüglich ersterem war die zentrale Frage, welches Altersmaximum die Kinder von Immigranten und Immigrantinnen haben dürfen, um ihren Eltern nach Deutschland folgen zu dürfen. Der Regierungsentwurf sah ein Alter von 12 Jahren vor. Die CDU/CSU forderte sechs Jahre und die Liberalen befürworteten den Status quo von 16 Jahren. Beim Asyl konzentrierten sich die Debatten auf die Schaffung eines effizienteren Asylverfahrens und das Ergreifen von Maßnahmen, um einen Asylmissbrauch zu verhindern. Dementsprechend schaffte das Thema Asyl es auch nur in die Headlines der öffentlichen Medien, wenn es um die Kosten für den Wohlfahrtsstaat und den Missbrauch von Asyl ging. Es kennzeichnet die Darstel-

Imke Kruse bemerkt weiterhin, dass die Integrationsdebatte zwischen 2001 und 2004 ein dauerhaftes Thema in den Medien war. Für diese Zeit prägend sind die Kontroversen um die Kosten der Immigration sowie die Debatten um die Integration der muslimischen Bevölkerung. Im Einwanderungsdiskurs ist die Angst vor dem Islam, was die Repression gegenüber Frauen und die Gefahr für die Demokratie betrifft, offensichtlich. Die politischen Parteien unterbreiteten diverse Vorschläge, um der sogenannten „gescheiterten Integration" der muslimischen Bevölkerung entgegenzuwirken. Hinsichtlich der Gemeinsamkeiten befürworteten die Parteien die Einführung des islamischen Religionsunterrichts an öffentlichen Schulen sowie die Ausbildung muslimischer Lehrer und Lehrerinnen an Universitäten. Bezüglich der Differenzen der Parteien zur Behebung der fehlgeschlagenen Integration verfolgt die CDU/CSU einen defensiven Ansatz und zieht eine Parallele zwischen der muslimischen Integration und der Sicherheit der sozialen Ordnung in Deutschland. Die SPD fordert hingegen, die Partizipation der Immigranten und Immigrantinnen auf lokaler Ebene zu stärken.

Nachdem die politischen und öffentlichen Debatten kurz dargestellt worden sind, fehlt an dieser Stelle nur noch die Beschreibung des „Outcomes" der Debatten. Mit anderen Worten: Wie regelt das bis heutige gültige Zuwanderungsgesetz von 2005 – *das Gesetz über den Aufenthalt, die Erwerbstätigkeit und die Integration von Ausländern im Bundesgebiet* – die Einwanderung und Integration? Der Aufenthalt in Deutschland wird vor allem mithilfe einer zeitlichen Differenzierung von „temporär" und „dauerhaft" reguliert. Die dauerhafte Aufenthaltsgenehmigung wird für Hochqualifizierte und ihre Angehörigen angewandt. Der temporäre Aufenthalt gilt für Selbstständige, deren Angehörige sowie Flüchtlinge, welche jedoch nach drei Jahren in eine dauerhafte Aufenthaltsgenehmigung umgewandelt werden können.

Im Folgenden werden die wichtigsten Aspekte zur Kontrolle des Zugangs zum Territorium Deutschlands anhand des Aufenthaltes zum (a) Zweck der Erwerbstätigkeit, (b) aus völkerrechtlichen, humanitären oder politischen Gründen und (c) Aufenthalt aus familiären Gründen kurz nach der Unterscheidung temporär und dauerhaft zusammengefasst.

(a) Einen uneingeschränkten Zugang zum deutschen Arbeitsmarkt haben grundsätzlich nur diejenigen, die als Flüchtlinge durch den Grundgesetz-Artikel 16a anerkannt sind, Verwandte von Deutschen sowie Personen mit einer dauerhaften Arbeitserlaubnis. Der beschränkte Zugang zum Arbeitsmarkt ist wie folgt im Zuwanderungsgesetz Abschnitt 4 geregelt:

---

lung des Themas Asyls in den öffentlichen Medien, dass die Mehrheit der Asylsuchenden quasi automatisch in die deutschen Sozialsysteme immigriert.

- keine Aufhebung des Rekrutierungsstopps für gering Qualifizierte sowie Qualifizierte
- keine Einführung eines Punkte-basierten Systems
- Hochqualifizierte und Absolventen deutscher Hochschulen bekommen eine dauerhafte Aufenthaltserlaubnis (Niederlassungserlaubnis); Hochqualifiziert ist laut dem Zuwanderungsgesetz derjenige, bei dem die Annahme gerechtfertigt ist, „dass die Integration in die Lebensverhältnisse der Bundesrepublik Deutschland und die Sicherung des Lebensunterhalts ohne staatliche Hilfe gewährleistet sind" (AufenthG §19 Abs.1). Diese Annahme wird Wissenschaftlern und Lehrpersonen zugeschrieben.
- Selbstständige, qualifizierte Fachkräfte, qualifizierte Geduldete und Forschende bekommen einen temporären Aufenthaltsstatus, wenn jeweils kontextespezifische Gründe für ihren Aufenthalt sprechen; siehe dazu (AufenthG, Abschnitt 3)

(b) Anerkannte Flüchtlinge bekommen in Deutschland eine temporäre Aufenthaltserlaubnis. Nach drei Jahren überprüft das Bundesministerium für Migration und Flüchtlinge den Status des Flüchtigen. Dieser erhält eine dauerhafte Aufenthaltsgenehmigung, wenn das Ministerium zu der Entscheidung gelangt, dass der Fluchtgrund bzw. die Situation im Herkunftsland weiterhin gegeben ist und wenn er sich nachhaltig in die Lebensverhältnisse der Bundesrepublik Deutschland integriert hat. Dies bedeutet vor allem, dass er sich zur freiheitlichen demokratischen Ordnung bekennt und über Grundkenntnisse der Rechts- und Gesellschaftsordnung und der Lebensverhältnisse verfügt sowie seinen Lebensunterhalt überwiegend durch Erwerbsarbeit sichert und Sprachkenntnisse auf dem Niveau von A2 besitzt.

(c) Der Familiennachzug im Zuwanderungsgesetz bleibt beschränkt auf die Kernfamilie, das heißt, dass Ehegatten und Kindern bis 16 Jahre zur Wahrung der familiären Lebensgemeinschaft gemäß Artikel 6 des Grundgesetzes ein Aufenthaltstitel erteilt werden kann. Die Voraussetzung ist, dass der Familienangehörige in Deutschland im Besitz eines Aufenthaltstitels ist und über ausreichend Wohnraum verfügt und zudem der Lebensunterhalt gesichert ist. Eine befristete Aufenthaltserlaubnis für den Familiennachzug wird bei anerkannten Flüchtlingen erteilt. Eine dauerhafte Niederlassungserlaubnis wird erteilt, wenn seit drei Jahren eine Aufenthaltserlaubnis vorliegt.

Über die Integration der in Deutschland ansässigen ausländischen Bevölkerung spricht das Zuwanderungsgesetz nur sehr vage. Mit dem Zuwanderungsgesetz wurden Integrationsmaßnahmen für Arbeitsmigranten und -migrantinnen, für Personen aus der Familienzusammenführung und anerkannte Flüchtlinge erlassen. Diese Grupppen sind verpflichtet, an Integrationskursen teilzunehmen; im Falle der Nichtteilnahme drohen Sanktion bzgl. der Sozialhilfeleistungen und des Aufenthaltes. Im Hinblick auf die Integrationserwartungen müssen Immigranten und Immigrantinnen, die eine permanente Aufenthaltsgenehmigung erlangen wollen, mündliche und schriftliche Sprachkenntnisse durch die Teilnahme an einem Integrationskurs nachweisen. Zudem müssen die Immigranten und Immigrantinnen in einem Orientierungskurs ihr Wissen über die deutsche Gesellschaft demonstrieren, unter anderem über das politische System, die Geschichte und das Gesellschaftssystem von Deutschland. Weitere Auskunft darüber, was genau Integration bedeutet, gibt die Integrationsverordnung vom 13.12.2004. Die Verordnung über die Durchführung von Integrationskursen für Ausländer und Spätaussiedler (Integrationskursverordnung – IntV)[35] zielt auf eine erfolgreiche Vermittlung von ausreichenden Kenntnissen der deutschen Sprache, des Alltagswissens sowie von Kenntnissen der Rechtsordnung, der Kultur und der Geschichte Deutschlands, insbesondere auch der Werte des demokratischen Staatswesens der Bundesrepublik Deutschland und der Prinzipien der Rechtsstaatlichkeit, Gleichberechtigung, Toleranz und Religionsfreiheit (Abs. 1 §3).

Die Integrationskurse müssen von Ausländern nicht besucht werden, wenn zu erwarten ist, dass sie erfolgreich integriert sind. Der Gesetzgeber definiert eindeutig, bei welchem Ausländer ein geringer Integrationsbedarf zu erwarten ist. Demnach besteht kein Teilnahmeanspruch auf einen Integrationskurs, wenn:

> „1. ein Ausländer a) einen Hochschul- oder Fachhochschulabschluss oder eine entsprechende Qualifikation besitzt, es sei denn, er kann wegen mangelnder Sprachkenntnisse innerhalb eines angemessenen Zeitraums keine seiner Qualifikation entsprechende Erwerbstätigkeit im Bundesgebiet erlaubt aufnehmen, oder b) eine Erwerbstätigkeit ausübt, die regelmäßig eine Qualifikation nach Buchstabe a erfordert, und 2. die Annahme gerechtfertigt ist, dass sich der Ausländer ohne staatliche Hilfe in das wirtschaftliche, gesellschaftliche und kulturelle Leben der Bundesrepublik Deutschland integrieren wird." (Abs. 2 §4)

Die Entwicklungen hinsichtlich der Integrationsdebatte in Deutschland (mit unter anderem der Einführung von obligatorischen Integrationskursen im Zuge des Immigrationsgesetztes von 2005) tendieren dazu, die CDU/CSU-Position zu reflektieren. Die Integration gilt als Vorbedingung für die volle Mitgliedschaft. Vor dem Hintergrund der Einschätzung, dass Deutschland seine Staatsbürger-

---

35 Integrationskursverordnung vom 13.12.2004 (BGBl. I S. 3370), die zuletzt durch Artikel 6, Absatz 3 des Gesetzes vom 29.08.2013 (BGBl. I S. 3484) geändert worden ist.

schaft lange Zeit an ethno-kulturelle Mitgliedschaftsbedingungen geknüpft hat, ist die Einführung von sogenannten „zivilen Integrationsmaßnahmen" (Joppke 2007) in Deutschland dennoch als liberal zu bezeichnen (Michalowski und van Oers 2012).

Grundsätzlich ist es plausibel anzunehmen, dass diese erstmal die Hürden für die Einbürgerung erhöhen und somit die Mitgliedschaft erschweren. Anderseits sollen die Kurse gerade die Autonomie der Immigranten und Immigrantinnen fördern, indem sie mit den Werten des eigenverantwortlichen Bürgers sozialisiert werden sollen, um letztendlich nicht von wohlfahrtsstaatlichen Leistungen abhängig zu sein. Untersuchungen weisen allerdings darauf hin, dass die politische Steuerung durch Integrationskurse in ihrer Absicht und ihrer Wirkung überschätzt werden (Goodman und Wright 2015). Kritisch wird angemerkt, dass mit Einführung der Sprachregelung „ein Instrument für die Auswahl von (höher) qualifizierten Migranten" (Michalowski 2010, 191) verwendet wird, welche in dem deutschen Einwanderungsdiskurs ganz klar willkommen sind. Wiederum ist hier zu beobachten, dass das erforderliche Niveau der Deutschkenntnisse seit der Reform des Staatsangehörigkeitsgesetzes im Jahre 2000 aus Gründen ursprünglicher Normenunklarheit und unterschiedlicher Auslegungen in den Ländern stetig gestiegen ist (Davy 2008).

Die Funktion der Integrationskurse für die politische Gemeinschaft wurde als konditionale Mitgliedschaft beschrieben, um die Einreise und Niederlassung von Migranten und Migrantinnen limitieren und kontrollieren zu können: „It does not answer the eligibility question ‚Who has access?' but rather ‚Under what conditions does someone with eligibility obtain citizenship?'." (Goodman 2010).

Die Mitgliedschaft von Bedingungen abhängig zu machen, ist in Deutschland als eine Reaktion auf vermeintliche Integrationsprobleme mit Immigranten und Immigrantinnen zu interpretieren. Christian Joppke sieht einen Zusammenhang zwischen der Einführung der Integrationskurse und den öffentlichen Debatten über Ehrenmorde im türkischen Immigranten- und Immigrantinnen-Milieu sowie der ethnischen Segregation und Gewalt an Berliner Schulen. So fokussierten sich die Debatten auf eine Sanktionierung „Integrationsunwilliger" und auf die Frage, ob die Migranten und Migrantinnen oder der Staat die Kosten für den Integrationskurs übernehmen sollen. Letzteres entsprach der Position der SPD; die CDU hingegen pochte auf die Finanzierung durch die Migranten und Migrantinnen selbst (Joppke 2007).

2006 wurde ein Integrationsgipfel zwischen Vertretern von Migrantenorganisationen und relevanten Bundesministerien abgehalten. Man einigte sich darauf, einen nationalen Integrationsplan zu erarbeiten, der unter anderem darauf abzielte, die Integrationskurse zu verbessern, um eine gute Bildung und Ausbildung der Immigranten und Immigrantinnen zu gewährleisten. Im selben Jahr wurde ein alljährliches Dialogforum „Deutsche Islam Konferenz“ mit der muslimischen Bevölkerung gestartet. Wie Levit Teszcan in seiner Studie „das muslimische Subjekt“ (Tezcan 2012) herausarbeitet, besteht die Integrationspolitik der deutschen Islamkonferenz in dem Versuch, Muslime in Deutschland als deutsche Muslime zu konstruieren. Die diversen Muslime und ihre Gruppierungen werden in die Nation so integriert, dass Muslime lernen, sich selbst zu führen und zu disziplinieren. In Anlehnung an die Gouvernmentalitätsstudien von Foucault interpretiert Teszcan die liberale Regierungstechnik der Integration dahingegen, die Autonomie der Immigranten und Immigrantinnen zu schützen und zu fördern. Die Macht der Steuerung der Muslime beruht auf der Freiheit des muslimischen Subjekts: „Das Ziel wird nicht primär ein Staatskirchenvertrag mit den islamischen Religionsgemeinschaften sein, sondern ein ‚Gesellschaftsvertrag‘ mit den Muslimen.“ (Tezcan 2012, 45). Das muslimische Subjekt wird hier nicht aus einer kommunitaristischen Perspektive des aktiven Bürgers betrachtet, sondern vielmehr aus der Subjektivierungstechnik von Regierungen, die aus Individuen Mitglieder der Gemeinschaft formt, die man adressieren und normalisieren kann.

2007 wurde das Zuwanderungsgesetz mit den Aufenthalts- und asylrechtlichen Richtlinien der EU harmonisiert. Im Änderungsgesetz werden zudem Integrationserwartungen an den Nachzug von Ehegatten gestellt. Diese implizieren den Nachweis von einfachen Kenntnissen der deutschen Sprache und eines gesicherten Lebensunterhalts.

Mit der Einführung bundesweiter Einbürgerungstests zum 1. September 2008 kam ein neues Programm der zivilen Integrationsmaßnahmen hinzu (ausführlich siehe van Oers 2014)[36]. Für den Erwerb der deutschen Staatsbürgerschaft müssen 33 Fragen aus einem Katalog von 310 Fragen innerhalb von 60 Minuten beantwortet werden, von denen die potenziellen Kandidaten und Kandidatinnen 17 richtig beantworten müssen. Die Einbürgerungswilligen müssen „einfache Fragen zu Grundzügen der deutschen Rechtsordnung, Kultur und Geschichte beantworten“ (ebd.), wie beispielsweise: Mit welchen Worten beginnt die deutsche Nationalyhmme oder was passierte am 9. November 1938 in Deutschland?

Explizite Gesinnungsfragen wurden nach Protest muslimischer Verbände aus dem Test gestrichen. Die Bundesländer Baden-Württemberg und Hessen hatten mit ihren Richtlinien für die Einbürgerungs-Interviews speziell die Einstellung von Muslimen zur freiheitlichen demokratischen Grundordnung der Bundesre-

36 Eine ausführliche Interpretation des deutschen Einbürgerungsgesetzes hinsichtlich der Frage, ob die Einbürgerungstests nun als liberal, republikanisch oder als kommunitaristisch zu kategorisieren sind, liefert Ricky van Oers (2014).

publik Deutschland überprüfen wollen. Der Vorschlag für den Test in Baden-Württemberg wurde unter dem Namen „Muslim-Test" bekannt. Auch hier kann wieder eingeworfen werden, dass die Tests in der Regel restriktiver Natur sind. Allerdings kommentiert Christian Joppke wiederum, dass die Anforderungen im „Anwendungsbereich des Liberalismus" zu verstehen sind (Joppke 2010, 68), weil die zu erbringende Leistung auf der individuellen Ebenen ansetzt und jeder Immigrant/jede Immigrantin die Einbürgerung durch seine/ihre persönliche Leistung erreichen kann.

Mit der Einrichtung „ziviler Integrationsmaßnahmen" steht Deutschland in Europa nicht alleine da. 12 von 15 westeuropäischen Nationen installierten von 1997 bis 2008 Integrationsmaßnahmen, die sich auf den Spracherwerb, das Gesellschaftswissen und das Bekenntnis zu liberalen Werten konzentrierten (Goodman 2014). Dies reflektiert einen konvergierenden Trend von der Konditionierung des Aufenthalts und der eventuellen Mitgliedschaft von Immigranten und Immigrantinnen in der politischen Gemeinschaft an bestimmte Bedingungen. Wobei Länder mit einem eher liberalen Verständnis von Staatsbürgerschaft eher dazu tendieren, eine kulturelle Anpassung einzufordern und Länder mit einem vormals ethno-kulturellen Nationsverständnis liberale Integrationsmaßnahmen einführen.

Zusammenfassung

Bernhard Peters argumentiert, dass die Exklusivität im Zugang zur Mitgliedschaft gerade dann erzeugt wird, wenn der Nationalstaat sich durch eine symbolische Gemeinschaft definiert, die in ihrem Selbstverständnis zwar eine Gemeinschaft von rechtlich gleichen Staatsbürgern bildet, darüber hinaus aber weitere symbolische Elemente enthält, die nicht unmittelbar auf die rechtlich-politische Assoziation bezogen sind (Peters 1993).

Die Exklusivität der deutschen Nation wurde bis zur Staatsbürgerschaftsreform durch die ethnische Grenzziehung ermöglicht, weil die Nation zur Bestimmung ihrer Mitglieder stark auf Abstammung, Sprache, Gewohnheiten und Traditionen abzielt. Deutschland galt und gilt für einige Forscher und Forscherinnen weiterhin als Prototyp des ethnischen exklusiven Nationenverständnis (Dolezal, Helbling und Hutter 2010). Die Besprechung der symbolischen und sozialen Grenzziehungen hat gezeigt, dass eine Grenzziehung nach ethno-kulturellen Merkmalen fragwürdig ist. Die relative Bedeutung der ethnischen Abstammung – als bestimmendes Merkmal für die Grenzziehung – fällt nicht weiter ins Gewicht. Mithilfe von Roger Brubakers Anmerkung zu Selektionskriterien lautet dann die Frage: „What aspects of appearance or phenotype, for example, are selected as significant for membership?“ (Brubaker 2009, 26).

Sarah Goodmann kommt in ihrer Analyse der deutschen Staatsbürgerschaftsreformen und der nachträglichen Installation von zivilen Integrationsmaßnahmen zu dem Urteil, dass Deutschland weiterhin ein exklusives Verständnis hat, nur diesmal im konditionierten Zugang zur Staatsbürgerschaft: „In the end, Germany still maintains an exclusive understanding of belonging, in both law and practice, made ever more restrictive not by changes to citizenship per se but by conditionality established at earlier barriers of admission.“ (Goodman 2014, 139). Diese Konstruktion von Exklusivität jenseits der ethno-nationalen symbolischen Gemeinschaft ist eine wesentliche Programmänderung des deutschen Nationalstaates. In der Zusammenschau der Integrationsvorstellungen seit der Staatsbürgerschaftsreform von 1999 ist in den medialen Debatten (Rauer und Schmidtke 2001), den parlamentarischen Debatten im Bundestag (Gerdes und Faist 2006), in den Wahlprogrammen der Bundesparteien (Gerdes 2010), beim Integrationsgipfel (Tezcan 2012) und in der Teilhabedebatte (Faist and Ulbricht 2014) eine ethno-kulturelle Vergemeinschaftung weder in einer rechtlichen noch in einer öffentlichen Dimension ein Thema. In dieser Hinsicht werden sowohl bei den sozialen als auch bei den symbolischen öffentlichen Grenzziehungspraktiken Immigranten und Immigrantinnen und potenzielle Mitbürger und Mitbürgerinnen bevorzugt, die eine eigenverantwortliche und autonome Lebensführung nachweisen können, insbesondere durch die Teilnahme am Arbeitsmarkt.

DIE INTERPRETATION DER SOZIALEN UND SYMBOLISCHEN GRENZZIEHUNGEN

„Democracy is rule by the people, but someone must first decide who the people are.“ (Galloway 2008, 39)

Im 19. Jahrhundert wurde die nationale Gemeinschaft gerade durch das Werk von Intellektuellen und politischen Eliten über die Abstammung imaginiert. Im 21. Jahrhundert werden die Grenzen der politischen Gemeinschaft mittels anderer Vorstellungen konstruiert. Auf die Frage, wie Nationalstaaten in den letzten 20 Jahren die Immigration und den Zugang zur Bürgerschaft gemanagt haben, steht ein Begriff im Zentrum der wissenschaftlichen Auseinandersetzungen: Liberalisierung.

In erster Linie stößt man auf den Begriff, wenn versucht wird, die Veränderung zu kategorisieren, wie Nationalstaaten den Strom an Migranten und Migrantinnen politisch regulieren und wie diese die Integration von bereits Angekommenen vorantreiben. Dabei ist es vor allem eine politik- und rechtswissenschaftlich geführte Debatte, die versucht, Länderprofile anhand der Entwicklung von vergleichenden Kriterien wie beispielsweise Integrationsindikatoren zu erstellen (Bauböck et al. 2006; Goodman 2010; Helbling und Vink 2013; Howard 2009). Seit den 1990er Jahren identifizieren verschiedene Studien insbesondere in Europa einen liberalen Trend in der Immigrations- und Citizenship Gesetzgebung (Bauböck; 2006; Green 2012; Hansen und Joppke 2010; Howard 2010; Weil 2001). Ähnlich wie Rayo Kasteranyo (2002) kommt Christian Joppke zu der Überzeugung, dass ein Konsens in der Citizenship-Forschung auszumachen ist, welcher im Wesentlichen aus einer Konvergenz der nationalen Gesetzgebung in westlichen Demokratien besteht, hin zu liberalen Normen der Gleichheit und der Inklusivität und das aufgrund von „political exigency, partisan ideology, as well as perceived ‚best practice' in the club of Western states." (2008, 8)

Diese Entwicklungen wurden unterstützt von einer „all important exogenous variable that has shaped the evolution of citizenship [...] the de-legitimization of racism and extreme nationalism in the West after World War II, and the parallel rise of universal human rights norms." (Joppke 2010) Für James Hollifield ist die Ausweitung der Rechte für Immigranten und Immigrantinnen aufgrund des Einflusses der Menschenrechte evident, um die Ein- und Ausgrenzung nicht mehr anhand von Push- und Pull-Modellen zu erklären, sondern anhand des Liberalismus, in dessen Mittelpunkt das liberale Paradox steht (Hollifield 2006). Des Weiteren identifiziert Patrick Weil drei wesentliche Gründe für den Liberalisierungstrend (Weil 2001): Erstens hat die vergangene Immigration eine hohe Anzahl von Ausländern im Inland produziert, welche nun einen rechtlichen und normativen Druck der Integration auf die Mehrheitsgesellschaft ausübt. So sind die Immigranten und Immigrantinnen dauerhaft von Entscheidungen betroffen, auf deren Entstehung sie keinen Einfluss haben. Zweitens ist die Phase der Nationalstaatsbildung in Westeuropa weitestgehend abgeschlossen, so dass die Bedürfnisse der nationalen Identitätsbildung durch das *Othering* gering sind. Drittens basieren die Staaten auf liberal-demokratischen Verfassungen, die die Autonomie des Individuums schützen und Diskriminierung erschweren.

Mit der Konvergenz zu einem einheitlichen Standard, der die länderspezifischen und historisch gewachsenen Faktoren zumindest verwässert, werden wiederum einige Überlegungen zur Bedeutung der nationalen Vergemeinschaftung angestellt. Diese Ansätze versuchen eine Antwort auf die Frage zu finden, wie Nationalstaaten mit dem liberalen Universalismus umgehen, indem sie implizit die nationale Frage nach der Vergemeinschaftung auflösen. In dieser Hinsicht sind Christian Joppkes Hoffnungen zu interpretieren: „The weakining of a particularistic identity-lending dimension of citizenship is tantamount to the retreat of nationalism, at least in the West." (Joppke 2010, 142).

Zunächst wird nun diesem Gedanken gefolgt und danach gefragt, wie in der liberalen Bürgerschaft Grenzen gezogen werden, das heißt, wie die erwünschten von den unerwünschten Migranten und Migrantinnen differenziert werden. Anschließend soll ergründet werden, wie sich darüber eine spezifische Form der Zugehörigkeit erzeugt, die dem liberalen Paradox Rechnung trägt.

Die Differenzierung bei der sozialen Grenzziehung

Wo der Zusammenhang zwischen Liberalismus und der Ein- und Ausgrenzung von Immigranten und Immigrantinnen in einem Nationalstaat besteht, ist vermehrt durch die Arbeiten von Christian Joppke in den Vordergrund getreten. In seiner Studie „Selecting by Origin" (Joppke 2005b) gibt er einen wichtigen Anstoß zu der Debatte, wie Ethnizität in liberalen Staaten verhandelt wird. Joppke brachte das Argument ein, dass liberale Nationalstaaten rein rechtlich betrachtet keine ethnische Grenzziehung mehr unternehmen können. Staaten können Immigranten und Immigrantinnen nicht mehr danach diskriminieren, woher diese kommen. Es gibt einen unaufhaltsamen Trend zu einem „source-country universalism" (Joppke 2005, 31). Grundsätzlich stimmt Christian Joppke mit Gary Freeman (Freeman 1995) überein, dass liberale Staaten eine expansive Immigrationspolitik verfolgen. Er erweitert das Modell der Klientelpolitik von Freeman mit der Betrachtung des legalen Rahmens zur Ein- und Ausgrenzung von Immigranten und Immigrantinnen (Joppke 1998, 271). Sein Hauptargument lautet, dass Nationalstaaten auf der Grundlage einer liberalen Verfassung, welche die Gleichbehandlung und Neutralität bewahrt und fördert, sich selbst in der materiellen wie symbolischen Grenzziehung limitieren: „The legal process is crucial to explaining why European states continued accepting immigrants despite explicit zero-immigration policies since the early 1970s." (Joppke 1998, 271). Liberale Prinzipien der Gleichbehandlung und Neutralität limitieren die Selektion nach gruppenbezogenen Merkmalen von Immigranten und Immigrantinnen (Joppke 1998). Demnach sind den Möglichkeiten der Formulierung von Immigrations- und Citizenpolitik enge Grenzen gesetzt.

Diese engen Grenzen wurden insbesondere am Beispiel der zivilen Integrationsmaßnahmen erörtert, die seit post 9/11 in den europäischen Nationalstaaten eingeführt worden sind. Diese Maßnahmen belebten unter anderem auch die Diskussion um nationale Identität und Staatsbürgerschaft wieder. Wie bereits im vorangegangen Kapitel angesprochen, wurden in Europa die Hürden für die Einbürgerung durch die Einführung und Verschärfung von Sprachanforderung und

Integrationstest angehoben – dem sogenannten „thickening of citizenship“ (Green 2012, 174).

Zunächst einmal ist es verwunderlich, dass der Begriff Liberalismus im Zentrum der Beschreibung einer verhärteten Grenzziehung stehen kann. Liberalismus als politische Idee bezeichnet gerade den universellen Wert der persönlichen Freiheit und der Autonomie des Individuums. So definiert Joseph Raz Liberalismus als eine:

> „[P]olitical morality which arises out of a view of the good of people, a view which emphasises the value of freedom to individual well-being. Liberalism upholds the value of people of being in charge of their life, charting the course by their own successive choices.“ (Raz 1994, 175)

Auf die Frage, wie nun liberale, westliche Nationalstaaten mittels der Integrationsmaßnahmen Grenzen ziehen, verweisen unter anderem die Ansätze des *Identity Liberalismus* (Tebble 2006), *zivilen Integrationismus* (Joppke 2007), *Schmittanian Liberalismus* (Triadafilopoulos 2011) und *illiberalen Liberalismus* (Orgad 2015). Diese Ansätze betonen gemeinsam, dass Immigranten und Immigrantinnen und potenzielle Staatsbürger und Staatsbürgerinnen erfolgreich demonstrieren müssen, dass sie liberale Werten vertreten bzw. anders herum „immigrants judged to have rejected liberal democratic norms, through their deeds and/or speech, are to be excluded through the revocation of their rights to citizenship and legal residency and, in extrem cases, their detention, denaturalisation and deportation (Triadafilopoulos 2011, 862). Stellvertretend wird hier der Ansatz von Christian Joppke vorgestellt, der die zivilen Integrationsmaßnahmen als einen repressiven Liberalismus deklariert und somit aufzeigt, wie die Grenzziehung im Kontext der Liberalisierung der Staatsbürgerschaft funktioniert.

Joppkes Arbeiten verweisen auf den Aspekt, dass Immigranten und Immigrantinnen und potenzielle Staatsbürger angehalten sind, liberale Orientierungen anzunehmen. Christian Joppke versucht die Integrationsmaßnahmen aus der Perspektive der liberalen Theorien zu deuten und stellt dabei ein Problem fest. Die Integrationsmaßnahmen betonen die Pflichten der Immigranten und Immigrantinnen mehr als ihre Rechte. In Anlehnung an Desmond Kings (Joppke 2005a, 44) klassifiziert er diese Beobachtung als ein Ungleichgewicht zwischen der angestrebten Reziprozität zwischen Rechten und Pflichten im Sinne des klassischen liberalen Gesellschaftsvertrags. Allerdings weist Joppke daraufhin, dass sich die Integrationsmaßnahmen aus zwei verschiedenen Perspektiven deuten lassen. Einmal aus der liberalen Theorie im Sinne eines Liberalismus à la John Rawls, der die Individuen aus den politischen, religiösen und ökonomischen

Fesseln befreien will. Der Staat ist dafür verantwortlich, die Gleichheit, die individuellen Rechten und die Neutralität gegenüber den Mitgliedern der Gesellschaft zu schützen und zu fördern. In den Worten von Christian Joppke ist der Liberalismus ursächlich für folgende Veränderung:

> „This is the liberalism that has moved states from ‚assimilation' to ‚integration', and that requires states to assure a modicum of equality for all members of society, finding in upgraded alien rights (Joppke 2001), liberalized citizenship laws (Hansen and Weil 2001) and anti-discrimination laws and policies (Geddes and Guiroudon 2004), all of which have proliferated across Europe in the past two decades or so." (Joppke 2007, 16)

Der zweite Interpretationsvorschlag von Joppke reflektiert die „dunkle Seite" des Liberalismus und betont die Pflicht, liberale Überzeugungen anzunehmen. Im Anschluss an die Gouvermentalitäts-Studien von Michel Foucault diskutiert Joppke die Konsequenzen der Liberalisierung von Citizenship.

Aus der Perspektive von Foucault gedeutet dient die Herstellung eines autonomen Individuums nicht der gleichberechtigten Teilhabe am gesellschaftlichen Leben, sondern vielmehr der verbesserten Steuerung der Bevölkerung. Die Gouvermentalität beschreibt die Verbindung der individuellen Freiheit mit der staatlichen Regulierung – es ist die Kunst des Regierens der Freiheit.

> „Die wesentliche Funktion des Begriffs liegt darin, Dimensionen der Totalisierung – die üblicherweise mit dem Staat identifiziert werden – und der Individualisierung zusammenzudenken und einer subtileren Analyse der Verschränkung dieser beiden Ebenen in der Regierungsausübung Vorschub zu leisten." (Gertenbach 2007, 22)

In Überwachen und Strafen (2008) beschreibt Foucault mittels des Begriffs der Disziplinarmacht, dass die Herstellung von sich selbst versorgenden Individuen dem Zweck der besseren Überwachung und Kontrolle der Individuen dient. Die Kontrolle wird aber nicht durch eine externe Instanz, wie in diesem Fall beispielsweise die Integrationsmaßnahmen, erreicht, sondern indem die Fremdkontrolle durch Selbstkontrolle ersetzt wird. Beispielsweise würden die Individuen die Integrationserwartungen internalisieren. Es ist die „Produktion" sich selbst kontrollierender einzelner Menschen, hergestellt durch Beobachtung, Kategorisierungen, vergleichende Messungen und Überwachung. Das Individuum wird dann zum anerkannten Mitglied der Gesellschaft, indem es lernt, sich selbst zu disziplinieren. Die Selbstsorge wird zu einem moralischen Gebot in doppelter Hinsicht – sich selbst und der Gesellschaft gegenüber, wie Stephan Lessenich betont:

„[...] [S]ämtliche Varianten der Aktivierung von Eigenverantwortung sind im Rahmen dieser Programmatik zugleich Zeichen persönlicher Autonomie *und* Ausweis sozialer Verantwortlichkeit, gehorchen gleichermaßen einer individuellen und sozialen Rationalität.“ (2008, 164)

Die Gouvermentalität des Liberalismus analysierte Foucault bei der Entstehung des Ordo-Liberalismus in Deutschland (2006). Liberalismus bedeutet in der Vorstellung der Ordo-Liberalen, dass anstelle der rivalisierenden Weltanschauungen eine Ordnungspolitik (Sozialtechnik) Gestalt annimmt, die die einzelnen (wirtschaftlichen) Interessen der Individuen harmonisch in einem offenen und freien Wettbewerb ausbalanciert. Der Staat hat also nicht wie fälschlicherweise angenommen eine Laissez-faire-Funktion, sondern im Ordo-Liberalismus soll eine rechtsstaatliche Instanz die Rahmenbedingungen schaffen und überwachen, innerhalb derer sich die Individuen frei und verantwortlich bewegen können. Das erklärte Ziel der liberalen Gouvermentalität ist laut Foucault eine ökonomische Regierung der Bevölkerung. Die marktwirtschaftlichen Prinzipien übernehmen die Organisation der Gesellschaft.

Letztendlich ist dies eine ambivalente Beurteilung, die die Chancen und Gefahren der Liberalisierung der Citizenship-Politik bewertet. Mit der Reduzierung auf einen ökonomischen Instrumentalismus erklärt Christian Joppke die Grenzziehung im Liberalismus. Es wird deutlich, dass dafür eher Michel Foucault als John Rawls herangezogen wird.

Die Ökonomisierung von Mitgliedschaftskriterien als repressiver Liberalismus

In dem Moment der Reduzierung der Integrationsleistung auf ökonomische Notwendigkeiten sieht Christian Joppke die illiberalen und repressiven Elemente des Liberalismus. Joppke beobachtet dazu:

„As the European Commission observed in its first Annual Report on Migration and Integration ‚access to employment‘ has become ‚the most important political priority within national integration policies‘.“ (European Commission 2004, 5, zitiert nach: Joppke 2007, 17)

Die Werte, die die Individuen in der Gemeinschaft ordnungsstiftend zusammenhalten, resultieren aus einem ökonomischen Instrumentalismus. Abstrakt formuliert passen sich die Individuen durch die innerliche Disziplinierung an die erforderte Norm der marktkonformen Wettbewerbsfähigkeit an. Die autonomen, sich selbst zu steuern wissenden Individuen erhöhen dadurch die Wettbewerbsfähigkeit des Nationalstaates im Kampf um Ressourcen und Macht. Wenn der Nationalstaat zu einem Wettbewerbsstaat wird, der sich der weltweiten Konkurrenz stellen muss, so wird der Nationalstaat zu einem liberalen „Individualitätsförderer“ (Schroer 2000, 277), der darüber die Menschen kontrolliert und sanktioniert.[37]

Damit ist allerdings noch nicht die ganze Geschichte zur liberalen Gouvernementalität erzählt. Die Konstruktion von autonomen Individuen ist für die Gouvernementalität der Bevölkerung notwendig, aber auch gefährlich, denn die Freiheit der Individuen ist ständig bedroht und muss daher durch die Etablierung eines Sicherheitsdispositiv gewährleistet werden (Lessenich 2008). Im privaten Raum durch die Entstehung der Versicherungsgesellschaft und im öffentlichen Raum durch die Überwachung, Kontrolle und Sanktionierung von Menschen, die die gesellschaftliche Freiheit gefährden.

Illiberal werden die Citizenship- und Immigrationspolitiken dann, wenn bestimmte Personen und Gruppen an die Hand genommen werden müssen, damit sie eine gewisse Reife und Fähigkeit erlangen, ein liberales Leben führen zu können, um so zur Wettbewerbsfähigkeit des Nationalstaates beizutragen. Sozusagen wird mit illiberalen Mitteln ein liberaler Zustand erreicht. Das dadurch automatisch Individuen in den Blick geraten, die nicht dem Liberalismus entsprechen, liegt auf der Hand.[38]

Christian Joppke rekurriert auf Stuart Mill, um die Illiberalität des Liberalismus historisch zu begründen. Stuart Mill limitierte den Liberalismus auf fähige Menschen „human beings in the maturity of their faculties“ (Mill, zitiert nach: Joppke 2007: 16) der somit alle exkludiert, die diese Fähigkeiten nicht erfüllen.

Yasmin Soysal teilt das Argument zum illiberalen Liberalismus von Joppke und verweist zudem auf die tiefgreifenden Veränderungen von Citizenship (2012). Sie stellt einen Zusammenhang zwischen der aktuellen Politik der Immigration und Citizenship mit dem neuen *europäischen Sozialprojekt* her. Letztes wurde

---

37 Die Interpretation bzw. Lesart des ökonomischen Liberalismus von Christian Joppke entspricht im Wesentlichen der Kritik von Karl Marx an dem Ideal der bürgerlichen Gleichheit. Die rechtliche Gleichheit der Bürger untereinander ist die notwendige Voraussetzung für das Funktionieren der kapitalistischen Gesellschaft, denn nur so können juristisch gleiche Personen auf Märkten als Konsumenten und Produzenten auftreten. Die Forderung des Bürgertums nach der rechtlichen Gleichheit für alle diene faktisch nur den eigenen Klasseninteressen.

38 Joppke deutet insbesondere die zivilen Integrationsmaßnahmen für Immigranten und Immigrantinnen als äquivalent zur den aktiven Arbeitsmarktpolitiken für bereits bestehende Mitglieder der politischen Gemeinschaft.

von der Europäischen Kommission in der Lissabon Strategie im Jahr 2000 entworfen als Reaktion auf die zunehmende globale ökonomische Konkurrenzsituation. Die Strategie sollte bis zum Jahr 2010 die EU zum „most competitive and dynamic knowledge based economy in the world, capable of sustainaible growth with maximized human capital, more and better jobs and greater social cohesion" (zitiert nach: Soysal 2012, 4) führen. Laut Yasemin Soysal zielen die diversen multilevel Policies der EU auf eine Neu-Organisation der Kategorie Arbeit, die nun strikt vom Individuum her gedacht wird und nicht mehr von Kollektiven, die auf vereinende Reziprozität und Solidarität abzielen. Genauer gesagt werden wohlfahrtstaatliche Leistungen strikt an Arbeit gekoppelt (workfare). Die soziale Kohäsion der Gesellschaft wird durch den Wert des aktiven, partizipativen und produktiven Bürgers visioniert. Dementsprechend interpretiert Soysal die Integrationsmaßnahmen als eine Erwartung, produktive Individuen hervorzubringen:

> „The thrust is on the individual immigrants' capacities and efforts to take part productively in the rights and institutions offered in the system. Potential immigrants are expected to prove their worth and fit, as anticipated by the new entry and residency regulations. Citizenship or residency is ‚earned' on the basis of who is worthy, who can contribute and be productive." (Soysal 2012, 11)

Die Kommodifzierung von Staatsbürgerschaft

Vor dem Hintergrund der Liberalisierung der Bürgerschaft und des Aufstiegs des Marktfundamentalismus haben Margaret Somers und Fred Block die Verschiebung von Rechten zu Pflichten empirisch interpretiert (Somers und Block 2005). Bezüglich der Entwicklung von Staatsbürgerschaft beobachtet insbesondere Somers einen allgemein Trend zur Vermarktlichung bzw. eine Kommodifizierung der Immigrations- und Staatsbürgerschaftspolitik (Somers 2008). Damit reiht sich Somers zwar in die chronisch gewordene Klage über die Zerstörung der politisch-moralischen Gemeinschaften ein. Darüber hinaus kommt sie aber zu der Erkenntnis, die einen noch genaueren Einblick in die Funktionslogik der (il-)liberalen Ein- und Ausgrenzung gewährt. Dazu beruft sie sich auf die Arbeiten von Hannah Arendt, im Speziellen auf ihr Werk „Elemente und Ursprünge totaler Herrschaft" (2008), um die aktuellen Verschiebungen durch die Vermarktlichung von Citizenship interpretieren zu können.

Somers zieht eine historische Parallele zu der Tyrannei der Nation über den Staat, genauer gesagt, als Ethnos mit Demos verschmolzen ist. Die soziale Konstruktion der imaginierten politischen Gemeinschaft basierte im Ethnos auf der Naturalisierung von charakteristischen Merkmalen eines Menschen wie zum

Beispiel Rasse. Durch die Naturalisierung wurde aus der politischen Staatsgemeinschaft eine Nationengemeinschaft. Die Transformation von Demos zu Ethnos – als die „Nation den Staat erobert hatte" – beschreibt Hannah Arendt wie folgt: „[U]nd dies wiederum konnte gar nichts anderes heißen, als dass nationale Interessen allen Erwägungen juridischer Art überzuordnen waren, dass mit anderen Worten ‚Recht ist, was dem deutsche Volke nützt'." (Arendt 2008, 575) Legt man jedoch die heutigen Entwicklungen von Staatsbürgerschaft zu Grunde, so könnte man annehmen, dass der illiberale Liberalismus den Prozess von Demos zu Ethnos wieder umkehrt in einen Prozess von Ethnos zu Demos – von „wer du bist" zu „was du tust" – sozusagen eine Dissoziation von Staat und Nation (Joppke 2005a, 53). Margaret Somers interpretiert den Vorstoß auf die individuellen Fähigkeiten der Immigranten und Immigrantinnen und dem Bestreben, dass Immigranten und Immigrantinnen produktiv am gesellschaftlichen Leben, den politischen Institutionen und insbesondere am Arbeitsmarkt teilnehmen sollen, aus der gleichen Naturalisierungsperspektive, nur diesmal mit umgekehrten Vorzeichen. Nicht das Kollektiv wird naturalisiert, sondern das Individuum.

Die Durchsetzung des Markt-Fundamentalismus interpretiert sie als die Naturalisierung des Individuums und damit als die Verneinung des sozialen Kontextes, in den das Individuum eingebettet ist. Das bürgerliche Ideal des klassischen Liberalismus definiert das Individuum als von Natur aus frei. Es steuert sich selbst am besten, wenn es von externen Zwängen befreit wird.

Die Durchsetzung dieser Gesellschaftsauffassung ist insofern wirkmächtig, als dass „[i]f the laws of nature rule, then social and political laws cannot. There can only be one sovereign ruler per ideational regime, and market fundamentalism achieves that status by taking control over what counts as reality." (Somers und Block 2005, 281) Den Aspekt der Repression sieht Somers gerade in dem Faktum, dass der Markt-Fundamentalismus das Recht, Rechte zu haben, stiehlt. Es exkludiert die Mitglieder der Gesellschaft aus einer gehaltvollen Bedeutung von Citizenship – in an Anlehnung an T.H. Marshall also von dem Recht politische, zivile und vor allem soziale Rechte zu besitzen.

Der (il-)liberale Liberalismus bedeutet aus dieser Perspektive Maßnahmen zu ergreifen, die die Immigranten und Immigrantinnen in einen neuen sozialen Kontext einbetten, die die soziale Naturalisierung des Individuums bedingen. Ein Zustand wird angestrebt, in dem die Individuen natürlich frei sind. Das illiberale besteht in dem Umstand, dass Individuen aus ihrem früheren Kontext nicht entbettet werden, sondern re-entbettet in einer Welt, die das Individuum naturalisiert. Eine abstrakte Formulierung, die empirisch schwer zu bestimmen sein wird. Margaret Somers beurteilt die Konsequenzen des (il-)liberalen Liberalismus eher auf eine innere Stratifizierung der Gesellschaft[39], die aber einen Hinweis auf die Bewertung der Immigranten und Immigrantinnen zulässt.

Aus den bisherigen Ausführungen lässt sich schlussfolgern, dass das primäre Differenzierungsmerkmal, das in diesem repressiven Liberalismus zu Tage tritt, mehr denn je offensichtlich ist. Wie bisher verschiedene Forscher beobachtet haben, favorisierte das neue soziale Projekt Europas ein Citizenship Modell, das Individuen als Träger von Humankapital klassifiziert und dabei eine enge Verbindung zwischen Arbeit, ökonomischer Produktivität und sozialer Gerechtigkeit zieht (Münch 2009; Somers 2008; Soysal 2012; Rose 1996). Laut Oliver Schmidtke (2012) öffnen sich neue Türen für meritokratische Formen der Ein- und Ausgrenzung. Aktive und produktive Individuen werden für die nationalen Gesellschaften als nützlich angesehen. Die produktivitätssteigernde Investition in die eigene Lebensqualität als Bedingung für die Mitgliedschaft offenbart die Illiberalität des Liberalismus. Die neoliberale Vermarktlichung der Integrationspolitik unterhält eine konstitutive Beziehung zu Formen nicht-liberaler Politik. Die im Konzept des Humankapitals angesprochene Optimierung von individuellen Fähigkeiten vollzieht eine Neugestaltung der politischen Zugriffe auf die Bedingungen der Selektion von Immigranten und Immigrantinnen und damit auf das Leben der Menschen.

Die sozialen und symbolischen Grenzziehungen im liberalen Nationalstaat

Nach der Erörterung der sozialen Grenzziehungen sollen diese nun im Zusammenhang mit der symbolischen Grenzziehung betrachtet werden.

---

39 Seit den 1980er Jahren entwickelten sich mit der Entstehung und Verbreitung des Markt-Fundamentalismus und der Identifizierung des Sicherheitsdiskurses durch die Anschläge von 9/11 zwei miteinander in Konkurrenz stehende Identitätsstifter. Auf der einen Seite das Zugehörigkeitsgefühl des Nationalismus und auf der anderen Seite die liberal-demokratische Identität. Die Verlierer der Vermarktlichung, also solche die bereits von dem Recht, Rechte zu haben exkludiert sind, finden eine sinnstiftende Bedeutung im Nationalismus. Sie tauschen Demos gegen Ethnos: „Being expelled from the zone of the public sphere and cut loose from the state, however, has not propelled these stateless nationals into a vacuum of identity. Instead, with the degradation of the public sphere and the social state, these increasing numbers of the working poor and degraded middle-classes are being ‚relocated‘ into the zone of the nation and its thick identity endowing patriotic and religious culture of belonging and participation.“ (Somers 2006, 51)

Die Annahme vieler Citizenship-Forscher und -Forscherinnen besteht darin, dass Bürgerschaftsgesetze den Bürgern ein Gefühl der Zugehörigkeit vermitteln (Bauböck 1996). Mit anderen Worten prägt die soziale die symbolische Grenze mit. Wie dieser Zusammenhang allerdings genau ausgestaltet ist, bleibt bisher vage, obwohl eine umfangreiche und diverse Literatur existiert, die den Zusammenhang der nationalen Identität mit der formalen Staatsbürgerschaft modelliert. In den 1980er und 1990er Jahren wurde kontrovers über die Vorstellungen der nationalen Gemeinschaft und die daraus resultierenden Implikationen für den Erwerb von Staatsbürgerschaft debattiert. Roger Brubakers These, dass Citizenship-Regularien ein breites kulturelles Verständnis der Nation widerspiegeln und deswegen mehr sind als nur formale Gesetze (1992), wurde interdisziplinär breit rezipiert. Dabei unterschied Roger Brubaker zwischen einem ethnischen und bürgerschaftlichen zivilen Staatsbürgerschaftsmodell. Letzteres bezog er auf Frankreich und für Deutschland konstatierte Roger Brubaker: „In Germany the conceived order or imagined community of nationhood and the institutional realities of statehood were sharply distinct [...] In Germany nationhood was an ethnocultural fact." (Brubacker 1992, 4) In Deutschland instruierte die ethnokulturelle symbolische Grenzziehung die soziale Grenzziehung von Citizenship. Die Vorstellung, dass die deutsche Staatsbürgerschaft und die deutsche Gesellschaft gegenüber Immigranten und Immigrantinnen durch ethnische Grenzziehungen definiert ist, war in den 1990er Jahren eine breite Annahme in der Forschungsliteratur (Castles 1995).

Die Verlinkung von Nationhood und Citizenship führte zu kontroversen Diskussionen innerhalb der Forschungsgemeinschaft. In der quantitativen Einstellungsforschung, die das individuelle Selbstverständnis der Bürger mit der Annahme eruierten, dass nationale Citizenship-Modelle die Meinung der Individuen instruierten, wenn sie Immigranten und Immigrantinnen bewerten, kam es zu divergierenden Ergebnissen. Einen geringen Zusammenhang zwischen Citizenship, Immigrationsgesetz und der nationalen Identität konstatierte die vergleichende Analyse von Schweden, Deutschland und Australien von Mikael Hjerm (2010). Besonders die Ergebnisse für den deutschen Fall waren für Hjerm insofern überraschend, als dass erwartbar gewesen wäre, dass es aufgrund der damaligen ethnischen Definition der Staatsbürgerschaft für Deutsche wichtig ist, sich deutsch zu fühlen. Das Gegenteil war der Fall: „It is now clear that national identity based on the ethnic model is less common than national identity based on the civic model in these countries." (Ebd., 459) Die Tendenz zum „civic national model" in allen drei Ländern diskutiert der Autor vor dem Hintergrund verschiedener Faktoren, bei denen er den Umstand für plausibel hält, dass Menschen sich einfach nicht der Citizenship- und Immigrationspolitik ihre Landes bewusst sind, wenn sie mithilfe der nationalen Identität versuchen, der Welt einen Sinn zu geben.

Die Studie von Pehrson et al. (2009) stellt einen Einfluss der nationalen Identität auf die Einstellung gegenüber Immigranten und Immigrantinnen fest (siehe auch unter anderem Weldon 2006). Dabei untersuchten sie den Zusammenhang von nationaler Identifikation und Vorurteilen gegen Immigranten und Immigrantinnen bei 37.030 Individuen in 31 Ländern. Insbesondere ist die nationale Identifikation dann ein positiver Prädiktor für Vorurteile gegen Immigranten und Immigrantinnen, wenn die Zugehörigkeit mehr durch die nationale Sprache konstruiert wird, und weniger über die formale Staatsbürgerschaft. Dieser Zusammenhang ist in Ländern mit höherem Bruttosozialprodukt stärker. Dies ist insbesondere der Fall für Westdeutschland. Die Autoren interpretieren die Definition des nationalen Zugehörigkeitsgefühls durch Sprache in einem Zusammenhang mit der ethnischen Definition der Nation. Insbesondere dann, wenn die Identifikation über Sprache als legitime Grenzziehung zwischen Bürger/Nicht-Bürger gilt: „It may also be that, in many context where anti-racism (or certain versions of anti-racism) [...] has become dominant, language, rather than ancestry is more expedient way to designate alien outgroups.“ (Ebd., 35)

Auffällig ist, dass die verschiedensten Studien in dem Bereich der quantitativen Survey-Umfragen zur Konstruktion der nationalen Identität im Zusammenhang mit den Citizenship- und Immigrationspolitiken die dichotome Unterscheidung zwischen ethnic vs. civic kritisieren und für eine Erweiterung des Modells plädieren (Hjerm 2010, 460; Janmaat 2006, 52; Pehrson, Vignoles und Brown 2009, 34; Weldon 2006, 334).

Generell konstatierte Anthony Marx, die Typologie ethnic vs. civic „hides as much as it reveals.“ (Marx 2003, 114) Zusätzlich ist die Unterscheidung ethnic vs. civic erheblich normativ aufgeladen, indem die civic als guter und ethnic als schlechter Nationalismus wahrgenommen werden, dazu kommentiert Bernhard Yack: „The civic/ethnic dichotomy parrallels a series of other contrasts that should set off alarm bells: not only Western/Eastern, but rational/emotive, voluntary/inherited, good/bad, ours/theirs.“ (Yack 1998, 105) Die kulturelle Konzeption der Nation ist grundsätzlich suspekt, verweist sie doch auf die Exklusivität und Rückständigkeit, wohingegen die Willensbekundung eine universalistische und progressive Entwicklung aufzeigt, die ohne eine kulturelle Identität der Nation auskommt. Außerdem gehen mit dieser Simplifizierung erhebliche Analyseprobleme einher. Die historische Aufarbeitung einzelner Länder wird immer zu einer Verwässerung der binären Unterscheidung führen, an dessen Ende Mischformen sehr wahrscheinlich sind.

Somit steht die Frage im Raum, wie man die Ergebnisse weiterhin im Sinne eines Zusammenhangs von symbolischer und sozialer Grenzziehung interpretieren kann, ohne den Bias aus republikanisch vs. ethno weiterhin zu verwenden. Dieser wurde zwar zu einem „Katalysator der Staatsbürgerschaftforschung" (Koopmans et al. 2005, 8) , dennoch sollte die binäre Kategorisierung vermieden werden: „[T]he dichotomous model of conceptions of nationhood and its application to Germany vs. France and the United States should be laid to rest." (Peters 2002, 28)

Nationale Integrationsmodelle

Auf der Suche nach Integrationsmodellen werden im Folgenden Studien aus der politikwissenschaftlichen Citizenship-Forschung vorgestellt, die den Zusammenhang zwischen Citizenship-Gesetzen und nationalen Gemeinschaftsvorstellungen untersuchen, und die sich zwischen der „ethnic vs. Ethno"-These positionieren, aber weiterhin nationale Modelle der Integration beschreiben. Mit anderen Worten: Was verraten uns die „großen Narrative" (Alba und Foner 2014) über den Zusammenhang zwischen der symbolischen und sozialen Grenzziehung in einem liberalen Nationalstaat?

Adrien Favell hat in seiner Studie der „Philosophies of Integration" die Vorstellung eines nationalen kohärenten Integrationsmodells weiterentwickelt (Favell 1997). Grundsätzlich knüpft Favell an Brubakers Citizenship und Nationhood These an, dass nationale Identitäten die Immigrations- und Staatsbürgerschaftspolitiken beeinflussen (1992). Die Vorstellungen über die Nation sind politische Entscheidungsrestriktionen. Die Philosophien bzw. Ideen der Nationenbildung rahmen und lenken mögliche Politiken der Integration von Immigranten und Immigrantinnen und sind in ihrer Pfadabhängigkeit dementsprechend limitiert gegenüber Veränderungen. Favells Studie erklärt, warum die kopftuchtragende junge Muslima in Frankreichs Schulen mehr öffentliche Unruhe erzeugt als die satanischen Verse von Salman Rushdie, die wiederum in Großbritannien auf Empörung gestoßen sind. Letzteres erkennt und produziert die Kategorien Rasse und Ethnizität, wohingegen Frankreich demgegenüber „blind" ist und diese Kategorien unter dem Banner des Republikanismus nicht wahrnimmt. Beide „Skandale" liegen außerhalb der Routine und produzieren ein Ereignis, das einer Krisenerfahrung entspricht.

Dementsprechend anders verläuft die Inkorporation vom Immigranten/von der Immigrantin in die jeweilige nationale Gesellschaft. In Frankreich wird die einheitliche Kultur des Republikanismus „citoyenneté, laicité et egalité" durch die politische Integration der Immigranten und Immigrantinnen auf der Basis von autonomen und aktiven Bürgern unterstützt/bewahrt. In Großbritannien ist

Integration kein normatives Ziel, sondern ein pragmatischer Ansatz der Generierung öffentlicher Ordnung. Die Beziehung zwischen dem Souverän und Bürger nach Hobb'scher Vorstellung soll so geregelt werden, dass Unterschiedlichkeit toleriert und anerkannt wird, um soziale Ordnung zu gewährleisten. Favell diagnostiziert, dass in beiden Ländern eine große Lücke zwischen dem politischen Ideal und der Realität klafft. Er schlägt vor, dass Integrationspolitik jenseits ethno-zentristischer, nationaler Gesellschaftsvorstellungen ansetzen muss und mehr transnationale Beziehungen berücksichtigen soll. Im Zuge der Kritik am methodologischen Nationalismus (Wimmer und Glick-Schiller 2006) soll die Analyse sich auf Städte und Metropolregionen beziehen, bzw. auf supranationale Organisationen wie die der EU. Im Wesentlichen entspricht dies den Analyserahmen eine Ebene tiefer bzw. höher anzusetzen. Inwiefern hier eine Container-Vorstellung durch die nächste ersetzt wird, bleibt fraglich, jedoch wird damit der Gegenstand der Vergemeinschaftung auf nationaler Ebene nicht hinfällig. Wenig verständlich wird, wie westlich-liberale, demokratische Nationalstaaten auf die bereits herausgearbeiteten kontroversen Dynamiken reagieren.

Riva Kastoryanos „Negotiating Identity" (2002) untersucht spezieller, wie Nationalstaaten und Immigranten und Immigrantinnen die Mitgliedschaft in liberalen Demokratien verhandeln. Ausgangspunkt ihrer Analyse sind zunächst unterschiedliche Typen von nationaler Identität – civic-universalistisch in Frankreich, ethno-kulturell in Deutschland und civic-multikulturell in den USA. Ihre These lautet, dass diese Vorstellungen von nationaler Identität nicht unbedingt ausschlaggebend sind und sich die genannten Nationalstaaten vielmehr in Richtung Konvergenz einer pragmatischen Integrationspolitik bewegen. Die antagonistischen Konzepte von Mitgliedschaft (civic vs. ethnic) konvergieren zu einem zivilen Universalismus. Alle Länder unterstützen die Bildung von Immigrantenorganisationen und die Integration dieser in die nationale Gesellschaft. Mittels dieser Organisationen als kollektive Ansprechpartner verhandelt der Staat Rechte, Anerkennungen und die soziale Kohäsion der Gesellschaft.

Die Konvergenzhypothese zeigt eindrucksvoll, dass die Evolution der Mitgliedschaftsbedingungen in westlichen Staaten eher einem pragmatisch-rationalen Kalkül folgt als durch statisch nationale Identitäten geregelt ist. Wie sich darüber neue symbolische Grenzziehungen entwickeln, lässt Kastoryano allerdings offen. Bedauerlicherweise trifft diese Diagnose auf mehrere instruktive Studien zu, die zunächst ein Modell der Integration und dessen Dynamik elaborieren, den Outcome und die Veränderungen aber nicht hinsichtlich eines neuen Rahmens interpretieren, sondern einen komparativen Vergleich zwischen Ländern anstreben (siehe dazu beispielsweise Nancy Foners „In a New Land", Foner 2005).

Andere Ansätze versuchen die Komplexität der Integration in einem nationalen Rahmen durch verschiedene Modelle der Multidimensionalität einzufangen, die man als Mischform zwischen ethnic und civic bezeichnen kann. Zumeist sind dies Policy Analysen von Citizenship-Gesetzen, Einbürgerungsregeln und Integrationsmaßnahmen, die anstatt der dichotomen Typisierung einem Kontinuum von ethnic zu civic folgen. Nationen werden dann als mehr oder weniger civic bzw. ethnic eingestuft. Instruktiv hierfür sind die Studien von Jasemine Soysal (1994), Stephen Castles und Mark K. Miller (2009) sowie die Studie von Ruud Koopmans et al. (2005). Die Studien identifizieren nationale Unterscheidungen in der Konzeption von Staatsbürgerschaft. Die Studie „Contested Citizenship: Immigration and Cultural Diversity in Europe" von Koopmaans et al. (2005) wird an dieser Stelle ausführlich besprochen, weil diese auf der Grundlage umfangreicher empirischer Daten zu den Ländern (Großbritannien, Frankreich, Niederlande, Deutschland und Schweiz) differenzierter in einem komparativen Vergleich Bedingungen für den Wandel von Staatsbürgerschafts- und Immigrationspolitiken analysiert. Koopmans et al. untersuchen die Opportunitätsstrukturen der Integrationspolitik von Deutschland, Frankreich, Großbritannien, den Niederlanden und der Schweiz anhand der Inhaltsanalyse von „purposive and public articulation of political demands, calls to action, proposals, criticisms, or physical attacks" (Koopmans et al. 2005, 24) in jeweils einer Mainstream-Zeitung pro Land von 1992 bis 1998. Zunächst zeigen die Autoren, dass öffentliche Forderungen bzgl. der Gestaltung von Immigration und Staatsbürgerschaft einen Effekt auf die politischen Institutionen haben. Allerdings haben diese dann einen Effekt, wenn sie in die jeweiligen Opportunitätsstrukturen der nationalen Diskurse und Institutionen fallen. Die diskursiven Opportunitätsstrukturen enthalten die kulturelle Vorstellung von nationaler Identität, die bestimmt, welche Forderungen im öffentlichen Diskurs als legitim gelten. Weitreichende Bedeutung hat hier auf der institutionellen Ebene die Konstruktion administrativer Kategorien zur Behandlung von Immigranten und Immigrantinnen. Die Konstruktion von Kategorien kanalisiert die Mobilisierung und die Forderungen von Immigranten und Immigrantinnen. Beispielsweise identifiziert Frankreich Immigration durch die Kategorie des individuellen Immigranten, Großbritannien über die Rassenzugehörigkeit und die Niederlande über die Zugehörigkeit zu einer nationalen Gemeinschaft. Wird Kritik in den jeweiligen Kategorien formuliert, ist es wahrscheinlich, dass diese anschlussfähig im politischen Diskurs ist.

Die Autoren klassifizieren die Opportunitätsstrukturen für den Erwerb der Staatsbürgerschaft anhand zweier Dimensionen, die den Zusammenhang zwischen Vergemeinschaftung und Vergesellschaftung nahelegen. Auf der vertikalen Achse typifizieren sie die Vergabe der Staatsbürgerschaft an Individuen nach dem ethnic vs. civic Prinzip und auf der horizontalen Achse nach dem Prinzip der Tolerierung kultureller Differenz (entweder fordert die Mehrheitsgesellschaft eine Anpassung an dominante Normen oder sie gewährt einen kulturellen Pluralismus). Dieser zweidimensionale Raum führt zu einem Vierfelder-Idealtypus von Citizenship: Segregation, Assimilierung, Universalismus und Multikulturalismus (Koopmans et al. 2005, 233). Deutschland wird als assimilierend beschrieben, da es sich seit den 1990er Jahren immer mehr von der ethnokulturellen Vorstellung verabschiedet und sich auf halbem Weg zwischen der civic und ethnic - Konzeption von Staatsbürgerschaft befindet.

Zusammenfassend kann gesagt werden, dass die Studie von Koopman et al. die Rekonfiguration der nationalstaatlichen Grenzziehung in den Mittelpunkt rückt statt die Bedeutung der Nation zur Gestaltung von Immigration zu verabschieden. Immigration provoziert fundamentale Fragen zur Rolle des Nationalstaates: „[I]ts sovereignty in controlling borders, its attribution of citizenship, and its identity, the self-understanding that defines belonging to a national community." (Ebd., 233) Die Studie zeigt auch, dass weiterhin substantielle Unterschiede in der Mitgliedschaftspolitik bestehen und die Forschung deswegen messbare Indizes für Staatsbürgerschaft entwickeln sollte, um die nationalen Unterschiede einzufangen und die Determinanten für Wandel zu bestimmen. Einen ähnlichen Ansatz unternimmt Marc Morjé Howard in seiner Studie „Comparative Citizenship: An Agenda for Cross-National Research" (2006).

Die Studien, die nationale Modelle der Integration produzieren, stießen jedoch auch auf massive Kritik, nicht zuletzt durch die Generalisierung und Simplifizierung der Argumente. Gary Freeman argumentiert ähnlich wie Bernhard Peters zuvor, dass jedes Modell von ethnic vs. civic verwässert, wenn empirisch genau bestimmt wird, wie Immigranten und Immigrantinnen selektiert werden. Zusätzlich argumentiert Freemann, dass zu bezweifeln ist, dass jedes Land bewusst ein kohärentes Integrationsmodell entwirft:

> „Although one may find idiosyncratic incorporation mechanisms in particular countries, these cannot be labelled national models because they do not represent self-conscious, deliberate choices so much as the unintended consequences of subsystems frameworks that are weakly, if at all, coordinated." (Freeman 2004, 946)

Freeman argumentiert, dass man die Integrationspolitik als Konsequenz anderer nationaler Politiken beurteilen muss und so schlägt er vor, die Integration der Immigranten und Immigrantinnen im politischen System, im Arbeitsmarkt, im Wohlfahrtstaat und in der Kultur zu betrachten, unabhängig davon, ob ein einheitliches Integrationsmodell besteht. Mit dieser Herangehensweise wird die sozialstrukturelle Position der Immigranten und Immigrantinnen im jeweiligen System im Vergleich zur Mehrheitsbevölkerung bestimmt – ein etabliertes Forschungsfeld der migrationssoziologischen Sozialstrukturanalyse, das beispielsweise bis ins Detail bestimmt, wie viele Stunden man arbeiten muss, um als Migrant als integriert zu gelten (Bevelander und Groeneveld 2010). Diese Herangehensweise versucht gerade nicht eine Heuristik der nationalen Integration zu entwerfen, sondern gezielt Hypothesen mit empirischen Daten zu testen.

Ist man weniger an diesem Zusammenhang interessiert, so ist die Literatur zu den Gründen und Effekten der Policies umfangreich und gut erforscht. Die historische Erfahrung von Kolonialismus und erhöhter Diversität führt zu höherer Akzeptanz von Immigration und Differenz (Cornelius, Martin und Hollifield 1994b). Eine ähnliche kulturelle Erklärung bieten Ansätze, die versuchten nachzuweisen, dass Toleranz und kosmopolitische Einstellungen bzw. die Angst vor dem Verlust von vertrauten Normen der Bevölkerung zu mehr bzw. weniger Akzeptanz von Immigration führen (Hainmueller und Hiscox 2007). Ökonomische Ansätze untersuchten den Einfluss der Angst vor Arbeitsmarktkonkurrenz durch Immigranten und Immigrantinnen bei Einheimischen (Pecoraro und Ruedin 2015) oder den Einfluss der Angst vor dem fiskalischen Aderlass durch Wohlfahrtunterstützungen für Immigranten und Immigrantinnen (Facchini und Mayda 2009). Im Hinblick auf die politischen Einflussfaktoren werden als wesentlich die Existenz und Stärke von rechts-extremistischen Parteien diskutiert (Howard 2010; Joppke 1999).

Eine Theorie, die die unterschiedlichen politischen, wirtschaftlichen und kulturellen Dimensionen zusammenführen will, ist das Konzept der „modes of incorporation" von Alejandro Portes und József Böröcz (1989). Das Konzept entwickelt drei Determinanten, die die Aufnahme der Immigranten und Immigrantinnen positiv, neutral und negativ beeinflussen können: Die Regierung, die Gesellschaft des Einwanderungslandes und die eigene ethnische Gemeinschaft. Obwohl Portes und Böröcz den Anspruch formulieren, dass diese drei Determinanten „tend to form more or less coherent patterns", ist die genaue Beziehung zwischen den Determinanten unklar bzw. werden sie in ihrer Beschreibung essentialisiert. Ist die Bevölkerung wohlwollend gegenüber einer Migrantengruppe, so unterstützt der Staat ihre Aufnahme bzw. vice verca. Die Erklärung, dass die feindselige nationale Gemeinschaft die Regierung zu Restriktion der Immigration bewegt, ist umstritten. Eine aktive Rolle spielen Eliten und die Regierung selbst, die Immigration für den Nationenbildungsprozess nutzen (Zolberg 2006). Bei dem Konzept „modes of incorporation" wird das Problem der Kausalität offensichtlich, denn die unabhängige Variable kann möglicherweise zur abhängigen Variable werden (Der Staat unterstützt die Aufnahme und deswegen ist die Bevölkerung wohlwollend gegenüber den Immigranten und Immigrantinnen).

Diese Studien sind weniger an einem kohärenten Integrationsmodell interessiert und betrachten politische, wirtschaftliche und soziale Erklärungsvariablen tendenziell isoliert voneinander. Wobei dann eine Betrachtung des Zusammenhangs zwischen der symbolischen und sozialen Grenzziehung hinfällig wird, die aber durch das liberale Paradox wiederum geradezu erklärungsbedürftig wird. Wie vereinbaren die Nationalstaaten die gleichzeitige Offenheit und Geschlossenheit ihrer Grenzen? Wie managen sie das Verhältnis vom Universellen zum Partikulären? Nicht zuletzt steht die erklärungsbedürftige empirische Beobachtung im Raum, die auf ein kohärentes Integrationsmodell schließen lässt. Erstens legt die Konvergenzthese nahe, dass sich trotz nationaler Unterschiede ein kohärentes Modell entwickelt. Zweitens ist auffällig, dass sich in den öffentlichen, ökonomischen und rechtlichen Dimensionen der Ein- und Ausgrenzung typische liberale Beschreibungen wiederfinden, die die Konvergenz widerspiegeln. Unabhängig von Ethnizität, Religion oder Geschlecht wird die Zugehörigkeit durch den Erwerb von Fähigkeiten erlangt, die die individuelle Autonomie ermöglichen. Und entgegen Freemans Argumenten (2004), ist das ein Merkmal, welches sowohl die symbolische als auch die soziale Grenzziehung charakterisiert. Drittens zeigen die genannten Studien, insbesondere Koopmans et al. (2005), dass die Rolle der Nationalstaaten nicht überholt ist und im Zentrum der Analyse stehen sollte.

Die State Identity als nationales Integrationsmodell

Die Herausforderung besteht nun darin, diese besprochene liberale Grenzziehung vor dem Hintergrund eines Verhältnisses von symbolischer und sozialer Grenzziehung zu deuten. Schließlich ist eine Überlappung der soziokulturellen und rechtlichen Integrationserwartungen offensichtlich.

Sarah Goodman Wallace trägt diesen Überlegungen Rechnung, insbesondere dadurch, dass sie die Einführung der Integrationsmaßnahmen in westlich-liberalen Nationalstaaten diskutiert (Goodman 2014). Die Integrationsmaßnahmen enthalten laut Goodmann kulturelle Elemente, wie beispielsweise die Sprachanforderung und den Wissensnachweis über die wesentlichen gesellschaftlichen Bereiche eines Nationalstaates (Goodman 2011). Daraus leitet Goodman die Überlegung ab, dass durch die zivilen Integrationsmaßnahmen nicht nur die Autonomität der Individuen gefördert werden soll, sondern „civic integration defines membership and belonging in the contemporary nation-state“ (Goodman 2014, 16). Die zivilen Integrationsmaßnahmen bringen eine bestimmte Form der nationalen Gemeinschaftsvorstellung hervor, die sie als „state identity" (ebd., 16) bezeichnet. Nationale Identitäten als soziale Kollektive konstruieren Gleichheit zwischen den Mitgliedern, welche Vertrauen und Solidarität erzeugt. Inwiefern diese Vorstellung von Gleichheit durch die „state identity" konstruiert wird, soll im Folgenden im Mittelpunkt der Analyse stehen.

Die symbolischen Grenzen der „state identity" werden durch das proaktive Verhalten der Individuen zu ihrer Gemeinschaft markiert. Dementsprechend wird die Solidarität unter den Mitgliedern nicht durch askriptive Merkmale erzeugt. Goodman unterscheidet damit die „State Identity" explizit von der nationalen Identität. Dabei folgt sie Andrew Mason hinsichtlich der Unterscheidung zweier Arten von gemeinsamer Identität, einem „Gefühl der Zugehörigkeit untereinander " und einem „Gefühl der Zugehörigkeit zu einem politischen System" (Mason 2000, 127 und Kapitel 5). Ersteres betont die Zugehörigkeit der Menschen, die auf dem Glauben basiert, dass die Mitglieder untereinander eine partikuläre, kulturelle Gemeinsamkeit in ihrer Geschichte besitzen. Die soziale Konstruktion von Unterscheidungen wie beispielsweise Geschlecht, Ethnizität, (Bluts-)Verwandschaft oder Rasse wird naturalisiert. Eine Grenzüberschreitung ist schwierig bis unmöglich, da dies „objektive" Kategorien sind.

Hingegen umfasst das Gefühl der Zugehörigkeit zu einem politischen System diejenigen Menschen, die sich mit den politischen Institutionen und mit ihren wesentlichen Praktiken identifizieren. Die Identitätskonstruktion des „togetherness" statt „common descent" ist in einem liberalen Staat wie folgt charakterisiert:

> „Moreover, the promotion of state identity through civic integration and reininvestment in national citizenship thorugh membership does not mean states are reverting to the kind of flat, assimilationist trope of belonging often characterized of nation-states. Instead, reasserting the importance of membership suggests states find a value to it as a category that binds people together in a community of like values, skills, and goals (or, on the other side of the coin, membership makes citizenship a more coherent identity that can justify exclusion in the context of liberalizing norms). It is not sameness but togethernes, or, more specifally, the balance of autonomy with connectedness that matters in twenty-first century democratic nation-states defined by ethnic diversity." (Goodman 2014, 230)

Goodmann weist darauf hin, dass sich diese Mitgliedschaftsbedingung bzw. die Identitätsdimension genauso schwierig realisieren lässt wie bei der nationalen Identität, jedoch haben potenzielle Neumitglieder die Chance, sich durch ihre aktive Bereitschaft zu integrieren und damit ein vollständiges Mitglied der politischen Gemeinschaft zu werden. Nicht-Mitglieder müssen die impliziten Regeln des Verhaltens, der Traditionen und der sozialen Routinen, welche die zivile Gemeinschaft definiert, im Zeitverlauf erlernen. Die Einführung des Geburtsortsprinzips sowie die Naturalisierungs- und Integrationsmaßnahmen können hinsichtlich der „state identity" so interpretiert werden, dass der Erwerb der Mitgliedschaft sich über einen Zeitraum verdient werden muss. In einem Prozess der Sozialisation mit den nationalen politischen, sozialen und wirtschaftlichen Werten müssen Kandidaten eine Prüfung absolvieren, die die Aufnahme in die Gesellschaft rechtfertigt. Nicht anders sind die Integrationskurse zu verstehen, die eine Vermittlung des Wissens über die jeweilige Geschichte eines Landes anstreben, zum Beispiel über den Weg der Nation zu einer Demokratie. Dies ist ein typischer Integrationsprozess, an dessen Ende die Vollmitgliedschaft steht (Erhalt der Staatsbürgerschaft). Dementsprechend kennzeichnet der Erwerb der Mitgliedschaft einen Prozess, in dem eine Hierarchisierung zwischen den Trägern der Traditionen und den Neumitgliedern erzeugt wird, die sich den Normen im Lernprozess anpassen müssen. Das Modell der „state identity" trägt dazu bei, einen Orientierungsrahmen zu liefern, um die Integrationsmaßnahmen im Hinblick auf die symbolischen Grenzziehungen zu untersuchen. Goodman grenzt die „State Identity" fundamental von der nationalen Identität ab:

> „State identity is the most current iteration of membership, promoting a sense of belonging that is distinct from traditional national identity [...] In Sum, state identity – operating under the logic of togetherness – pulls individuel together. It does not transform them to be similar, as traditional assimilation and the logic of sameness under national identity would direct." (Goodman 2014, 32)

Allerdings lässt sich kritisch einwenden, dass die Trennung zwischen dem „togetherness" und dem „sameness" ein künstliches Argument ist, um die „state identity" von der als problematisch erachteten ethno-nationalen Identität abzugrenzen.

Die Unterscheidung zwischen „state identity" und „national identity" ist nicht unbedingt neu in der Betrachtung des Zusammenhangs von Status, Rechten und Identität in der politischen Gemeinschaft. Dazu kommentiert Joppke, dass Staatsbürgerschaft bereits in Marshalls Gedanken ihre Werte aus ihrem zivilisatorischen Moment aus sich selbst heraus produziert und so die Gesellschaft einen wird (2010). Alles, was Staatsbürgerschaft braucht, ist die Freiheit des Individuums, welches durch das Recht geschützt wird. Diese Position ähnelt wiederum der Konzeption der Staatsbürgernation bzw. des Verfassungspatriotismus von Rainer Lepsius (1982) und Jürgen Habermas (1987), die davon ausgehen, dass diese universalistischen Werte der Nation eine Inklusion jenseits von nationalen Gemeinschaftsgefühlen generieren. Die Gemeinschaft ist rein politisch definiert. Dass diese normative Einsicht auch damals schon auf Kritik gestoßen ist, ist nicht überraschend. Ein rein zivile Gemeinschaft ist problematisch, weil die willentliche Zugehörigkeit zu einem politischen System und seinen Werten nämlich suggeriert, dass jeder Bürger im Laufe seines Lebens freiheitlich entschieden hat, zu welcher politischer Gemeinschaft er zugehörig sein möchte (Yack 1998). Oder im umgekehrten Fall, dass wenn ein Bürger im Laufe seines Lebens nicht mehr die an die Demokratie glaubt, er die Staatsbürgerschaft verliert. Die Beispiele machen deutlich, dass ein rein politischer Wille bei weitem nicht ausreicht, um die Mitgliedschaftsbedingungen angemessen zu beschreiben. Es stellt sich aber auch die Frage, inwiefern die „state identity" als eine neue Form der kollektiven kulturellen Identität verstanden werden kann und ob sich tatsächlich die nationale Identität aufgelöst hat.

Im Folgenden wird argumentiert, dass die „state identity" als eine Sub-Kategorie des kulturellen Nationalismus verstanden werden kann, welche jedoch andere Grenzziehung vornimmt als noch die ethno-kulturellen Grenzziehungen. Es ist unerheblich, wie man die Konstruktion einer gemeinsam geteilten Identität bezeichnet, aber damit wird der Aspekt der kollektiven Konstruktion von Einheit nicht hinfällig. Nur die Art und Weise, wie sich diese Kultur als gemeinsame Vorstellung der Zugehörigkeit herstellt, hat sich geändert. Damit ist die kollektive Identität der „state identity" nicht weniger oder mehr kulturell als die nationale Identität. Eine andere Lesart der Citizenship-Tests und Integrationsmaßnahmen in Bezug auf die Konstruktion einer gemeinsamen nationalen Identität hebt insbesondere auf das Bekenntnis zur liberalen Grundordnung der Gesellschaft ab. Um diesen Gedankengang besser nachzuvollziehen, soll als letztes der Ansatz des „neoliberalen Kommunitarismus" nachvollzogen werden, der eher eine ambivalente Beurteilung der Individualisierungserwartung gegenüber Immigranten und Immigrantinnen vornimmt.

Neoliberaler Kommunitarismus als nationales Integrationsmodell

In ihrem Artikel „The Limits of the Liberal States" fragen Fiona B. Adamson, Triadafilos Triadafilopoulosb und Aristide R. Zolberg, ob der Liberalismus den Nationalismus als sinnstiftende nationale Gemeinschaftsvorstellung abgelöst hat: „Has liberalism replaced nationalism as the ideology of belonging in Europe [...]?" (2011, 844) Grundsätzlich begibt man sich auch hier in politisch-normative Auseinandersetzungen, die sich im Kern um die Frage drehen, wie ein kultureller Nationalismus mit dem Liberalismus zu versöhnen ist. Ansätze, die das Argument eines liberalen Nationalismus diskutieren, können hier in ihrer Breite nicht referiert werden (Kymlicka 1989; Miller 1995; Tamir 1994). Das Argument des liberalen Nationalismus ist von Michael Patten (1999) anschaulich und prägnant herausgearbeitet worden. Vom Grundsatz her ist der Begriff liberaler Nationalismus ein Oxymoron. Der Nationalismus unterstützt die Idee einer guten nationalen Kultur, die bewahrt und gefördert werden soll. Ganz im Gegenteil dazu hat der Liberalismus die Vorstellung, dass der Staat neutral gegenüber den guten bzw. schlechten Vorstellungen des Lebens seiner Bürger und Bürgerinnen handelt. Michael Patten argumentiert jedoch, dass der liberale Nationalismus eine kohärente Doktrin ist. Damit die individuelle Freiheit und Autonomie des Einzelnen garantiert werden kann, bedarf es einer nationalen Kultur, die die freien Individuen mit Sinn ausstattet, damit sie ihre Optionen wahrnehmen können. Da die nationale Kultur eine essentielle Bedingung ist, damit die Individuen ihre Freiheit wahrnehmen können, besitzt der Staat die Verantwortung, die nationale Kultur zu bewahren und zu befördern. Der Kulturbegriff ist sehr weit gefasst und er kann alle möglichen Formen annehmen, die die Autonomie der Individuen bewahren und fördern. Das grundsätzliche Problem, das dem liberalen Argument anhaftet, ist die Frage, ob die Kultur, die die Individuen mit Sinn ausstattet, eine distinkte nationale Kultur sein muss. Schließlich wären Vorstellungen einer globalen Kultur ähnlich sinnstiftend (Patten 1999, 10).

Diesbezüglich identifizieren unter anderem Willem Schinkel und Friso van Houdt (2013; 2010, siehe auch van Houdt, Suvarierol und Schinkel 2011) in der Analyse von den neuen Staatsbürgerschaftsgesetzen in Europa neben der Emergenz liberaler Rhetorik eine gleichzeitige Sakralisierung[40] der Nation. Die religionssoziologische Betrachtung der nationalen Identität wirft ein anderes Licht auf die politischen oder kulturellen Wert- und Glaubensbekenntnissen des Liberalismus. Sie schließen an die klassischen Arbeiten von Émile Durkheim zur sozialen Arbeitsteilung an (2012). In der modernen arbeitsteiligen Gesellschaft drückt sich die kollektive Identität durch den unhinterfragten Glauben an die Autonomie des Individuums aus. Das Individuum wird laut Durkheim zu einer Art Religion (2012, 227). Es ist der Glaube an die Individualität der Mitglieder der politischen Gemeinschaft, der sie eint und gleicht.

Schinkel et al. zeigen erstens, wie mit den universalistischen liberalen Normen gleichzeitig eine distinktive Gemeinschaftsgrenze gezogen werden kann. Zweitens erörtern sie, wie die distinkte nationale Kultur eine kulturelle Stratifizierung der Immigranten und Immigrantinnen konstruiert. Sie bezeichnen diese Entwicklung als „neoliberalen Kommunitarismus“:

> „Neoliberal communitarianism is a paradoxical strategy of population management using both neoliberal techniques and rhetoric (e.g. an emphasis on activation and contractual notions) as well as communitarian notions and techniques (strong emphasis on national

---

40 Sakralisierung bezeichnet in diesem Kontext die Technik zur Unterscheidung zwischen dem Profanen und dem Heiligen.

community, e.g. supporting its core of shared values as guiding principles). It is a form of governing through both community and individual responsibility." (van Houdt, Suvarierol, and Schinkel 2011, 423)

Mit dem „neoliberalen Kommunitarismus" entwerfen die Autoren ein Modell der Integration von Immigranten und Immigrantinnen in die gemeinschaftliche Gesellschaft, das zunächst verwundert. Die anfangs widersprüchliche Beziehung zwischen Kommunitarismus und Liberalismus lösen sie mit der doppelten Verantwortungslogik liberalen Gouvernementalität auf. „Neoliberaler Kommunitarismus" ist eine Verbindung von individueller Verantwortung mit der Verantwortung gegenüber den Werten der Gemeinschaft. Es ist zugleich die klassische liberale These, projiziert auf eine Gemeinschaftsvorstellung. Das Handeln der einzelnen Menschen im Eigeninteresse fördert bei funktionierendem Wettbewerb die Wohlfahrt aller und führt so zu einem gesamtgesellschaftlichen und nationalen Optimum. Der potenzielle Bürger ist dann ein guter Bürger, wenn er aktiv sein eigenes Schicksal positiv bestimmt und so ein risikoarmer Bürger für den Staat ist. In welche Art und Weise die Immigranten und Immigrantinnen positiv bewertet werden, hängt dann jeweils von der Nationenvorstellung ab, durch die dann eine distinktive Grenze gezogen wird. Immigranten und Immigrantinnen müssen ihr Engagement, ihr Wissen und ihre Verantwortung gegenüber einer bestimmten nationalen Gemeinschaft beweisen. Die Autoren verdeutlichen unter anderem am Beispiel von Großbritinanien, wie die nationalen Werte an den Prozess gekoppelt werden, den Immigranten und Immigrantinnen durchlaufen müssen, um sich die Staatsbürgerschaft zu verdienen. Immigranten und Immigrantinnen sind also dazu angehalten, sich beispielsweise komplett in die britische Gesellschaft zu integrieren und dabei zu demonstrieren, dass sie sich das Recht verdient haben, die britische Staatsangehörigkeit zu erwerben. Van Houdt et al. identifizieren folgende Anforderungen:

- „Proficiency in the English language and knowledge of life in the UK;
- Paying taxes, economical self-sufficiency, demonstrating genuine relationships;
- Obeying the law;
- Joining in with the British way of life (active citizenship)." (van Houdt, Suvarierol und Schinkel 2011, 113)

Für den deutschen Fall wird die Erwünschtheit bei der symbolischen Grenzziehung an das Gastarbeiternarrativ gekoppelt. Immigranten und Immigrantinnen müssen nachweisen, dass sie weniger problematisch sind als die ersten Gastarbeiter und Gastarbeiterinnen, die sich in Deutschland niederließen.

Die Immigranten und Immigrantinnen müssen somit aufzeigen, dass sie mit der nationalen Kultur des Aufnahmelands vertraut sind. In diesem Zusammenhang kann man durchaus von einer partikulären Vergemeinschaftung in der Bürgerschaft sprechen. Nur dass diese Gemeinschaftskonstruktion nicht mehr auf askriptiven Merkmalen beruht, sondern auf den universalistischen Kriterien, die besagen, dass Neumitglieder diese erlernen bzw. erwerben können. Die Unterscheidung zwischen Mitgliedern/Nicht-Mitgliedern wird durch einen aktiven Glauben an ein Ideal in der Zukunft konstruiert. Die Grenze ist grundsätzlich offen für Nicht-Mitglieder. Sie kann überwunden werden durch Kommunikation, Erziehung und Konvertierung zum richtigen liberalen Verhalten. Diese Vergemeinschaftung, die an das Glaubensbekenntnis der Religion erinnert, kann dementsprechend auch einen missionarischen Drang gegenüber den Nicht-Mitgliedern entwickeln.

Als wichtigstes Argument sehen die Autoren allerdings, dass durch die Kontraktualisierung der Zugehörigkeit durch die seit 9/11 entwickelten Staatsbürgerschafts-Gesetze und Integrationsmaßnahmen eine Differenzierungsstrategie zutage tritt, die Immigranten und Immigrantinnen und potenzielle Staatsbürger und -bürgerinnen in gute und aktive sowie in schlechte und passive Bürger kategorisiert (van Houdt und Schinkel 2013). Mit der Vorstellung eines guten Staatsbürgers wird eine „Moralisierung der Staatsbürgerschaft" beobachtet, die die nationale Gemeinschaft hervorbringt bzw. erhöht (Schinkel und van Houdt 2010, 704). Demzufolge existiert nach dieser kulturellen Interpretation der vormals rein politisch gedachten Idee vom Nationalstaat („state identity") keine Dissoziation von Staat und Nation, so wie es beispielsweise Christian Joppke eingangs annahm (Joppke 2005a, 53).

Jenseits der ethno-kulturellen Nationenvorstellung entwickelt sich ein Zugehörigkeitsgefühl, welches von dem Individuum ausgeht, das nachweisen muss, dass es der jeweiligen nationalen Gemeinschaft nützt und würdig ist, vor allem in ökonomischer Hinsicht. Die Analysen zu den „neuen Gastarbeitern" und den Armutszuwanderern konnten dies demonstrieren. Dementsprechend erlegt der „neoliberale Kommunitarismus" den Immigranten und Immigrantinnen den Wert der individuellen Autonomie auf. Diesen Wert müssen sie gegenüber sich selbst („governing through responsibility") und gegenüber dem nationalen Gemeinwohl („governing through community") beweisen (Schinkel und van Houdt 2010, 701). Die Funktion der Partikularisierung von Mitgliedschaft mit universalistischen Kriterien bezüglich der Grenzziehung ist dann offensichtlich: Die Gemeinschaft wird als eine Gemeinschaft liberaler Individuen konzipiert. Bürger innerhalb der Gemeinschaft müssen aktiv mobilisiert werden, damit die Gemeinschaft noch offener wird. Nicht-Mitgliedern wird die liberale und offene Gesellschaft präsentiert, damit sie liberale Subjekte der Gesellschaft werden, aus denen die Gesellschaft besteht (siehe Bös und Schmid 2012).

Im Zusammenhang mit der Sakralisierung der Nation und der Unterscheidung in das Profane und das Heilige ergeben sich zudem aufschlussreiche Erkenntnisse in Bezug auf den Dualismus zwischen Mobilität und Migration. Im Modell des „neoliberalen Kommunitarismus" kennzeichnet sich die Beziehung zwischen Mitgliedern/Nicht-Mitgliedern durch die Inferiorität der Nicht-Mitglieder in Bezug auf die Rückständigkeit im Glauben an die ideale politische Gemeinschaft, die aber durch die Übernahme der richtigen Kultur überkommen werden kann. Damit ist die Grenze offen für jeden, der das Bekenntnis ablegt. Indem jeder aber die Grenze überschreiten kann, bedarf es allerdings einen Mechanismus, um diese Grenze aufrechtzuerhalten. Samuel Eisenstadt und Bernhard Gießen beschreiben den Mechanismus wie folgt:

„The main institutional mechanism protecting the center of the collectivity from the too intensive penetration of the periphery, is cultural or sacral stratification. The openness of boundaries is compensated for by (sic!) a graded and stratified access to the center and by complicated rituals of initiation [...]." (Eisenstadt and Giesen 1995, 83)

Dieser Mechanismus kommt in der symbolischen Hierarchisierung der erwünschten und unerwünschten Immigranten und Immigrantinnen zum Ausdruck, indem erstere unter dem positiv besetzen Begriff der Mobilität subsumiert werden und die unerwünschten Immigranten und Immigrantinnen mittels der defizitären Bedeutung der Migration klassifiziert werden. Diejenigen, die die liberale Einstellung durch die Demonstration von ausreichend Humankapital nachweisen können und diejenigen, die erst noch zur richtigen Kultur der Kapitalakkumulation bekehrt werden müssen. Wie bereits dargestellt wurde, wird Migration durch die Adressierung von Integrationserwartung im deutschen öffentlichen Einwanderungsdiskurs als Phänomen konstituiert. Eine der wichtigsten Anpassungsforderung ist das Erlernen der deutschen Sprache. Wobei hier der Nachweis der Sprachkenntnisse als wichtigster Schritt zur Integration bei den qualifizierten Fachkräften und Hochqualifizierten nicht von notwendiger Bedeutung ist. Für die Erteilung einer Blauen Karte[41] der EU sind keine deutschen Sprachkenntnisse notwendig. Wenn eine Niederlassungserlaubnis angestrebt wird, verkürzt sich jedoch die Wartefrist von 33 Monaten auf 21 Monate, wenn

41 Eine EU-Richtlinie zur erleichterten Zuwanderung von ausländischen Fachkräften und Hochqualifizierten. 2012 wurde die EU-Richtlinie in deutsches nationales Recht umgesetzt.

das Sprachniveau B1 erreicht ist. Zudem müssen auch die Ehegatten und Ehegattinnen keine Sprachkenntnisse nachweisen.

Der Mechanismus der Hierachisierung kann insofern als entscheidend angesehen werden, dass der nationale Einwanderungsdiskurs grenzübergreifende Bewegung von bestimmten Menschen als Migration und die von anderen als Mobilität wahrnimmt.

Schlussbetrachtung und Ausblick

Was lässt sich als Ergebnis der empirischen Studie zum Thema Grenzziehungsprozesse im deutschen Einwanderungsdiskurs festhalten? Nachdem die liberale Grenzziehung am Beispiel der zwei Fallkonstruktionen differenziert betrachtet worden ist, sollte zunächst deutlich geworden sein, dass Nationalstaaten mit ihren „nationalen Identitäten und nationalen Ideologien" (Glick, Schiller und Salazar 2013, 192) aktiv an der Formierung und Legitimierung von Grenzen beteiligt sind. Durch diese Grenzen werden für einige Individuen Barrieren errichtet, insbesondere dann, wenn diese anhand der Kategorie der Migration wahrgenommen werden. Die Bewegung anderer Individuen hingegen ist gewollt und wird gefördert, insbesondere wenn sie als mobile Personen definiert werden. Die Zuordnung von Immigranten und Immigrantinnen in diese Kategorien entspricht somit einer Hierarchisierung, welche in dieser Arbeit empirisch untersucht worden ist. An den Beispielen der „neuen Gastarbeiter" (als eine Kategorie der erwünschten Migration) und der „Armutszuwanderung" (als eine Kategorie der unerwünschten Migration) wurde gezeigt, welches Wissen in die Grenzziehung einfließt und in den öffentlichen Auseinandersetzungen als legitim anerkannt wird.

Dabei hat die wissenssoziologische Diskursanalyse zu den symbolischen Grenzziehungen ähnliche Ergebnisse hevorgebracht wie die politik- und rechtswissenschaftlichen Analysen zur sozialen Grenzziehung von Christian Joppke (2005; 2010). Die Grenzziehung gegenüber Immigranten und Immigrantinnen rückt von einer offenen und gruppenbezogenen Diskriminierung ab, hin zu einem dominanten individuumsbezogenen Integrationsverständnis, welches insbesondere auf das Humankapital rekurriert. Wenn es heißt, dass „der liberale Staat nur für liberale Menschen ist" (Joppke 2010, 140), dann bedeutet die Liberalität im deutschen öffentlichen massenmedialen Diskurs, dass diejenigen erwünscht sind, die eine autonome Lebensführung - insbesondere durch die Teilnahme am Arbeitsmarkt - nachweisen können. Im Diskurs herrscht die Annahme, dass dies bei Immigranten und Immigrantinnen der Fall ist, die bereits einen hohen sozialen Status bzgl. Beruf, Bildung und Einkommen besitzen bzw. diesen durch individuelle Anstrengungen erreichen können. Dieser meritokratische Grundgedanke zeigte sich im Untersuchungszeitraum von 2008-2014 sowohl bei den besprochenen Fällen der „neuen Gastarbeiter" als auch bei der „Armutszuwanderung" deutlich. Diese Form der Kategorisierung und Evaluierung der Migration wird hier als eine liberale Grenzziehung bezeichnet. Damit ist nicht gesagt, dass die Bedeutung anderer Merkmale – wie beispielsweise Ethnizität oder Religion bei der Kategorisierung von erwünschten und unerwünschten Immigranten und Immigrantinnen – im Einwanderungsdiskurs irrelevant wird, aber im Kontext der öffentlichen Auseinandersetzung sind diese höchst frag- und rechtfertigungswürdig. Anschlussfähiger in der Auseinandersetzung sind die Merkmale der Kompetenzen, Qualifikationen und Tätigkeiten der Immigranten und Immigrantinnen. Diese Merkmale spielen für die legitime Rechtfertigung von Migration im deutschen Einwanderungsdiskurs eine Schlüsselrolle. Sie besitzen einen dominanten Stellenwert im Diskurs, sowohl bei der Konstruktion von Erwünschtheit als auch bei der Unerwünschtheit, da sie erstens nicht einer Kritik in korrektiver bzw. radikaler Absicht ausgesetzt sind. Sie gelten vielmehr als selbstverständlich und anerkannt. Zweitens werden diese Merkmale sowohl von politischen Akteuren bemüht, die behaupten, Fürsprecher symbolisch exkludierter Personen zu sein, als auch von Akteuren, die symbolisch ausgrenzen und sich einer Kritik erwehren müssen und deshalb nach legitimen Rechtfertigungen ihrer Postion suchen. Interessanterweise wird hier die gleiche Art von individualistischen, ökonomischen Argumenten benutzt, um eine Grenze zwischen erwünscht und unerwünscht zu ziehen.

Damit lässt sich zum einen die Behauptung kritisieren, dass die symbolische und rechtliche Zugehörigkeit zur deutschen Gemeinschaft hauptsächlich über eine ethno-nationale Vorstellung konstruiert wird (Diez und Squire 2008). Zum anderen lässt sich dann fragen, warum die Kategorisierung und Evaluierung der Migration anders hätte ablaufen sollen. Schließlich ist das Leistungsprinzip ein konstitutives Merkmal für nahezu alle gesellschaftlichen Bereiche (Lessenich 2008; 2009). Die Frage ist insofern interessant, weil sich gerade im Politischen die Konfliktlinien anhand diverser Heterogenitätsmerkmale – wie beispielsweise Ethnitzität, Religion bzw. Gender – konstruieren und die These besteht, dass sich in modernen Gesellschaften die Konflikte eher von dem Merkmal der Klasse hin zur Kultur entwickeln (from class to culture) (Hechter 2004). Ist es also insofern eine plausible Annahme, dass die Ergebnisse der vorliegenden Studie die These „from class to culture" unterstützen?

Bei einer genaueren empirischen Analyse zeigte sich ein deutlich komplexeres Bild. Die Analyse demonstrierte, dass die Zurechnung der Leistungsfähigkeit der Immigranten und Immigrantinnen abhängig von der ethnischen Zugehörigkeit ist. Dementsprechend kann man hier vielmehr von einer kulturalisierten Form der Klasse sprechen. Es zeigte sich, dass die ersten Gastarbeiter und Gastarbeiterinnen auf der Grundlage ethnischer Kategorien ausgewählt wurden. Demzufolge ergibt sich durch das Präfix „*neue* Gastarbeiter“ eine Pfadabhänigkeit der Konstruktion von Erwünschtheit, die grundsätzlich auf askriptiven Merkmalen beruht, sich heute aber als liberal präsentiert. Dies sollte das Interesse weiterer Forschung wecken, denn es kann argumentiert werden, dass die ethnische Grenzziehung dort stabil bleibt, wo sie sich eigentlich im liberalen Kontext zu ändern scheint.

Den Armutszuwanderern wurde zu Beginn der Debatte aufgrund ihrer ethnischen Herkunft die Leistungsfähigkeit abgesprochen, doch im Laufe der Auseinandersetzung und bei der genaueren Erforschung der Frage „Bereicherung oder Belastung?“ nahm die Kulturalisierung der Armutszuwanderer ab und sie wurden als ökonomischer Leistungsbringer definiert. Die vorliegende Arbeit demonstriert damit, wie die „marketization“ der Migration (Favell und Hansen 2002, 597) durch einen Menschenrechtsdiskurs verstärkt wird, der eine Diskriminierung nach askriptiven Merkmalen skandalisiert und so der ökonomischen Grenzziehung einen diskursiven Möglichkeitsraum eröffnet. Dementsprechend verschob sich das legitime Wissen über diese Form der Migration von einer kulturellen Anpassungsordnung hin zu einem wirtschaftlichen Nutzen. Mit diesem „boundary shifting“ veränderte sich gleichzeitig die dichotome in eine graduelle Kategorisierung der Immigranten und Immigrantinnen. Die Grenzziehung ist damit als variabel anzusehen. Daraufhin lässt sich die These der „strange bedfellows“ von Zolberg (2009) insofern aufgreifen, als dass die Menschenrechtsordnung jetzt Hand in Hand geht mit der ökonomischen Definition der erwünschten bzw. unerwünschten Migration; mit anderen Worten von „strange bedfollows“ zu „logical bedfellows“. Die Menschenrechtsordnung enthält Anti-Diskriminierungserwartungen, aufgrund derer Akteure nun selbstredend nach legitimen Formen der Ein- und Ausgrenzung von Immigranten und Immigrantinnen suchen, denn auch liberale Nationalstaaten brauchen Grenzen. Demzufolge bietet sich die auf das Individuum ausgerichtete ökonomische Bewertung im Kontext der Menschenrechte geradezu an. Respektive geht die „marketization“ mit der Bewahrung von individuellen (sozialen) Rechten einher. In einer Anschlussforschung unter anderem zur aktuellen „Migrationskrise 2015-2016“ ließe sich die These diskutieren, inwiefern die ökonomische Kategorisierung erst im Kontext eines starken Menschenrechtsdiskurses ihre volle Wirkung entfaltet.

Die Ergebnisse sprechen zudem für eine Bestätigung der These, dass die sozialstrukturelle Assimilation ein wesentlicher Bestandteil der identifikatorischen Assimilation ist (Eder, Rauer und Schmidtke 2004b). Es sind diejenigen Immigranten und Immigrantinnen symbolisch eingegrenzt, die als Leistungsbringer auf dem Arbeitsmarkt integriert sind. Daher muss die Selbstführung des Individuums besonders im Hinblick auf ökonomische Erfolge im Integrationsdiskurs als eine Form der nationalen Vergemeinschaftung angesehen werden, nach denen Individuen positiv wie negativ klassifiziert und diskriminiert werden.

Gleichzeitig offenbart sich hier die Limitierung der Fälle der „neuen Gastarbeiter" und der „Armutszuwanderer". Die Prüfung der vorgestellten These würde durch die Beantwortung der Frage gelingen, wie (hoch-)qualifizierte, nicht weiße Immigranten und Immigrantinnen bzw. nicht weiße europäische, aber (hoch-)qualifizierte Immigranten und Immigrantinnen im Einwanderungsdiskurs repräsentiert werden. Im Zeitraum von 2008-2014 wurde über diese Kategorie in beiden Fällen jedoch nicht berichtet und deshalb können keine vergleichenden Aussagen getroffen werden. Diese Kategorie ist allerdings zentral, um den Zusammenhang der Zuschreibung von Leistung auf bestimmte Gruppen zu ergründen. Eine mögliche gewinnbringende Untersuchung kann sich auf die Repräsentation der indischen IT-Fachkräfte zur Zeit der Green-Card-Initiative fokussieren.

Die Ergebnisse der vorliegenden Studie erfordern zugleich ein neues Nachdenken über das Verhältnis zwischen der symbolischen und der sozialen Grenzziehung. In beiden Arenen der Grenzziehung werden die gleichen Merkmale der erwünschten Migration konstruiert. Der Zugang zur Staatsbürgerschaft fokussiert sich auf das selbstverantwortliche Individuum, welches bereits Kompetenzen besitzt bzw. bereit ist, diese zu erwerben, um sich in die politische Gemeinschaft zu integrieren. Auf der einen Seite resultiert daraus eine wachsende Tendenz, solche Immigranten und Immigrantinnen zu bevorzugen, die aktiv die ökonomische Produktivität eines Nationalstaates steigern können. Auf der anderen Seite offenbaren sich hier die illiberalen Aspekte des liberalen Nationalstaats, der nicht erwünschte niedrigqualifizierte Immigranten und Immigrantinnen anhand der Immigrationsmaßnahmen reguliert: „Interestingly, while the state elites devising such policies are increasingly part of cross-border spanning professional networks and affiliations [...], the opposite thrust of ‚civic integration' policies is to lock the low-skilled immigrant more firmly into established state borders." (Joppke 2007, 18)

Daraus lassen sich ganz allgemein Rückschlüsse auf den Zusammenhang zwischen der symbolischen Grenzziehung und der sozialen Grenzziehung in der deutschen politischen Gemeinschaft ziehen. Wenn die Autonomie der Individuen eine zentrale Eigenschaft ist, die das Gefühl des Miteinanders in der politischen Gemeinschaft konstituiert, dann kann die symbolische Grenzziehung, die die Mitglieder einer politischen Gemeinschaft untereinander vergemeinschaftet, als Vorbedingung für das erfolgreiche Überwinden der materiellen sozialen Grenzziehung angesehen werden, wie beispielsweise das Erlangen der Staatsbürgerschaft durch die Einbürgerung. Des Weiteren zeigt die Analyse, dass die Leistungsfähigkeit bestimmten Gruppen zugeschrieben und anderen abgeschrieben wird. Demzufolge lässt sich dieser Zusammenhang am einfachsten mit dem Matthäus-Prinzip beschreiben: „Denn wer da hat, dem wird gegeben, dass er die Fülle habe; wer aber nicht hat, dem wird auch das genommen, was er hat" (Mt 25, 29).

Die Überlagerung der symbolischen mit der sozialen Grenzziehung wurde in dieser Arbeit mit den in der Forschung aktuell diskutierten Konzepten der „state identity" und des „neoliberalen Kommunitarismus" interpretiert. Die „state identity" kann als eine Fortschreibung derjenigen Positionen gedeutet werden, die davon ausgehen, dass eine Integration über die Normativität bestimmter Werte in einer wachsender pluralistischen Gesellschaft nicht zielführend ist. Hier steht die Politik der formalen Gleichheit, der rechtlichen Konfliktlösung und der strikten kulturellen Neutralität gegenüber Immigranten und Immigrantinnen im Vordergrund. Demgegenüber wurde der „neoliberale Kommunitarismus" als ein Konzept diskutiert, dass zwar ebenfalls die normative Homogenität mittels eines Idealtypus wie beispielsweise der ethno-kulturellen Definition einer Nation kritisch begutachtet. Allerdings – und das ist die Weiterführung im Gegensatz zur „state identity" – wird die normative Integration nicht vorschnell über Bord geworfen. Es wird vielmehr danach gefragt, inwiefern die Forderung nach Individualität und die zugleich entsprechende Entbindung aus der Herkunftsgemeinschaft, einhergehen mit einer neuen Moralisierung der Ankunftsgesellschaft, die folglich zwischen guten und schlechten Immigranten und Immigrantinnen unterscheidet.

Die Ergebnisse der vorliegenden empirischen Studie sollen dazu beitragen, diese Grenzziehung bzw. Neuformierung des kulturellen liberalen Nationalismus (Lægaard 2007; Levey 2014) zu thematisieren. Die Vergemeinschaftung erfolgt durch das Merkmal der Eigenverantwortlichkeit des Individuums gegenüber sich selbst und der politischen Gemeinschaft. Auf diese Weise werden neue Ein- und Ausgrenzungsprozesse in Gang gesetzt. Nicht zuletzt kann der Dualismus bzw. die Grenzziehung von Mobilität vs. Migration als eine Ausprägung dieser Form verstanden werden. Somit soll die Arbeit abschließend zum Nachdenken über einige Aspekte anregen.

Erstens müssten folgende Antworten auf die Frage „who belongs to us", wie sie Rainer Bauböck 1997 formuliert hat, nicht mehr grundsätzlich getrennt voneinander behandelt werden. Bauböck unterscheidet hier noch strikt zwischen ökonomischen, kulturellen und politischen Mitgliedschaftskriterien:

> „[T]hey will welcome all those who contribute to their wealth and will keep out those who are likely to be a public burden[...] where ethnic ancestry, religion or ‚race' mark the boundaries of the receiving society, newcomers will be preselected by these criteria and ‚aliens' will remain excluded or internally segregated [...]where a national language or shared political traditions are invoked, immigrants may be asked to assimilate in order to qualify for full membership." (Bauböck 1996, 7)

Die Arbeit hat jedoch gezeigt, dass sich die Mitgliedschaftskriterien überlagern können. Es kommt zu einer Vermengung der identifikatorischen mit der sozialstrukturellen Assimilation. Zweitens ist damit eine dichotome Klassifizierung des Assimlationsprozesses in sozialstrukturelle und kulturelle Variablen, die an Milton Gordons Unterscheidung anschließt und in aktuellen Studien weiter Anwendung findet (siehe Koopmans 2015), zumindest fragwürdig geworden. Grundsätzlich lässt sich dann diskutieren, inwiefern diese Dichotomisierung ein Relikt der strikten Unterscheidung zwischen Struktur und Handlung ist.

Ein drittter Aspekt dieser sich verändernden nationalen Grenzziehung ist die Wertegeneralisierung, das heißt ein vermehrter Bezug zu liberalen Werten. Dies bedeutet, dass das Niveau der Normenabstraktion weiter ansteigt. Es passt in die Erkenntnis von Talcott Parsons (1966), dass die Normen der Integration abstrakter werden bei einer gesteigerten Ausdifferenzierung der gemeinschaftlichen Gesellschaft (in diesem Fall einer ethnischen Pluralisierung). Die abstrakteste Form sind sicherlich die universalistischen Menschenrechte. Die Wertegeneralisierung hätte weitreichende Konsequenzen für die Bestimmung der nationalen Identität: Wenn der Prozess der Wertegeneralisierung und die daraus folgende Erweiterung der Grenzen des Nationalen als gegeben vorausgesetzt werden, würde der Prozess der Grenzziehung annähernd unmöglich werden, wenn nicht neue unterteilende Linien jenseits der Menschenrechte gefunden werden können. Der „neoliberale Kommunitarismus" liefert sozusagen die funktionale Lösung für dieses geschilderte Problem (siehe liberales Paradox), indem die universalistischen Werte nationalisiert, das heißt partikularisiert werden. Im deutschen Fall spricht vieles dafür, dass dies in der symbolischen Dimension über das Gastarbeiternarrativ vollzogen wird. Es wäre schließlich nicht das erste Mal, dass man mit der Idee eines Gastarbeitersystems die Migration besser kontrollieren und gleichzeitig die kulturelle und politische Integrität Deutschlands gewährleisten will. Ein Modell, welches offensichtlich keine Stabilität verspricht (Castles 1998).

Ganz allgemein gesprochen wird für die Nationalstaaten die Differenzierung von Immigranten und Immigrantinnen nach ökonomischer Nützlichkeit immer wichtiger und es kann davon ausgegangen werden, dass dies auch weiterhin der Fall sein wird. Insgesamt bestätigt diese empirische Analyse der sozialen Konstruktion von erwünschter und unerwünschten Migration die Aussage von Loic Wacquant über die ökonomische Liberalisierung des Nationalstaates: „While it embraces laissez-faire at the top, releasing restraints on capital and expanding the life chances of the holders of economic and cultural capital, it is anything but laissez-faire at the bottom.“ (Wacquant 2010, 214)

Literatur

Abizadeh, Arash 2002. „Does Liberal Democracy Presuppose a Cultural Nation? Four Arguments.“ *American Political Science Review* 96 (03). Cambridge University Press: 495-509. doi: https://doi.org/10.1017/S0003055 402 000 28X.

Abizadeh, Arish 2008. „Democratic Theory und Border Coercion: No Right to Unilaterally Control Your Own Borders.“ *Political Theory* 36 (1). SAGE Publications: 37-65. doi: https://doi.org/10.1177/0090591707310090.

Adamson, Fiona B, Triadafilos Triadafilopoulos und Aristide R. Zolberg 2011. „The Limits of the Liberal State: Migration, Identity und Belonging in Europe.“ *Journal of Ethnic and Migration Studies* 37 (6): 843-59. doi: https://doi.org/10.1080/1369183X.2011.576188.

Alba, Richard 2005. „Bright vs. Blurred Boundaries: Second-Generation Assimilation and Exclusion in France, Germany, and the United States.“ *Ethnic and Racial Studies* 28 (1): 20-49. doi: https://doi.org/10.1080/ 0141987042000 280003.

Alba, Richard und Nancy Foner 2014. „Comparing Immigrant Integration in North America and Western Europe: How Much Do the Grand Narratives Tell Us?.“ *International Migration Review* 48 (s1): S263-91. doi: https:// doi.org/10.1111/imre.12134.

Alexander, Jeffrey C. 2013. *The Dark Side of Modernity*. Cambridge, UK: Polity Press.

Amelina, Anna 2010. „Transnationale Migration Jenseits Von Assimilation Und Akkulturation.“ *Berliner Journal Für Soziologie* 20 (2): 257-79. doi: https://doi.org/10.1007/s11609-010-0123-y.

Amelina, Anna 2017. *Transnationalizing Inequalities in Europe*. Oxford, UK: Routledge.

Amelina, Anna und Andreas Vasilache. 2014. „Editorial: the Shadows of Enlargement: Theorising Mobility and Inequality in a Changing Europe“ *Migration Letters* 11 (2): 109-24.

Anderson, Benedict 1983. *Imagined Communities*. London/New York: Verso.

Arendt, Hannah 2008. *Elemente Und Ursprünge Totaler Herrschaft*. 12 hg. München-Zürich: Piper.

Ates, Seref 2006. „Das Islambild in Den Medien Nach Dem 11. September 2001.“ In *Massenmedien, Migration Und Integration*, hg. Christoph Butterwegge und Gudrun Hentges, 153-72. Wiesbaden: VS Verlag für Sozialwissenschaften.

Aumüller, Jutta 2009. *Assimilation*. Bielefeld: transcript Verlag.

Bade, Klaus 1988. *Vom Auswanderungsland Zum Einwanderungsland?* Berlin: Copress.

Bade, Klaus und Michael Bommes 2000. „Migration Und Politische Kultur Im ‚Nicht-Einwanderungsland‘.“ In *Migrationsreport 2000*, hg. Klaus Bade and Münz Rainer, 163-204. Frankfurt a.M. : Campus.

Bail, Christipher A. 2008. „The Configuration of Symbolic Boundaries against Immigrants in Europe.“ *American Sociological Review*, 73(1), 37–59. doi: https://doi.org/10.1177/000312240807300103

Bail, Christopher A. 2014. „The Cultural Environment: Measuring Culture with Big Data.“ *Theory and Society* 43 (3-4). Springer Netherlands: 465-82. doi: https://doi.org/10.1007/s11186-014-9216-5.

Bakewell, Oliver 2008. „Research Beyond the Categories: the Importance of Policy Irrelevant Research Into Forced Migration.“ *Journal of Refugee Studies* 21 (4). Oxford University Press: 432-53. doi: https://doi.org/10.1093/jrs/fen042.

Banting, Keith und Will Kymlicka 2013. „Is There Really a Retreat From Multiculturalism Policies?“ *Comparative European Politics* 11: 577-98.

Barlösius, Eva 2004. *Kämpfe Um Soziale Ungleichheit*. Wiesbaden: VS Verlag für Sozialwissenschaften. doi: https://doi.org/10.1007/978-3-322-80596-6.

Barth, Fredrik 1969. *Ethnic Groups and Boundaries*. Oslo: Universitetsforlaget.

Batalova, Jeanne und Lindsay B Lowell 2008. „„The Best and the Brightest‘.“ In *The Human Face of Global Mobility*, hg. Michael P Smith and Adrian Favell, 81-101. Immigrant Professionals in the U.S. New Brunswick and London: Transaction Publishers.

Bauböck, Rainer 1996. „Introduction.“ In *The Challenge of Diversity*, hg. Rainer Bauböck, Agnes Heller und Aristide R. Zolberg, 7-22. Aldershot: Avebury.

Bauböck, Rainer, Eva Ersbøll, Kees Groenendijk und Harald Waldrauch 2006. *Acquisition and Loss of Nationality*. Amsterdam: Amsterdam University Press.

Bauman, Zygmunt 1998. *Globalization*. New York: Columbia University Press.

Beck, Ulrich 1999. *World Risk Society*. Oxford: Blackwell.

Beck, Ulrich und Natan Sznaider 2006. „Unpacking Cosmopolitanism for the Social Sciences: a Research Agenda." *The British Journal of Sociology* 57 (1): 1-23. doi: https://doi.org/10.1111/j.1468-4446.2006.00091.x.

Beine, Michel, Anna Boucher, Brian Burgoon, Mary Crock, Justin Gest, Michael Hiscox, Patrick McGovern, Hillel Rapoport, Joep Schaper, und Eiko Thielemann 2015. „Comparing Immigration Policies: an Overview From the IMPALA Database." International Migration Review, May, n/a-n/a. doi: https://doi.org/10.1111/imre.12169.

Benhabib, Syla 1999. „Citizens, Residents, and Aliens in a Changing World: Political Membership in the Global Era." Social Research 66 (3). 709-44. doi: https://doi.org/10.2307/40971348?ref=no-x-route:e531a7d 4c6170 de 1ca7f7d974ca4a4a9.

Berger, Peter L und Thomas Luckmann 1969. *Die Gesellschaftliche Konstruktion Der Wirklichkeit*. 24 hg. Frankfurt a.M. : Fischer Verlag.

Berlinghoff, Marcel 2012. „Der Europäisierte Anwerbestopp." In *Das „Gastarbeiter-"System*, hg. Jochen Oltmer, Axel Kreienbring, and Carlos Sanz Díaz, 149-64. München: Oldenbourg.

Betts, Alexander, hg. 2011. *Global Migration Governance*. Oxford: Oxford University Press.

Bevelander, Pieter und Sandra Groeneveld 2010. „How Many Hours Do You Have to Work to Be Integrated? Full-Time and Part-Time Employment of Native and Ethnic Minority Women in the Netherlands." *International Migration* 50 (s1). Blackwell Publishing Ltd: e117-31. doi: https://doi.org/ 10.1111/j.1468-2435.2010.00622.x.

Bielefeld, Ulrich 1998. „Einleitung." In *Das Eigene Und Das Fremde*, hg. Ulrich Bielefeld, 9-19. Hamburg: Hamburger Edition.

Biermann, André 2014. *Das Diskursive Verschwinden Der Religionsfreiheit*. Wiesbaden: Springer Fachmedien Wiesbaden. doi: https://doi.org/10.1007/ 978-3-658-04838-9.

Bleich, Erik 2011. *The Freedom to Be a Racist*. Oxford: Oxford University Press.

Bleich, Erik, Irene Bloemraad und Els de Graauw 2015. „Migrants, Minorities and the Media: Information, Representations and Participation in the Public Sphere." *Journal of Ethnic and Migration Studies* 41 (6): 857-73. doi: https ://doi.org/10.1080/1369183X.2014.1002197.

Bloemraad, Irene, Anna Korteweg und Gökçe Yurdakul 2010. „Staatsbürgerschaft Und Einwanderung: Assimilation, Multikulturalismus Und Der Nationalstaat." In *Staatsbürgerschaft, Migration Und Minderheiten*, 13-46. Wiesbaden: VS Verlag für Sozialwissenschaften. doi: https://doi.org/10.1007/978-3-531-92223-2_1.

Bohn, Cornelia 2008. „Inklusion Und Exklusion: Theorien Und Befunde." *Soziale Systeme* 14 (2): 171-90.

Boltanski, Luc und Eve Chiapello 2005. „Die Rolle Der Kritik Für Die Dynamik Des Kapitalismus." In *Welten Des Kapitalismus*, hg. Max Miller, 285-321. Sozialkritik Versus Künstlerkritik. Frankfurt a.M. and New York.

Boltanski, Luc und Eve Chiapello 2006. *Der Neue Geist Des Kapitalismus*. Konstanz: UVK.

Boltanski, Luc und Laurent Thévenot 2007. *Über Die Rechtfertigung*. Hamburg: Hamburger Edition.

Bommes, Michael 1999. *Migration Und Nationaler Wohlfahrtsstaat*. Opladen: Westdeutscher Verlag.

Bommes, Michael und Dietrich Thränhardt 2010. „Introduction." In *National Paradigms of Migration Research*, hg. Dietrich Thränhardt und Michael Bommes, 9-38. National Paradigms of Migration Research. Göttingen: V&R unipress Universitätsverlag Osnabrück.

Bonfadelli, Heinz 2007. „Die Darstellung Ethnischer Minderheiten in Den Massenmedien." In *Medien Und Migration*, hg. Heinz Bonfadelli und Heinz Moser, 95-116. Wiesbaden: VS Verlag für Sozialwissenschaften. doi: https://doi.org/10.1007/978-3-531-90431-3_6.

Bonikowski, Bart 2016. „Nationalism in Settled Times." *Annual Review of Sociology* 42: 427-49. doi: https://doi.org/10.1146/annurev-soc-081715-074412

Borneman, John 1992. *Belonging in the Two Berlins*. New York: Cambridge University Press.

Bosniak, Linda 2008. *The Citizen and the Alien: Dilemmas of Contemporary Membership*. Princeton: Princeton University Press.

Bourdieu, Pierre 1989. „Social Space and Symbolic Power." *Sociological Theory* 7 (1):14-25

Bourdieu, Pierre 1992. „Sozialer Raum und Symbolische Macht." In *Rede Und Antwort*, 135-54. Frankfurt a.M.: Suhrkamp.

Bourdieu, Pierre 2014. *Über Den Staat*. Frankfurt a.M. : Suhrkamp.

Böke, Karin 1997. „Die ‚Invasion' Aus ‚Den Armenhäusern Europas'." In *Die Sprache Des Migrationsdiskurses*, hg. Matthias Jung, Martin Wengeler und Karin Böke, 164-92. Metaphern Im Einwanderungsdiskurs. Opladen: Westdeutscher Verlag.

Bös, Mathias, und Carla Schraml 2009. „Ethnizität – Zum Individualisierungspotential Kollektiver Sozialformen." In Neuer Mensch Und Kollektive Identität in Der Kommunikationsgesellschaft, 95-107. Wiesbaden: VS Verlag für Sozialwissenschaften. doi: https://doi.org/10.1007/978-3-531-91471-8_6.

Bös, Mathias und Veronika Schmid 2012. „Staatsbürgerschaft – Ein Auslaufmodell? Zur Dialektik Der Konstruktion Von Mitgliedschaft in Nationalstaatlich Verfassten Gesellschaften." In *Selbstbeobachtung Der Modernen Gesellschaft Und Die Neuen Grenzen Des Sozialen*, 53-72. Wiesbaden: VS Verlag. doi: https://doi.org/10.1007/978-3-531-19691-6_3.

Brubaker, Rogers 1992. *Citizenship and Nationhood in France and Germany*. Cambridge, MA. : Harvard University Press.

Brubaker, Rogers 1995. „Comments on ‚Modes of Immigration Politics in Liberal Democratic States'." *International Migration Review* 29 (4): 903-7. doi: https://doi.org/10.2307/2547730.

Brubaker, Rogers 2001. „The Return of Assimilation? Changing Perspectives on Immigration and Its Sequels in France, Germany, and the United States." Ethnic and Racial Studies 24 (4): 531-48. doi:10.1080/01419870120049770.

Brubaker, Rogers 2004. *Ethnicity Without Groups*. Cambridge, MA: Harvard University Press.

Brubaker, Rogers 2009. „Ethnicity, Race, and Nationalism." *Annual Review of Sociology* 35 (1): 21-42. doi: https://doi.org/10.1146/annurev-soc-070308-115916.

Brubaker, Rogers 2013. „Categories of Analysis and Categories of Practice: a Note on the Study of Muslims in European Countries of Immigration." *Ethnic and Racial Studies* 36 (1): 1-8. doi: https://doi.org/10.1080/01419870.2012.729674.

Brubaker, Rogers 2014. „Linguistic and Religious Pluralism: Between Difference and Inequality." *Journal of Ethnic and Migration Studies* 41 (1): 3-32. doi: https://doi.org/10.1080/1369183X.2014.925391.

Butler, Judith 2003. Das Unbehagen der Geschlechter. Frankfurt am Main: Suhrkamp

Bublitz, Hannelore 2011. „Differenz Und Integration." In *Handbuch Sozialwissenschaftliche Diskursanalyse*, hg. Reiner Keller, Andreas Hirseland, Werner Schneider, and Willy Viehöver, 245-82. Zur Diskursanalytischen Rekonstruktion Der Regelstrukturen Sozialer Wirklichkeit. Wiesbaden: VS Verlag für Sozialwissenschaften.

Bundesamt für Migration und Flüchtlinge 2005. „Migrationsbericht 2005." Nürnberg BAMF. https://www.bamf.de/SharedDocs/Anlagen/DE/Publikatio

nen/Migrationsberichte/migrationsbericht2005.pdf;jsessionid=98DF7D976D1 0373B8DB96B7128694BAA.1_cid359?__blob=publicationFile.

Bund der Evangelischen Kirche Deutschland hg.1999. *Die Bibel.* Nach der Übersetzung Martin Luthers. Berlin: Evangelische Bibelgesellschaft.

Butterwegge, Christoph und Gudrun Hentges, hg. 2006. *Massenmedien, Migration Und Integration.* Wiesbaden: VS Verlag für Sozialwissenschaften.

Buhlmann, Felix, Thomas David und André Mach 2013. „Cosmopolitan Capital and the Internationalization of the Field of Business Elites: Evidence From the Swiss Case.“ *Cultural Sociology* 7 (2): 211-29. doi: https://doi.org/10.1177/1749975512473587.

Calhoun, Craig 1993. „Nationalism and Ethnicity.“ *Annual Review of Sociology* 19 (1): 211-39. doi: https://doi.org/ 10.1146/annurev.so.19.080193.001235.

Calhoun, Craig 2007. *Nations Matter.* Oxford, UK: Routledge.

Carens, Joseph H. 1987. „Aliens and Citizens.“ *The Review of Politics* 49 (2): 251-73.

Castles, Stephen 1995. „How Nation-States Respond to Immigration and Ethnic Diversity.“ *Journal of Ethnic and Migration Studies* 21 (3): 293-308. doi: https://doi.org/10.1080/1369183X.1995.9976493.

Castles, Stephen 1998. „Weltweite Arbeitsmigration, Neorassismus Und Der Niedergang Des Nationalstaats.“ In *Das Eigene Und Das Fremde*, hg. Ulrich Bielefeld, 129-56. Hamburg: Hamburger Edition.

Castles, Stephen 2004. „Why Migration Policies Fail.“ *Ethnic and Racial Studies* 27 (2): 205-27. doi: https://doi.org/10.1080/0141987042000177306.

Castles, Stephen, und Godula Kosack 1973. *Immigrant Workers and Class Structure in Western Europe.* London: Oxford University Press.

Castles, Stephen, und Mark J. Miller 2009. *The Age of Migration.* 4 hg. Basingstoke: Palgrave MacMillan.

Castles, Stephen, Hein de Haas, und Mark J. Miller 2013. *The Age of Migration.* London: Palgrave Macmillan.

Cerny, Philip G. 1997. „Paradoxes of the Competition State: the Dynamics of Political Globalization.“ *Government and Opposition* 32 (2). Blackwell Publishing Ltd: 251-74. doi: https://doi.org/10.1111/j.1477-7053.1997. tb001 61 .x.

Cornelius, Wayne A, Philip L Martin und James F Hollifield 1994a. „Introduction.“ In *Controlling Immigration*, hg. Wayne A Cornelius, Philip L Martin und James F Hollifield, 3-41. The Ambivalent Quest for Immigration Control. Stanford, CA: Stanford University Press.

Cornelius, Wayne A, Philip L Martin und James F Hollifield hg. 1994b. *Controlling Immigration.* Stanford, CA: Stanford University Press.

Davy, Ulrike 2008. „Einbürgerung in Deutschland – Blinde Flecken in Einem Rechtsstaat.“ *Die Verwaltung* 41 (1): 31-62. doi: https://doi.org/10.3790/verw.41.1.31.

Delgado, Manuel J. 1972. *„Die Gastarbeiter“ in Der Presse*. Opladen: Leske.

Diehl, Claudia, Michael Friedrich und Anja Hall 2009. „Jugendliche Ausländischer Herkunft Beim Übergang in Die Berufsausbildung: Vom Wollen, Können Und Dürfen.“ *Zeitschrift Für Soziologie* 38 (1): 48-67.

Diez, Thomas und Vicki Squire 2008. „Traditions of Citizenship and the Securitisation of Migration in Germany and Britain.“ *Citizenship Studies* 12 (6): 565-81. doi: https://doi.org/10.1080/13621020802450643.

Diewald, Martin und Thomas Faist 2011. „Von Heterogenitäten zu Ungleichheiten: Soziale Mechanismen als Erklärungsansatz der Genese sozialer Ungleicheiten.“ *Berliner Journal für Soziologie* 21 (1): 91-114.

Dolezal, Martin, Marc Helbling und Swen Hutter 2010. „Debating Islam in Austria, Germany and Switzerland: Ethnic Citizenship, Church-State Relations and Right-Wing Populism.“ *West European Politics* 33 (2): 171-90. doi: https://doi.org/10.1080/01402380903538773.

Durkheim, Emile 2012. *Über Soziale Arbeitsteilung*. Frankfurt a.M.: Suhrkamp.

Dzudzek, Iris, Georg Glasze, Annika Mattissek und Henning Schirmel 2009. „Verfahren Der Lexikomentrischen Analyse Von Textkorpora.“ In *Handburch Diskurs Und Raum*, hg. Georg Glasze and Annika Mattissek, 233-60. Bielefeld: transcript Verlag.

Eder, Klaus, Valentin Rauer und Oliver Schmidtke 2004a. „Das Eigene Und Das Fremde.“ In *Die Einhegung Des Anderen*, hg. Klaus Eder, Valentin Rauer, und Oliver Schmidtke, 11-46. Zur Politischen Semantik Von Inklusion Und Exklusion. Wiesbaden: VS Verlag.

Eder, Klaus, Valentin Rauer und Oliver Schmidtke 2004b. *Die Einhegung Des Anderen*. Wiesbaden: VS Verlag.

Eder, Klaus, Valentin Rauer und Oliver Schmidtke 2004c. „Die Neuen Beobachtungsverhältnisse.“ In *Die Einhegung Des Anderen*, hg. Klaus Eder, Valentin Rauer, und Oliver Schmidtke, 29-46. Symbolische Exklusion Als Mechanismus Der Reproduktion Sozialer Ungleichheit. Wiesbaden: VS Verlag für Sozialwissenschaften.

Eisenstadt, Shmuel Noah und Bernhard Giesen 1995. „The Construction of Collective Identity.“ *European Journal of Sociology* 36 (01). Cambridge University Press: 72-102. doi: https://doi.org/10.1017/S0003975600007116.

Ellermann, Antje 2014. „Do Policy Legacies Matter? Past and Present Guest Worker Recruitment in Germany.“ *Journal of Ethnic and Migration Studies*, December, 1-19. doi: https://doi.org/10.1080/1369183X.2014.984667.

Engbersen, Godfried, Arjen Leerkes, Izabela Grabowska-Lusinska, Erik Snel und Jack Burgers 2013. „On the Differential Attachments of Migrants From Central and Eastern Europe: a Typology of Labour Migration." *Journal of Ethnic and Migration Studies* 39 (6): 959-81. doi: https://doi.org/10.1080/1369183X.2013. 765663.

Esser, Hartmut 1980. *Aspekte Der Wanderungssoziologie*. Darmstadt und Neuwied: Luchterhand.

Facchini, Giovanni und Anna Maria Mayda 2009. „Does the Welfare State Affect Individual Attitudes Toward Immigrants? Evidence Across Countries." *Review of Economics and Statistics* 91 (2): 295-314. doi: https://doi.org/10.1162/rest.91.2.295.

Fahrmeir, Andreas 2007. *Citizenship*. New Haven/London: Yale University Press.

Faist, Thomas 1994. „How to Define a Foreigner? the Symbolic Politics of Immigration in German Partisan Discourse, 1978-1992." *West European Politics* 17 (2): 50-71. doi: https://doi.org/10.1080/01402389408425014.

Faist, Thomas 2006. „The Migration-Security Nexus: International Migration and Security Before and After 9/11" In Migration, Citizenship and Ethnos, Michael Y. Bodemann und GökceYurdakul, 103-120. New York: Palgrave Macmillan:

Faist, Thomas 2013. „The Mobility Turn: a New Paradigm for the Social Sciences?" Ethnic and Racial Studies 36 (11). Routledge: 1637-46. doi: https://doi.org/10.1080/01419870.2013.812229.

Faist, Thomas 2014. „On the Transnational Social Question: How Social Inequalities Are Reproduced in Europe." *Journal of European Social Policy* 24 (3). SAGE Publications: 207-22. doi: https://doi.org/10.1177/095892871452 5814.

Faist, Thomas, Kerstin Schmidt-Verkerk und Christian Ulbricht 2016. „Citizenship in the Context of Immigration – Comparative Perspectives." In *Encyclopedia of Migration*, hg. Frank D Bean. New York: Springer.

Faist, Thomas und Christian Ulbricht 2014. „Von Integration Zu Teilhabe?." *Sociologia Internationalis* 52 (1): 119-47. doi: https://doi.org/10.3790/sint. 52. 1.119.

Faist, Thomas und Christian Ulbricht 2015. „Constituting Nationality through Transnationality: Categorizations and Mechanisms of Inequality in German Integration Debates." In *Fear and Anxiety over National Identity*, hg. Nancy Foner, 189-212. New York: Russel Sage Foundation

Favell, Adrian 1997. *Philosophies of Integration*. London: Macmillan Press LTD.

Favell, Adrian 2008. *Eurostars and Eurocities*. Oxford: Blackwell.

Favell, Adrian und Randall Hansen 2002. „Markets Against Politics: Migration, EU Enlargement and the Idea of Europe." *Journal of Ethnic and Migration Studies* 28 (4): 581-601. doi: https://doi.org/10.1080/13691830210000 32218.

Favell, Adrian, Mirian Feldbaum und Michael P Smith 2008. „The Human Face of Global Mobility." In *The Human Face of Global Mobility*, hg. Michael P Smith and Adrian Favell, 1-25. A Resarch Agenda. New Brunswick and London: Transaction Publishers.

Fekete, Liz 2006. „Enlightened Fundamentalism? Immigration, Feminism and the Right." *Race & Class* 48 (2). SAGE Publications: 1-22. doi: https://doi.org/10.1177/0306396806069519.

Fitzgerald, David S. und David Cook-Martin 2014. *Cullin the Masses*. Cambridge, MA: Harvard University Press.

Foner, Nancy 2005. *In a New Land*. New York: NYU Press.

Foucault, Michel 2006. *Die Geburt Der Biopolitik*. Frankfurt a.M.: Surhkamp.

Foucault, Michel 2008. *Überwachen Und Strafen*. Frankfurt a.M. : Suhrkamp.

Foucault, Michel 2010. *Kritik Des Regierens*. hg. Ulrich Bröckling. Frankfurt a.M. : Suhrkamp.

Fouroutan, Naika 2013. „Hybride Identitäten." In *Dabeisein Und Dazugehören*, hg. Heinz Ulrich Brinkmann and Haci-Halil Uslucan, 85-102. Normalisierung, Konfliktfaktor Und Ressource in Postmigrantischen Gesellschaften. Wiesbaden: Springer Fachmedien Wiesbaden. doi:10.1007/978-3-531-19010-5.

Fouroutan, Naika, Korinna Schäfer, Coskun Canan und Benjamin Schwarze 2010. *Sarrazins These Auf Dem Prüfstand*. Hg. Naika Fouroutan. Berlin: Universitätsbibliothek der HU zu Berlin. https://www.projekte.hu-berlin.de/de/heymat/sarrazin2010.

Freeman, Gary P. 1995. „Modes of Immigration Politics in Liberal Democratic States." *International Migration Review* 29 (4): 881-902. doi: https://doi.org/10.2307/2547729.

Freeman, Gary P. 2004. „Immigrant Incorporation in Western Democracies." *International Migration Review* 38 (3). The Center for Migration Studies of New York, Inc.: 945-69. doi: https://doi.org/10.2307/ 27645422?ref=no-x-route:8afe6699f5b9973c359819807c0fcc53.

Freemann, Gary P. 1986. „Migration and the Political Economy of the Welfare State." *The ANNALS of the American Academy of Political and Social Science* 485 (1): 51-63. doi: https://doi.org/10.1177/0002716286485001005.

Friedman, Jonathan 2000. „Americans Again, or the New Age of Imperial Reason?." *Theory, Culture & Society* 17 (1). SAGE Publications: 139-46. doi: https://doi.org/10.1177/02632760022051068.

Friedrich, Sebastian und Marika Pierdicca 2014. „Migration Und Verwertung." In *Migration Und Arbeit in Europa*, hg. Hartmut Tölle and Patrick Schreiner, 125-38. Rassismus Als Instrument Zur Segmentierung Des Arbeitsmarktes. Köln: Papyrossa.

Funke, Gunilla 2008. *Abgehängt, Chancenlos, Unwillig?* Berlin: FU Berlin Dissertationsschrift.http://www.diss.fuberlin.de/diss/servlets/MCRFileNodeServlet/FUDISS_derivate_000000004733/Dissertation_Gunilla_Fincke_081 124. pdf.

Galliker, Mark 1996. „Delegitimierung Von Migranten Im Mediendiskurs." *KZfSS Kölner Zeitschrift Für Soziologie Und Sozialpsychologie* 48 (4): 704-27.

Galloway, Donald 2008. „Noncitizens and Discrimination." In *Of States, Rights, and Social Closure*, hg. Oliver Schmidtke and Saime Ozcurumez, 37-60. Redefining Human Rights. New York: Palgrave MacMillan.

Geißler, Rainer 1999. „Der Bedrohliche Ausländer." In *Integration Durch Soziale Kontrolle?*, hg. Markus Ottersbach and Sebastian Trautmann, 23-37. Zum Zerrbild Ethnischer Minderheiten in Medien Und Öffentlichkeit. Köln.

Geißler, Rainer und Horst Pöttker hg. 2005. *Massenmedien Und Die Integration Ethnischer Minderheiten in Deutschland (Band 1)*. Bielefeld: transcript Verlag.

Geißler, Rainer und Horst Pöttker hg. 2009. *Massenmedien Und Die Integration Ethnischer Minderheiten in Deutschland*. Bielefeld: transcript Verlag.

Gerdes, Jürgen 2010. „Migrants' Rights and Immigrant Integration in German Political Party Discourse." *COMCAD Arbeitspapiere* 90. Bielefeld.

Gerdes, Jürgen und Thomas Faist 2006. „Von Ethnischer Zu Republikanischer Integration." *Berliner Journal Für Soziologie* 16 (3). VS Verlag für Sozialwissenschaften: 313-35. doi: https://doi.org/10.1007/s11609-006-0029-x.

Gerhard, Ute 1997. „Flucht Und Wanderung Im Migrationsdiskurs Und Literatur Der Weimarer Republik." In *Die Sprache Des Migrationsdiskurses*, hg. Matthias Jung, Martin Wengeler und Karin Böke, 58-70. Opladen: Westdeutscher Verlag.

Gertenbach, Lars 2007. *Die Kultivierung Des Marktes*. Berlin: Parados Verlag.

Ghirmazion, Fessum 2013. *Im Spannungsfeld Von Restriktion Und Öffnung*. Berlin: LIT.

Giesen, Bernhard und Christoph Schneider 2004. *Tätertrauma*. Hg. Bernhard Giesen and Christoph Schneider. Konstanz: UVK.

Glaser, Barney Galland und Anselm L Strauss 2005. *Grounded Theory*. Bern: Huber.

Glaser, Barney Galland und Anselm L Strauss 2010. *Grounded Theory*. 3rd hg. Bern: Verlag Hans Huber.

Glasze, Georg, Shada Husseini und Jörg Mose 2009. „Kodierende Verfahren in Der Diskursforschung." In *Handburch Diskurs Und Raum*, hg. Georg Glasze and Annika Mattissek, 293-314. Bielefeld: transcript Verlag.

Glick Schiller, Nina und Noel B Salazar 2013. „Regimes of Mobility Across the Globe." *Journal of Ethnic and Migration Studies* 39 (2): 183-200. doi: https://doi.org/10.1080/1369183X.2013.723253.

Goldin, Ian, Geoffrey Cameron und Meera Balarajan 2011. *Exceptional People*. Princeton and Oxford: Princeton University Press.

Goodman, Sara W. 2010. „Integration Requirements for Integration's Sake? Identifying, Categorising and Comparing Civic Integration Policies." *Journal of Ethnic and Migration Studies* 36 (5): 753-72. doi: https://doi.org/10.1080/13691831003764300.

Goodman, Sara W. 2011a. „Controlling Immigration Through Language and Country Knowledge Requirements." *West European Politics* 34 (2): 235-55. doi:10.1080/01402382.2011.546569.

Goodman, Sara W. 2014. *Immigration and Membership Politics in Western Europe*. Cambridge, Uk: Cambridge University Press.

Goodman, Sara W. 2015. „Conceptualizing and Measuring Citizenship and Integration Policy: Past Lessons and New Approaches." Comparative Political Studies 48 (14). SAGE Publications: 1905-41.doi: https://doi.org/10.1177/0010414015592648.

Goodman, Sara W. und Matthew Wright 2015. „Does Mandatory Integration Matter? Effects of Civic Requirements on Immigrant Socio-Economic and Political Outcomes." Journal of Ethnic and Migration Studies 41 (12): 1885-1908. doi: https://doi.org/10.1080/1369183X.2015.1042434.

Gordon, Milton 1964. Assimilation in American Life. New York: Oxford University Press.

Göktürk, Deniz, David Gramling, Anton Kaes und Andreas Langenohl hg. 2011. *Transit Deutschland*. München: Konstanz University Press.

Green, Simon 2012. „Much Ado About Not-Very-Much? Assessing Ten Years of German Citizenship Reform." *Citizenship Studies* 16 (2). Taylor & Francis Group: 173-88. doi: https://doi.org/10.1080/13621025.2012.667610.

Green, Simon 2013. „Germany: a Changing Country of Immigration." *German Politics* 22 (3): 333-51. doi: https://doi.org/10.1080/09644008.2013.832757.

Guarnizo, Luis E und Michael P Smith 1998. „The Locations Ofr Transnationalism.“ In *Transnationalism From Below*, hg. Luis E Guarnizo and Michael P Smith, 3-34. New Brunswick, NJ: Transaction Publishers.

Habermas, Jürgen 1987. „Geschichtsbewusstsein Und Posttraditionale Identität.” In *Eine Art Schadensabwicklung*, hg. Jürgen Habermas. Frankfurt a.M.

Habermas, Jürgen 1992. *Faktizität Und Geltung*. Frankfurt a.M.: Suhrkamp.

Hafez, Kai 2002. *Die Politische Dimension Der Auslandsberichterstattung*. Baden-Baden: Nomos.

Hahn, Alois 1994. „Die Soziale Konstruktion Des Fremden.“ In *Die Objektivität Der Ordnungen Und Ihre Kommunikative Konstruktion*, hg. Walter M Sprondel, 140-66. Frankfurt a.M.

Hainmueller, Jens und Michael J. Hiscox 2007. „Educated Preferences: Explaining Attitudes Toward Immigration in Europe.“ *International Organization* 61 (02). Cambridge University Press: 399-442. doi: https://doi.org/10.1017/S0020818307070142.

Hall, Stuart 1997. „The Work of Representation.“ In *Representation*, hg. Stuart Hall, 13-74. London: Sage.

Hammar, Tomas 1990. *Democracy and the Nation State*. Hants, UK: Aldershot.

Hampshire, James 2013. *The Politics of Immigration*. Cambridge, UK: Polity Press.

Hangenau, Elisa, Stephan Humpert und Martin Kohls 2014. „Zuwanderung Aus Den Neuen EU-Mitgliedsstaaten Bulgarien Und Rumänien.“ Bundesamt für Migration und Flüchtlinge.

Hannerz, Ulf 1990. „Cosmopolitans and Locals in World Culture.“ *Theory, Culture & Society* 7 (2): 237-51. doi: https://doi.org/10.1177/026327690007002014.

Hansen, Randall und Patrick Weil 2001. *Towards a European Nationality*. Basingstoke: Palgrave MacMillan.

Hechter, Michael 2004. „From Class to Culture.“ *American Journal of Sociology* 110 (2): 400-445. doi: https://doi.org/10.1086/421357.

Heckmann, Friedrich 1981. *Die Bundespepublik: Ein Einwanderungsrland?* Stuttgart: Klett-Cotta.

Helbling, Marc 2012. „Public Debates, Integration Models, and Transnationalism in Western Europe.“ *Journal of Immigrant & Refugee Studies* 10 (3): 241-59. doi: https://doi.org/10.1080/15562948.2012.693035.

Helbling, Marc 2013. „Framing Immigration in Western Europe.“ *Journal of Ethnic and Migration Studies*, November. Routledge. doi: https://doi.org/10.1080/1369183X.2013.830888.

Helbling, Marc und Maarten Peter Vink 2013. „The Use and Misuse of Policy Indices in the Domain of Citizenship and Integration.“ *Comparative European Politics* 11 (5). Palgrave Macmillan UK: 551-54. doi: https://doi.org/10.1057/cep.2013.10.

Herbert, Ulrich 2001. *Geschichte Der Ausländerpolitik in Deutschland.* München: C.H. Beck.

Hess, Sabine 2013. „Die Beharrliche Kraft Der Migration.“ In *Dabeisein Und Dazugehören*, hg. Heinz Ulrich Brinkmann and Haci-Halil Uslucan, 67-84. Eine Historische Relektüre Von Migrationsdiskursen Und Integrationspraktiken. Wiesbaden: VS Verlag.

Hess, Sabine, Jana Binder und Johannes Moser hg. 2009. *No Integration?!* Bielefeld: transcript Verlag .

Hessinger, Philipp 2008. „Krise Und Metamorphose Des Protests.“ In *Ein Neuer Geist Des Kapitalismus*, hg. Gabriele Wagner and Philipp Hessinger, 63-99. Die 68er Bewegung Und Der Übergang Zum Netzwerkkapitalismus. Wiesbaden: VS Verlag für Sozialwissenschaften. doi: https://doi.org/10.1007/978-3-531-91074-1.

Hierl, Katharina 2012. *Die Islamisierung Der Deutschen Integrationsdebatte.* Münster: LIT.

Hitzler, Ronald und Anne Honer hg. 1997. *Sozialwissenschaftliche Hermeneutik.* Wiesbaden: VS Verlag für Sozialwissenschaften. doi: https://doi.org/10.1007/978-3-663-11431-4.

Hjerm, Mikael 2007. „Defending Liberal Nationalism—at What Cost?.“ *Journal of Ethnic and Migration Studies* 30 (1): 41-57. doi: https://doi.org/10.1080/1369183032000170169.

Hjerm, Mikael 2010. „National Identity: a Comparison of Sweden, Germany and Australia.“ *Journal of Ethnic and Migration Studies* 24 (3): 451-69. doi: https://doi.org/10.1080/1369183X.1998.9976644.

Hollifield, James F. 2006. „The Emerging Migration State.“ *International Migration Review* 38 (3). Blackwell Publishing Ltd: 885-912. doi: https://doi.org/10.1111/j.1747-7379.2004.tb00223.x.

Hollifield, James F. 1992. *Immigrants, Markets, and States.* Harvard University Press.

Honneth, Axel 2010. *Das Ich im Wir. Studien zur Anerkennungstheorie.* Frankfurt a.M.: Suhrkamp.

Howard, Marc M. 2006. „Comparative Citizenship: an Agenda for Cross-National Research.“ *Perspectives on Politics* 4 (03). Cambridge University Press: 443-55. doi: https://doi.org/10.1017/S1537592706060294.

Howard, Marc M. 2009. *The Politics of Citizenship in Europe*. New York, NY: Cambridge University Press.

Howard, Marc M. 2010. „The Impact of the Far Right on Citizenship Policy in Europe: Explaining Continuity and Change.“ *Journal of Ethnic and Migration Studies* 36 (5): 735-51. doi: https://doi.org/10.1080/13691831003763922.

Hubrich, Sarah 2009. „„Tauziehen Um Fremdarbeiter‘.“ In *Massenmedien Und Die Integration Ethnischer Minderheiten in Deutschland*, hg. Rainer Geißler and Horst Pöttker, 47-77. Das Presseecho Auf Das Deutsch-Italienische Anwerberabkommen Von 1955. Bielefeld: transcript Verlag.

Humpert, Stephan 2012. „Fachkräftezuwanderung Im Internationalen Vergleich.“ *Working Paper BAMF*. Bundesamt für Migration und Flüchtlinge.

Imhof, Kurt, Otfried Jarren und Roger Blum hg. 2002. *Integration Und Medien*. Wiesbaden: VS Verlag für Sozialwissenschaften. doi: https://doi.org/10.1007/978-3-322-97101-2.

Isin, Engin F. und Bryan S. Turner 2007. „Investigating Citizenship: an Agenda for Citizenship Studies.“ *Citizenship Studies* 11 (1): 5-17. doi: https://doi.org/10.1080/13621020601099773.

Janmaat, Jan G. 2006. „Popular Conceptions of Nationhood in Old and New European Member States: Partial Support for the Ethnic-Civic Framework.“ *Ethnic and Racial Studies* 29 (1): 50-78. doi: https://doi.org/10.1080/01419870500352363.

Janoski, Thomas 2010. *The Ironies of Citizenship*. New York, NY: Cambridge University Press.

Jäger, Siegfrihg 2011. „Diskurs Und Wissen.“ In *Handbuch Sozialwissenschaftliche Diskursanalyse*, hg. Reiner Keller, Andreas Hirseland, Werner Schneider und Willy Viehöver, 91-124. Theoretische Und Methodische Aspekte Einer Kritischen Diskurs- Und Dispositivanalyse. Wiesbaden: VS Verlag für Sozialwissenschaften.

Joppke, Christian 1998. „Why Liberal States Accept Unwanted Immigration.“ *World Politics* 50 (2): 266-93.

Joppke, Christian 1999. „Citizenship Between De- and Re-Ethnicization.“ *European Journal of Sociology* 44 (3). Cambridge University Press: 429-58. doi: https://doi.org/10.1017/S0003975603001346.

Joppke, Christian 2005a. „Exclusion in the Liberal State the Case of Immigration and Citizenship Policy.“ *European Journal of Social Theory* 8 (1). SAGE Publications: 43-61. doi: https://doi.org/10.1177/1368431005049327.

Joppke, Christian 2005b. *Selecting by Origin*. Cambridge, MA: Harvard University Press.

Joppke, Christian 2007. „Beyond National Models: Civic Integration Policies for Immigrants in Western Europe.“ *West European Politics* 30 (1): 1-22. doi: https://doi.org/10.1080/01402380601019613.

Joppke, Christian 2008. „Comparative Citizenship: a Restrictive Turn in Europe?.“ *Law & Ethics of Human Rights* 2 (1): 1-41. doi: https://doi.org/10.2202/1938-2545.1018.

Joppke, Christian 2010. *Citizenship and Immigration*. Malden, MA: Polity Press.

Jung, Katja 2010. *Volk-Staat-(Welt-)Gesellschaft. Zur Konstruktion und Rekonstruktion von Kollektivität in einer globalisierten Welt*. Wiesbaden: VS Verlag.

Jung, Matthias, Martin Wengeler und Karin Böke 2000. *Ausländer Und Migranten Im Spiegel Der Presse*. Wiesbaden: Westdeutscher Verlag.

Jung, Matthias, Martin Wengeler und Karin Böke, hg. 1997. *Die Sprache Des Migrationsdiskurses*. Opladen: Westdeutscher Verlag.

Kaloianov, Radostin 2014. „„... Aller Länder, Vereinigt Euch!‘.“ In *Solidarität in Der Migrationsgesellschaft*, hg. Anne Broden and Paul Mecheril, 127-52. Integration, Anti-Integration, Solidarität. Bielefeld: transcript Verlag.

Karakayali, Serhat 2008. *Gespenster Der Migration*. Bielefeld: transcript Verlag.

Kastoryano, Riva 2002. *Negotiating Identities*. Princeton, N.J.: Princeton University Press.

Keller, Reiner 2011a. *Diskursforschung*. Wiesbaden: VS Verlag.

Keller, Reiner 2011b. *Wissenssoziologische Diskursanalyse*. Wiesbaden: VS Verlag

Keller, Reiner 2012. „Entering Discourses: a New Agenda for Qualitative Research and Sociology of Knowledge.“ *Qualitative Sociology Review* 8 (2): 46-75.

Kertzer, David I. und Dominique Arel hg. 2002. *Census and Identity*. Cambridge: Cambridge University Press.

Kindleberger, Charles P. 1967. *Europe's Postwar Growth*. Cambridge, MA.: Harvard University Press.

King, Russel, Aija Lulle, Francesca Conti, Dorothea Mueller, und Giuseppe Scotto 2014. „The Lure of London.“ *Working Paper SCMR*, no. 75. Working Paper SCMR.

Kirwel, Thomas 1996. *Ausländerfeindlichkeit in Der Deutschen Presse*. Hamburg: Verlag Dr. Kovac.

Kivisto, Peter und Thomas Faist 2007. *Citizenship*. Malden, MA: Blackwell Publishing.

Klusmeyer, Douglas 2001. „A ‚Guiding Culture‘ for Immigrants? Integration and Diversity in Germany.“ *Journal of Ethnic and Migration Studies* 27 (3): 519-32. doi: https://doi.org/10.1080/13691830120026621l.

Kneer, Georg 2010. „Wissenssoziologie.“ In *Handbuch Spezielle Soziologien*, 707-23. Wiesbaden: VS Verlag für Sozialwissenschaften. doi: https://doi.org/10.1007/978-3-531-92027-6_40.

Knoblauch, Hubert 2005. *Wissenssoziologie*. Konstanz: UTB.

Kong, Lily 2014. „Transnational Mobilities and the Making of Creative Cities.“ *Theory, Culture & Society* 31 (7-8). SAGE Publications: 273-89. doi: https://doi.org/10.1177/0263276414549329.

Koopmans, Ruud 2014. „Religious Fundamentalism and Hostility Against Out-Groups: a Comparison of Muslims and Christians in Western Europe.“ *Journal of Ethnic and Migration Studies* 41 (1): 33-57. doi: https://doi.org/10.1080/1369183X.2014.935307.

Koopmans, Ruud 2015. „Does Assimilation Work? Sociocultural Determinants of Labour Market Participation of European Muslims.“ *Journal of Ethnic and Migration Studies* 42 (2): 197-216. doi: https://doi.org/10.1080/1369183X.2015.1082903.

Koopmans, Ruud, Ines Michalowski und Stine Waibel 2012. „Citizenship Rights for Immigrants: National Political Processes and Cross-National Convergence in Western Europe, 1980-2008 1.“ *American Journal of Sociology* 117 (4): 1202-45. doi: https://doi.org/10.1086/662707.

Koopmans, Ruud, Paul Stathan, Marco Giugni und Florence Passy 2005. *Contested Citizenship*. Minneapolis: Uni. of Minnesota Press.

Korteweg, Anna und Gökçe Yurdakul 2009. „Islam, Gender, and Immigrant Integration: Boundary Drawing in Discourses on Honour Killing in the Netherlands and Germany.“ *Ethnic and Racial Studies* 32 (2): 218-38. doi: https://doi.org/10.1080/01419870802065218.

Korteweg, Anna und Gökçe Yurdakul 2014. *The Headscarf Debates*. Redwood City, CA: Stanford Univ. Press.

Koser, Khalid und John Salt 1997. „The Geography of Highly Skilled International Migration.“ *International Journal of Population Geography* 3 (4). John Wiley & Sons, Ltd.: 285-303. doi: https://doi.org/10.1002/(SICI)1099-1220(199712)3:4<285::AID-IJPG72>3.0.CO;2-W.

Koslowski, Rey 2011. *Global Mobility Regimes*. Hg. Rey Koslowski. New York: Palgrave Macmillan. doi: https://doi.org/10.1057/9781137001948.

Kruse, Imke 2008. „Immigration Reform in Germany.“ In *Of States, Rights, and Social Closure*, hg. Oliver Schmidtke und Saime Ozcurumez, 157-78. The

Domestic Debate Under the Red-Green Government. New York: Palgrave MacMillan.

Kruse, Imke, Henry Edward Orren und Steffen Angenendt 2003. „The Failure of Immigration Reform in Germany." *German Politics* 12 (3): 129-45. doi: https://doi.org/10.1080/09644000032000242725.

Kunz, Sarah 2016. „Privileged Mobilities: Locating the Expatriate in Migration Scholarship." *Geography Compass* 10 (3): 89-101. doi: https://doi.org/10.1111/gec3.12253.

Kymlicka, Will 1989. *Liberalism, Community and Culture*. Oxford: Oxford University Press.

Laclau, Ernesto 1999. „Diskurs, Hegomonie Und Politik." In *Neue Soziale Bewegungen Und Marxismus*, hg. Wolfgang F Haug and Wieland Elferding, 6-22. Betrachtungen Über Die Krise Des Marxismus.

Laclau, Ernesto 2005. *On Populist Reason*. London: Verso.

Lamont, Michèle 1992. *Money, Morals, and Manners*. Chicago: University of Chicago Press.

Lamont, Michèle 2012. „Toward a Comparative Sociology of Valuation and Evaluation." *Annual Review of Sociology* 38 (1): 201-21. doi: https://doi.org/10.1146/annurev-soc-070308-120022.

Lamont, Michèle, und Virág Molnár 2002. „The Study of Boundaries in the Social Sciences." *Annual Review of Sociology* 28 (1): 167-95. doi: https://doi.org/10.1146/annurev.soc.28.110601.141107.

Lepsius, Rainer M. 1982. „Nation Und Nationalismus in Deutschland." *Geschichte Und Gesellschaft. Sonderheft* 8: 12-27.

Lessenich, Stephan 2008. *Die Neuerfindung Des Sozialen*. Bielefeld: transcript Verlag.

Lessenich, Stephan 2009. „Mobilität Und Kontrolle." In *Soziologie - Kapitalismus - Kritik*, 126-77. Zur Dialektik Der Aktivgesellschaft. Frankfurt a.M.: Surhkamp.

Levey, Geoffrey Brahm 2014. „Liberal Nationalism and the Australian Citizenship Tests." *Citizenship Studies* 18 (2): 175-89. doi:10.1080/13621025.2014.886394.

Lægaard, Sune 2007. „Liberal Nationalism and the Nationalisation of Liberal Values." Nations and Nationalism 13 (1): 37-55. doi: https://doi.org/10.1111/j.1469-8129.2007.00269.x.

Luhmann, Niklas 1965. *Grundrechte Als Institution*. 5 hg. Berlin: Dunker & Humblot.

Luhmann, Niklas 1996. *Die Realität Der Massenmedien*. Opladen: Westdeutscher Verlag.

Marceau, Jane F. 1989. *A Family Business?*. Cambridge, MA: Cambridge University Press.

Marx, Anthony W. 2003. *Faith in Nation*. New York: Oxford University Press.

Mason, Andrew 2000. *Community, Solidarity and Belonging*. Oxford: Oxford University Press.

Massey, Douglas 2007. *Categorically Unequal*. New York: Russell Sage Foundation.

Massey, Douglas S, Joaquin Arango, Graeme Hugo, Ali Kouaouci, Adela Pellegrino und J. Edward Taylor 1993. „Theories of International Migration: a Review and Appraisal." *Population and Development Review* 19 (3): 431-66. doi: https://doi.org/10.2307/2938462.

Mau, Steffen, Heike Brabandt, Lena Laube und Christof Roos 2012. *Liberal States and the Freedom of Movement*. London: Palgrave Macmillan.

McLoughlin, Sean 2005. *European Muslims and the Secular State*. Hg. Jocelyne Cesari. Oxford, UK: Routledge.

Meißner, Betina und Georg Ruhrmann 2001. *Das Ausländerbild in Den Thüringer Tageszeitungen*. Jena: Friedrich-Schiller-Universität.

Merten, Klaus 1986. *Das Bild Der Ausländer in Der Deutschen Presse*. Frankfurt a.M.: Dagyeli.

Michalowski, Ines 2010. „Integrations Tests in Germany." In *A Re-Definition of Belonging?*, hg. Ricky van Oers, Eva Ersbøll, und Dora Kostakopoulou, 185-210. A Communitarian Approach? Leiden: Brill Publishers.

Michalowski, Ines und Ricky van Oers 2012. „How Can We Categorise and Interpret Civic Integration Policies?" *Journal of Ethnic and Migration Studies* 38 (1): 163-71. doi: https://doi.org/10.1080/1369183X.2012.640027.

Miller, David. 2000 *Citizenship and National Identity*. Cambridge, UK: Polity Press.

Miller, David. 2009 „Why Immigration Controls Are Not Coercive: a Reply to Arash Abizadeh." *Political Theory* 38 (1). SAGE Publications: 111-20. doi: https://doi.org/10.1177/0090591709348194.

Miller, David 1995. *On Nationality*. Oxford: Clarendon Press.

Morris, Lydia 2002. *Managing Migration*. London and New York: Routledge.

Moss Kanter, Rosabeth 1997. *World Class*. New York: Free Press.

Mügge, Liza und Marleen van der Haar. 2016. „Who Is an Immigrant and Who Requires Integration? Categorizing in European Policies." In *Integration Processes and Policies in Europe*, hg. Blanca Garcés-Mascareñas and Rinus Penninx, 77-90. IMISCOE Research Series. Cham: Springer International Publishing. doi: https://doi.org/10.1007/978-3-319-21674-4_5.

Mühe, Nina und Werner Schiffauer 2012. „Germany." In *Adressing Tolerance and Discourses in Europe*, hg. Ricard Zapata-Barrero and Anna Triandafyllidou, 77-102. Barcelona: CIDOB.

Müller, Anna-Lisa 2011. „Worte Schaffen Soziales." *Journal Für Psychologie* 19 (1): 1-25.

Müller, Daniel 2005. „Die Darstellung Ethnischer Minderheiten in Deutschen Massenmedien." In *Massenmedien Und Die Integration Ethnischer Minderheiten in Deutschland (Band 1)*, hg. Rainer Geißler and Horst Pöttker, 83-126. Bielefeld: transcript Verlag.

Müller, Daniel 2009. „Einstellungen Von Journalisten in Bezug Auf Ihre Rolle Bei Der Integration Ethnischer Minderheiten." In *Massenmedien Und Die Integration Ethnischer Minderheiten in Deutschland*, hg. Rainer Geißler and Horst Pöttker, 145-60. Eine Qualitative Befragung in Nordrhein-Westfalen Unter Besonderer Berücksichtigung Der Kriminalitätsberichterstattung. Bielefeld: transcript Verlag.

Münch, Richard 1998. *Globale Dynamik, Lokale Lebenswelten*. Frankfurt am Main: Suhrkamp.

Münch, Richard 2009. *Das Regime Des Liberalen Kapitalismus*. Frankfurt am Main: Campus Verlag.

Nassehi, Armin 1990. „Zum Funktionswandel Von Ethnizität Im Prozeß Gesellschaftlicher Modernisierung." *Soziale Welt* 41: 261-82.

Nassehi, Armin 1995. „Der Fremde Als Vertrauter." *KZfSS Kölner Zeitschrift Für Soziologie Und Sozialpsychologie* 47. VS Verlag für Sozialwissenschaften: 443-63. doi: https://doi.org/10.1007/978-3-663-08013-8_8.

Nassehi, Armin 1997. „Das Stahlharte Gehäuse Der Zugehörigkeit." In *Nation, Ethnie, Minderheit*, hg. Armin Nassehi, 177-208. Unschärfen Im Diskurs Um Die „Multikulturelle" Gesellschaft. Köln/Weimar/Bonn.

Nassehi, Armin 1999. „Das Stahlharte Gehäuse Der Zugehörigkeit. Unschärfen Im Diskurs Um Die ‚Multikulturelle Gesellschaft'." *Differenzierungsfolgen*, no. Chapter 9. Wiesbaden: VS Verlag für Sozialwissenschaften: 203-25. doi: https://doi.org/10.1007/978-3-663-08013-8_9.

Neckel, Sighard und Ferdinand Sutterlüty 2008. „Negative Klassifikationen Und Die Symbolische Ordnung Sozialer Ungleichheit." In *Mittendrin Im Abseits*, hg. Sighard Neckel and Hans-Georg Soeffner, 15-25. Wiesbaden: VS Verlag für Sozialwissenschaften. doi: https://doi.org/10.1007/978-3-531-91157-1_2.

Nohl, Arnd-Michael, Karin Schittenhelm, Oliver Schmidtke und Anja Weiß hg. 2010. *Kulturelles Kapital in Der Migration*. Wiesbaden: VS Verlag für Sozialwissenschaften. doi: https://doi.org/10.1007/978-3-531-91936-2.

OECD 2014. *Internationaler Migrationsausblick 2014*. OECD Publishing. doi: https://doi.org/10.1787/175a1aa3-de.

Offe, Claus und Ulrich K Preuss 1991. „Democratic Institutions and Moral Resources." In *Political Theory Today*, hg. David Held, 143-71. Stanford, California.

Oltmer, Hochen, Axel Kreienbring und Carlos Sanz Diaz (hg.). 2012. *Das „Gastarbeiter"-System. Arbeitsmigration und ihre Folgen in der Bundesrepublik Deutschland und Westeuropa.* Berlin: De Gruyter

Orgad, Liav 2015. *Cultural Defence of Nations*. Oxford, UK: Oxford University Press

Pachucki, Mark A, Sabrina Pendergrass und Michèle Lamont 2007. „Boundary Processes: Recent Theoretical Developments and New Contributions." *Poetics* 35 (6): 331-51. doi: https://doi.org/10.1016/j.poetic.2007.10.001.

Palmowski, Jan 2008. „In Search of the German Nation: Citizenship and the Challenge of Integration." *Citizenship Studies* 12 (6): 547-63. doi: https://doi.org/10.1080/13621020802450635.

Park, Robert E 1928. „Human Migration and the Marginal Man." *American Journal of Sociology* 33 (6). The University of Chicago Press: 881-93.

Parsons, Talcott 1966. *Societies*. Englewood Cliffs, NJ: Prentice-Hall.

Patten, Alan 1999. „The Autonomy Argument for Liberal Nationalism." *Nations and Nationalism* 5 (1). Blackwell Publishing Ltd: 1-17. doi: https://doi.org/10.1111/j.1354-5078.1999.00001.x.

Pautz, Hartwig 2005. „The Politics of Identity in Germany: the Leitkultur Debate." *Race & Class* 46 (4). SAGE Publications: 39-52. doi: https://doi.org/10.1177/0306396805052517.

Pecoraro, Marco und Didier Ruedin 2015. „A Foreigner Who Does Not Steal My Job: the Role of Unemployment Risk and Values in Attitudes Toward Equal Opportunities." *International Migration Review*, April, n/a-n/a. doi:10.1111/imre.12162.

Pehrson, Samuel, Vivian L Vignoles und Rupert Brown 2009. „National Identification and Anti-Immigrant Prejudice: Individual and Contextual Effects of National Definitions." *Social Psychology Quarterly* 72 (1). SAGE Publications: 24-38. doi: https://doi.org/10.1177/019027250907200104.

Peters, Bernhard 1993. *Die Integration Moderner Gesellschaften*. Frankfurt a.M.: Suhrkamp.

Peters, Bernhard 2002. „A New Look at ‚National Identity' How Should We Think About ‚Collective' or ‚National Identities'? Are There Two Types of National Identities? Does Germany Have an Ethnic Identity, and Is It Different?." *European Journal of Sociology* 43 (01). Cambridge University Press: 3-32. doi: https://doi.org/10.1017/S0003975602001005.

Pichler, Edith und Oliver Schmidtke 2004. „Migranten Im Spiegel Des Deutschen Mediendiskurses." In *Die Einhegung Des Anderen*, 49-76. „Bereicherung" Oder „Belastung?" Wiesbaden: VS Verlag.

Piore, Michael J. 1979. *Birds of Passage*. Cambridge: Cambridge University Press.

Piwoni, Eunike 2012. *Nationale Identität Im Wandel*. Wiesbaden: VS Verlag für Sozialwissenschaften. doi: https://doi.org/10.1007/978-3-531-18740-2.

Portes, Alejandro 1997. „Globalization From Below." *Princeton Working Papers WPTC*, no. 01.http://www.transcomm.ox.ac.uk/working%20papers/portes.pdf.

Portes, Alejandro und Jószsef Böröcz. 1989. „Contemporary Immigration." *International Migration Review* 23 (3): 606-30.

Pöttker, Horst 2009. „Wann Werden Diskriminierungsverbote Von Journalist(Inn)en Akzeptiert?" In *Massenmedien Und Die Integration Ethnischer Minderheiten in Deutschland*, hg. Rainer Geißler and Horst Pöttker, 161-88. Eine Untersuchung Zum Widerspruch Von Migrantenschutz Und Öffentlichkeitsaufgabe. Bielefeld: transcript Verlag.

Predelli, Ulrich 1995. *Wie Fremd Sind Uns Fremde?* Berlin: Vistas.

Radtke, Frank-Olaf 1991. „Pädagogisch Induzierter Kulturalismus." In *Ethnische Minderheiten in Industriegesellschaften*, hg. Ingrid Haller and Klaus F Geiger, 24-51. Zum Zustand Der Migrations- Und Minderheiten- Forschung in Der Bundesrepublik Deutschland Am Ausgang Der 80er Jahre. Kassel.

Rahmani, Zakaria 2015. „Überlastung Und Populismus." In *Stimmungsmache*, hg. AK Antiziganismus im DISS, 7-16. Die Migration Aus Südosteuropa in Lokalen Medien Am Beispiel Der Westdeutschen Allgemeinen Zeitung (WAZ). Duisburg: Duisburer Institut für Sprach- und Sozialforschung.

Rauer, Valentin 2008. *Die Öffentliche Dimension Der Integration : Migrationspolitische Diskurse Türkischer Dachverbände in Deutschland*. Bielefeld: transcript Verlag.

Rauer, Valentin 2013. „Integrationsdebatten in Der Deutschen Öffentlichkeit." In *Die Integrationsdebatte Zwischen Assimilation Und Diversität*, hg. Özkan Ezli, Andreas Langenohl, Valentin Rauer, and Claudia Marion Voigtmann, 51-86. Bielefeld: transcript Verlag.

Rauer, Valentin und Oliver Schmidtke 2001. „Integration Als Exklusion?" *Berliner Journal Für Soziologie* 11 (3). VS Verlag: 277-96. doi: https://doi.org/10.1007/BF03204020.

Rauer, Valentin und Oliver Schmidtke 2004. „Integration Als Exklusion.“ In *Die Einhegung Des Anderen*, hg. Klaus Eder, Valentin Rauer, and Oliver Schmidtke, 249-74. Mediale Und Alltagspraktische Rahmungen Eines Sozialwissenschaftlichen Konzepts. Wiesbaden: VS Verlag für Sozialwissenschaften.

Raz, Joseph 1994. *Ethics in the Public Domain*. Oxford, UK: Oxford University Press.

Ricoeur, Paul 2005. „Was Ist Ein Text?” In *Vom Text Zur Person*, hg. Paul Ricoeur, 79-108. Hamburg: Meiner.

Rose, Nikolas 1996. „The Death of the Social? Re-Figuring the Territory of Government.“ *Economy and Society* 25 (3): 327-56.doi: https://doi.org/ 10.1080/03085149600000018.

Ruhrmann, Georg und Jochen Kollmer 1987. *Ausländerberichterstattung in Der Kommune*. Opladen: Westdeutscher Verlag.

Ruoff, Michael 2007. *Foucault-Lexikon*. Stuttgart: UTB.

Ryan, Louise und Jon Mulholland 2013. „Trading Places: French Highly Skilled Migrants Negotiating Mobility and Emplacement in London.“ *Journal of Ethnic and Migration Studies* 40 (4): 584-600. doi: https://doi.org/ 10.1080/ 1369183X.2013.787514.

Sachverständigenrat deutscher Stiftungen für Integration und Migration 2012. „Integration Im Föderalen System: Bund, Länder Und Die Rolle Der Kommunen“ Berlin: SVR. http://www.svr-migration.de/wp-content/uploads/ 2012/05/SVR_JG_2012_WEB.pdf.

Sachverständigenrat deutscher Stiftungen für Integration und Migration 2013. Erfolgsfall Europa? Folgen und Herausforderungen der EU-Freizügigkeit für Deutschland. In: Jahresgutachten 2013 mit Migrationsbarometer. Essen.

Sassen, Saskia 1999. *Guests and Aliens*. New York: New Press.

Scheffer, Bernd 2006. „Medien Und Fremdenfeindlichkeit: Eher Gefühls- Als Vernunftprobleme?“ In *Massenmedien, Migration Und Integration*, hg. Christoph Butterwegge und Gudrun Hentges, 131-38. Schlägt Man Die Fremdenfeindlichkeit Am Besten Mit Ihren Eigenen Mitteln? Wiesbaden: VS Verlag für Sozialwissenschaften.

Schinkel, Willem und Friso van Houdt 2010. „The Double Helix of Cultural Assimilationism and Neo-Liberalism.“ *The British Journal of Sociology* 61 (4): 696-715.

Schmidtke, Oliver 2008. „Borders in Public Perception.“ In *Of States, Rights, and Social Closure*, hg. Oliver Schmidtke and Saime Ozcurumez, 91-112. Renationalizing Modes of Inclusion and Exclusion. New York: Palgrave MacMillan.

Schmidtke, Oliver 2012. „Commodifying Migration: Excluding Migrants in Europe's Emerging Social Model.“ *The British Journal of Sociology* 63 (1). Blackwell Publishing Ltd: 31-38. doi: https://doi.org/10.1111/j.1468-4446.2011.01402.x.

Schönwälder, Karen 2001. *Einwanderung Und Ethnische Pluralität*. Essen: Klartext.

Schönwälder, Karen 2004. „Why Germany's Guestworkers Were Largely Europeans: the Selective Principles of Post-War Labour Recruitment Policy.“ *Ethnic and Racial Studies* 27 (2): 248-65. doi: https://doi.org/10.1080/0141987042000177324.

Schönwälder, Karen 2012. Germany: Reluctant Steps Towards a System of Selective Immigration. In *Wanted and Welcome?, hg.* Triadafilos Triadafilopoulos, 273-286 New York, Springer.

Schranz, Mario 1999. *Die Debatte Über Die Asyl- Und Flüchtlingsproblematik in Der Öffentlichen Politischen Kommunikation*. Zürich: Universität Zürich.

Schroer, Markus 2000. *Das Individuum Der Gesellschaft*. Frankfurt a.M.: Suhrkamp.

Schuetz, Alfrhg 1944. „The Stranger: an Essay in Social Psychology.“ *American Journal of Sociology* 49 (6). The University of Chicago Press: 499-507. doi: https://doi.org/10.2307/2771547?ref=search-gateway:c26502a6a240bb7912e82462f55b4a43.

Schütz, Alfrhg 1981. *Der Sinnhafte Aufbau Der Sozialen Welt*. Frankfurt a.M.: Suhrkamp.

Seibert, Holger, Sandra Hupka-Brunner und Christian Imdorf 2009. „Wie Ausbildungssysteme Chancen Verteilen.“ *KZfSS Kölner Zeitschrift Für Soziologie Und Sozialpsychologie* 61 (4). VS-Verlag: 595-620. doi:10.1007/s11577-009-0084-3.

Shachar, Ayelet und Ran Hirschl 2014. „On Citizenship, States, and Markets.“ Hg. Robert E Goodin and James S Fishkin. *Journal of Political Philosophy* 22 (2): 231-57. doi: https://doi.org/10.1111/jopp.12034.

Silverstein, Paul A. 2005. „Immigrant Racialization and the New Savage Slot.“ *Annual Review of Anthropology* 34 (1): 363-84. doi: https://doi.org/10.1146/annurev.anthro.34.081804.120338.

Simonson, Kristina B. 2016. „How the host nation's boundary drawing affects immigrants' belonging“ *Journal of Ethnic and Migration Studies* 42 (7): 1153- 1176. doi: https://doi.org/10.1080/1369183X.2016.1138854

Skey, Michael 2013. „Why Do Nations Matter? The Struggle for Belonging and Security in an Uncertain World.“ *The British Journal of Sociology* 64 (1): 81-98. doi: https://doi.org/10.1111/1468-4446.12007.

Sklair, Leslie 2000. *The Transnational Capitalist Class*. Oxford: Wiley-Blackwell.

Skrbis, Zlatko und Ian Woodward 2007. „The Ambivalence of Ordinary Cosmopolitanism: Investigating the Limits of Cosmopolitan Openness.“ *The Sociological Review* 55 (4): 730-47. doi: https://doi.org/10.1111/j.1467-954X.2007.00750.x.

Smith, Anthony 1987. *The Ethnic Origins of Nations*. Oxford: Blackwell.

Smith, Anthony 1998. *Nationalism and Modernism*. New York: Routledge.

Soeffner, Hans-Georg und Ronald Hitzler 1994. „Hermeneutik Als Haltung Und Handlung.“ In *Interpretative Soziaforschung*, hg. Norbert Schröer, 28-55. Über Methodisch Kontrolliertes Verstehen. Opladen: Westdeutscher Verlag.

Söhn, Janina 2013. „Unequal Welcome and Unequal Life Chances: How the State Shapes Integration Opportunities of Immigrants.“ *European Journal of Sociology* 54 (02). Cambridge University Press: 295–326. doi: https://doi.org/10.1017/S0003975613000155.

Somers, Margaret R. 2008. Genealogies of Citizenship. Cambridge, UK: Cambridge University Press.

Somers, Margaret R. und Fred Block 2005. „From Poverty to Perversity: Ideas, Markets, and Institutions Over 200 Years of Welfare Debate.“ American Sociological Review 70 (2). SAGE Publications: 260-87. doi: https://doi.org/10.1177/000312240507000204.

Soysal, Yasemin N. 1994. Limits of Citizen*ship*. Chicago: The University of Chicago Press.

Soysal, Yasemin N. 2012. „Citizenship, Immigration, and the European Social Project: Rights and Obligations of Individuality.“ *The British Journal of Sociology* 63 (1): 1-21. doi: https://doi.org/10.1111/j.1468-4446.2011.01404.x.

Spiegel, Anna und Ursula Mense-Petermann 2016. „Managing entangled mobilities: mobility practices of expatriate managers and their ‚trailing spouses‘.“ *Österreichische Zeitschrift für Soziologie*, 41(1), 15-31. doi: https://doi.org/10.1007/s11614-016-0188-8

Statistisches Bundesamt (DESTATIS): Migration und Iitegration https://www.destatis.de/DE/ZahlenFakten/GesellschaftStaat/Bevoelkerung/MigrationIntegration/MigrationIntegration.html

Statistisches Bundesamt (DESTATIS) 2016. Datenreport 2016. Sozialstruktur und soziale Lage. https://www.destatis.de/DE/Publikationen/Datenreport/Downloads/Datenreport2016Kap7.pdf?__blob=publicationFile

Statham, Paul und Jean Tillie 2015. „Muslims in Their European Societies of Settlement: a Comparative Agenda for Empirical Research on Socio-Cultural Integration Across Countries and Groups.“ *Journal of Ethnic and Migration*

Studies 42 (2): 177-96. doi: https://doi.org/10.1080/1369183X.2015.11 27637.

Stein, Tine 2008. „Is There a Multicultural ‚Leitkultur' as Constitutional Patriotism? About the Debate on Integration in Germany." *Leviathan* 36 (1). VS Verlag für Sozialwissenschaften: 33-53. doi: https://doi.org/10.1007/s11578-008-0003-4.

Strauss, Anselm L. und Juliet M. Corbin 1996. *Grounded Theory*. Weinheim: Beltz.

Strübing, Jörg 2004. *Grounded Theory*. Wiesbaden: VS Verlag für Sozialwissenschaften.

Swidler, Ann 1986. „Culture in Action: Symbols and Strategies." *American Sociological Review* 51 (2). American Sociological Association: 273-86. doi: https://doi.org/10.2307/2095521?ref=searchgateway:7ee345edb19eac01c940ff9bbba47c87.

Tamir, Yael 1994. *Liberal Nationalism*. Princeton, NJ: Princeton University Press.

Tebble, Adam J. 2006. „Exclusion for Democracy." *Political Theory* 34 (4). SAGE Publications: 463-87. doi: https://doi.org/10.1177/ 009059170 6288 519.

Tezcan, Levent 2012. *Das Muslimische Subjekt*. Konstanz: Konstanz Univ. Press.

Tilly, Charles 1990. *Coercion, Capital, and European States*. Cambridge, Mass.: Blackwell.

Tilly, Charles 1998. *Durable Inequality*. Berkeley, CA: University of California Press.

Torpey, John C. 1998. „Coming and Going." *Sociological Theory* 16 (3): 239-59.

Trautmann, Sebastian 2006. „„Terrorismus Und Islamismus' Als Medienthema." In *Massenmedien, Migration Und Integration*, hg. Christoph Butterwegge und Gudrun Hentges, 141-52. Neue Bedeutungslinien Im Öffentlichen Diskurs Zur Politik Der Inneren Sicherheit. Wiesbaden: VS Verlag für Sozialwissenschaften.

Treibel, Annette 2008. *Migration in Modernen Gesellschaften*. Weinheim: Beltz Juventa.

Triadafilopoulos, Triadafilos 2011. „Illiberal Means to Liberal Ends? Understanding Recent Immigrant Integration Policies in Europe." *Journal of Ethnic and Migration Studies* 37 (6): 861-80. doi: https://doi.org /10.1080/1369183X.2011.576189.

Triadafilopoulos, Triadafilos und Craig D Smith 2013. *Introduction*. Hg. Triadafilos Triadafilopoulos. New York, NY: Springer New York. doi: https://doi.org/10.1007/978-1-4614-0082-0.

Ulbricht, Christian 2016. „Die liberale Ein- und Ausgrenzung - Eine Systematisierung nach erwünschter und unerwünschter Migration" *Migration und soziale Arbeit* 38 (1): 30-37

van Dijk, Teun A. 1992. „Discourse and the Denial of Racism." *Discourse & Society* 3 (1). SAGE Publications: 87-118.doi: https://doi.org/10.1177/0957926592003001005.

van Houdt, Friso und Willem Schinkel 2013. „Crime, Citizenship and Community: Neoliberal Communitarian Images of Governmentality." *The Sociological Review* 62 (1): 47-67. doi: https://doi.org/10.1111/1467-954X.12115.

van Houdt, Friso, Semin Suvarierol und Willem Schinkel 2011. „Neoliberal Communitarian Citizenship: Current Trends Towards ‚Earned Citizenship' in the United Kingdom, France and the Netherlands." *International Sociology* 26 (3). SAGE Publications: 408-32. doi: https://doi.org/10.1177/0268580910393041.

van Oers, Ricky 2014. *Derserving Citizenship*. Leiden: Martninus Nijhoff Publishers.

Viehöver, Willy 2011. „Diskurse Als Narrationen." In *Handbuch Sozialwissenschaftliche Diskursanalyse*, hg. Reiner Keller, Andreas Hirseland, Werner Schneider, and Willy Viehöver, 193-224. Wiesbaden: VS Verlag für Sozialwissenschaften.

Wacquant, Loïc 2010. „Crafting the Neoliberal State: Workfare, Prisonfare, and Social Insecurity1." *Sociological Forum* 25 (2). Blackwell Publishing Ltd: 197-220. doi: https://doi.org/10.1111/j.1573-7861.2010.01173.x.

Walzer, Michael 2006. *Sphären Der Gerechtigkeit*. Frankfurt a.M.: Campus Verlag.

Weber, Max 2005. *Wirtschaft Und Gesellschaft*. Frankfurt a.M.: Melzer Verlag.

Weenink, Don. 2008. „Cosmopolitanism as a Form of Capital Parents Preparing Their Children for a Globalizing World." *Sociology* 42 (6). SAGE Publications: 1089-1106. doi: https://doi.org/10.1177/0038038508096935.

Wehler, Hans-Ulrich 2008. *Deutsche Gesellschaftsgeschichte Bd. 5*. München: C.H. Beck.

Wehling, Peter 2007. „Wissenspolitik." In *Handbuch Wissenssoziologie Und Wissensforschung*, hg. Rainer Schützeichel, 694-703. Konstanz: UVK.

Weil, Patrick 2001. „Access to Citizenship." In *Citizenship Today*, hg. Alexander T Aleinikoff and Douglas Klusmeyer, 17-35. A Comparation of Twenty-Five Nationality Laws. Washington, D.C. : Brooking Institution Press.

Weiß, Anja 2013. „Migranten." In *Handwörterbuch Zur Gesellschaft Deutschlands*, hg. Steffen Mau und Nadine M Schöneck, 580-92. Wiesbaden: Springer Fachmedien Wiesbaden. doi: https://doi.org/10.1007/978-3-531-18929-1_39.

Weldon, Steven A. 2006. „The Institutional Context of Tolerance for Ethnic Minorities: a Comparative, Multilevel Analysis of Western Europe." *American Journal of Political Science* 50 (2). Blackwell Publishing, Inc.: 331-49. doi: https://doi.org/10.1111/j.1540-5907.2006.00187.x.

Wengeler, Martin 2003. *Topos Und Diskurs*. Tübingen: Niemeyer.

Wengeler, Martin 2006. „Zur Historischen Kontinuität Von Argumentationsmustern Im Migrationsdiskurs." In *Massenmedien, Migration Und Integration*, hg. Christoph Butterwegge und Gudrun Hentges, 13-36. Wiesbaden: VS Verlag für Sozialwissenschaften.

Werron, Tobias 2012. „Worum Konkurrieren Nationalstaaten?." *Zeitschrift Für Soziologie* 41 (5): 338-55.

Wild, Stephan 2004. „Zur Symbolik Des Islamischen Schleiers." In *Die Wirklichkeit Der Symbole*, hg. Rudolf Schlögl, Bernhard Giesen und Jürgen Osterhammel, 423-37. Konstanz: UVK.

Wimmer, A. 2002. „Nationalist Exclusion and Ethnic Conflict: Shadows of Modernity." Cambridge, UK ; New York, NY, USA: Cambridge University Press.

Wimmer, Andreas 2008. „The Making and Unmaking of Ethnic Boundaries: a Multilevel Process Theory." *American Journal of Sociology* 113 (4): 970-1022. doi: https://doi.org/10.1086/522803.

Wimmer, Andreas 2013. *Ethnic Boundary Making*. Oxford: Oxford University Press.

Wimmer, Andreas und Nina Glick Schiller 2006. „Methodological Nationalism, the Social Sciences, and the Study of Migration: an Essay in Historical Epistemology." International Migration Review 37 (3). Blackwell Publishing Ltd: 576-610. doi: https://doi.org/10.1111/j.1747-7379.2003.tb00151.x.

Yack, Bernard 1998. „The Myth of the Civic Nation." In *Theorizing Nationalism*, hg. Ronald Beiner, 103-18. New York: SUNY Press.

Yurdakul, Gökçe,und Anna C Korteweg 2013. „Gender Equality and Immigrant Integration: Honor Killing and Forced Marriage Debates in the Netherlands, Germany, and Britain." *Women's Studies International Forum* 41 (November): 204-14. doi: https://doi.org/10.1016/j.wsif.2013.07.011.

Zolberg, Aristide R. 1981. „International Migrations in Political Perspective." In *Global Trends in Migration*, hg. Mary M Kritz, Charles B Keely, and Silvano M Tomasi, 3-27. Staten Island, NY: Center for Migration Studies.

Zolberg, Aristide R. 1987. „Wanted but Not Welcome." In *Population in an Interacting World*, hg. William Alonso, 36-73. Alien Labor in Western Development. Cambridge, Massachusetts und London, England: Harvard University Press.

Zolberg, Aristide R. 2006. *A Nation by Design*. Cambridge, MA: Harvard University Press.

Zolberg, Aristide R. und Long L. Woon 1999. „Why Islam Is Like Spanish: Cultural Incorporation in Europe and the United States." *Politics & Society* 27 (1). SAGE Publications: 5-38. doi: https://doi.org/10.1177/0032329299027001002.

Anhang

TITEL DER IM EMPIRISCHEN TEIL ZITIERTEN ARTIKEL

Spiegel

09.09.1991 Flüchtlinge. Aussiedler. Asylanten – Ansturm der Armen
30.09.2009 Kritik an der Hauptstadt
01.10.2009 Sarrazins türkenfeindliche Tiraden lösen Entsetzen aus
27.10.2009 Sarrazin-Interview
15.03.2010 Migrantenschelte: Sarrazin darf in der SPD bleiben
09.08.2010 Beschränkt Willkommen
23.08.2010 Debatte: Was tun?
28.08.2010 Sarrazin legt gegen Muslime nach
29.09.2010 Einmarsch der Italiener
30.10.2011 Generation Gastarbeiter: Zug erinnert an 50 Jahre türkische Migration
05.12.2011 Büffel gegen das Chaos
07.04.2012 Abschied zum Ich
25.02.2013 Die neuen Gastarbeiter – Europas junge Elite für Deutschlands Wirtschaft
25.02.2013 Der Deutsche Traum
25.02.2013 Pritsche ohne Kissen
03.03.2013 Bulgarien und Rumänien: Friedrich kündigt Veto gegen Schengen-Erweiterung an
04.03.2014 Am Veto scheitern
12.03.2013 Überleben im Paradies
18.04.2013 Uno rügt Deutschland wegen Sarrazin und setzt Ultimatum
03.07.2013 „Man muss auch den Flurfunk verstehen können“

30.07.2013 CSU-Forderungen: Regierung verweigert schärfere Regeln bei Migration
22.10.2013 Flüchtlings-Talk bei Plasberg: Flucht in die Sprachstanze
10.01.2014 Hartz IV für Zuwanderer: CSU-General schimpft über „Selbstbedienungsladen Deutschland"
13.01.2014 Das Nötigste zum Überleben
15.01.2014 CSU punktet mit Anti-Zuwanderungskurs
17.01.2014 Fachkräfte in Bayern: Die Zuwanderungs-Profiteure
23.03.2014 Die aufgeblasene Armutseinwanderung

Focus

07.07.2008 EU-Einwanderungspakt – Sarkozys Festung Europa bröckelt
23.06.2009 Rassistische Attacken: Rumänen verlassen Belfast
13.07.2009 Deutsche Gastarbeiter
06.10.2009 Ralph Giordano: „Sarrazin hat vollkommen recht"
09.10.2009 Sarrazin erweist „Göring, Goebbels und Hutler große Ehre"
06.06.2011 Junge Spanier hoffen auf Jobs in Deutschland
21.06.2011 Schavan lockt ausländische Ärzte und Ingenieure
11.10.2010 Merkel: Deutschland bleibt weltoffenes Land
16.05.2012 Arbeitslose Griechen und Spanien
21.02.2013 Armutsmigration aus Osteuropa
21.02.2013 „Wanderungsanreize für Sinti und Roma vermindern"
02.03.2013 Debatte über Zuwanderung wird schärfer
04.03.2013 Die Armut kommt
11.03.2013 Armutszuwanderung setzt Kommunen unter Druck
30.10.2013 Rassismus und Gewalt – Wie die Flüchtlingswelle ganze Städte ein knicken lässt
21.11.2013 Deutsche Wirtschaft lockt immer mehr Zuwanderer
08.12.2013 Sarrazin: „Hartz IV wird zum Mindestlohn für ganz Europa"
29.12.2013 Grünen-Fraktionsvize: CSU-Wortwahl erinnert an die NPD
02.01.2014 Traum vom göttlichen Land
03.01.2014 Kommunen halten CSU-Vorstoß bei Zuwanderung für wenig hilfreich
03.01.2014 Merkel will Zuwanderungsdebatte entschärfen – Ausschuss geplant
05.01.2014 Generalsekretär Scheuer: „CSU führt keinen Angst-Wahlkampf"
07.01.2014 Zuwanderung aus Osteuropa: CSU wehrt sich gegen Populismusvorwurf

07.01.2014 FDP-Chef Lindner fordert Ausweisung nicht integrierbarer Zuwanderer
17.01.2014 Migranten erwünscht – aber bitte anpassen!
21.02.2014 DGB und Arbeitgeber werben für Offenheit gegenüber Zuwanderern

FAZ

13.11.2008 Zuwanderer von heute sind keine Gastarbeiter mehr
13.09.2009 Integration – Alle mischen mit
22.08.2010 Frühe Integrationsförderung: Die Fachkrat aus dem Kindergarten
05.09.2010 Thilo Sarrazin Was treibt diesen Mann?
20.11.2010 Hürdenlauf für Ausländer
06.03.2011 Die modernen Normaden
17.04.2011 Gastarbeiter dringend gesucht
28.09.2011 Fremde Federn
12.08.2012 Jobwunder: Im gelobten Land
17.06.2012 Drei Griechen
18.11.2012 Arbeitskräfte aus dem Süden: Gut, dass wir die Spanier haben
09.02.2013 Zuwanderung: Die Spanier sind da!
24.02.2013 „Das Heil Osteuropas liegt nicht in Deutschland“
13.03.2013 Europa erfindet die Zigeuner, um sie zu verachten
01.06.2013 Traumland Deutschland
29.05.2013 Im Einwanderungsland
08.10.2013 Empörung in Deutschland über EU-Studie zu Armutseinwanderung
29.12.2013 Scharfe Kritik an CSU-Forderungen zu Armutsmigration
05.01.2014 Nackte Wahrheiten – Zuwanderung
09.01.2014 Zuwanderungsprobleme kein Massenphänomen
15.01.2014 Unzulässige Panikmache
21.01.2014 Warnung vor verzerrter Zuwanderungsdebatte

BILD

08.10.2009 Nach Sarrazins Migrantenschelte
31.07.2010 Ausbilden statt kaufen
02.08.2010 Rainer Brüderle will Spezialisten aus dem Ausland wegen Fachkräftemangel mit Geld locken
05.09.2010 Sarrazin-Debatte: Hat die Politik Fehler gemacht, Frau Merkel?
17.10.2010 Deutsce bald als Müllmänner in Peking
23.06.2011 Krise in Spanien: Junge Fachkräfte stürmen nach Deutschland

23.06.2011 Job-Krise! Junge Spanier stürmen Deutschland
23.06.2011 Krise in Spanien: Junge Fachkräfte stürmen nach Deutschland
08.08.2011 50 Jahre türkische Gastarbeiter: „Ich bin pünktlich wie ein Preuße"
28.10.2011 Türkisches Deutschland: Ertugrul Özkök bei Daimler
14.04.2012 Kommt! Verdient hier gutes Geld!
03.11.2012 Wegen Eurokrise – Italiener büffeln plötzlich wieder Deutsch
27.03.2013 Droht Deutschland eine Roma-Welle?
16.07.2013 Armuts-Einwanderung gefährdet „sozialen Frieden"
15.10.2013 Nach Mord an jungem Russen: Eskaliert jetzt der Fremdenhass in Russland?
13.10.2013 Asyl und Zuwanderung in Deutschland
13.10.2013 „Die Welle kommt, wir können sie nicht aufhalten"
28.10.2013 Stürmen Rumänen und Bulgaren unseren Job-Market?
04.10.2014 „Armutszuwanderung" klingt pervers
10.01.2014 Servus, wir sind Armuts- Zuwanderer ... und haben es geschafft

WELT

24.05.2008 Die Neuen Gastarbeiter
25.08.2008 Italien schickt wieder Gastarbeiter nach Hamburg
05.10.2009 Sarrazins Ruhestörung im Migrantenhain
29.08.2010 „Ich bin kein Rassist"
02.12.2010 „Generation Null", Spaniens Jungend ohne Hoffnung
22.01.2011 Union will Jugendliche aus Mittelmeerraum locken
05.09.2011 Einwanderungsdebatte: Kanzlerin für Druck auf Integrationsverweigerer
30.10.2011 Die neuen Gastarbeiter „In Deutschland ist alles besser als zu Hause"
09.11.2011 Die neuen Gastarbeiter
29.10.2011 Neue Migrantengeneration: Deutschland hat bei jungen Europäern einen super Ruf
03.03.2013 Veto gegen Schengen-Beitritt Bulgariens und Rumäniens
05.03.2013 Einwanderung in den Sozialstaat verhindern
24.05.2013 Innenminister will Armutsflüchtlinge stoppen
11.10.2013 Städten drohen hohe Kosten durch arme Zuwanderer
04.12.2013 EU-Kommissar verteidigt Recht auf Freizügigkeit
31.12.2013 Armutmigranten oder Bereicherung?
07.01.2014 Katholischer Verband tadelt CSU-Migrationspolitik
21.01.2014 So streiten Politiker und Experten über Zuwanderer
14.01.2014 Die realitätsferne Angst vor Armutszuwanderung

taz

12.10.2009 Rasse statt Klasse
09.08.2010 Gastarbeiter in Schweden
05.09.2011 50 Jahre TürkInnen in Deutschland: Aufstieg als Auftrag
22.09.2011 Zur Arbeit befristet nach Europa: Die neuen Gastarbeiter
22.12.2011 Einwanderung nach Deutschland: Gastarbeiter 2.0
04.10.2012 Flucht der Ausgebildeten
03.03.2013 Noch ärmer als Hartz IV
12.04.2013 Falsche Angst vor Zuwanderern
29.05.2013 Merkel will mehr Gastarbeiter

Stern

09.10.2010 Integratiosdebatte: Schröder als „deutsche Schlampe“ beschimpft
13.10.2009 Integrationsexperte Laschert: „Was Sarrazin macht, verletzt Menschen“
13.04.2013 Deutschland zieht qualifizierte Zuwanderer an
16.10.2013 Migranten bekommen Hartz IV zugesprochen
02.01.2014 Seehofers Kreuther Kracher
02.01.2014 SPD-Minister gehen auf CSU los
10.01.2014 Debatte über Sozialleistungen für EU-Zuwanderer
20.01.2014 DGB und Wirtschaft: Zuwanderer nicht abschrecken

Tagesschau

23.06.2013 Nepalesische Migranten in Katar – Verraten, verkauft, entrechtet
28.12.2013 Freizügigkeit für Rumänien und Bulgarien CSU setzt auf „Armutsmigration“
30.12.2013 Zuwanderung aus Rumänien und Bulgarien Regierung weist CSU in die Schranken
10.01.2014 Streit um Sozialleistungen für EU-Ausländer EU will Deutschland doch nicht drängen
14.01.2014 Sprachwissenschaft „Sozialtourismus“ ist Unwort des Jahres
24.01.2014 Bundespräsident Gauck zur Zuwanderung „Einwanderung tut diesem Land gut“

Lettre International

Heft Herbst 2009 Klasse statt Masse

SZ-Online

22.10.2009 Warum türkische Gemüsehändler mit Sarrazin kein Problem haben

Süddeutsche Zeitung

20.11.2011 Spanier in Deutschland – „Wir sind die neuen Gastarbeiter"

tagesspiegel

22.01.2012 „Generation Null"

Weitere Dokumente

13.04.2013 Letter to Presidency, http://docs.dpaq.de/3604-130415_letter_to_presidency_final_1_2.pdf

22.01.2013 Positionspapier des Deutschen Städtetages zu den Fragen der Zuwanderung aus Rumänien und Bulgarien

28.12.2013 CSU Positionspapier „Keine Armutsmigration in die Kommunen begünstigen"

21.01.2014 Gemeinsame Erklärung von DGB und BDA zur Freizügigkeit

Soziologie

Uwe Becker
Die Inklusionslüge
Behinderung im flexiblen Kapitalismus

2015, 216 S., kart.
19,99 € (DE), 978-3-8376-3056-5
E-Book
PDF: 17,99 € (DE), ISBN 978-3-8394-3056-9
EPUB: 17,99€ (DE), ISBN 978-3-7328-3056-5

Gabriele Winker
Care Revolution
Schritte in eine solidarische Gesellschaft

2015, 208 S., kart.
11,99 € (DE), 978-3-8376-3040-4
E-Book
PDF: 10,99 € (DE), ISBN 978-3-8394-3040-8
EPUB: 10,99€ (DE), ISBN 978-3-7328-3040-4

Andrea Baier, Tom Hansing, Christa Müller, Karin Werner (Hg.)
Die Welt reparieren
Open Source und Selbermachen
als postkapitalistische Praxis

2016, 352 S., kart., zahlr. farb. Abb.
19,99 € (DE), 978-3-8376-3377-1
E-Book: kostenlos erhältlich als Open-Access-Publikation
ISBN 978-3-8394-3377-5

Leseproben, weitere Informationen und Bestellmöglichkeiten finden Sie unter www.transcript-verlag.de

13691586
9777065